ISBN 978-0-243-54895-8
PIBN 10773984

This book is a reproduction of an important historical work. Forgotten Books uses
state-of-the-art technology to digitally reconstruct the work, preserving the original format
whilst repairing imperfections present in the aged copy. In rare cases, an imperfection in
the original, such as a blemish or missing page, may be replicated in our edition. We do,
however, repair the vast majority of imperfections successfully; any imperfections that
remain are intentionally left to preserve the state of such historical works.

1 MONTH OF
FREE
READING

at

www.ForgottenBooks.com

By purchasing this book you are eligible for one month membership to ForgottenBooks.com, giving you unlimited access to our entire collection of over 700,000 titles via our web site and mobile apps.

To claim your free month visit:

www.forgottenbooks.com/free773984

English
Français
Deutsche
Italiano
Español
Português

www.forgottenbooks.com

Mythology Photography **Fiction**
Fishing Christianity **Art** Cooking
Essays Buddhism Freemasonry
Medicine **Biology** Music **Ancient
Egypt** Evolution Carpentry Physics
Dance Geology **Mathematics** Fitness
Shakespeare **Folklore** Yoga Marketing
Confidence Immortality Biographies
Poetry **Psychology** Witchcraft
Electronics Chemistry History **Law**
Accounting **Philosophy** Anthropology
Alchemy Drama Quantum Mechanics
Atheism Sexual Health **Ancient History**
Entrepreneurship Languages Sport
Paleontology Needlework Islam
Metaphysics Investment Archaeology
Parenting Statistics Criminology
Motivational

oder

die Wiſſenſchaft des Schönen

auf dem

chriſtlichen Standpunkte

(dargeſtellt von)

Dr. G. M. Durſch.

MDCXL

Stuttgart und Tübingen.

J. G. Cotta'ſcher Verlag.

1839.

51
DURSCH

Buchdruckerei der J. G. Cotta'schen Buchhandlung.

Vorrede.

In der Ueberzeugung, daß alle Wissenschaft und Kunst ihren letzten Grund in dem Bewußtseyn des Geistes von sich, der Welt und Gott hat, daß aber eben dieses Bewußtseyn in Betreff der Tiefe, Klarheit und Reinheit von der Religion abhängig ist und mit dieser zusammenfällt, habe ich es versucht, die Wissenschaft des Schönen auf dem Standpunkte des Christenthums oder auf der Grundlage des christlichen Bewußtseyns darzustellen. Wir finden in der alten Welt, daß Religion, Wissenschaft und Kunst in geradem Verhältniß zu den verschiedenen Graden von Tiefe und Klarheit des Selbstbewußtseyns standen. In Religion, Wissenschaft und Kunst trat das Selbstbewußtseyn eines Volkes in die Objektivität hervor und daran haben wir einen bestimmten Maßstab, den Grad der Geistesbildung eines Volkes zu schätzen. Die verschiedenen Religionen des Alterthums offenbaren daher nichts Anderes als die verschiedenen Grade des Gottesbewußtseyns, die Wissenschaften die des Selbstbewußtseyns des Ich um das Nichtich und die Kunst die auf dem Selbstbewußtseyn ruhende Anschauung des Schönen. Je nachdem das Selbstbewußtseyn beschaffen war, je nachdem trat es auch in der Kunst hervor.

Das Bewußtseyn der alten Welt ist eine eigene oder durch eigene Kraftanstrengung gewonnene Errungenschaft; anders verhält es sich aber in der neuen Zeit. Wie in der alten Welt das Selbstbewußtseyn die Religion bedingte, so verhält es sich in der neuen Zeit umgekehrt, die Religion bestimmt das Selbstbewußtseyn. Die Verschiedenheit des menschlichen Bewußtseyns in der alten und neuen Zeit bildet auch den Hauptunterschied der alten und neuen Zeit. Dort ist das Bewußtseyn ein selbsterrungenes, das in unendlicher Mannigfaltigkeit sich von einander unterscheidet; hier ist es ein gegebenes und allgemeines. Die christliche Lehre hat das Bewußtseyn des Geistes von sich, der Welt und Gott geläutert und gesteigert und durch die Tiefe, Bestimmtheit und Klarheit weit über das des Alterthums erhoben. Das durch das Christenthum gewonnene Selbstbewußtseyn ist auch ein allgemeines, d. h. allen Christen gemeinsames. Da nun das Christenthum oder der Logos das Licht ist, das jeden Menschen erleuchtet, der in die Welt kommt, oder da nun das christliche Bewußtseyn ein weit tieferes, bestimmteres und klareres geworden ist, als das der alten Welt; so stehen wir in Betreff der Wissenschaft und Kunst auf einem neuen Boden. Wie aber die Religionen nicht dem Wesen, sondern dem Grade nach von einander verschieden sind, und die christliche dadurch alle andern weit übertrifft, daß sie die religiösen Bedürfnisse des Menschengeistes auf die eminenteste Weise befriedigt; so ist auch das Bewußtseyn der alten Zeit von der neuern nicht wesentlich, sondern nur graduell verschieden. Der graduelle Unterschied ist aber ein bedeutender. Wenn wir nun behaupten, was wir mit allem Recht behaupten zu dürfen glauben, daß alle Wissenschaft und Kunst in ihrer Verschiedenheit auf dem verschiedenen Selbstbewußtseyn des Geistes ruhe; so erhellet von selbst, welcher Irrthum darin herrscht, daß man der Wissenschaft und Kunst alle Beziehung zur Religion streitig gemacht. Wie das Selbstbewußtseyn, so die Religion im Alterthum; und wie die positive Religion, so das Selbstbewußtseyn in der neuern Zeit. Wenn man auch in allen weitern Beziehungen Wissenschaft und Kunst von der Religion trennt, so fallen sie doch in dem Selbstbewußtseyn zusammen. Es ist eine eitle Besorgniß, es möchte die Kunst ihre Freiheit und Selbstständigkeit verlieren, wenn ihr eine Beziehung zur Religion gegeben werde, ist sie doch selbst nichts Anderes als die Frucht des Bewußtseyns, welches die Religion erweckt hat. Wenn die Kunst ein Beweis von der fortschreitenden Geistesbildung eines Volkes ist, so ist nicht zu verkennen, daß jede Geistesentwicklung eines Volkes auf das engste mit seiner Religion zusammenhing, so zwar, daß die Religion in der alten Welt ein Produkt der Geistesbildung war und diese hinwiederum beförderte. Die Ansicht von dem Schönen und die Kunst ruheten daher nothwendig auf einem religiösen Elemente, auf dem höhern Selbst=, Natur= und Gottesbewußtseyn.

Das christliche Bewußtseyn ist das Wissen des Geistes von seiner ewigen Existenz und Bestimmung, seiner unzerstörbaren Einheit und Freiheit, und das Wissen, daß die Natur Werk und Offenbarung eines Geistschöpfers ist und endlich das Wissen, daß alles Seyn und alle Erscheinungen ihren letzten Grund in einem intelligenten und heiligen Vatergeiste haben. Auf diesem Standpunkte des Bewußtseyns hat der Menschengeist den Schlüssel, das Räthsel des Weltalls zu lösen; er findet überall Einheit, Ordnung und Bestimmung und gibt Allem die höchste und letzte Beziehung. Dieses Bewußtseyn ordnet auch das innere und äußere Menschenleben zu einer Einheit und fortwährenden Entwickelung eines höhern in dasselbe gelegten Bildungstriebes. In dem christlichen Bewußtseyn ist dem Sinne und Streben des Geistes ein höheres, alles Menschliche verklärendes, Licht aufgegangen und er hat damit den Anfang zu einem höhern Leben gewonnen. Das christliche Bewußtseyn wird daher als die Grundlage einer edleren Lebensentwicklung in sittlicher, ästhetischer und wissenschaftlicher Beziehung anerkannt werden müssen. Und da nirgends mehr das wahrhaft Schöne zur Erscheinung kommt, als im menschlichen Leben; so muß auch zugegeben werden, daß die auf der Grundlage des Christenthums ruhende Entwickelung und Entfaltung des menschlichen Lebens die des Alterthums soweit übertrifft, als das christliche Bewußtseyn sich von dem heidnischen unterscheidet. Was will das Christenthum anderes, als daß sich das menschliche Wesen seiner Natur gemäß recht rein und herrlich entfalte, oder daß es ein rein sittliches sey? Das Christenthum hebt ja das menschliche Wesen nicht auf oder zerstört es, sondern will es ja nur zu seiner ganzen Reinheit und Einheit wieder zurückführen. Wenn wir aber nun das Schöne überhaupt als die Erscheinung des Seyns, des Ansichseyenden in einer dem Wesen des Seyns entsprechenden organischen Form oder Gestalt bestimmen und das Sittliche mit dem Schönen identificiren, so werden wir einen hartnäckigen Kampf mit manchem Aesthetiker zu bestehen haben, der das Schöne und Sittliche

weit auseinander hält. Vielleicht verständigen wir uns
aber, ehe der Kampf beginnt, wenn wir uns vollstän=
dig erklären. Unter dem Sittlichen verstehen wir die
naturgemäße Entwickelung und Bildung des Menschen=
wesens überhaupt und unter dem Sittlichen im christ=
lichen Sinne diejenige, welche auf der göttlichen Liebe ruht.
Wenn nun das Christenthum dem Menschen dazu dient,
daß er ein sittliches Leben entfalte, sein ganzes Wesen
immer mehr von der Heiligkeit durchdrungen werden lasse,
oder daß er dem Wesen seines Geistes immer entsprechen=
der denke und wolle, können wir dieses sittliche Leben
nicht auch schön nennen? Und wenn die Aesthetiker ein
rein menschliches Leben als Gegenstand der Kunst for=
dern ohne alle Nebenrücksicht auf Religion, oder ohne
Beziehung auf das ewige Leben; kann man nicht das
christliche Leben, das sich ganz naturgemäß entwickelt,
als ein rein menschliches ansehen, oder ist das christliche
Leben ein rein göttliches? Der Hauptpunkt dieser Irrung,
die Kunst verliere ihre Freiheit und Selbstständigkeit,
wenn sie auf Religion und Sittlichkeit Bezug nehme,
besteht darin, daß man vergessen hat, daß das christliche
Leben auf eine zweifache Weise — auf eine ästhetische
und sittliche — aufgefaßt werden kann. Die eine Auf=
fassung ist Sache der Aesthetik, die andere die der christ=
lichen Moral. Der Aesthetiker und Künstler betrachtet
das christliche Leben in seinen vielfachen Erscheinungen,
nicht in seinem tiefsten Grunde, als Offenbarung gött=
licher Liebe und auch nicht in seiner letzten Beziehung
zur Heiligkeit, sondern nur als naturgemäße rein mensch=
liche Entwicklung des Geistes nach Außen, wenn er sich
auch des tiefsten Grundes und der höchsten Beziehung

desselben bewußt ist. Das christliche Bewußtseyn, welches zugleich das moderne Ideal enthält, gibt ihm nur einen desto sicherern Maßstab, das rein Menschliche daran zu messen. Dem christlichen Künstler stellt die Natur dieselbe Schönheit dar, wie dem Griechen, und er findet sie auch nur wegen ihrer naturgemäßen Thätigkeiten und Erscheinungen schön, wenn er auch ihre höchste religiöse Bedeutung kennt. Sollte der Sauerteig, den das Christenthum in das Herz des Menschen legt, damit er sein ganzes Wesen durchdringe und zu einer herrlichen Geistesblüthe entwickle, nicht in einem höhern Sinne ein edles und reines oder rein menschliches Leben zur Erscheinung bringen, als wir im Alterthum wahrnehmen? Das sittliche Leben ist Erscheinung des Schönen, allein hiemit hat es noch nicht seine höchste Bedeutung und Aufgabe gelöst. Es gibt noch eine höhere Auffassung des menschlichen Lebens, die wir in das Gebiet der Moral verweisen müssen. Aus dem Gesagten erhellet, daß das Sittliche schön ist, weil es naturgemäße Entwicklung des Menschenwesens ist, und daß das Unsittliche häßlich ist, weil es eine naturwidrige Erscheinung des Seyns ist, ferner aber auch, daß die ästhetische Auffassung des Lebens und der Natur eine der moralischen untergeordnete ist, weil sie nur das Seyn in seiner naturgemäßen Erscheinung ergreift, die Gründe aber und die Beziehungen der Erscheinung unberücksichtigt läßt.

In diesem Sinne nun, daß das menschliche Leben durch den Geist des Christenthums veredelt erscheine oder durch dasselbe einen höhern Bildungstrieb erhalten habe und sich zu einer schönern Erscheinung entfalte als im Heidenthum, also bloß von Seiten der Erscheinungsform eines rein menschlichen oder edeln Lebens, haben wir hier den Versuch gemacht, das menschliche Leben in seinen Hauptbeziehungen sich aus dem christlichen Bewußtseyn entwickeln zu lassen, um das Schöne und Erhabene, das im menschlichen Leben zur Erscheinung kommt, mehr in concreto aufzufassen und darnach die allgemeinen Begriffe von dem menschlich Schönen zu berichtigen. Wir haben gesucht, auf das wirkliche Schöne hinzuweisen, um auch dem Begriff desselben einen bestimmtern Inhalt zu geben. Ebenso verhält es sich mit dem Naturschönen. Die Natur erscheint dem christlichen Bewußtseyn nicht weniger schön, wenn auch ihre religiöse Seite — ihr tiefster Grund und ihre höchste Beziehung gewußt wird. Das christliche Bewußtseyn, das sie als das Werk und die Offenbarung eines Geistgottes weiß, findet in ihr im Gegentheil nur tiefere Schönheit. Wenn der Grieche die Natur von höhern Wesen beseelt hielt, so erkennt der Christ in ihrem Leben, Wirken und Schaffen den ewigen Schöpfergedanken Gottes. Wenn in den Augen des Griechen die Natur von Genien, Nymphen ꝛc. beseelt war, so ist sie in den des Christen von dem Geiste Gottes selbst, und wenn der Grieche die Natur noch nicht als eine höhere Einheit auffassen konnte, so erscheint sie dem Christen als eine unverletzliche Ordnung und hohe Einheit.

Auf dem Standpunkte des Christenthums oder des christlichen Bewußtseyns erkennt der Aesthetiker noch ein höheres Gebiet des Schönen, als das der sinnlichen Erscheinung. Der Christ weiß ein höheres Geisterreich, wo die erhabene Schönheit im engsten Sinne herrscht. Und wie alle Geister in dem höchsten Geiste sich concentriren, so culminirt auch die erhabene Schönheit des transscendenten Geisterreiches in dem höchsten Geiste; der Christ stimmt daher Winkelman bei: Die höchste Schönheit ist in Gott. Wird aber auch der Geist an sich als eine Schönheit anerkannt, so wird der Aesthetiker auf dem Standpunkte des Christenthums die gewöhnlichen Definitionen, die alle von der sinnlichen Erscheinung des Schönen abgezogen sind, zu enge finden, und eine weitere zu geben versucht seyn. Wie dem christlichen Bewußtseyn ein Reich des Guten erscheint, das sich von Gott, den höhern Geistern über die Menschengeister und bis zur organischen Natur herab erstreckt, so erkennt er auch ein Reich des Schönen, das in Abstufungen die höhere Geisterwelt, den Menschen und die organische Natur umfaßt. Das christliche Bewußtseyn weiß das Universum als ein unendliches Reich des Wahren, Schönen und Guten und unterscheidet in dieser dreifachen Beziehung Abstufungen von dem Minimum bis zu dem Maximum, und setzt an den positiven Pol des Universums in den genannten Beziehungen den Schöpfergeist und an den negativen die unorganische Natur.

Inhaltsanzeige.

Erster Theil.
Das subjektiv Schöne oder Geißschöne.

Erster Abschnitt.
Das Schöne und Erhabene.

Zweiter Abſchnitt.

Das Häßliche.

Das ſubjektive Häßliche als Gegenſatz des ſubjektiv Schönen.

Zweiter Theil.
Das objektiv Schöne oder Naturschöne.

Erster Abschnitt.
Das Schöne im Gebiete der Natur.

Zweiter Abschnitt.
Das Häßliche im Gebiete der Natur.

Erster Theil.

Das subjectiv Schöne oder Geistschöne.

Erster Abschnitt.

Das Schöne oder Erhabene.

------

§. 1.

Eintheilung der Aesthetik.

Das Schöne zerfällt in Betrachtung des Ursprunges und der Erscheinung desselben in subjectiv und objectiv Schönes. Subjectiv schön nennen wir dasjenige, was als solches dem Geisterreiche angehört, in dem einzelnen Menschengeiste ruht und aus diesem zur vorübergehenden Erscheinung kommt. Unter subjectiv Schönem fassen wir daher diejenigen geistigen Thätig=keiten und Zustände zusammen, welche schön genannt werden, wie auch die Aeußerungen dieses Geistes. Subjectiv schön nennen wir daher auch die Handlungen und Werke, welche aus dem Geiste hervorgegangen sind und von seiner Schönheit Zeugniß geben. Das subjectiv Schöne wird hier dem objectiv Schönen insoferne gegenübergestellt, als dieses einen stehenden Charakter hat und sein Daseyn dem bewußtlosen und nothwen=digen Wirken und Schaffen der Natur verdankt. Wir könnten daher das Schöne auch in das geistig Schöne und Naturschöne eintheilen, wornach wir unter dem geistig Schönen den Geist selbst, die Aeußerungen und Werke desselben verstehen. Geistig oder subjectiv schön nennen wir daher auch die Werke, insofern diese aus Bewußtseyn und Freiheit des Geistes hervorgegangen sind, und des Geistes Gesinnung und Streben offenbaren.

Ein Kunstwerk ist allerdings auch etwas objectiv Schönes, allein insofern es das Ideal des Geistes darstellt, und mit Bewußt-seyn und Freiheit geschaffen wurde, steht es der Naturschönheit gegenüber und wir rechnen es hier auch zu dem subjectiv Schönen. Der Gegensatz des subjectiv Schönen ist das subjectiv Häßliche, unter dem wir das naturwidrige Seyn des Geistes und alle Aeußerungen desselben verstehen. Das subjectiv Häßliche um-faßt daher alles Häßliche, das sich als Produkt des Bewußt-seyns und der Freiheit darstellt.

Die Darstellung des Schönen im Gebiete des Geistes und der Natur nimmt auch den Gegensatz des Häßlichen in sich auf, weil der Begriff eines Dinges auch den Gegensatz desselben in sich schließt und eine Sache aus dem Gegensatze nur um so deutlicher erhellet.

Diese Aesthetik als Wissenschaft des Schönen hat dem Gesagten zu Folge zwei Theile, und jeder Theil zwei Abschnitte. Der erste Theil handelt von dem subjectiv oder Geistschönen und der zweite von dem Naturschönen. Der erste Theil umfaßt das transcendent Schöne, die Schönheit des höheren Geisterreiches und das diesseitige subjectiv Schöne, das durch die Zustände und Thätigkeiten, überhaupt durch die natur-gemäße Entwicklung des Menschengeistes zur Erscheinung kommt. Diese Entwicklung des Menschengeistes wird daher in den Haupt-beziehungen des menschlichen Lebens zur Kirche, dem Staate und der Familie dargestellt und daran werden die allgemeinen Begriffsbestimmungen des Schönen angelehnt. Der erste Ab-schnitt dieses Theils enthält die ästhetische Geistesentwicklung oder des Geistschönen. Der zweite Abschnitt dagegen das subjectiv oder geistig Häßliche als Gegensatz des Geistschönen, welches auf eben so vielfache Weise in die Erscheinung treten kann, als das Schöne auf dieser Seite. Der zweite Theil hat wieder zwei Abschnitte, von welchen der erste von dem Natur-schönen, der zweite dagegen von dem Naturhäßlichen handelt.

§. 2.
Ableitung des Begriffs der Schönheit.

Das Selbstbewußtseyn, das selbst wieder Gegenstand des Wissens oder Verstandes wird, ist die Mutter aller Philosophie, derjenigen Wissenschaft, die sich aus allgemeinen Begriffen ent= wickelt. Im Selbstbewußtseyn erkennen wir uns als ein Ich, das sein selbstständiges Seyn weiß. Jeder erkennt sich durch sein Selbstbewußtseyn als das sich selbstangehörende Wesen, das denkt, will und fühlt. In dem Selbstbewußtseyn erkennen wir uns als ein Individuum, in dem ein Ich mit einem Nicht= ich auf das innigste vereinigt ist. Dem geistigen und unver= änderlichen Ich steht ein physisches und veränderliches Nichtich gegenüber. Wir unterscheiden ferner in unserm Selbstbewußt= seyn unser Ich von jedem andern außerhalb uns und unser Nichtich wieder von jedem andern Nichtich außerhalb unserem Indi= viduum. Wir erkennen auch, daß unser Nichtich gleichen Wesens ist mit der Natur, die uns umgibt. Wir unterscheiden daher durch das Selbstbewußtseyn eine geistige und materielle Welt, die so innig mit einander verbunden sind, als das Ich und Nichtich in unserm Selbstbewußtseyn oder das Wissen um das Seyn in unserm Ich.

In dem Selbstbewußtseyn erkennen wir uns als ein Seyn, als Einheit des Geistes und Körpers, als wirklich seyend, d. h. als wahr. Wahr ist daher im weiteren Sinne Alles, was ist, was existirt oder Realität hat; die Lüge ist auch insoferne wahr als sie stattfindet. Nicht die Lüge, d. h. der Inhalt der Aus= sage, sondern ihre Existenz ist wahr. Wir unterscheiden in unserm Selbstbewußtseyn in Betreff unseres Individuums eine geistige und körperliche Seite, und erkennen uns in beider Hinsicht als wirklich seyend, d. h. als wahre Einheit beider Elemente.

Wie wir in unserm Selbstbewußtseyn unser Ich als wirklich seyend, als wahr erkennen, so legen wir auch jedem andern Menschengeist Realität bei, der nicht unser Geist oder Ich ist.

Und weil wir uns in dem Selbſtbewußtſeyn als ein wirk=
liches Seyn erkennen, und unſer Nichtich mit dem Nichtich
außerhalb uns, mit der phyſiſchen Natur, identiſch ſetzen, ſo
erkennen wir auch die materielle Welt als wahr, weil und inſo=
fern ſie exiſtirt. Das Selbſtbewußtſeyn ſchließt auch das Wiſſen
von dem Höhern und Höchſten in ſich. Das Selbewußtſeyn
umfaßt das Ich und das relative und abſolute Nichtich.

Das Ich erkennt ſich im Selbſtbewußtſeyn als eine Erſchei=
nung, nicht als ein aus ſich und durch ſich beſtehendes, ſondern
als ein abhängiges Weſen, daher ſchließt das Selbſtbewußtſeyn
auch in ſich das Wiſſen des abſoluten Nichtich — Gottes, des
Schöpfers. Wir wiſſen von Gott, weil wir von uns ſelbſt
wiſſen. Daher iſt der Glaube an Gottes Daſeyn eine urſprüng=
liche Thatſache unſeres Innern, ein unmittelbares, durch keine
Beweiſe gewonnenes Bewußtſeyn. Wir glauben an Gott,
weil wir an unſere eigene Exiſtenz und die Außenwelt glauben.
Gott iſt wahr, weil er iſt, und iſt abſolut wahr, weil er aus
ſich ſelbſt iſt.

Der religiöſe Glaube tritt an die Stelle des Selbſtbewußt=
ſeyns, und gibt uns unmittelbare Gewißheit von dem Geoffen=
barten; daher die Glaubenswahrheiten.

Durch die Offenbarung wird das Selbſtbewußtſeyn geweckt,
geſteigert und erfüllt, denn ſie iſt Wiedererinnerung an das
Vergeſſene und Verlorene.

Im Glauben haben wir das reinſte und höchſte Selbſt=
bewußtſeyn.

Wahr iſt Alles, was iſt oder Realität hat.

Wahrheit iſt das Abſtraktum des Wahren.

Die Idee der Wahrheit iſt das Abſtraktum der Summe
alles Wahren.

Das Reich der Wahrheit iſt der Inbegriff alles Seyen=
den, oder aller Exiſtenzen.

Zu dieſen Definitionen muß ich nur bemerken, daß die
Begriffe wahr und Wahrheit in ihrer weiteſten Bedeutung zu

nehmen find, und nur als theoretiſche Unterſcheidung von dem Schönen und Guten gelten. In Konkreto iſt das Wahre mit dem Schönen und Guten verbunden und erſcheint nur in der moraliſchen Welt getrennt und allein z. B. in dem böſen Geiſte.

In dem Selbſtbewußtſeyn erkennen wir uns nicht nur als ſeyend, als wahrhaftiges Seyn, ſondern auch in einer beſtimm= ten Geſtalt, in einem gewiſſen Organismus ſeyend. Wir unter= ſcheiden daher mit Recht eine gewiſſe Geſtaltung oder Organi= ſation unſeres Ich, und des relativen und abſoluten Nichtich; d. h. wir erkennen uns, und die Weſen um und über uns in gewiſſen Geſtalten oder Einheiten ſeyend oder als ſchön. Da= her gibt es auch eine Philoſophie des Schönen, d. h. eine Wiſſenſchaft des Schönen, welche von dem Selbſtbewußtſeyn ausgeht.

Das Ich unterſcheidet in dem Selbſtbewußtſeyn in ſich ſelbſt verſchiedene Kräfte, die nicht vorhanden ſind, um einander zu ſtören oder aufzuheben, ſondern um einander zu unter= ſtützen und zuſammenzuwirken und durch dieſes Zuſammen= wirken ein harmoniſches Ganzes zu bilden.

Das Ich erſcheint ſich und erkennt ſich daher als etwas Schönes.

Und wie das Ich in dem Selbſtbewußtſeyn ſein Seyn als ein organiſches oder ſchönes erkennt, ſo erkennt es auch das doppelte Nichtich — das relative und abſolute — als die Einheit verſchiedener Kräfte oder als ſchön. Durch das Selbſtbewußt= ſeyn erkennt nämlich der Menſch ſein Nichtich als etwas Orga= niſches, das ſeiner geiſtigen Organiſation entſpricht; das Ich erkennt daher auch ſein Nichtich als etwas Schönes. Das Ich findet ſich im Selbſtbewußtſeyn auch andern Ich gegenüber, daher erkennt es auch andere Menſchengeiſter als eine Einheit mannigfaltiger Kräfte ſchön. Und weil das Ich ſein Nichtich dem organiſch Geſtalteten außer ſich gleich ſetzt, ſo erſcheint ihm alles organiſch Gebildete und Geſtaltete ſchön.

Erkennt sich das Ich als organische Einheit mannigfaltiger Kräfte, wie sollte es die Erkenntniß seines Bildners, der vollkommensten Einheit und Harmonie oder unendlichen Schönheit desselben ausschließen?

Schön ist daher im weitern aber doch eigentlichen Sinne alles Seyn oder Wahre in einer dem Seyn angemessenen Form oder organischen Gestalt, jedes organische Wesen von dem Kryftall bis zu dem Menschen; schön ist der Menschengeist und die Geisterwelt; die höchste oder vollkommenste Schönheit ist Gott.

Es gibt daher Stufen des Schönen.

Das Schöne ist das Seyn in der dem Seyn entsprechenden Organisation.

Die Schönheit ist das Abstraktum des Schönen.

Die Idee der Schönheit das Abstraktum alles Schönen.

Das Reich der Schönheit der Inbegriff aller geistig und körperlich organisch gestalteten Wesen.

Der Menschengeist, das Ich, erkennt sich im Selbstbewußtseyn nicht bloß in doppelter Hinsicht in organischer Einheit existirend, als wahr und schön, sondern auch in bestimmter und bestimmender Organisation seyend, d. h. zu bestimmten Zwecken daseyend, die sich aus der dem Seyn entsprechenden Organisation erkennen lassen.

Das Ich erkennt sich in dem Selbstbewußtseyn, in dem Besitz verschiedener geistiger Kräfte, die in einer Harmonie mit einander stehen, und weil die Kraft schaffen und wirken muß, auch die Zwecke dieser Kräfte. Kann eine Kraft unthätig seyn, oder ist sie dennoch Kraft, wenn sie nicht thätig ist? Das Wesen und die Bestimmung der Kraft ist Thätigkeit. Das Ich findet sich daher gut, weil alle seine Kräfte, jede ihrer Natur entsprechend, thätig sind, oder weil ein naturgemäßes Zusammenwirken derselben stattfindet. Das Erkenntnißvermögen sucht die Wahrheit und schließt den Wahn und Irrthum aus, der Wille will nur, was als wahr, schön und gut anerkannt wurde, und das Selbstgefühl fühlt sich nur durch die Wahrheit, Schönheit und Tugend in dem gegenwärtigen Wesen befördert und erhöhet.

Ein der Natur der Kraft oder Bestimmung widersprechendes Thätigseyn ist böse.

Im Selbstbewußtseyn erkennen wir auch das Nichtich als ein in bestimmter Gestalt oder mit Bestimmung Seyendes. Auch das Nichtich, — der Körper, hat seinen bestimmten Organismus, um dem Ich als Werkzeug zu dienen. Das Nichtich ist daher gut, wenn alle seine Kräfte naturgemäß oder ihrer Bestimmung gemäß thätig sind. Die Bestimmung des Nichtich liegt in der Natur seiner Kräfte. Dient es sich selbst, so ist es seiner Natur zuwider thätig oder böse.

Aus denselben Gründen erkennt auch das Ich im Selbstbewußtseyn das geistige Nichtich, die Menschengeister und die Geisterwelt in bestimmter Form oder mit Bestimmung seyend, d. h. als gut und Gott als den absolut Guten.

Wie der Geist sich selbst als gut erkennt, insofern alle seine Kräfte natur= oder bestimmungsgemäß thätig sind, so erkennt er auch das relative Nichtich außer sich, die organischen Dinge als gut, insofern alle organischen Wesen in bestimmter Weise thätig sind. Da aber diese Wesen nicht mit Freiheit und Bewußtseyn ihrer Bestimmung gemäß thätig oder gut sind, so ist ihre Güte keine moralische.

Und Gott sah, daß es gut war. I. Mos. I. 25.

Das Gute ist das Seyn in naturgemäßer Thätigkeit.

Die Güte, die Tugend im Moralischen, das Abstraktum des Guten.

Die Idee des Guten das Abstraktum alles Guten.

Das Resultat dieser Ableitung, die zunächst bloß um die Idee des Schönen zu gewinnen gemacht wurde, ist daher folgendes:

Das Seyn ist wahr, und Wahrheit ist das Abstraktum oder die Erkenntniß des Seyns.

Das Seyn in organischer Gestalt ist schön und Schönheit das Abstraktum oder die Erkenntniß des Schönen.

Das Seyn in bestimmter Gestalt oder in Beziehung auf sich selbst und andere Dinge thätig ist gut und die Güte das Abstraktum oder die Erkenntniß des Guten.

Das Wahre als bloßes Seyn gedacht ist noch nicht schön. Die mathematische Wahrheit, z. B. die Entfernung, Höhe, Länge oder Breite eines Gegenstandes, der Kreis, das Quadrat, die algebraische Gleichung 2c. wird nicht schön genannt.

Wenn das Seyn oder Wahre als individuelle Gestalt erscheint, oder wenn der Kreis, das Quadrat, in ein organisches Gebilde übergeht, erhalten sie erst den Charakter der Schönheit. Das Schöne dagegen ist wahr, weil es ein Seyn in individueller Gestalt ist, oder insoferne es ein Seyn ist. An und für sich betrachtet ist das Schöne noch nicht gut, weil es noch nicht in Beziehung auf seine naturgemäße Thätigkeit aufgefaßt wird. Der freie Geist kann seiner Natur und Bestimmung zuwider handeln, böse werden, allein eben dadurch hört er auch auf schön und wahr zu seyn. Er ist nicht mehr wahr, weil er nicht mehr das Seyn ist, das er eigentlich seyn sollte. Was daher gut ist, ist auch schön und wahr.

Weil das Seyn nicht ohne einen angemessene Form und Thätigkeit erscheint, oder weil sich diese drei Faktoren in jedem organischen Wesen durchdringen uns es als eine Einheit oder Indifferenz der Faktoren darstellen; so steht auch das Schöne mit dem Wahren und Guten in einer so engen Verbindung, daß wir bloß einen theoretischen Unterschied angeben können.

Das Gute, welches das Seyn in naturgemäß thätiger Gestalt ist, schließt das Schöne, die organische Form in sich. Daher hat das Schöne einen großen Erscheinungskreis.

Dem Gesagten zu Folge stimmen wir in Betreff des Schönen und Guten mit Plato überein, der das Gute über das Schöne stellt, aber die Erscheinung des Guten auch in das Schöne setzt. Er sagt im Philebus, daß uns das Wesen des Guten in die Natur des Schönen entflieht, und daß wir, weil wir das Gute nicht in Einer Form auffangen können, es in diesen dreien zusammenfaffen, in der Schönheit, Verhältnißmäßigkeit und Wahrheit. Weil das Gute und Göttliche nur in dem Schönen zur Erscheinung kommen kann, so erkennt er die Liebe zum Schönen als den innern Zug des Menschen zum Göttlichen, denn er sagt im Gastmahl, daß die Menschen nichts Anderes lieben als das Gute, daß aber das Schöne die die subjective Empfänglichkeit für das Gute vermittelnde Form sey. (Vergl. Polit. III.) Warum das Gute oder Göttliche besonders unter der Form der Schönheit erscheine, erklärt Plato im Phädrus weitläuftiger auf diese Weise: „Es ist nicht leicht bei dem, was hier ist, an jenes, was wir vormals geschaut haben, sich zu erinnern, weder denen, die das dortige nur kümmerlich sahen, noch denen, welche, nachdem sie hieher gefallen, ein Unglück betroffen, daß sie, irgend wie durch Umgang zum Unrecht verleitet, das ehedem geschaute Heilige in Vergessenheit gestellt; ja wenige bleiben übrig, denen die Erinnerung stark genug beiwohnt. Diese nun, wenn sie ein Ebenbild des Dortigen sehen, werden sie entzückt und sind nicht mehr ihrer selbst mächtig, was ihnen aber eigentlich begegnet, wissen sie nicht, weil sie es nicht genug durchschauen. Denn der Gerechtigkeit, Besonnenheit, und was sonst den Seelen köstlich ist, hiesige Abbilder haben keinen Glanz, sondern mit trüben Werkzeugen können auch nur Wenige von ihnen, mit Mühe jenen Bildern sich nahend, des Abgebildeten Geschlecht erkennen. Die Schönheit aber war damals glänzend zu schauen, als mit dem seligen Chore wir dem Zeus, andere einem andern Gott, folgend des herrlichsten Anblicks und Schauspiels genossen und in ein Geheimniß geweiht waren, welches man wohl das allerseligste nennen kann, und welches wir feierten untadelig und unbetroffen von den Uebeln, die unserer für die künftige Zeit warteten, und so auch zu untadeligen, unverfälschten, unwandelbaren, seligen Gesichtern vorbereitet und geweihet in reinem Glanze, rein und unbetastet von diesem unserm Leibe, wie wir ihn nennen, den wir jetzt eingekerkert, wie ein Schaalthier, mit uns herumtragen. Dieses möge der Erinnerung geschenkt seyn, um derentwillen es aus Sehnsucht nach dem Damaligen jetzt ausführlicher ist geredet worden. Was nun die Schönheit betrifft, so glänzte sie, wie gesagt, schon unter jenen wandelnd, und da auch nun wir hieher gekommen, haben wir sie aufgefaßt durch den hellsten unserer Sinne aufs hellste uns entgegenschimmernd. Denn das Gesicht ist der schärfste aller körperlichen Sinne, vermittelst dessen aber die Weisheit nicht geschaut wird, denn zu heftige Liebe würde entstehen, wenn uns von ihr ein so helles Ebenbild dargeboten würde durch das Gesicht, noch auch das andere Liebenswürdige, nur der Schönheit aber ist dieses zu Theil geworden, daß sie uns das Hervorleuchtendste ist und das Liebreizendste.‟

Das Schöne ist daher nach Plato diejenige Form, unter welcher sich das Göttliche dem Menschen am nächsten legt, denn es ist die konkrete Gestalt des Göttlichen.

Baumgarten, der Stifter der Aesthetik, als einer besondern Wissenschaft, setzte das Schöne in die Wahrnehmung der Vollkommenheit in der Wirklichkeit. Vollkommenheit ist ihm die Beschaffenheit eines Dinges, vermöge deren es seinem Begriffe angemessen ist. Vollkommen ist also ein Ding, wenn es in einer seiner Natur angemessenen Gestalt erscheint, d. h. es ist gut, weil es zweckmäßig ist, und es ist schön, weil es eine angemessene Form hat.

Auch das Zweckmäßige ist schön, wie Baumgartens Nachfolger lehrten; allein, ich sage, nicht wegen der Zweckmäßigkeit ist ein Ding schön, sondern weil es in einer ihm eigenthümlichen Form erscheint.

Die Praxis der Kunst bestätigt auch diese Ansicht, daß das Gute zugleich schön sey und ästhetische Gefühle erwecke. Die Maler z. B. stellen Christus, den allein Guten, in verschiedenen Verhältnissen dar und erwecken durch ihre Darstellung ästhetische Anschauungen und Gefühle. Wie vermögen sie dieses? Nur deßwegen, weil der Gute auch der Schöne ist. Ist die reine Liebe, die gewiß etwas Gutes ist, und in Reden, Handlungen und Leiden eine bestimmte Erscheinungsform gewinnt, nicht schön in ihrer Erscheinung? Ist die Handlung, die aus dem reinsten Wohlwollen hervorgegangen ist, nicht etwas Schönes? Freilich ist hier das Wohlgefallen, das ästhetische Gefühl, auf das Gute gegründet, und es beruht nicht rein auf der Form, die einer Idee entspricht oder ein umgekehrtes Ideal darstellt, wie beim Komischen.

Unsere Ansicht von dem Guten, daß es zugleich schön sey, stimmt auch mit Solger überein. (Vorlesungen über Aesthetik. Herausgegeben von K. W. L. Heyse. Leipz. 1829.)

„Eben so trifft im Schönen Wahrheit und Güte zusammen. Als Mittel, das Gute zu bewirken, können wir das Schöne nicht ansehen, aber des vollkommnern Bewußtseyns der Idee des Guten können wir nicht habhaft werden, ohne zugleich die Idee des Schönen zu haben. Wir werden das Gute immer nur als die Forderung, als das Sollen ansehen, wenn wir es nicht zugleich als Schönes erkennen. Denn eben die höchste Idee, insofern die Erscheinung in ihr aufgeht, ist die Schön=heit, und indem die Idee des Schönen mit dem Guten zusam=menfällt, ist sie zugleich Idee des Wahren.“

Das Schöne ist oder existirt, weil es das Seyn in seiner organischen Gestalt ist, ohne daß es erkennt, geschaut und gefühlt wird, wie das Wahre, ohne daß es gefaßt und begriffen wird, und wie das Gute, ohne daß es geliebt und gewollt wird. Das Schöne ist nicht von dem subjectiven Geschmack abhängig. Weil das Schöne subjectiv und objectiv besteht, können wir Jean Paul nicht beistimmen, der das Schöne auf folgende Weise bestimmt: „Nichts ist schön, als unsere Empfindung des Schö=nen, nicht der körperliche Gegenstand.“ Das Schöne ist nach unserem Selbstbewußtseyn in uns und an uns und es ist in allen Realitäten, die organisch gestaltet sind, allein es wird nicht von Jedem wahrgenommen, erkannt, geschaut und gefühlt. Es läßt sich nach Jean Pauls Definition nicht erklären, warum wir eine Empfindung des Schönen haben, wenn die Empfindung keine Beziehung zu dem schönen Gegenstande hat, und warum wir verschiedene Empfindungen des Schönen haben, wenn nicht äußere Gegenstände diese Empfindungen verursachen. Allerdings nehmen wir nicht den konkreten schönen Gegenstand in unsere Anschauung und Empfindung auf, sondern wir bekommen von dem Gegenstand nur eine Anschauung und in Folge dieser eine Empfindung, allein ohne den äußern Gegenstand hätten wir weder die Anschauung noch die Empfindung des Schönen. Wenn auch das Schöne nur für den schön ist, der es schaut und empfindet, so kann man seine äußere Existenz doch nicht läugnen. Oder ist deßwegen eine Natur oder ein Gemälde wirklich nicht schön, weil Einige das Schöne daran nicht erkennen, deren Gefühl und Geschmack nicht geweckt und gebildet ist? Ist der Sternenhimmel deßwegen nicht schön, weil Viele nicht gefühl= voll zu ihm schauen? Oder können wir sagen, ein Satz sey nicht wahr, weil Dieser und Jener die Wahrheit desselben nicht begreift? Es besteht ein Reich des Wahren, Schönen und Guten, die miteinander nur ein Reich bilden, und doch herrscht nebenbei viel Irrthum, viel Häßlichkeit und viel Böses.

Zur Verhütung der Mißdeutung der gegebenen Begriffs= bestimmung von dem Schönen: es ist das Seyn in angemessener Form, muß noch bemerkt werden, daß nicht gemeint ist, daß die Form das Wesentliche und Hauptsächliche des Schönen sey. Das Seyn ist das Wahre, oder wie Schelling sagt, der ewige Begriff, der jedem Ding vorsteht und in dem unendlichen Ver= stande entworfen ist. Das Seyn ist daher auch die Idee, wie andere Aesthetiker das Wesentliche des Schönen nennen. Wenn wir nun unter Seyn die ewigen Ideen oder Begriffe verstehen, so erhellet von selbst, welche Bedeutung der Ausdruck „Seyn" in der Definition des Schönen habe. Es kann daher nur die= jenige Form oder Erscheinung schön genannt werden, welche eine ewige Idee oder einen ewigen Begriff versinnlicht oder das angemessene Mittel ist, wodurch jene in die Erscheinung tritt. Mangelt der Form das Seyn oder die Idee, so ist sie komisch oder auch bizarr, und entspricht der Idee nicht die angemessene Form, so kommt diese nicht zur vollen Erscheinung. Ueber das Verhältniß des Seyns zur Form im Schönen sagt Schelling ferner in seiner Rede über das Verhältniß der bildenden Künste zu der Natur: „Aber wodurch geht dieser Begriff in die Wirklichkeit und die Verkörperung ein? Allein durch die schaffende Wissenschaft, welche mit dem unendlichen Verstande eben so nothwendig verbunden ist, wie in dem Künstler das Wesen, welches die Idee unsinnlicher Schönheit faßt, mit dem, welches sie versinnlicht darstellt. Ist derjenige Künstler glücklich zu nennen und vor allem lobenswerth, dem die Götter diesen schaffenden Geist verliehen haben, so wird das Kunstwerk in dem Maße trefflich erscheinen, in welchem es uns diese unverfälschte Kraft der Schöpfung und Wirksamkeit der Natur wie in einem Umrisse zeigt."

§. 3.
Vermögen für das Schöne.

In unserm Selbstbewußtseyn erkennen wir Schönes in und an uns, über uns und unter uns. Das Reich der Schönheit umfaßt Gott, die Geisterwelt, die Menschengeister und die organische Natur.

Hat aber der Mensch auch Kräfte des Geistes, das Schöne zu erkennen, zu schauen und zu fühlen, und Kräfte, Schönes zu schaffen?

Wie wir in unserm Selbstbewußtseyn Wahres, Schönes und Gutes, die in inniger Verbindung mit einander stehen, dennoch unterscheiden, so finden wir auch in unserm Ich verschiedene Kräfte für die Erkenntniß des Wahren, für das Schauen und Fühlen des Schönen und Wollen und Vollbringen des Guten. Wir unterscheiden daher Erkenntniß-, Gefühls- und Willenskräfte, aber wie das Gute das Schöne und Wahre in sich schließt, so hängen diese Kräfte im Geiste enge zusammen und wirken zusammen, so daß keine unthätig ist, wenn die

Seele erkennt, fühlt oder will, und können nur theoretisch besonders betrachtet werden.

Derselbe Prozeß, der bei dem Vorstellen und Begreifen des Wahren in der Seele stattfindet, wiederholt sich in anderer Weise in dem Erkennen und Schauen des Schönen. Dem Vorstellungsvermögen entspricht auf dieser Seite die Einbildungs= kraft und dem Verstande oder der Vernunft die Phantasie, und dem Selbstbewußtseyn das Selbstgefühl. Wir unterscheiden da= her drei besondere Kräfte in dem Geiste, die uns zur Empfäng= lichkeit für das Schöne gegeben sind: Einbildungskraft, Phantasie und Gefühlsvermögen. Vergleichen wir diese Kräfte überhaupt mit den Hauptgeisteskräften, so verhält sich die Phantasie wie die Vernunft und die Einbildungskraft wie der Wille; und das Gefühlsvermögen ist der Resonanz dieser beiden Kräfte, wie das Selbstbewußtseyn die Grundlage des Erkennens und Wollens ist.

§. 4.
Nähere Bezeichnung der Phantasie.

Mit der Einbildungskraft hängt der Mensch noch an den bunten Gestalten, wie die Biene an der Blume; in dem Gefühl schwebt er über der bunten Gegenwart, wie der Schmetterling in freier Luft, mit der Phantasie aber erhebt er sich zu höhern Luftregionen, zu den Idealen, wie der Adler zu den Wolken.

Die Phantasie ist nämlich dasjenige Vermögen des Geistes, durch welches sich der Mensch über die gemeine Wirklichkeit erhebt zum Anschau höherer und edlerer Gestalten und Ver= hältnisse, als die gegenwärtige sind. Die Einbildungskraft kann sich nicht von der Form des Wirklichen trennen, allein die Phantasie macht sich frei von dem Boden der Wirklichkeit und schaut Schöneres und Edleres, als die gemeine Gegenwart darbietet.

Vermittelst dieses Vermögens finden wir in der Total= anschauung der Natur das Reich der Schönheit von einer

Seite. Die gemeine Ansicht von der Natur besteht darin, daß in ihr Mannigfaltigkeit, Ordnung und Einheit herrsche, die Phantasie dagegen findet in ihr die Idee der Schönheit durch vernunftlose und unfreie Wesen realisirt oder geoffenbart; sie findet daher in der Natur den Zusammenhang der Wirklichkeit mit der Idee. Das Weltsystem bildet ein unendlich großes Ganzes von materiellen Körpern, die alle in organischen Verhältnissen stehen und die Einheit der Idee darstellen. Dieser κόσμος oder Mundus ist aber als unendliche Einheit nicht Gegenstand empirischer Wahrnehmung, sondern der Anschau der Phantasie. Die Phantasie erkennt in dem großen Weltall die ewige Schönheit, die es darstellt. Daher sagt Plato in Timäus: Ὁ θεὸς ἔπλασε τὸν κόσμον πρὸς ἑαυτοῦ ὑπόδειγμα. Hiemit stimmt die christliche Ansicht überein, daß die ganze sichtbare Welt Offenbarung Gottes sey. Röm. I. 19. 20.

Wie das Ganze symbolische Darstellung der Idee der Schönheit ist, so ist das Einzelne in der Natur ein Strahl oder Bruch des Ganzen, und daher theilweise Darstellung des Schönen. Das Einzelne ist Mikrokosmus, d. h. Abbild, das das Wesen des Ganzen in sich enthält oder Wiederholung des großen Ganzen im Einzelnen. Der Verstand erkennt in den drei Reichen der Natur nur das Wahre, z. B. in dem Pflanzenreich nur die verschiedenen Gattungen, die Verwandtschaft, die Abstufungen, die innere und äußere Beschaffenheit und die Aehnlichkeit und Verschiedenheit und durch Emperie die Nützlichkeit und Schädlichkeit; die Phantasie dagegen erkennt in der Pflanzenwelt das in verschiedenen Modifikationen ausgeprägte, noch von der Nothwendigkeit gebunden und beherrschte Lebensbildungsgesetz, d. h. sie erkennt das Pflanzenreich als einseitige Darstellung der Idee der Schönheit, wie diese sich in den verschiedensten organischen Formen ausprägt. Die große Mannigfaltigkeit dieser organischen Formen in ihrer Einheit ist Gegenstand der Phantasie. Die Beziehung des Einzelnen an der Pflanze auf die ganze Pflanze, und dieser auf ihre Gattung und der Gattung

auf das ganze Pflanzenreich und des Pflanzenreiches auf die anderen
Naturreiche und auf das ganze Weltsystem ist in Ansehung der
Offenbarung des Schönen eine Thätigkeit der Phantasie. Die
Beziehung der Phantasie zu der Natur zeigt sich besonders in
der Personifikation der Naturgegenstände. Dem kindlich leb=
haften Geiste erscheint die Natur als göttlich und beseelt, daher
findet und erkennt er sich selbst in ihr, erhebt sie zu sich und
die Phantasie macht sie zu einem höhern selbstbewußten Wesen.
Nur die Phantasie als das Vermögen der Ideale findet in den
Naturgegenständen die sinnbildliche Bedeutung und Beziehung,
z. B. in dem Veilchen, der Rose, der Lilie ꝛc. Wenn die
Phantasie nicht gebildet, oder wenn sie im Dienste des Bösen
ist, so findet der Mensch freilich nichts Schönes, Erhabenes
und Bedeutungsvolles in der Natur.

Wie die Phantasie die ideale Beziehung der Wirklichkeit
erschaut, so erkennt sie auch im menschlichen Leben, das sich
unter bestimmten Verhältnissen und in bestimmten Gestalten
entwickelt, die höhere und bedeutungsvolle Richtung als etwas
Schönes. Das sittliche Leben der Menschheit, die Entfaltung
der Tugend, das Erblühen der himmlischen Liebe erscheint in
bestimmten aber freien Bewegungen und ist etwas Schönes,
insofern hier das Gute in die Erscheinung tritt. Die Phantasie
hält ihre Ideale an die Erscheinung und verklärt diese durch
jene. In Betreff der Handlungen erkennt die Vernunft die
Vernünftigkeit, Zweckmäßigkeit, Rechtlichkeit derselben und
schließt auf ihre Folgen; die Phantasie dagegen erfaßt die guten
Handlungen in Bezug auf das Schöne und Göttliche und schaut
darin die ideale Richtung. Sehen wir einen Menschen von
Liebe und Glaube beseelt ringen und kämpfen, leiden und
harren, um Wahrheit und Tugend zu behaupten, so verklärt
die Phantasie dieses Lebensverhältniß mit dem Ideale des
Gottliebenden. Sehen wir einen Menschen vor Gott knien,
die Augen zum Himmel gerichtet und die Hände gefaltet:
unser Sinn, Verstand und unsere Vernunft wissen nicht, was

das Innere und Wahre, die höchste Beziehung dieser Lage und Handlung ist; nur die Phantasie löst dieses Räthsel durch das Vorhalten des Ideals von dem Gottseligen. Die Phantasie erschaut das Edle, Naive, Großmüthige, Gerechte und Heilige in den menschlichen Handlungen als das Schöne.

Wie die Phantasie im Reiche der Natur die bedeutungsvolle Beziehung der Idee der Schönheit erkennt und dem Menschenleben ihre Ideal entgegenhält, so ist sie auch das Vermögen, das Göttliche in sich zu schauen. Das Göttliche tritt nicht in einer persönlichen Erscheinung hervor, daher leiht ihm die Phantasie eine ideale Gestalt. Die Vernunft und Offenbarung stellen uns Gott als den allmächtigen, weisesten, heiligsten und liebevollsten Schöpfergeist dar; allein wir haben noch kein Bild von ihm. Nur vermittelst der Phantasie schauen wir das Göttliche in einem Bilde, und je reiner und gebildeter die Phantasie ist, desto reiner und würdiger ist auch das Bild des Göttlichen. Gott ist der höchste und nie vollkommen erreichbare Gegenstand für die Phantasie. Gott ist Geist, allein der sinnlich vernünftige Mensch kann ihn doch nicht ohne Gestalt denken. Wenn er auch alles Sinnliche an ihm ausschließt, muß er ihn doch in einer geistigen Gestaltung, einer gewissen Organisation seines geistigen Wesens denken. Sollten die großen und erhabenen Eigenschaften, die wir Gott beilegen, nicht in einer gewissen Harmonie oder einem gewissen Organismus zu einander stehen? Gott ist Geist, aber ein Einiger, mit sich selbst übereinstimmender und darum höchst seliger Geist.

Es besteht über der Erde ein Geisterreich, denn die Offenbarung spricht von Engeln, ihren Eigenschaften und Bestimmungen, allein wir sehen diese nicht im gewöhnlichen Erdenleben erscheinen, daher können wir diese nur vermittelst unserer Phantasie schauen. Die Phantasie gestaltet uns die höhere Geister so, daß sie derselben in einer ihrem Wesen und ihrer Bestimmung entsprechenden Gestalt erscheinen. Nur in unserer Phantasie schauen wir die Engel, ihre Beschäftigung und Seligkeit.

Ebenso verhält es sich mit den Heiligen und Seligen. Es ist noch in keines Menschen Sinn gekommen, was Gott denen bereitet hat, die ihn lieben, und doch erhebt sich die Phantasie zur Anschauung des seligen Zustandes, in dem sich die Heiligen im Himmel befinden. Nur vermittelst unserer Phantasie stellen wir uns die Engelchöre und die Gemeinschaft der Heiligen vor.

Wie die Phantasie uns zur Anschauung des Göttlichen, der Engel und der Seligen erhebt, so schauen wir auch nur durch dieselbe den bösen Geist und die Unglückseligkeit der Ver= dammten. Die Phantasie leihet den bösen Geistern eine ihrem Wesen entsprechende geistige Verfassung oder Gestaltung.

Was ist nun nach dem Gesagten die Phantasie? Die Ver= nunft hat zwar Ideen des Wahren, aber keine Ideale. Die Phantasie ist daher das herrliche Vermögen, die Ideen des Wahren unter einem freundlichen Bilde der Seele erscheinen zu lassen. Das Ideal ist daher die subjectiv individuelle oder realgewordene Idee des Wahren. Die Idee der Gerechtigkeit z. B. wird, wenn sie in einer angemessenen individuellen Ge= stalt oder in dem allgemeinen Bilde des Gerechten dem Geiste erscheint, ein Ideal.

Wie die Idee der Gerechtigkeit etwas Abstraktes ist, so ist auch das Ideal derselben abstrakt, d. h. das Ideal des Gerechten existirt nicht außerhalb unserer Phantasie als ein konkreter Gegenstand oder als ein einzelnes Individuum. Die Phantasie ist daher auch das Vermögen des unmittelbar Schönen, des ideal Schönen. In der Phantasie finden wir auch den ewigen Born alles Kunstschönen, daher sagt Cicero de orat. ad Brut. sehr treffend: „Nec vero ille artifex (Phidias) cum faceret Jovis formam aut Minervae, contemplebatur aliquem, e qua similitu- dinem duceret; sed ipsius in mente insidebat species pulchritu- dinis eximia quaedam, quam intuens, in eaque defixus, ad illius similitudinem artem et manum dirigebat.“ Das Ideal ist das gedenkbare oder bildbare höchste Schöne für den menschlichen Geist auf Erden und darum durch die Praxis unerreichbar.

kann man sagen, die schönsten Madonnen Raphaels haben das schönste und höchste Ideal erreicht?

Die Phantasie, die unerschöpfliche Fundgrube hoher Ideale, ist auch ein Beweis von der erhabenen Natur und Würde des Geistes; sie läßt uns einen Blick, wenn auch noch einen matten, in die Region vollendeter Schönheit und Vollkommenheit werfen. Das Menschenleben, das reinste und beste, erscheint unseren Sinnen und unserm Geiste, allein die Phantasie hält ihm ein in jeder Beziehung vollkommenes Musterbild, Ideal, entgegen und zeugt gegen dasselbe, daß es noch unter dem Ideale stehe. Die Phantasie ist daher auch das Vermögen zu idealisiren, d. h. das Unvollkommene, noch nicht von der Idee Gesättigte und Durchdrungene in höherer Reinheit und Vollendung darzustellen, das Unvollkommene an dem Vollkommenen zu messen und jenes zu diesem zu erheben. Das Komische hat daher nur vor der Phantasie eine Bedeutung, denn wie diese das Vermögen ist, die ideale Beziehung aufzufassen, so erkennt sie auch den Gegensatz der Wirklichkeit und des Ideals, d. h. die Inhaltsleerheit und Beziehungslosigkeit.

Die Phantasie schafft ferner auch die historischen Ideale, d. h. sie gibt einem historischen Charakter seine eigenthümliche Gestalt. Wir wissen z. B. von Achilles, daß er ein jugendlicher Held, ein kraft- und muthvoller Mann war, der sich in seiner Kraft und seinem Muthe über Andere erhoben fühlte, allein wir haben noch kein Bild von ihm. Die Phantasie stellt uns nun Achilles in der Gestalt vor, die sie seinem Charakter entsprechend findet. So verhält es sich mit dem historischen Ideal von Moses, Alexander, Hanibal ic.

§. 5.

Werth und Bildungsfähigkeit dieses Vermögens.

Die Phantasie hat einen großen Werth für das geistige Leben des Menschen; denn wie der Geist selbst Schönheit ist, so ist das Schöne auch gleichsam Nahrung desselben. In dem

Wahren, Schönen und Guten besteht des Geistes Wesen und Leben.

Vermittelst der Phantasie erkennen wir in der Natur eine Offenbarung des Schönen und nehmen dieses in uns auf. Da unsere Erfahrung nicht so weit reicht, daß wir das Weltall durch= und überschauen können, vermögen wir nur, von unserer Erde und ihrem Sonnensysteme ausgehend, durch die Phantasie ein Bild von dem unendlich großen und herrlichen Weltall zu entwerfen, in dem wir leben. Wir schauen mit Hilfe der Phantasie die Millionen und abermal Millionen von Himmelskörpern in harmonischer Ordnung ewig um und durch einander kreisen. Welche unendlich erhabene Schönheit, deren wir vermittelst der Phantasie empfänglich sind! Wie weit erhebt sich also der Mensch über die übrigen lebenden Bewohner der Erde, da er mit seiner Phantasie des Himmels unermeßliche Räume durchdringt und der erhabenen Schönheit derselben sich be= mächtigt!

Vermittelst der Phantasie schauen wir das Ideale — das edelste, reinste und gottseligste Leben; wir schauen daher mit der Phantasie das würdigste Lebensziel. Wie hoch steht der Mensch mit seinen Idealen über dem gewöhnlichen und gemei= nen Leben! Welche edle und würdige Genüsse verschafft daher uns die Schöpferkraft der Phantasie! Alles, was groß, edel und gut ist, bezieht sie auf die Ideale und mißt die Erscheinung daran. Vermittelst dieses Vermögens lebt der Geist ein höheres — ein ideales Leben.

Im Besitze der Phantasie erhebt sich der Mensch zum Schauen des Göttlichen. Welch erhabener und würdiger Genuß des Geistes! Was kein Auge gesehen und kein Ohr gehört hat, gestaltet die Phantasie zum würdigen Bilde. Hic vero phantasia periclitatur. Welche Bedeutung hat also dieses Vermögen für das geistige Leben! Es erhebt uns von dem dumpfen Schau= platz unseres gegenwärtigen Lebens in lichtvolle und freundliche Regionen, zum Schauen des Himmlischen, wo das Gemeine und Häßliche ausgeschloffen ist und wo keine Entstellung und Entzweiung herrscht.

Nur weil unsrem Geiste die Phantasie eingeboren ist, gewähren uns die Kunstwerke einen geistigen Genuß. Wie nur die Phantasie durch die Vermählung des Ideals mit materiellem Stoffe dem Kunstwerke wahre Bedeutung gibt, so kann auch nur wieder die Phantasie an der Kunst das Bedeutungsvolle, die Seele oder den Geist des Kunstwerkes erkennen und schauen. Wessen Phantasie nicht gebildet oder sich nicht zu schönen Idealen erheben kann, der bleibt bloß bei der Form des Kunstwerkes stehen. Die gemeine Ansicht von der Kunst findet ihre höchste Bedeutsamkeit in der Vollendung der Form und übersieht das Wesentliche derselben. Ein Kunstwerk, das nur in Beziehung auf die äußere Form vollendet ist, aber kein Ideal darstellt, verhält sich wie ein Mensch, dessen Körper vollkommen organisirt ist, aber keinen Geist oder einen bösen ausspricht.

Steht die Phantasie unter der Herrschaft und im Dienst des Bösen, so sind ihre Gebilde häßlich. So sehr die edle und reine Phantasie den Geist zum Genuß des Schönen erhebt, so sehr versenkt die verderbte und verkehrte Phantasie den Geist in einen Pfuhl voll stinkenden Dunstes; und so sehr die reine und edle Phantasie den Menschen zu allem Großen und Edlen begeistert, so sehr lähmt die verderbte Phantasie alle Geisteskräfte.

Wodurch kann dieses Vermögen geweckt und gebildet werden? Zur Belebung dieses Vermögens trägt besonders der Sinn für die Schönheiten der Natur und Kunst bei, die öftere Betrachtung der Natur= und Kunstwerke in ihrer höchsten Beziehung und Bedeutung. Ferner belebt und veredelt dieses Vermögen die Beherzigung edler Handlungen und liebenswürdiger Charaktere. Die Lust und Freude an dem Schönen erweckt die schlummernden Ideale und die Begeisterung der Phantasie. Vor Allem bewahrt nicht nur, sondern steigert und läutert dieses Vermögen der fromme Glaube an Gott und die Geisterwelt

und sittliche Reinheit. Hier bewährt sich auch überhaupt der
Einfluß des Gemüthes auf den ganzen geistigen Menschen. Das
Gemüth ist die krankhafteste Seite des menschlichen Geistes, ist
dieses verkehrt, mit Lust und Freude an dem Bösen angefüllt,
so ist Alles in dem Menschengeiste verkehrt und böse; der Verstand ist befangen, der Wille geschwächt, und der Aufschwung
der Phantasie zu allem Herrlichen und Guten gelähmt. Ist
das Gemüth von reiner Liebe erfüllt, so richtet sich die Phantasie auf das Edelste und Würdigste und entsetzt sich über die
häßlichen Bilder, die das Gemüth entweihen. Es ist daher nicht
erklärbar, wenn man das Wesen der Kunst im Auge behält,
wie ein moralisch schlechter Mensch, ein Mensch von verkehrtem
Gemüthe, ein edles Kunstwerk schaffen soll. Sollte auch das
Werk eines solchen Künstlers äußere Vollendung erlangen, so
fehlt ihm doch die höhere Geistesweihe. Die meisten Produkte
solcher Künstler sind frivol.

§. 6.

Das Wesen der Einbildungskraft.

Die Einbildungskraft steht zu der Phantasie in dem Verhältniß, wie der Wille zu dem Verstande oder der Vernunft,
denn wie die Erkenntniß durch den Willen zur That wird, so
wird das Ideal durch die Einbildungskraft in ein sinnliches Bild
umgesetzt. Der Wille ist der Vermittler zwischen der Erkenntniß
und der That und die Einbildungskraft die Vermittlerin zwischen dem Ideal und dem Kunstwerk. Die Einbildungskraft
steht dem Vorstellungsvermögen zur Seite und über diesem.
Das Vorstellungsvermögen verknüpft das Mannigfaltige in der
Wahrnehmung und stellt uns das Seyn in Zeit- und Raum-
verhältnissen vor; durch dieses Vermögen erkennen wir das Seyn
als ein Besonderes und Ganzes. Die Einbildungskraft dagegen
erkennt das Mannigfaltige in der Einheit, als ein organisches
Ganzes; sie erkennt die dem Seyn eigenthümliche organische
Form und stellt uns den Gegenstand im Bilde dar. Wie also

das Wahre als Seyn von dem Schönen als Seyn in organi=
scher Gestalt verschieden ist, so unterscheidet sich das Vorstel=
lungsvermögen von der Einbildungskraft.

In der Natur erkennt die Einbildungskraft z. B. die Rose
als etwas Schönes, weil sie in den verschiedensten Abarten der
Rosen immer wieder nur den Rosentypus, welcher der Bildung
der Rosen zu Grunde liegt, findet; sie erkennt die Rose als
schön, weil sie die den Rosen eigenthümliche organische Form
erkennt. Wäre die Rose z. B. zur Hälfte nur Rose, zur Hälfte
aber Lilie, so könnte die Einbildungskraft diese Gestaltung nicht
als etwas Organisches, sondern nur als etwas in sich Wider=
sprechendes und daher nicht als etwas Schönes anerkennen.
Betrachten wir ein Kunstwerk, so erkennen wir die Vollendung
der Form desselben durch kein anderes Vermögen als durch die
Einbildungskraft. Das Vermögen der organischen Bildung
erkennt hier das Ebenmaß, die Proportion, die Harmonie des
Einzelnen zum Ganzen, und andererseits das Mißverhältniß
der Glieder, der Theile und des Zusammenhanges des Ganzen.

Das Gedächtniß bewahrt die Eindrücke von außen und
innen. Daher ist jeder einzelne Eindruck, den ein Gegenstand
auf uns macht, für unser geistiges Wesen nicht ganz verloren,
wenn wir uns desselben auch nicht mehr erinnern. Der Ein=
druck, der einmal geschehen ist, hat auf die Bildungsfähigkeit
der Seele einen Einfluß geübt, der vorübergegangen und daher
nicht mehr aufzuheben ist. Das Gedächtniß bewahrt die Ein=
drücke in der Seele, allein dieses Vermögen ist nicht allein im
Stande, das Gesehene und Erfahrene wieder bildlich vor die
Seele zu stellen. Die Einbildungskraft, das Vermögen der orga=
nischen Bildung, belebt das Todte, das im Gedächtnisse liegt,
wieder, d. h. sie gibt dem Gegenstande, den das Gedächtniß
bewahrt, die Gestalt wieder vor dem Geiste, die er hatte, als
er mit den Sinnen wahrgenommen wurde. Hat Jemand z. B.
einen interessanten Menschen gesehen, so bewahrt das Gedächt=
niß den Eindruck desselben, gleichsam einen Punkt davon, erinnert

er sich an diesen Menschen, so stellt die Einbildungskraft denselben in der nämlichen Gestalt vor die Seele, in der er einst
gesehen wurde. War aber die Einbildungskraft nicht auch bei
dem Anblicke des Menschen thätig, war sie etwa mit einem
andern Bilde beschäftigt, so erinnert man sich zwar, aber ohne
Bild, d. h. man erinnert sich zwar, aber kann sich die Sache
nicht mehr recht vorstellen.

Wenn wir eine Reihe von Handlungen, eine Scene, sehen,
so bewahrt das Gedächtniß gleichsam eine Linie davon: erinnern
wir uns an diese Scene, so knüpft die Einbildungskraft an diesen gestaltlosen Faden die Anschauungen, die wir gehabt haben.
Wir sehen vermittelst der belebenden Einbildungskraft im Geiste
die Menschen wieder,. wie sie waren, und an dem Orte handeln,
wo sie handelten. Hat die Einbildungskraft nicht das Ganze
überschaut, so kann sie auch dem Gedächtnisse nicht ganz zu
Hülfe kommen. Die Eindrücke, welche Kunstwerke auf uns
machen, wären verloren, wenn die Einbildungskraft uns diese
nicht wieder in ihrer Gestalt vor die Seele stellte. Die Wie-
dererweckung der Gefühle und idealen Anschauungen, welche
gewisse Kunstgegenstände erwecken, beruht bloß auf der Einbildungskraft. Was vermittelt z. B. uns das tragische Gefühl,
welches der Anblick des Laokoon im Belvedere erweckt, wenn
nicht die Einbildungskraft? Da dieses bestimmte Gefühl an
einen bestimmten Gegenstand gebunden ist, kann dieses Gefühl
nur wieder erwachen, wenn die Einbildungskraft denselben Gegenstand, so wie er beim ersten Anblicke war, wieder vor die
Seele stellt. Wie können aber Gefühle in uns wieder hervorgerufen werden, die musikalische Compositionen durch ihre Auf-
führung in uns erzeugt haben? Wieder nur durch die Einbildungskraft. Dieses Vermögen belebt in unserer Seele die
verhallten Bewegungen und Verbindungen der Töne wieder und
ruft dadurch dasselbe Gefühl aus der Tiefe der Seele hervor.
Das Gefühl, welches eine Arie erweckte, kann nur wieder hervorgerufen werden, wenn die Einbildungskraft die Arie in

ihrer Form, d. h. in dem Wechsel der Töne dem Geiste wieder vorstellt oder faktisch wiederholt. Wir können aber nicht leicht den Gang der Gefühle bei einer Musik wieder erwecken, besonders bei einer längern Musik, weil die Bewegung und der Wechsel der Töne schnell vorübergeht. Nur wenn wir eine Musik öfter hören, wird die Einbildungskraft in Stand gesetzt, die Form der Tonverbindung, das Steigen und Fallen, die Geschwindigkeit oder Langsamkeit der Töne wieder zu geben und das entsprechende Gefühl wieder vollständig zu erwecken.

Die Einbildungskraft ist das Vermögen des Geistes, welches zur Wahrnehmung und Wiederbelebung der sinnlichen Gegenstände dem Menschen angeboren ist. Die Einbildungskraft ist daher ein bildliches Gedächtniß, d. h. diejenige Fähigkeit des Geistes von den Gegenständen der Erfahrung die Bilder oder bildlichen Anschauungen aufzubewahren und wieder vor das Bewußtseyn zu bringen.

Durch die unendliche Fülle von einzelnen Gegenständen der sinnlichen Wahrnehmung wird es gefüllt und dadurch in den Stand gesetzt, aus dem reichen Vorrathe Neues zu bilden und zu gestalten. Hierin zeigt sich die selbstständige Bildungskraft dieses Vermögens, welche besonders die eigenthümlichen Zusammensetzungen und Gestaltungen der Griechen in den Harpyen, Chimären ꝛc. beweisen.

Tristius haud illis monstrum, nec saevior ulla
Pestis et ira deum stygiis sese extulit undis.
Virginei volucrum vultus, faedissima ventris
Proluvies, uncaeque manus, et pallida semper
Ora fame.

Virg. Aen. L. III. v. 214.

Die Scylla wird beschrieben:
Prima hominis facies et pulchra pectore virgo
Pube tenus; postrema inmani corpore pistrix,
Delphinum caudas utero conmissa luporum.

Virg. Aen. l. II. v. 426.

Die Einbildungskraft kann zwar Neues bilden und gestalten, aber nicht eigentlich schaffen, denn sie ist an die gegebenen Formen gebunden. Will z. B. ein Maler eine historische Scene darstellen, z. B. die Rettung Mosis in dem Binsenkörbchen, so wird er den Stoff ordnen und den Personen die passenden Stellen anweisen. Hier ist nun besonders die Einbildungskraft beschäftigt, den Begriffen der betreffenden Personen oder ihrem Charakter gemäß eine äußere Gestalt zu geben. Woher nimmt aber der Maler z. B. die Form oder Gestalt für Pharao's Tochter? Von der allgemeinen weiblichen Gestalt. Die Einbildungskraft ist zwar an die wirkliche Gestalt des menschlichen Körpers gebunden, allein sie gestaltet für den Charakter der Tochter Pharao's einen eigenen Leib, eine eigene Gesichtbildung 2c. Die auf dem Gemälde erscheinende Tochter Pharao's ist kein Portrait einer bestimmten Person, sondern eine eigenthümliche bildliche Person, die von jeder andern verschieden ist, wie die Personen im Leben von einander verschieden sind. Und so verhält es sich mit den übrigen Personen auf dem Gemälde; alle sind natürlich, d. h. nach der eigenthümlichen Gestalt des Menschen gebildet, aber keine Copien der Wirklichkeit, sondern eigene Gebilde der Einbildungskraft.

Diejenigen Maler beurkunden daher eine geringe oder wenig gebildete und bereicherte Einbildungskraft, welche, um Ideale darzustellen, die schönsten Menschengestalten aufsuchen, und weil ein Mensch nicht leicht alle körperliche Vorzüge in sich vereinigt, die schönsten Theile von verschiedenen Personen oder Bildern zusammentragen und zusammensetzen. Welches Stückwerk! Ihr Werk ist nicht Ein Guß der Einbildungskraft.

Welchen Einfluß die gebildete und bereicherte Einbildungskraft auf die Produktion von Kunstwerken habe, hat in einem konkreten Falle der Maler des Bildes: Apollo unter den Hirten, Schick, bewiesen. Der akademischen Methode überdrüssig, hat er bloß durch fortgesetzte ernste Betrachtung und Einprägung der antiken Formen seine Einbildungskraft so gebildet und bereichert, daß er, ohne ein Modell vor Augen zu haben, alle die Figuren seines Gemäldes frei aus seiner Einbildungskraft hervorgehen ließ. Diese Betrachtung und freie Aneignung des Antiken ist der allein richtige Weg, wenn man in Gebiet des Antiken Neues schaffen will.

Die eigenen Bildungen und Gestaltungen des verschiedenen Stoffes durch die Einbildungskraft sind so mannigfaltig und von der Wirklichkeit verschieden, als hier kein Blatt dem andern vollkommen gleich ist. Welche unermeßliche Welt von Bildern und Gestalten schließt daher die Einbildungskraft in sich.

Die Einbildungskraft ist daher dasjenige geistige Vermögen, welches die Form des Seyns als die dem Seyn eigenthümliche, das Schöne, erkennt, die Erinnerungen mit den einmal wahrgenommenen Bildern wieder belebt, und aus dem von Außen gegebenen unendlichen Vorrath von Bildern und Gestalten Neues bildet; sie ist daher das ästhetische Erkenntnißvermögen, die Reproduction und Production des Gestalteten.

§. 7.
Aesthetische Bedeutsamkeit und Bildungsfähigkeit dieses Vermögens.

Vermittelst der Einbildungskraft können wir die im Gedächtnisse bewahrten Erfahrungen wiederbeleben, uns in dieselben Verhältnisse zurückversetzen, in welchen wir einmal waren. Ferner können wir auch mit Hilfe dieses Vermögens aus dem Vorrathe von Bildern, welche uns die sinnlich und geistig organische Welt darbietet, neue Bildungen schaffen, die unsere Seele angenehm beschäftigen.

Erleben wir angenehme Stunden, in welchen sich der Reichthum und die Tiefe des menschlichen Herzens in Liebe und Freundschaft entfaltet, und in welchen wir die Güte und das Wohlwollen edler Menschen erfahren, so zerfließen diese seligen Stunden und kehren vielleicht in der Art nicht wieder. Diese Stunden gehen dahin, und wir kehren in unser gewöhnliches

Lebensverhältniß zurück, aber Heil uns, wir haben die Kraft des Geistes, uns nicht bloß an das Vergangene zu erinnern, sondern auch daselbe wieder bildlich zu beleben und den seligen Genuß wieder zu genießen. Wie gerne denkt man oft an glückselige Tage? Wie gerne wiederholt man im Geiste die einzelnen Umstände jenes Glückes? Die Einbildungskraft versetzt uns wieder in jene Zeiten, und läßt uns die Verstorbenen wieder sehen und hören und uns mit ihnen freuen. Welchen würdigen Genuß gewährt uns die Einbildungskraft, daß sie uns die glückseligen Tage unserer Jugend wieder vormalt und uns in jenes verlorene Paradies zurückschauen läßt!

Aber nicht bloß die freudigen und heiteren Tage und Verhältnisse stellt uns die Einbildungskraft wieder vor die Seele, sondern sie läßt uns auch wieder die Gegenstände und Verhältnisse des Schmerzes, des Mitleides, der Trauer u. dgl. schauen, und erweckt durch diese bildliche Vorführung des Vergangenen, wo nicht jene Gefühle in demselben hohen Grade, doch, weil diese Gegenstände uns aus der Ferne erscheinen, sanfte Wehmuth.

Wie wir uns vermittelst der Einbildungskraft die Vergangenheit immer wieder vergegenwärtigen können, so können wir uns auch die Zukunft als eine freudenvolle oder als eine betrübende vorstellen. Wie sehr erhebt die Einbildungskraft die Hoffnung, den Muth und die Thätigkeit, wenn wir eine erreichbare freudenvolle Zukunft schauen? Welche Freude empfinden wir schon im Voraus, wenn die Einbildungskraft die frohe Hoffnung in Erfüllung gehen läßt? Wie oft war aber die von der Einbildungskraft belebte Hoffnung seliger, als die in der Wirklichkeit erfüllte?

Ist es des Menschen unwürdig, sogenannte Luftschlösser zu bauen? Nein, er hat ja hiezu eine Kraft empfangen; nur soll diese Kraft nicht einseitig thätig seyn und eitle Träumereien hegen. Dieselbe Kraft, die uns Edles und Würdiges aus der Vergangenheit darstellt und Freudenvolles in der Zukunft

schauen läßt, kann auch ausarten, mit unwürdigen und unedlen
Bildern sich beschäftigen und eine falsche und verderbliche Richtung nehmen. Ist das Gemüth nicht rein und gut, so dient
sie, weil sie dienen muß, einer fremden Herrschaft; sie befleckt
sich selbst und dient nur der Sinnlichkeit und Leidenschaft.
Man denke an den Wollüstling, an den sinnlich Genußsüchtigen!
Die von der Sinnlichkeit bestimmte Thätigkeit der Einbildungskraft schafft nur Unreines und Häßliches, und erstickt durch
ihren verpesteten Dunst vollends die welkende Blüthe des Gemüthes.

Dieses Vermögen des Schönen kann wie jedes Vermögen
des Geistes gebildet und veredelt werden. Es wird gebildet
und veredelt durch die Betrachtung des organisch richtig Gestalteten, des Edeln und Würdevollen und schöner, würdiger Kunstwerke; durch öftere Belebung ästhetischer Erfahrungen und
durch die Uebung, nur Schönes und Gutes vorzustellen und zu
bilden. Vor Allem wird aber die Einbildungskraft bewahrt
und veredelt durch sittliche Reinheit des Herzens und moralischen Ernst. Auf der Bildung und Veredlung dieses Vermögens beruht zum Theil der gute Geschmack.

§. 8.
Was ist das Gefühlsvermögen?

Das Ich ist die Grundlage alles Denkens und Wollens,
es ist für alle Thätigkeiten des Geistes das Centrum, und alle
geistigen Vermögen beruhen auf demselben. Wie aber alle Geistesthätigkeiten auf dem Ich ruhen und von diesem ausgehen,
so wirken auch alle auf dieses zurück, und in dieser Zurückwir-
kung fühlt sich das Ich nicht bloß als die Grundlage alles geistigen Seyns und Wirkens, sondern sich auch besonders affizirt,
in einen angenehmen oder unangenehmen Zustand versetzt. Bei
allen Thätigkeiten der geistigen Vermögen, seyen diese von außen
oder innen veranlaßt, fühlt sich das Ich dabei betheiligt, fühlt
diese Thätigkeiten sich selbst angehend, die Einwirkungen und

Thätigkeiten entweder dem Wesen des Geistes zusagend oder widerstrebend. Wie das Ich Selbstbewußtseyn hat, so hat es auch Selbstgefühl. Selbstbewußtseyn und Selbstgefühl sind das nicht weiter erklärbare Wesen des Geistes? Das unwandelbare Selbstgefühl bei allen Thätigkeiten des geistigen Organismus ist auch die Grundlage aller Gefühle. Das Ich fühlt sich bei den verschiedensten Geistesthätigkeiten als das Wesen, worauf alle zurückwirken, entweder sein Wesen und Leben fördernd oder hemmend. Das Gefühlsvermögen ist daher vergleichbar mit dem Resonanzboden eines musikalischen Instrumentes, denn wie hier alle Töne gleichsam zum Selbstgefühl des Instrumentes kommen, so finden alle geistigen Zustände ihren Resonanz im Selbstgefühl des Ich. Dieses Vermögen liegt daher so tief in der Seele als das Selbstbewußtseyn des Ich; denn es ist nichts Anderes als das sich selbstfühlende Selbstbewußtseyn. Weil man sich daselbe gewöhnlich, wie ein anderes Vermögen, wie Verstand, Wille, Vernunft zc. vorstellte, aber es dennoch ganz verschieden fand, hatte man immer große Schwierigkeit, es richtig aufzufassen und zu bestimmen. Da es nicht ein so bestimmtes und beschränktes Vermögen ist, wie der Verstand, so glaubte man ihm die Selbstständigkeit absprechen und es mit dunkeln Vorstellungen, Begriffen und Bestrebungen identifiziren oder mit dem Gemüthe verwechseln zu müssen. So wenig aber das Ich sich selbst und sein Selbstgefühl läugnet, so wenig kann der Philosoph dem Menschengeiste dieses eigenthümliche und selbstständige Vermögen absprechen. Es ging hier wie mit vielen andern Dingen, die fernen suchte man zuerst, und übersah die naheliegenden und läugnete sie sogar. Was ist es denn, wenn dein Herz bei dem Glücke oder Unglücke eines dir unbekannten Menschen heiter oder traurig wird? Ist dies bloß eine dunkle Vorstellung oder ein dunkles, nicht zum Bewußtseyn gekom= menes Bestreben? Ist es Gedanke oder Wille?

Das Gefühlsvermögen ist daher so tief und unerschöpflich als das Ich selbst.

Die Einwirkungen auf unsere Sinne oder unsern Körper, die wohl oder wehe thun, erzeugen die sinnlichen Gefühle. Wohl und Weh können aber diese Gefühle nur erzeugen, weil der Körper durch ein unsichtbares Band während dieses Erdenlebens mit dem Geiste verbunden ist. Die sinnlichen Gefühle sind daher nicht rein sinnlich, weil sich auch das Ich bei sinnlichen Einwirkungen fühlt und diese Einwirkungen das Zusammenleben des Geistes mit dem Körper entweder als fördernd oder hemmend erkennt. Die gemäßigte Sonnenwärme, das Licht, die reine Luft ꝛc. haben einen wohlthätigen Einfluß auf unser physisches Daseyn, allein der beförderte physische Zustand wird von dem Ich selbst wahrgenommen und als das Zusammenleben fördernd gefühlt. Wenn eine schöne Witterung uns froh und heiter stimmt, ist diese Stimmung ein rein sinnliches Gefühl? Jede sinnliche Einwirkung wird vom Ich als wirklich geschehend wahrgenommen, und es fühlt sich dabei entweder angenehm oder unangenehm berührt, nur kann das Ich den Einfluß der Sinne auf den Geist hemmen und sich weniger berührt behaupten, weil diese Gefühle ihren Entstehungsgrund im Körper haben. Höhere Begeisterung und edle Rücksichten gestatten oft dem sinnlichen Schmerz keine Folge auf den Geist, obgleich das Bewußtseyn und Gefühl des Schmerzes stattfindet.

Alle andern Gefühle, die durch die Thätigkeit des Geistes erzeugt werden, heißen geistige, nicht weil sie sich nicht auch auf äußere Gegenstände und Verhältnisse bezögen, sondern nur weil sie durch Geistesthätigkeiten vermittelt werden.

Wie das Ich den Erkenntnißkräften und ihren Thätigkeiten zu Grunde liegt, so fühlt es sich selbst in Beziehung auf die Thätigkeit dieser Kräfte entweder befriedigt, gehoben und gefördert, oder unbefriedigt, niedergedrückt und gehemmt in seinem wahren Leben. Das Selbstgefühl des Ich wird also durch die Thätigkeit der Verstandeskräfte modifizirt und dieses modifizirte Selbstgefühl sind die sogenannten intellektuellen Gefühle. Wenn z. B. Jemand nach der Erkenntniß der Wahrheit strebt, im Gebiet des Wissens eine Entdeckung macht, ein schweres Problem löst, fühlt er eine Freude in seinem Herzen. Warum? Bei dem Erringen einer Einsicht erkennt das Ich sich nicht bloß als Substrat des denkenden Geistes, sondern fühlt auch sein Wesen und Leben befördert, mehr befriedigt und erhöht, d. h. es freut sich oder hat durch die gewonnene Einsicht ein erhöhtes Selbstgefühl. Die Wahrheit ist das Leben des Geistes. Ebenso verhält es sich, wenn wir im Gebiete sinnlicher Erfahrung eine neue Entdeckung machen; unser Ich fühlt sich dadurch erhöht, das Selbstgefühl wird gesteigert. Die Hindernisse des Erkennens und der Irrthum erregen unangenehme Gefühle, weil sich das Ich in seinem rechten Leben nicht gefördert und erhoben fühlt. Wenn aber der Verstand den Irrthum für Wahrheit hält, so freut sich das Herz eben so, wie bei der Erkenntniß der Wahrheit, weil der Verstand es täuscht, d. h. er hält ihm Etwas als Wahrheit vor, was nicht wahr ist, und er freut sich; allein seine Freude ist eine eitle, nicht dauernde, weil die Täuschung nicht bestehen kann.

Wenn die Einbildungskraft die schöne Form erkennt, freudige Erlebnisse bildlich wiederbelebt oder für Ideale die äußere Form schafft, entsteht ein angenehmes Gefühl, weil das Ich sich nicht nur als Grundkraft hievon erkennt, sondern sich selbst als die bildende und schaffende Kraft fühlt. Das Ich fühlt sich in diesen Thätigkeiten als seinem Wesen gemäß wirkend, sich selbst genügend und befriedigend; sein Selbstgefühl ist dadurch erhöhet und gesteigert, die Modifikation desselben oder die Bestimmung desselben ist angenehm. Wenn ich die seligen Stunden der Vergangenheit durch die Einbildungskraft wiederbelebe, bestimmt die Wiederbelebung das Selbstgefühl auf eine angenehme Weise. Stelle ich mir das Unglück eines rechtschaffenen Mannes vor, so entsteht in mir das Gefühl des Mitleides, der Wehmuth ꝛc., weil das Selbstgefühl des Geistes durch diese Vorstellung nicht erhöhet oder beruhigt wird. Das Unglück zerstört, drückt nieder und vernichtet, daher wird das

Selbstgefühl durch das Bild desselben nicht erhöhet, nicht an=
genehm modifizirt.

Schauen wir auf der Bühne einen tragischen Helden, so
erzeugt sein Anblick eine besondere Modifikation des Selbst=
gefühls. Nach dem Grundsatze: Nil humani a me alienum puto,
oder nach der gegenseitigen Anziehung und Verbindung der
Geister erweckt in uns der Anblick, der Kampf des tragischen
Helden, das Streben, Wahrheit, Recht und Tugend selbst mit
Verlust des Lebens zu behaupten, die unbesiegbare Willens=
kraft desselben, ein angenehmes Gefühl, weil wir ein Bild des
geistigen Lebens sehen, das der Natur und dem Leben unseres
Geistes zusagt und das Selbstgefühl erhöhet. Der siegreich,
nach seiner Willenskraft unbesiegbare, untergehende Held erweckt
das Gefühl der Wehmuth, des Mitleides und der Trauer,
weil Verderben und Tod dem Leben widersprechen.

Malt die Einbildungskraft unreine und unlautere Bilder,
und ist der Geist frei von der Herrschaft des Bösen, so fühlt
sich das Ich nicht angesprochen, sondern empört, weil das Böse
oder Häßliche in diesen Bildern seinem eigentlichen Wesen wider=
spricht; ist aber das Gemüth von der Leidenschaft gefesselt, so
fühlt sich das Ich in seinem unreinen und unnatürlichen Zu=
stande durch die unreinen Bilder gehoben und befördert. Die
Freude ist Täuschung.

Alles Häßliche erregt unangenehme Gefühle oder Unlust,
weil es dem eigentlichen Wesen des Geistes widerspricht, das
Leben desselben bedroht und daher das Selbstgefühl nicht erhöhet.
Es verhält sich hier wie bei allem Organischen, Alles, was
Leben hat, widerstrebt dem Tode, weil der Tod die Aufhebung
des Lebens ist. Die natürliche oder reine Seele widerstrebt
dem Häßlichen, weil dieses, dem Leben des Geistes zuwider, es
nicht fördert, sondern im Gegentheil ertödtet. Das Häßliche ist
der unnatürliche, in sich verkehrte Geist, der ganz von der
Wahrheit, Schönheit und Tugend abgefallen ist — den wahren
Elementen des geistigen Lebens. Das Schöne gefällt im Gegensatz

des Häßlichen, weil der Geist selbst etwas Schönes ist und alles Schöne mit ihm verwandt ist. Wie Licht, Luft, Wärme ꝛc. das physische Leben fördern, so befördert das Schöne das Leben des Geistes und steigert das Selbstgefühl.

Wie die Thätigkeiten der Einbildungskraft angenehme und unangenehme Gefühle erregen, so auch die der Phantasie. Die Phantasie schafft die Ideale; stellt sie z. B. das Ideal des Tugend= haften, des Gerechten, des Helden ꝛc. vor die Seele, so erweckt sie hiedurch angenehme Gefühle, weil sich das Ich wieder nicht nur als die zu Grund liegende Kraft erkennt, sondern sich auch durch die Schöpfungen des Hohen und Herrlichen in seinem Wesen und Leben befördert und gesteigert fühlt. Ideale des Häßlichen widerstreben der Natur des Geistes, und erfüllen daher diesen mit Unlust.

Ein naiver, edler, unschuldiger Mensch, ein geordnetes Familienleben, ein Streben nach Wahrheit und Recht, die Unbestechlichkeit des Willens, der fromme Dulder ꝛc., der gestirnte Himmel, eine Landschaft, ein Thier, eine Blume, eine Statue, ein Gemälde, eine Musik, ein Gedicht ꝛc. gefallen und warum? Die Wahrnehmung aller dieser Dinge geschieht vermittelst der Sinne und der geistigen Vermögen. Die Ein= bildungskraft erkennt die schöne Form und die Vernunft und Phantasie die höhere — ideale Beziehung und Bedeutung; diese Vermögen werden daher in dieselbe Thätigkeit versetzt, in welcher sie sind, wenn sie das Schöne, das mit dem Wesen des Geistes aufs innigste verwandt ist, schaffen. Das Ich erkennt sich hiebei als die Grundkraft aller dieser Thätigkeiten und fühlt sich selbst als etwas Harmonisches oder Organisches. Alles, was Harmonie oder Organismus in sich hat, ist des geistigen Organismus Ab= und Ebenbild und spricht daher den Geist als etwas Verwandtes an. Alle die obengenannten Gegenstände stellen ein Seyn, eine Idee in einer angemessenen Form dar, und gefallen daher. In der Blume erkennt das Ich sein eige= nes harmonisches Wesen.

Die Musik ist wie der Naturlaut, ach und weh, unmittel=
barer Ausdruck des Gefühls und spricht daher das Gefühl auch
wieder unmittelbar an. Das Ohr vermittelt hier den sinnlichen
Eindruck. Die Bewegung der Töne stellt die Bewegung, das
Steigen und Fallen des Gefühls dar und die Tonart bezeichnet
den Grundton des Gefühls. Die Musik erweckt angenehme
Gefühle, der Freude, der Wonne, der Heiterkeit, der Weh=
muth, der Trauer ꝛc., wenn sie auch aus diesen Gefühlen her=
vorgegangen ist, und also ein natürliches Gefühl in ange=
messener Tonfolge ausdrückt. Durch ein rein humanes Gefühl
wird unser Selbstgefühl in sich erhöht und gesteigert. Die Musik
erweckt die dunkelsten Gefühle, weil sie das Selbstgefühl des
Ich unmittelbar bestimmt. Verstand, Vernunft und Wille sind
hier am wenigsten thätig; ja die Musik macht auch um so stär=
kern Eindruck, je weniger andere Geisteskräfte in Anspruch
genommen sind. Denkt man ernsthaft an Etwas oder spricht
man über Etwas mit Aufmerksamkeit, so wird der Eindruck
der Musik vereitelt. Die Musik beweist am deutlichsten die
Selbstständigkeit des Gefühlsvermögens.

Alle die zuletzt genannten Gefühle nennt man gewöhnlich
die ästhetischen, weil das Schöne nur als solches ohne Be=
ziehung auf Erkenntniß und Wille das Selbstgefühl des Ich
modifizirt oder auf eigenthümliche Weise in sich stimmt. Die
Gefühle dieser Art, die immer durch das Verwandte des geisti=
gen Organismus erzeugt werden, sind in der Regel sanfter
Natur, denn sie sind ein beziehungsloses Wohlgefallen oder
eine bestimmungslose Bestimmung des Selbstgefühls. Auch die
heftigsten ästhetischen Gefühle, z. B. das Gefühl des Tragischen,
sind in Vergleich mit den religiösen und moralischen ruhiger,
ebenmäßiger und sanfter. Dem Gesagten zu Folge können wir
auch Kant beistimmen, der lehrt: „Das Wohlgefallen, welches
das Geschmacksurtheil bestimmt, ist ohne alles Interesse. Das
Schöne ist das, was ohne Begriffe als Object eines allgemeinen
Wohlgefallens vorgestellt wird.“ Schelling nennt die Schönheit

die hohe gleichgültige. Das Schöne als solches betrachtet, ist insofern gleichgültig, weil es das Selbstgefühl ohne Beziehung auf Wahres und Gutes bestimmt. Sehen wir z. B. eine tragische Scene, einen tragischen Helden auf der Bühne, so gefällt seine ungemeine Willenskraft, die er in seinem Streben und im Kampfe mit den Hindernissen seines Strebens an den Tag legt, er erweckt reines und freies Wohlgefallen oder erhöhet unser Selbstgefühl auf eigenthümliche Weise ohne Beziehung auf sinnlichen Genuß oder moralische Zwecke. Die Musik zeigt am deutlichsten, daß sie die hohe gleichgültige Schönheit ist, weil sie ohne Begriffe des Wahren und Zwecke des Guten unmittelbar unser Selbgstefühl bestimmt; auch die Gefühle des Komischen zeigen, daß das Schöne mit freiem Wohlgefallen verbunden ist. Das Komische, die Form des Seyns ohne wahres Seyn, z. B. der Frömmler, der den Schein oder das Aeußere der Frömmigkeit hat, ohne jedoch wahrhaft oder im eigentlichen Sinne fromm zu seyn (er ist die Form ohne das wahre Seyn), erregt freies Wohlgefallen, weil nur die Form des Seyns ohne Beziehung auf moralische Verwerflichkeit das Selbstgefühl auf eigenthümliche Weise anspricht.

Weil das Ich auch die Grundkraft des Willensvermögens ist, wirken auch die Willensthätigkeiten auf das Selbstgefühl zurück, und bestimmen dieses auf eigenthümliche Weise. Weil diese Gefühle aber eine Beziehung auf das Gute und Göttliche haben, nennt man sie mit Recht moralische und religiöse Gefühle. Wird die Begierde befriedigt, so fühlt sich das Ich, das sich dem Bösen ergeben hat, befriedigt und das Selbstgefühl wird erhöhet. Das Gefühl der Befriedigung sinnlicher Begierde, z. B. der Ehrsucht, ist ein freudig erhöhtes Selbstgefühl, aber ein von der Leidenschaft erregtes und auf nichts Wahrem und Gutem ruhendes. Das Gemüth in seinem unverdorbenen Zustande nährt Liebe, Freundschaft, Achtung, Wohlwollen ꝛc, und das Selbstgefühl des Ich wird durch diese Neigungen erhöhet, weil es sich dadurch in seinem wahren Wesen

befördert fühlt. Insofern das Selbstgefühl hier durch eine Be-
ziehung auf das Gute bestimmt wird, heißt diese Bestimmung des
Selbstgefühls ein moralisches Gefühl. Der Wille strebt das
Gute an sich durch seine Handlungen zu realisiren und durch
sich zu vollenden, gelingt ihm sein Streben, so fühlt sich das
Ich gefördert und befriedigt, es hat ein angenehmes Selbst-
gefühl; findet dagegen das Streben Hindernisse, so wird das
Selbstgefühl nicht freudig gestimmt, weil es sich in seinem
Wesen und Leben nicht gefördert fühlt.

Die Gefühle der Abhängigkeit von Gott, der Demuth,
Anbetung, Ehrfurcht, Dankbarkeit ꝛc., sind religiöse Gefühle,
weil sie Bezug haben auf das Verhältniß des Menschen zu
Gott und sind die innigsten, reinsten, stärksten und erhabensten,
weil das Ich nur in der engen Verbindung und Abhängigkeit
von Gott sein Leben am meisten gefördert und erhöhet fühlt.
Des Geistes wahres Leben ist in Gott; sein höchstes Selbstbewußtseyn ist das Bewußtseyn Gottes und sein tiefstes Selbstgefühl ist das Gefühl Gottes.

Weil das Gute im Menschenleben nur unter in die Sinne
fallenden Handlungen und Verhältnissen erscheinen kann oder
weil das Gute das Seyn in bestimmter Gestalt voraussetzt, sind
alle moralischen und religiösen Erscheinungen zugleich Offenbarungen des Schönen. Die Gefühle, welche diese Erscheinungen erwecken, sind daher zweifach; es sind entweder rein ästhetische
oder moralische und religiöse Gefühle. Das sittlich oder religiös
Schöne steht daher höher als das bloß ästhetisch Schöne. Was
nicht sittlich gut ist, kann auch nicht schön seyn. Handlungen
der Großmuth, die aus religiöser Liebe und einem sittlichen
Eifer hervorgehen, können auch bloß in Beziehung auf ihre
Erscheinung als Ideen, ohne sie auf das Göttliche zu beziehen,
betrachtet werden, so daß das ästhetische Gefühl dabei vorherrscht.
Das Selbstgefühl des Ich wird z. B. durch die Wahrnehmung
der edeln schönen Handlung, daß ein Mensch sein Leben für
sein Vaterland aufopfert, ästhetisch erhöhet. Die Darstellung

des barmherzigen Samariters macht bloß einen ästhetischen Eindruck, wenn man hier bloß eine schöne des Menschen würdige Handlung gegen den Menschen betrachtet, jedoch gibt ihr die religiöse Beziehung erst den höchsten Werth. Auch das Leben und Wirken Christi hat eine ästhetische Seite, weil das Leben Christi das lebendige Ideal des menschlichen Lebens ist. Nur insoferne man das Gute bloß von der Seite der Erscheinung als einer Idee oder als Schönes betrachtet, kann man mit Kant übereinstimmen: „Das Geschmacksurtheil ist von dem Begriffe der Vollkommenheit gänzlich unabhängig."

Man erkennt auch ferner den Einfluß des Guten auf das Selbstgefühl des Ich, wenn man betrachtet, daß Sünde und Laster, das allein Häßliche, einen Abscheu und ein unangehmes Gefühl, Unlust, erweckt. Das Böse widerstrebt, wie der Tod dem animalischen Leben, dem wahren Leben des Geistes; daher fühlt sich das Ich durch das Böse in seinem Wesen und Leben nicht gefördert, sondern gehemmt, es entsteht das Gefühl der Abnahme und des Ersterbens — ein negatives Gefühl. Erscheint das Böse irgend wie in Gesinnungen und Handlungen, so spricht es den Geist nicht als etwas Verwandtes an, sondern kommt ihm zum Bewußtseyn als etwas Entgegengesetztes und Feindliches — es gefällt nicht nur nicht, sondern empört die Seele gegen sich.

Was ist nun nach dem Gesagten das Gefühlsvermögen? Es ist und kann nichts Anderes seyn, als das sich selbst- fühlende Selbstbewußtseyn oder das Selbstgefühl des Ich, das durch die verschiedenen Geistesthätigkeiten, die von außen und innen veranlaßt werden, auf mannigfache Weise bestimmbar ist, oder es ist die unendliche Erregbarkeit und Bestimmbarkeit des Selbstgefühls. Weil das Selbst- gefühl nur zweierlei Zustände unterscheidet, Zustände, in welchen es das Wesen und Leben des Geistes gefördert und erhöhet fühlt, und solche, in welchen es dasselbe gehemmt und gefähr- det empfindet; so gibt es im Grund nur zweierlei Gefühle,

angenehme oder unangenehme, Luft und Unluft, und kein
drittes. Jedes einzelne Gefühl ist daher, das durch eine Thätig=
keit oder Einwirkung besonders bestimmte Selbstgefühl des Ich.
So verschieden und stark die Zustände des Geistes und die Ein=
wirkungen von außen sind, so verschieden sind die Gefühle
ihrer Natur und Intensität nach; und so vieler Veränderun=
gen der Geist empfänglich ist, so mannigfaltig kann das Selbst=
gefühl bestimmt werden. Daher der unermeßliche Wechsel der
Gefühle, ihre verschiedene Dauer, und ihr schnelles Vorüber=
gehen. Wie könnte nun das Gefühlsvermögen nach Analgoie
des Verstandes auf Gesetze und Regeln zurückgeführt werden,
da es das stets von Ebbe und Fluth bewegte Meer des innersten
Geistes ist? Ebbe und Fluth hat hier aber keine voraus=
bestimmte Zeit. Jedes einzelne Gefühl kann mit einer Meeres=
woge verglichen werden. Die Meereswoge ist das über den
Meeresspiegel erhöhte Meer; wie vielfach und mannigfaltig ist
aber die Erhebung desselben? Das einzelne Gefühl ist das über
das Niveau erhobene Selbstgefühl; dieses die ebene Meeres=
fläche. Das wogende Meer bildet in dem bewegten Zustande
Erhebungen und Vertiefungen, auf ähnliche Weise verhält es
sich mit dem Gefühlsvermögen. Die freudigen Gefühle sind mit
den sich erhebenden Wellen zu vergleichen, denn das Selbst=
gefühl wird durch die Freude in sich gesteigert und erhöhet; und
die traurigen Gefühle mit den Vertiefungen, welche die Wellen
bilden, weil die traurigen Gefühle das Selbstgefühl in sich
selbst versenken. Die Freude erweitert das Herz, die Trauer
dagegen zieht es in sich zurück. Daher wird die Freude so
gerne mitgetheilt, die Trauer dagegen verschlossen. In beiden
Fällen ist aber das Selbstgefühl nicht auf dem Niveau, im
ersten Falle ist es freudig erhöhet und im zweiten in sich geftei=
gert oder in sich gekehrt. Das Gefühl der Unluft ist das tobende
Meer, das das Todte auswirft.

Das Ich ist die sich selbsterkennende und fühlende Urkraft
des Geistes; das Selbstgefühl kann daher auf die verschiedenste

Weise erregt werden. Darum ist das Gefühlsvermögen ein so räthselhaftes, so wenig bestimmbares, so tiefes und unergründliches Vermögen des menschlichen Geistes. Wie verschieden sind dazu noch die Grade der Erregbarkeit in verschiedenen Subjekten nach Temperament, Geschlecht, Bildung, Erziehung ꝛc.?

§. 9.

Aesthetische Bedeutung des Gefühlsvermögens.

Das Gefühlsvermögen, das in der mannigfaltigen Bestimmbarkeit des Selbstgefühls besteht, ist die Grundlage des eigenthümlichen geistigen Lebens, das der Menschengeist auf Erden lebt. In dem stets modifizirten Selbstgefühl gehört der Geist recht eigentlich sich selbst an und genießt sein eigenes Leben. Dieses Vermögen weiset dem Menschen auch zwischen den Thieren und den höhern Geistern seine eigenthümliche Stelle an. Das Thier, das kein geistiges Selbstbewußtseyn hat, hat auch kein geistiges Selbstgefühl, daher ist es all der edeln Gefühle nicht fähig und empfänglich, die das Menschenherz beseligen; es hat nur ein sinnliches Selbstgefühl. Die höhere Geister, die nicht in diesen sinnlichen Körper gebannt sind, und nicht in diesen Verhältnissen leben, wie wir auf Erden, müssen ein weit tieferes und seligeres Selbstgefühl haben, als wir, und höherer geistiger Genüsse empfänglich seyn.

Doch welch edler und würdiger Gefühle ist das menschliche Herz empfänglich! Edle Freuden durchzucken wie elektrische Schläge die Herzen der Menschen, nähren und pflegen das geistige Leben, und sind der Genuß der reinsten Geistesfrüchte. Wer mißt die Grade der Innigkeit und Tiefe der Gefühle edler Liebe, des Wohlwollens und der reinen Freude an dem Schönen? Selbst die Gefühle der Wehmuth, des Mitleides, der Trauer und dergl. verleihen dem Menschenherzen eine stille Seligkeit. Welchen Vorzug und welche Würde behauptet hierin der Mensch vor dem Thiere? Hierin besteht der hohe Vorzug des Menschen vor den Thieren, daß sein geistiges Selbstgefühl von unten, innen und oben auf so mannigfaltige Weise bestimmt werden kann. In dem unaufhörlich bestimmten Selbstgefühl schwebt der Menschengeist zwischen Himmel und Erde. Die Dichter geben Zeugniß von der höhern Natur des Menschen, indem sie von Jahrhundert zu Jahrhundert die edeln und würdigen Gefühle verkündigen, die das Menschenherz stets bewegen, beleben und beseligen.

Durch die Bestimmbarkeit des Selbstgefühls wird der Geist in Stand gesetzt, das Schöne von innen und außen eigentlich zu genießen und ein höheres Leben zu leben. Die Phantasie schaut unmittelbar das Schöne und die Einbildungskraft schafft edle und würdige Gebilde; allein erst dadurch, daß durch diese Geistesthätigkeiten das Selbstgefühl erhöhet wird, kommt das subjectiv Schöne zum eigentlichen Genusse des Ich. Wie das Ich durch die Erkenntniß- und Willens-Thätigkeit sich entweder in seinem Wesen und Leben gefördert oder gehemmt fühlt, so fühlt es sich auf eigenthümliche Weise durch die Thätigkeiten der Vermögen des Schönen angesprochen und befriedigt oder abgestoßen und unbefriedigt. Auch nur insoferne als das Selbstgefühl des Ich durch das Schöne in dem Menschenleben, in der Kunst und Natur angeregt und erhöhet wird, genießt der Geist das Schöne des Nichtich. Die Phantasie schaut in dem erscheinenden Schönen die ideale Bedeutsamkeit oder die Beziehung zur Idee, und die Einbildungskraft erkennt die angemessene Form; allein, wenn diese Geistesthätigkeiten unser Selbstgefühl nicht steigern, so haben wir keinen geistigen Genuß des Schönen. Das Ich erkennt das Schöne als das mit seinem Wesen Verwandte, daher fühlt es sich durch dasselbe angesprochen, nimmt es in sich auf als ein solches und genießt es eigentlich. So wie das leibliche Leben die homogene Nahrung in sich aufnimmt, und sich assimilirt, so nimmt der Geist von außen in sich auf und legt in sich an, was seinem Wesen und Leben zusagt. In dem Selbstgefühl gehört der Geist sich recht ganz als eigen an.

Gibt es nicht auch unlautere und unwürdige Gefühle? Wenn der Geist vom Bösen ergriffen und er in demselben begriffen ist, so wird sein Selbstgefühl nur erhöhet und befriedigt, wenn das gelingt, was er liebt und will. Daher kommt es, daß Menschen bloß am Sinnlichen Freude haben, daß ihnen Rache süße Lust ist, und daß sie nur an der Lüge und dem Betruge Wohlgefallen finden. An der nackten Venus sehen sie nicht des Leibes schönes Ebenmaß, die vollendete Form, des Schöpfers schönstes Erdengebilde, und erkennen hierin nicht die Versinnlichung der Idee, welche Venus von den Alten zu Grunde gelegt wurde, sondern nur das, was sinnliche begehrliche Menschen reizt. Hier freut sich das unreine Herz noch mehr als das reine an würdigen Gegenständen; allein die Freude ist keine wahre, weil das Selbstgefühl getäuscht ist.

Das Selbstgefühl des Ich ist in Betreff des Schönen im gemeinen Leben schwach und dunkel, daher wird es durch edle und erhabene Gegenstände nicht so stark bestimmt. Je geringer die Erregbarkeit des Selbstgefühls ist, desto geringer ist die Freude an dem Schönen, Edlen und Erhabenen. Der gemeine Sinn findet daher selten an dem eigentlich Schönen Wohlgefallen. Hieraus erhellet auch zugleich, daß und wie dieses Vermögen des Schönen, das Gefühlsvermögen, entwickelt, gebildet und veredelt werden kann. Es kann entwickelt werden, weil das Selbstgefühl des Ich anfänglich dunkel und schwach ist, und immer deutlicher und stärker hervortritt, und es entwickelt sich, wie jedes geistige Vermögen, an dem Aeußern, indem es sich mit diesem immer mehr in einem größeren Gegensatz fühlt. Alles trägt nach der Begriffsbestimmung zur Belebung und Veredlung des Gefühlsvermögens bei, was das Selbstbewußtseyn und Selbstgefühl des Geistes weckt und übt. In dem Maße als die Geistesthätigkeiten zum Selbstbewußtseyn gelangen, wird auch das Selbstgefühl geweckt und wach erhalten. Das Gefühlsvermögen wird ferner gebildet durch die Hinweisung auf das Große, Schöne und Erhabene in der Natur,

Kunst und Menschengeschichte. Es wird besonders veredelt durch die Bewahrung des Gemüthes von der Sünde und der Leidenschaft und durch die Pflege der Religiosität und Sittlichkeit.

Das Gefühlsvermögen, die Bestimmbarkeit des Selbst= gefühls, kann, wie das Gewissen, das im Grunde nichts Anders ist, als das bestimmte Selbstbewußtseyn, auf einen hohen Grad von Reinheit und Feinheit gesteigert werden.

§. 10.
Standpunkt der Aesthetik.

Phantasie, Einbildungskraft und Gefühlsvermögen sind als die Vermögen des Geistes bestimmt worden, vermittelst welcher wir das Schöne in und außer uns schauen, erkennen und füh= len. Die Thätigkeiten dieser Vermögen vereinigen sich also wie bei der Produktion, so auch bei dem Genusse des Schönen. Die Einbildungskraft erkennt die Proportion und das Ebenmaß, die Vollendung der Gestalt und schafft diese für die originale Kraft der Phantasie. Die Phantasie erschaut in den Erschei= nungen die Idee und die ideale Bedeutsamkeit und erzeugt Ideale und schaut sie unmittelbar, und das Selbstgefühl wird durch die Thätigkeit der Phantasie und Einbildungskraft in sich selbst erhöhet, oder das Ich fühlt sich dadurch in seinem Seyn und Leben befördert. Wie überhaupt der Ausdruck Vermögen nichts Anderes bezeichnet, als das Heraustreten des sich selbst bewußten, sich selbst bestimmenden und selbstfühlenden Ich aus sich selbst nach außen, wie also in jedem Vermögen der ganze Geist hervortritt, aus seiner Ebbe in die Fluth übergeht, so ist keine der oben bezeichneten Kräfte für sich allein oder eine nach der andern thätig, sondern alle zugleich. Bei dem Wohlgefallen des Schönen nimmt also der ganze ungetheilte Geist seine Richtung auf einen schönen Gegenstand, und diese Richtung bezeichnen wir mit Phantasie, Einbildungskraft und Gefühlsvermögen. Hieraus erkennen wir auch, daß nicht nur der ganze Geist, sondern auch alle diese so genannten Vermögen

oder Kräfte thätig sind. Insoferne der Geist in einem mate=
riellen Körper und einer materiellen Welt lebt, kann er nicht
an sich, sondern nur in verschiedenen Richtungen hervortreten
und sich mit der materiellen Welt in Verbindung setzen; es ist
daher ein Grundirrthum der Psychologie, wenn sie den Einen
Geist, der ungetheilt zugleich sich selbst erkennt, bestimmt
und fühlt, in so viele gleichsam selbstständige Kräfte zerlegt, so
daß eine Kraft thätig ist, während die andere gleichsam schläft.
Weil nur der Eine Geist in jeder Richtung auf sich oder nach
außen thätig ist, so schließt das Erkennen nothwendig das Wol=
len und das hiedurch bestimmte Selbstgefühl in sich. Der Geist
kann nur das Mögen von der Erkenntniß, nicht aber das
Wollen trennen; er will, aber mag oft nicht. Das Selbst=
gefühl setzt nothwendig das Selbstbewußtseyn und die Selbst=
ständigkeit oder Selbstbestimmung voraus. Keines ist ohne das
Andere.

Wenn wir nun eigene Vermögen des Geistes für das
Schöne angeben, so wollen wir damit nur sagen, daß der Geist
sich auf eine andere Weise des Schönen bemächtigt, als des
Wahren und Guten, nicht aber, daß nicht auch die andern Kräfte,
die Erkenntniß= und Willenskräfte dabei thätig seyen. Jedoch
ist hier der Unterschied zuzugeben, daß der Geist in einem
Vermögen, je nachdem er eine Richtung nach außen nimmt,
stärker hervortritt als in dem andern. Bemächtigt sich beson=
ders und vorzugsweise das Selbstbewußtseyn eines Gegenstan=
des, so sind auch die Erkenntnißkräfte mehr in Thätigkeit gesetzt,
als die andern, oder mit andern Worten, der Geist tritt
in einer andern Richtung aus sich heraus. Richtet sich z. B.
das Selbstbewußtseyn vorzugsweise auf das Schöne, so erscheint
dem Geiste dieses zunächst nur als wahr, läßt dagegen der Geist
das Schöne auf sich wirken, nach seiner Natur und Beschaffen=
heit, so erscheint ihm auch das Schöne, wenn auch als wahr,
doch vorzugsweise als schön. Wirkt das Schöne, z. B. das
Ideal des Gerechten, auf die sich selbstbestimmende Kraft des

Geistes, auf den Willen, so realisirt er dieses Ideal im Leben und macht das Schöne gut.

Mit den bezeichneten Vermögen, der Phantasie, der Ein-bildungskraft und dem Gefühlsvermögen, ist dem Menschen-geiste die Anlage für das Schöne, für den geistigen Genuß des Schönen gegeben. Daher muß das Schöne irgendwo zu finden seyn. Die Receptivität des Geistes kann nicht ohne ein Er-füllendes und Ergänzendes gedacht werden. Eine Anlage ohne einen entsprechenden Gegenstand wäre etwas Ungereimtes im Reiche der Zwecke und wäre der weisen Einrichtung zuwider, die wir überall erkennen. In dem Selbstbewußtseyn erkennen wir Schönes über uns, in und um uns und unter uns als wirklich seyend; gehen wir nun von dem Selbstbewußtseyn zur Frage fort: Wo und wie oder in welcher Abstufung ist und erscheint das Schöne, auf das sich der oben gewonnene Begriff anwenden läßt; so gewinnen wir den Standpunkt der Aesthetik oder der Wissenschaft des Schönen. Die vollständige Beantwortung dieser Frage schließt diese Wissenschaft. Wie gewinnen wir aber durch die Beantwortung dieser Frage Wissenschaftlichkeit für die Darstellung und Bestimmung des Schönen? Allein nur dadurch, daß wir das Schöne nur in dem Zusammenhang der Geister-welt mit der materiellen Welt und in der Abstufung vom Geist zur Materie darstellen und bestimmen. Die Verbindung der Geisterwelt mit der sinnlichen, des Geistes mit dem Körper ist wahres System. Wenn eine Wissenschaft auch sehr künstlich ist, beschreibt und behandelt aber ihren Gegenstand nicht in seinem organischen Zusammenhang und Verhältniß, so hat sie doch kein wahres System. In dieser Beziehung sagt von Hir-scher in seiner christlichen Moral sehr treffend: „Die wissen-schaftliche Behandlung kommt da nicht als Form erst zum Stoffe hinzu, sondern ist in und mit letzterem bereits so wesentlich mitgegeben, daß sie von Jedem so zu sagen unbewußt gehand-habt wird, der sich des Stoffes selbst bemächtigt hat und gehand-habt wird genau in dem Maße, als Letzteres der Fall ist."

Und in der Anmerkung hiezu: Und ist es im Grunde nicht mit jeder Erkenntniß des Lebendigen so? Jede ist, sobald sie in Wahrheit Erkenntniß ist, auch wissenschaftlich. Eine Pflanze z. B. kennt derjenige wahrhaft, welcher ihre Erscheinung in der Kraft begreift, deren Produkt sie ist. Aber ein solcher (und nur er) hat eben damit auch eine wissenschaftliche Erkenntniß von ihr.

Ist das Schöne nicht auch etwas Lebendiges? Wir können daher von dem Schönen nur eine wissenschaftliche Erkenntniß gewinnen, wenn wir es in dem Geiste begreifen, aus dem es stammt, und wenn wir das Schöne in seiner natürlichen oder gegebenen Abstufung auffassen und würdigen.

Da die christliche Erkenntniß über die tiefsten Gründe aller Erscheinungen Licht verbreitet und uns in Stand setzt, alle Er= scheinungen nicht nur in ihrer Einheit, sondern auch in ihrem tiefsten Grunde aufzufassen, so gewährt uns der christliche Standpunkt für diese Wissenschaft den Vortheil, daß wir das Schöne im Zusammenhang mit dem Wahren und Guten stets in Beziehung auf eine höhere Welt, das Göttliche, auffassen, und als Offenbarung eines geistigen Reiches begreifen, und daß wir eine konkretere und bestimmtere Auffassung und Darstel= lung des Schönen bekommen.

Die Aesthetik auf dem christlichen Standpunkte unterscheidet sich daher von den andern wissenschaftlichen Darstellungen in dieser Beziehung dadurch, daß hier das Schöne nicht allgemein oder abstrakt, wie als Großes, Erhabenes, Komisches ꝛc., son= dern immer in seiner konkreten Gestalt oder Erscheinung dar= gestellt und darnach allgemein bestimmt wird.

Die Frage: wo und wie erscheint das Schöne? weiset uns auf ein großes Gebiet hinaus, wie die Frage: wo und wie erscheint das Wahre und Gute?

Das Selbstbewußtseyn weiß von der Existenz des Ich und des relativen und absoluten Nichtich, und nach der christlichen Erkenntniß wissen wir, daß über dieser sichtbaren Welt ein Geist als Schöpfer steht, und ein Geisterreich über der moralischen und physischen Weltordnung erhaben ist, und daß diese sichtbare Welt das Werk eines absoluten Geistes ist; daher haben wir das Schöne jenseits in Gott und der Geisterwelt, diesseits in der moralischen Weltordnung oder in dem Leben und Wirken der Menschengeister und in der Natur zu suchen. Und wie der Schöpfer über den Geschöpfen, das Urbild über dem Abbild, die geistige Welt über der sinnlichen steht, so müssen wir auch den Anfang und Urquell alles Schönen jenseits suchen, und weil alle Geschöpfe Offenbarungen des Schöpfers sind, so müssen wir auch alles Schöne als Offenbarung der absoluten Schön-heit erkennen. Es gibt daher ein Reich des Schönen, wie des Wahren und Guten.

Weil das diesseitige Schöne als Offenbarung des jenseitigen Schönen erkannt wird, so kann zunächst die oben angegebene Abtheilung in subjectiv Schönes ferner abgetheilt werden in das jenseitige oder transscendente und in das diesseitige subjectiv oder geistig Schöne.

§. 11.

A. Das transscendente oder jenseitige Schöne. Die absolute Schönheit, Gott.

Das Selbstbewußtseyn umfaßt das unmittelbare Wissen von dem Seyn des Ich und dem relativen und absoluten Nichtich. Wir wissen von Gott, weil wir von uns selbst wissen, und die Existenz Gottes ist uns so gewiß, als wir an unserem eigenen Daseyn nicht zweifeln. Wir vernehmen durch unsere Vernunft oder werden unmittelbar inne, daß über allem Relativen ein Absolutes ist, welches als die Urquelle und Einheit alles Wah-ren, Schönen und Guten erkannt wird. Weil aber das Ich im Selbstbewußtseyn sich nicht nur als seyend, sondern auch sich in einer bestimmten organischen Form daseyend und wirkend erkennt, so schließt es auch dieselbe Erkenntniß von dem rela-tiven und absoluten Nichtich in sich. In dem Selbstbewußtseyn

Dursch, Aesthetik.   4 erkennen wir daher Gott, weil er der Absolute ist, als die höchste Schönheit, als die Ursache alles Schönen und das Haupt des Reiches der Schönheit. In der Natur und den Menschengeistern erscheint nicht die volle Schönheit Gottes, denn sie ist eine unendliche, die in dem Endlichen nicht zur vollständigen Erscheinung kommen kann. Wenn auch das ganze Weltall als Offenbarung der Schönheit Gottes erkannt wird, so vermag doch das ganze Weltall Gottes unendliche Schönheit nicht in sich aufzunehmen und nach außen darzustellen. Das Einzelne des Weltalls, z. B. der menschliche Geist oder die Erde, ist nur ein Reflex der Schönheit Gottes und als solcher allerdings theilweise Offenbarung göttlicher Schönheit.

Wir haben in der Deduktion des Schönen behauptet, daß dieses die Erscheinung des Seyns in organischer Gestalt oder das organisirte Seyn seye; läßt sich nun diese Begriffsbestimmung des Schönen auch auf das Wesen Gottes anwenden, in so weit wir dieses durch die Vernunft und christliche Offenbarung erkennen? Kann man von dem absoluten Wesen oder Geiste behaupten, daß es eine organische Gestaltung habe? Allerdings, allein man muß von Gott, weil er absoluter Geist ist, alles Materielle wegdenken und trennen, und daher ihm nur eine geistige organische Gestaltung beilegen. Alles materiell Organisirte ist der Auflösung unterworfen, allein die geistige Organisation ist ewig, wie des Geistes Natur und Leben. Wir erkennen Gott als die absolute Schönheit, weil er die absolute Geistorganisation ist. Nach der Vernunft und der christlichen Offenbarung sind wir berechtigt, Gott analogisch (mit unserm Geiste) Vermögen oder Eigenschaften beizulegen. Die Eigenschaften Gottes sind aber nichts Anderes, als wie die Vermögen unseres Geistes, das Leben, Hervorgehen und Wirken des absoluten Geistes aus sich selbst. Da wir Gott uns nur als die schönste Einheit und Harmonie oder als den heiligsten und seligsten Geist denken können, dürfen wir auch annehmen, die Eigenschaften Gottes oder die Kräfte des absoluten Geistes stehen

in dem vollkommensten Einklang mit einander oder in dem vollkommensten organischen Zusammenhange. Gott ist rein
geistiger Organismus; man nehme aber diesen Ausdruck in
seiner höchsten Abstraktion.

Wir legen Gott analogisch Vernunft, Gefühl und Wille
bei, ohne jede denkbare Einschränkung oder in absoluter Vollkommenheit; daher nennen wir ihn allwissend, höchst weise, selig,
gut und allmächtig. Können wir uns nun diese Vermögen oder
Eigenschaften in dem vollkommensten Geist anders als in der
schönsten Einheit denken? Kann hier das Wollen von der Erkenntniß getrennt seyn? Das Wollen ist zugleich das Erkannte
und Wirkliche, und das Erkannte ist zugleich die That. Wie
Gott in sich die schönste Harmonie und Einheit seines Wesens
ist, so offenbart auch sein Wirken nach außen denselben Charakter. Alle seine Werke sind Offenbarungen seines Geistwe-
sens, und wie dieses das schönste ist, so tragen auch dieselben
den Charakter der Schönheit an sich; daher sagt Thales bei
Diogenes Laert. libr. I. segm. 35: *Κάλλιστον κόσμος, ποίημα γὰρ
θεοῦ.* Er erkennt daher die Welt nur in sofern als etwas sehr
Schönes, weil sie ein Werk Gottes, der höchsten Geistschönheit ist.
Boethius sagt auch in dieser Beziehung von Gott:

Pulchrum pulcherimus ipse

Mundum mente gerens, similique imagine formans.

lib. 3. Metr. 9.

Plato sagt auch: Das Göttliche nämlich ist das Schöne,
Weise, Gute rc.   Phädr.

Winckelmann: Die höchste Schönheit ist in Gott.

Gesch. d. K. 4. B. 2. R.

Gott ist auch, weil er der absolut Gute ist, die höchste
Schönheit, denn das Gute ist nothwendig auch schön; allein wie
beschränkt sind wir unserm Wesen nach, uns ein würdiges Bild
von Gott, dem absolut Guten und Schönen, zu entwerfen. Je
reiner und gläubiger das Herz des Menschen ist, je geübter

und gebildeter alle seine Seelenvermögen sind, desto fähiger ist
der Geist, sich Gott auf eine würdige Weise zu denken. Wir
stellen uns Gott vor als den urlebendigen Geist, der Alles durch-
schaut und überall zugegen ist, der alle Geister mit väterlicher
Liebe umfaßt, der ohne Wandel und Makel ist, der unendlich
rein, heilig und selig ist; allein wie schwer und unsicher ist es,
sich Gott als ein geistiges Individuum zu denken! Wer ist im
Stande, Gottes grenzenlose Liebe und Heiligkeit, seine unvergängliche Majestät sich recht und vollständig zu denken und eine
entsprechende Vorstellung davon zu machen? Um so weniger
kann er in einem Bilde dargestellt werden, da er sich selbst der
vollständigen Vorstellung des Menschengeistes entzieht. Welche
Kunst kann den Unendlichen in sich fassen und darstellen? Weil
Gott nicht in einem Bilde dargestellt werden kann, und er als
geistiges Wesen aufgefaßt und verehrt werden soll, hat auch
Moses verordnet, daß die Israeliten sich kein Bild von Gott
machen. 2 Mos. 20, 4.

Da wir uns Gott nur als den absolut Guten und als
unendliche Schönheit vorstellen können, begreifen wir auch, daß
der Anblick Gottes höchst seliger Genuß oder reinstes Entzücken
ist, und daß nur die Reinen, die selbst Geistesschönen, ihn
schauen können. Wir verstehen, was der Apostel Paulus ahnend
und hoffend an die Korinther schreibt: Jetzt sehen wir noch
dunkel, wie durch einen Spiegel räthselhaft, einst aber von
Angesicht zu Angesicht. 1 Kor. 13, 12.

Weil Gottes Wesen die absolute Schönheit ist, so erreicht
das kühnste und erhabenste Ideal unserer Phantasie Gottes
Schönheit nicht. Die Phantasie bemüht sich vergebens, in diesem Körper ein Gottes würdiges Ideal zu bilden.

Gott als Vater hat in unendlicher Liebe sein ganzes göttliches Wesen in dem Sohne zunächst geoffenbart, daher schauen
wir in dem Sohne dieselbe unendliche Schönheit, welche wir in
dem Vater schauen. Der Sohn ist der allmächtige, der unendlich liebevolle, der reinste und heiligste Gott, wie der Vater.

Durch ihn ist Alles erschaffen, was erschaffen ist, darum ist er auch durch die Schöpfung in seiner erhabensten Schönheit geoffenbart. Außer der göttlichen Schönheit an sich, die wir in Christus schauen, hat er noch eine besondere Beziehung zu uns, in welcher er uns als der barmherzigste und liebevollste Gott, und daher auch als der Erhabenste und Liebenswürdigste erscheint. Weil Gott Schöpfer und Herr ist von Allem was ist, so herrscht auch über dem Weltall, den Geistern und der Natur eine heilige und unverletzbare Ordnung und Majestät. Um die von den freien Menschengeistern verletzte heilige Ordnung wieder herzustellen, war der Sohn dem Vater gehorsam bis zum Tode am Kreuze. In diesem Wirken und Leiden erscheint uns Christus als der unendlich Liebevolle und Erhabene. Er erniedrigte sich und nahm Knechtsgestalt an; er betrachtete sein Werk nicht als das seinige, sondern als Auftrag des Vaters, sein Evangelium nicht als das seinige, sondern als Gnade vom Vater; in seinem Leiden und Sterben will er nur den Namen des Vaters verherrlichen, und freut sich in dem Bewußtseyn, diesen Namen verherrlicht zu haben.

Nach der Gründung seines Werkes kehrte Christus zu seiner ewigen Herrlichkeit zurück, und setzte sich zur Rechten Gottes, als das Haupt und der Vermittler seiner Gläubigen. Erhaben ist das Ideal der Kirche, die Gemeinschaft aller Gläubigen in dem Glauben und der Liebe, welche stets durch die Einwirkung des heiligen Geistes vermittelt werden; allein was ist die Kirche ohne ihr Haupt? Nur in der engen und steten Verbindung der Gläubigen mit Christus dem Haupte hat die Kirche in Wahrheit eine erhabene Bedeutung und Erscheinung. Welche erhabene Würde und heilige Majestät schauen wir daher in Christus, als Haupt und Mittler aller Gläubigen! Wir schauen in ihm eine Ehrfurcht gebietende Majestät, denn er ist der heilige König des Himmelreiches, das er auf Erden gegründet hat und das er vermittelst des heiligen Geistes fortwährend regiert, so daß die Erlösung von der Sünde und dem Tode in jedem

Einzelnen verwirklicht und in der Gesammtheit des Menschengeschlechtes fortschreitend vollendet werde.

::; Welche erhabene Liebenswürdigkeit erscheint uns in Christus als dem ewigen Vermittler bei dem Vater! Nur durch
ihn, der dem Vater gehorsam war bis zum Tode am Kreuze,
der den heiligen Willen Gottes vollzog und nur in der Verbindung mit ihm, der in uns bleibt, wenn wir in ihm bleiben,
können wir der Kindschaft Gottes stets würdig und theilhaftig
werden. Er ist unser Hohepriester: „Jesus ist der Bürge eines
bessern Bundes geworden. Von jenen (den jüdischen) mußten
mehrere Priester werden, weil der Tod sie unterbrach, fortwährend es zu bleiben. Dieser aber, weil er ewig bleibt, hat ein
immerwährendes Priesterthum. Daher kann er auch vollständig diejenigen beseligen, welche durch ihn zu Gott nahen, da er
ewig lebt um für uns zu bitten. Denn ein solcher Hohepriester
war uns Bedürfniß, der heilig, unbefleckt, nicht aus der Zahl
der Sünder wäre und höher als der Himmel. Der nicht, wie
jene Hohenpriester, täglich nöthig hätte, zuerst für seine eigenen
und dann für des Volkes Sünden zu opfern; denn das that
er ein für allemal, als er sich selbst opferte.“ Hebr. 7, 22—27.

. Welche erhabene Majestät schauen wir in Christus, wenn
er als König seines Reiches einst kommen wird zu richten die
Lebendigen und die Todten! Matth. 25, 31.

Was von der Erhabenheit und Schönheit des Vaters und
Sohnes gesagt wurde, gilt auch von dem Wesen des heiligen
Geistes. Die erhabene Schönheit des heiligen Geistes zeigt sich
in seinem Wesen, besonders aber in seiner Wirksamkeit. Sollte
der Geist der Wahrheit und Liebe, Heiligkeit und Seligkeit
nicht als etwas erhaben Schönes erkannt werden? Dem heiligen
Geiste wird nach der Lehre des Christenthums die Wirksamkeit
zugeschrieben, das Werk Christi auf Erden fortzuführen und
zu vollenden. Der heilige Geist, der von dem Vater und Sohne
ausgeht, führt das Werk der Erlösung auf Erden für und für
fort, er erweckt in Millionen Menschenherzen den Glauben an

Christus und vereinigt sie zu einem großen Geisterbunde; er schließt dem Verstand und Herz des Christen die Wahrheit und den tiefen Sinn der Lehre Jesu auf; er erzeugt die unerschütterliche Ueberzeugung; er öffnet die Herzen zur Liebe und bewirkt in diesen alle Tugenden; er verwandelt den reumüthigen Sünder in eine neue Kreatur; er reinigt und heiligt stets des Christen Herz, indem er ununterbrochen auf das Gewissen wirkt und gibt dem Christen die festeste Zuversicht auf das ewige Leben. Welch erhabenes Ideal von dem Geiste, der millionenmal Millionen Menschengeister in dem Glauben und der seligsten Zuversicht zum Ringen und Streben nach dem Edelsten und Besten vereinigt; der Millionen Herzen mit Liebe und Hoffnung erfüllt, und des Christen Sinn und Streben auf die unvergänglichen Güter richtet und sie mit Muth und Kraft erfüllt.

Das erhabenste Schöne, die absolute Schönheit, liegt daher über dem Kreis unserer Erfahrung hinaus, ist transscendent, und ist zu suchen und zu finden in der Gottheit, der Quelle alles wahren Schönen. Weil die Gottheit nothwendig ihrem Wesen nach die seligste Einheit und Harmonie in sich selbst ist, so ist es auch die Dreieinigkeit; daher wird die Idee von der Alles schaffende, Alle erlösende und Alle beseligende Dreieinigkeit das erhabenste Ideal der Phantasie.

Die heiligen Schriften des alten und neuen Testaments gebrauchen den Ausdruck Schönheit nicht in Bezug auf Gott, dagegen aber oft den der Herrlichkeit nicht in der etymologischen Bedeutung von Oberherrschaft, Herr seyn, Regieren ꝛc., sondern von Glanz, Pracht und Majestät. Die Herrlichkeit Gottes ist so stark und blendend, daß der Mensch sie nicht ertragen kann, sondern durch den Anblick des Angesichtes Gottes stirbt. Moses sprach zu Jehova: Laß mich doch deine Herrlichkeit sehen! Allein Jehova sprach zu ihm: Du kannst mein Angesicht nicht sehen, denn der Mensch kann mich nicht sehen und leben. Und es wird geschehen, wenn meine Herrlichkeit

vorübergeht, so will ich dich in eine Kluft des Felsen stellen;
und ich will meine Hand über dich decken, bis ich vorübergegangen bin; dann will ich meine Hand wegziehen, daß du mich
von hinten siehst; denn mein Angesicht kann man nicht sehen.
Als nun Jehova an ihm vorüberging, da rief er: Jehova!
Jehova! ein barmherziger und gnädiger Gott! langmüthig und
von großer Güte und Treue! 2 Mos. 33, 18 — 23. 34, 6. Vergl.
Jes. 6, 1 — 9. Paulus sagt von den Heiden, daß sie die Majestät des unvergänglichen Gottes mit dem Bilde des vergäng-
lichen Menschen vertauschen. Röm. 1, 23. Besonders wird sich
die Herrlichkeit Gottes und Christi zeigen, wenn dieser zum
Gerichte kommen wird. Wenn aber des Menschensohn kommen
wird in seiner Heiligkeit, und alle heiligen Engel mit ihm, dann
wird er auf dem Throne seiner Herrlichkeit sitzen. Matth. 25, 31.
Hier bedeutet zwar der Ausdruck Herrlichkeit auch die Herrschaft Christi als König seines Reiches, allein in sofern er in
Majestät erscheint, hat dieser Ausdruck auch die Bedeutung von
äußerm Glanze und erhabener Pracht.

Der Verfasser des Briefes an die Hebräer stellt Christus
als den Abglanz des Vaters dar: „So hat er in den letzten
Tagen zu uns geredet durch den Sohn, der als Abglanz seiner
Herrlichkeit und als Ebenbild seines Wesens Alles durch das
Wort seiner Kraft erhaltend, nach der bewirkten Reinigung
unserer Sünden zur Rechten der Majestät in der Höhe seinen
Sitz genommen," u. s. w. Hebr. 1, 2. 3.

Die Herrlichkeit Gottes ist auch die des heiligen Geistes;
daher schreibt Petrus: „Selig seyd ihr, wenn ihr verhöhnt werdet
des Namens Christi wegen; dann ruhet die ganze Ehre, Herrlichkeit und Kraft Gottes und sein Geist auf euch." 1 Petr. 4, 14.
Stephanus sah die Herrlichkeit Gottes. Apstg. 7, 55.

§. 12.
Die himmlischen Geister. Die Engel.

Gott ist Geist und Liebe; daher sind die Geschöpfe nach
seinem Ebenbilde liebevolle Geister. Als solche besitzen sie

Selbstbewußtseyn und Freiheit, hohe Intelligenz und Selbstbestimmung, und der Inhalt gleichsam die Seele ihres Seyns und Lebens ist die Liebe. Sie sind sich selbst denkende, selbst fühlende und selbst wollende Kräfte oder Persönlichkeiten. Der Beweggrund ihres Lebens und Wirkens ist Liebe, und als Liebegeister stellt sie uns die heilige Schrift dar. Sie stimmten einen freudigen Lobgesang an, und wünschten Glück den Menschen, die eines guten Willens sind, als ihr Erlöser geboren wurde; sie freuen sich über die Bekehrung des Sünders und freuen sich mehr aus inniger Theilnahme über die Bekehrung eines einzigen Sünders, als über neun und neunzig Gerechte, die schon gerettet sind; sie stehen im Interesse der Kleinen und Gläubigen vor Gott und zeugen gegen Jeden, der diese verletzen wollte; sie erscheinen im alten Bunde und in der Anstalt des Evangeliums als Boten, gesandt zum Dienste derer, welche die Seligkeit erben wollen; und wenn sie die unzählbare Schaar derer erblicken, welche aus Trübsal gerettet sind und gereinigt im Blute des Lammes, so rufen sie freudigen Herzens aus: Amen, Lob und Ehre, Weisheit und Dank unsrem Gott in die ewigen Ewigkeiten!

Welche erhabene Schönheit schauen wir daher vermittelst unserer Phantasie in jedem der himmlischen Geister — in jedem Engel! Wie rein, liebevoll und heilig erscheint uns das Wesen eines Engels! Seine Lust und Freude ist, den Willen Gottes zu vollziehen und Werke der Liebe zu verrichten; ehrfurchtsvoll, demüthig und dankbar steht jeder an seinem Orte vor dem Angesichte Gottes und ruft in dem unzählbaren Chor der Brüder mit seligem Entzücken: Heilig, heilig, heilig! Welcher Reichthum von Erkenntnissen und Einsichten, welche Gottinnigkeit und welch reines und wonnevolles Selbstgefühl beseelt einen jeden der Engel für und für!

Ein unsterblicher Geist huldigend, demuthsvoll anbetend vor Gott, seinen Willen freudig erfüllend, sich über alles Gute sich freuend, von Liebe für das Wohl der Menschen glühend,

wachend über die Unschuld der Kleinen, die Welten durch-
schauend, ewig Eins und selig — welche erhabene Schönheit!

Da schon jeder der himmlischen Geister eine erhabene Schönheit darstellt, um wie viel mehr erscheint uns die unzählbare
Gemeinschaft dieser höhern Wesen als etwas unendlich Schönes?
Sie sind in ihrer zahllosen Gemeinschaft eine Manifestation
der Liebe Gottes, denn er hat in der Gesammtheit dieser Geister die Unendlichkeit seiner Liebe ausgedrückt, indem er den
weiten unermeßlichen Raum des endlichen Lebens und Liebens
mit unzähligen Geistern erfüllte, die in unbestimmbar vielen
Stufen und Ordnungen, so verschiedene Verrichtungen und Genüsse haben, daß diese alle unsere Begriffe übersteigen.

Welch erhabene Schönheit! Millionenmal Millionen himmlischer Geister, hohe Intelligenzen und Liebeskräfte stehen ewig
vor dem Throne Gottes, seiner Aufträge gewärtig, sein Wille
ist ihr einziger und ewiger Beweggrund ihrer Handlungen;
Demuth und Dank sind das Tiefste, was sie bei all ihrem Wirken und Genießen durchdringt und Verherrlichung Gottes ist
ihr höchstes und letztes Ziel. Wie Gott seines Geistes Fülle
und Reichthum in zahllosen Geistern in grenzenloser Abstufung
und Ordnung niedergelegt und geoffenbart hat, so wenden sich
alle in ihrer Reinheit wieder zu ihm und verdanken ihm Alles,
was sie haben und sind. Ihre ganze Persönlichkeit, alle Kraft
ihrer Intelligenz, die ganze Fülle und Freudigkeit ihrer Liebe,
alle Energie ihres Willens und den ganzen Reichthum ihres
Wirkens führen sie in Demuth und mit Dankbarkeit ewig auf
Gott zurück, um ihn allein zu verherrlichen. Wie treffend ist
daher in dieser Beziehung die Stelle in von Hirschers christlicher Moral, 1. Bd. S. 98: „Auch erscheint uns das Himmelreich als das Reich des Erhabenen und Schönen. Erhaben ist
die Idee eines urlebendigen, allschaffenden und alltragenden
Geistes, dessen allumfassender Einiger Gedanke und Wille in
ein Universum dahin geoffenbart, von millionenmal Millionen
Geistern in freier Thätigkeit als eine heilige Ordnung festgehalten

und ausgeführt wird. Schön ist die Idee einer durch millio=
nenmal Millionen von Herzen hindurchgehenden Liebe, millio=
nenmal Millionen Empfindungen und Thätigkeiten zu einer
unendlichen Harmonie vereinigend, und in zahllosen Kreisen
und Ordnungen unendlich freudig, demuthsvoll und dankbar
um die Eine Urliebe sich bewegend — ein unendlich reicher Far=
benbogen und Strahlenkranz um ihre Sonne."

§. 13.
Die Seligen. Die Gemeinschaft der Heiligen.

Der Mensch beginnt mit seiner Geburt den Kampf mit
physischen und moralischen Leiden, und sein Streben nach Rein=
heit und Heiligkeit dauert ewig fort. Wird er Christ, gei=
stig wieder geboren, nimmt er wahren Antheil an der Erlö=
sung, entscheidet er sich auf das Bestimmteste nur für die eine
Richtung, die durch das Leben zum wahren geistigen Leben
führt, so wird er nur im Kampfe mit sich und der Welt seine
Laufbahn vollenden, geläutert und bewährt werden. Der Gute,
der sich auf das Bestimmteste für Gott entschieden hat, kann
jenseits nur dort fortleben, wo er sein Streben nach unend=
licher Vollkommenheit oder Heiligkeit ewig fortsetzen kann, d. h.
er geht ein zum ewigen Leben.

Je vollkommener der Christ auf Erden geworden ist, desto
reinere und würdigere Vorstellungen wird er von Gott haben;
desto reiner wird er jetzt schon Gott schauen und mit sich selbst
in Harmonie, Friede und Seligkeit leben. Wie weit vollkom=
mener ist aber jener Zustand der Heiligen Gottes im Himmel!
Sie nahen sich der Vollkommenheit der himmlischen Geister und
treten in den Bund oder die Gemeinschaft mit diesen.

Der Vollendete, der Durchläuterte und Bewährte hat die
Bande der beschränkenden Sinnlichkeit abgelegt, und mit dieser
die Quelle vieler Schmerzen, Leiden und Unannehmlichkeiten,
die Kreatur hat aufgehört zu seufzen nach dem Offenbarungs=
zustand. Mit der abgestreiften Sinnlichkeit erweitern sich die

Kräfte und Wirkungen des Geistes, die Erkenntniffe finden die Hinderniffe und Schwierigkeiten nicht mehr und das Streben nach moralischer Vollkommenheit oder Heiligkeit hat nicht mehr den Kampf mit der Verfuchung, den böfen Beifpielen und falfchen Grundfätzen zu beftehen.

Der gottfelig Vollendete fteht mit den himmlifchen Geiftern vor dem Throne Gottes und fchaut ihn von Angeficht zu Angeficht, deffen Anblick der arme Sterbliche nicht ertragen kann, er bedarf nicht mehr des Sonnenlichtes, Gott der Herr wird fein Licht feyn. In Demuth und Dankbarkeit bezieht er Alles auf Gott als die Urquelle, was er empfangen, genoffen hat und geworden ift, um ihm allein die Ehre zu geben und ihn allein zu verherrlichen. Er lebt ewig bei Gott, nimmt Theil an der Herrlichkeit Chrifti und an der Seligkeit der Engel.

Welch erhabenes Ideal entwirft daher die Phantafie von dem Seligen und feinem Zuftande! Die Grundzüge deffelben find reinfte Harmonie des Geiftes in fich, Heiligkeit und Seligkeit.

Der felig Vollendete fteht jenfeits nicht für fich allein, fondern er tritt in die Gemeinfchaft aller Heiligen, er findet die Guten wieder, die ihm im Leben theuer gewefen find; er verbindet fich mit den himmlifchen Geiftern und erbt die Seligkeit Gottes. Die Liebe, die Gott allen feinen Geiftern mitgetheilt und zu ihrem Lebensquell gemacht hat, durchdringt fie jenfeits reiner und inniger, und verbindet alle die Empfindungen und Thätigkeiten der vollendeten Geifter zu einer wundervollen Harmonie und Einheit. Auch alle diefe bewegen fich, wie die himmlifchen Geifter, frei, freudig und demüthig und dankbar um ihre Lebensquelle, und bilden einen zweiten Regenbogen um ihre Sonne. So fchildert uns auch der Apoftel Johannes in feiner Offenbarung den Zuftand und die Gemeinfchaft der Seligen. „Da ift nichts Verbannungswürdiges mehr, Gottes und des Lammes Thron ift da, und feine Diener verehren ihn; und fchauen fein Angeficht und tragen feinen Namen an ihrer Stirne.

Nacht wird da nicht mehr seyn; der Leuchte und des Sonnen= lichtes bedürfen sie nicht mehr; denn Gott, der Herr, wird über ihnen leuchten und herrschen werden sie bis in die ewigen Ewig= keiten." Off. Joh. 22, 3—5.

Erhaben schön ist daher die Idee von der Gemeinschaft der Heiligen!

Diese Gemeinschaft der Heiligen steht nicht für sich abge= schlossen, sondern in steter geistiger Verbindung mit den Guten auf Erden, oder mit der leidenden und kämpfenden Kirche. Die dahin Gegangenen gedenken stets der zurückgebliebenen Brüder und der zu jeder Zeit Lebenden, umfassen Alle mit ihrer reinen und innigen Liebe, und bitten Gott, er möge die Lebenden hier schon jene Reinigung erlangen lassen, die sie fähig macht, ihn von Angesicht zu Angesicht zu schauen. Die noch Lebenden gedenken auch ihrerseits der Vollendeten, befolgen ihre guten Lehren, ahmen ihr schönes Beispiel nach, sind ihnen mit Liebe zugethan und rufen sie an, Gott zu bitten, daß er auch ihnen selige Vollendung verleihe.

Erhaben schön ist die Idee von der Gemeinschaft der Hei= ligen, die sich von dem Himmel über die Erde ausdehnt.

§. 14.

Theoretische Bestimmung des transscendenten Erhabenen.

Auf dem Standpunkte des Christenthums erkennen wir das transscendente Erhabene nicht als ein abstraktes oder all= gemeines, sondern als ein besonderes, konkretes und zugleich als allgemeines. Das transscendent Erhabene, das jenseitige Geisterreich, an dessen Spitze die Gottheit steht, erhebt sich auch über die gewöhnlichen Bestimmungen des Erhabenen, welche uns die Aesthetiker geben. Das transscendent Erhabene wird auf diesem Standpunkte nicht bloß als ein Allgemeines erkannt, sondern vermittelst des christlichen Glaubens geschaut. Die christliche Erkenntniß ist für die Ideale der Phantasie norm= gebend.

Es fragt sich hier, ob und in wie weit der Begriff des Erhabenen, wie er gewöhnlich bestimmt wird, auch auf das transscendente oder vom christlichen Glauben geschaute Erhabene
anwendbar sey.

Wenn man den Begriff des Schönen nur von dem Kunst-
und Naturschönen abstrahirt, so wird die Bestimmung des
Schönen immer zu eng werden, indem man das Schöne nur
auf zeitliche und körperliche Dinge bezieht. Um den Begriff
des Schönen zu gewinnen, betrachtete man das konkrete sinnliche Schöne und fand die Schönheit in der Vollkommenheit
eines Dinges oder sagte, das Schöne ist die sinnliche Erscheinung der Idee, die innigste Verbindung oder Vermählung der
Idee mit einer angemessenen Form oder dem sinnlichen Stoffe,
oder die Idee in begränzter Erscheinung x. Man setzte das
Schöne in die Indifferenz der Idee und des sinnlichen Stoffes,
oder in die Einheit der Idee mit der sinnlichen Erscheinung
und unterschied daher drei Faktoren des Schönen, die Idee,
die sinnliche Erscheinung und die Einheit beider und behauptete,
die sinnliche Erscheinung ist nur schön, wenn sie genau, also
nicht mehr und weniger ausdrückt, als in der Idee enthalten
ist. Diese Begriffsbestimmung ist nach meiner Ansicht einseitig
und daher zu eng, denn sie ist bloß von der zeitlichen und sinnlichen Erscheinung abstrahirt und schließt das an sich geistig
Schöne ganz aus, weil die geistige Schönheit an sich, der Geist
selbst nicht als solcher in die Erscheinung tritt. Daher kommt
es auch, daß die Aesthetiker sich nicht von der sinnlichen Erscheinungswelt zu einer rein geistigen erheben. Wenn man
nicht auch und vorzugsweise den Geist an sich als etwas Schönes erkennt, so hat man noch eine sehr beschränkte und unvollkommene Ansicht von dem Schönen; da wir dagegen das
Schöne als das Seyn oder das Wahre in einer diesem Seyn
entsprechenden und angemessenen Form, Gestaltung oder Organisation definiren, so erheben wir uns auf denjenigen Standpunkt, auf welchem wir nicht nur die sinnliche erscheinende

Schönheit, sondern auch die rein geistige Schönheit erkennen und beide zusammenfassen können. Ist der Geist an sich nicht etwas Seyendes oder Wahres, das in einer seinem Wesen ganz entsprechenden (geistigen) Organisation sich selbst erscheint? Vermag der Geist sich nicht selbst als etwas Schönes zu erkennen und zu fühlen, so ist er todt und vermag auch Nichts außer sich als schön zu erkennen.

Wird unsere Begriffsbestimmung von dem Schönen als zu weit erkannt, so begegnen wir, daß das in sinnlich wahrnehmbarer Abstufung erscheinende Schöne schon hier ein Reich des Schönen darstellt, und dieses so wenig als abgeschlossen betrachtet werden kann, als die sinnliche Erscheinungswelt überhaupt ohne Beziehung auf eine höhere oder geistige Welt angesehen wird. Das Reich des Schönen beginnt mit der organischen Natur, schreitet durch die aufsteigende und vollkommenere Organisation zu dem Menschen herauf, schlägt hier um in das Gebiet des Geistes, gewinnt eine neue Grundlage und steigt durch unendliche Abstufungen bis zur höchsten Spitze auf. Wie nun das Gebiet des Schönen ein weites und mannigfaltiges ist, so muß auch der Begriff des Schönen ein weiter seyn.

Eben nur dadurch, daß wir das Schöne in einer unendlichen Abstufung erkennen und ein reingeistiges Gebiet des Schönen von dem sinnlichen, in welchem sich das Geistige mit einem materiellen Stoffe in einer organischen Gestaltung verbunden hat, unterscheiden, gewinnen wir den Standpunkt, auf welchem wir wahrhaft das Erhabene von dem sinnlich Schönen scheiden können. Wie der Geist über die Materie erhaben ist, so ist auch die geistige Schönheit die allein erhabene; wir verstehen daher unter dem Erhabenen vorzugsweise zunächst den Geist an sich in seiner naturgemäßen Thätigkeit und Wirksamkeit. Der Engel ist eine erhabene Schönheit, weil er als Geist an sich besteht und in einer seinem geistigen Wesen entsprechenden Weise lebt und wirkt. Ferner rechnen wir aber auch noch zum Erhabenen diejenigen Aeußerungen und Thätigkeiten, welche

aus einem seinem Wesen gemäß lebenden, d. h. guten Geiste
hervorgehen, weil dadurch eine erhabene Schönheit in die Er=
scheinung tritt. Suchen wir vorzugsweise die erhabene Schön=
heit im Gebiete des Geistes an sich, so finden die gewöhnlichen
Definitionen des Erhabenen, welche uns die Aesthetiker geben,
hier keine Anwendung mehr. Das Erhabene besteht nach der
Ansicht mehrerer Aesthetiker gleichsam in dem Mißverhältniß
der Idee zu der sinnlichen Erscheinung, nämlich darin, daß die
Idee das Uebergewicht bekommt, stärker hervortritt und die
sinnliche Form hinter sich zurückläßt. Hegel findet auch das
Erhabene darin, daß die Idee in ein negatives Verhältniß zur
Gegenständlichkeit tritt und das Absolute über jede unmittelbare
Existenz hinausgehoben erscheint. Aesthetik. p. 100. 466. 467.
Wir werden später auf diese Bestimmungen des Erhabenen
zurückkommen und zeigen, daß die Idee im sinnlichen Gebiete
nicht über das Maß sinnlicher Kräfte hinaustreten und sich
gleichsam unmittelbarer offenbaren kann, als die Natur der
sinnlichen Erscheinung gestattet; hier wollen wir nur zuerst
bemerken, daß durch diese Begriffsbestimmung des Erhabenen die
oben angegebene Definition des Schönen von denselben Aesthe=
tikern aufgehoben wird. Besteht das Schöne darin, daß die
Idee und die sinnlichen Erscheinungen kongruiren, oder daß die
sinnliche Erscheinung die Idee ganz erschöpfe, so daß also ein
Gleichgewicht zwischen Idee und sinnlicher Erscheinung statt
findet; so kann das Erhabene nicht mehr schön genannt werden,
weil in demselben dieses Gleichgewicht gestört ist oder die sinn=
liche Erscheinung nicht soviel ausdrückt, als die Idee in sich
begreift. Ferner begreifen wir, daß diese Definition von dem
Erhabenen nicht auf das geistig Erhabene an sich anwendbar
ist, weil hier die sinnliche Form wegfällt. Erhaben ist ein
modifizirter Begriff von erhoben. Wie nun der Ausdruck
erhoben abgeleitet von erheben, den Zustand eines Dinges
bezeichnet, in dem es höher steht, als andere so bezeichnet
erhaben in Beziehung auf den Geist sein Hoch= oder Erhobenseyn

über die Materie und alles Niedere, sein Freisein von allem Materiellen und Sinnlichen, und seine Selbstständigkeit. Der Ausdruck erhaben läßt sich daher nur in Beziehung auf den Geist und Geistiges gebrauchen, der Geist an sich ist vorzugsweise etwas Erhabenes. In dem Geiste an sich läßt sich nicht ein Vorherrschen der Idee über die sinnliche Erscheinung denken, und ihm nicht dadurch das Erhabene vindiciren. Der Geist ist an und für sich etwas Erhabenes; daher darf in ihm nicht erst ein negatives Verhältniß der Idee zur Gegenständlichkeit eintreten, wenn ihm das Prädikat erhaben beigelegt werden soll. Er ist seiner Idee und seiner Gegenständlichkeit, seinem Seyn und Leben nach erhabene Schönheit. Am besten könnten wir die von Kant gegebene Definition des Erhabenen auf die erhabene Schönheit des Geistes anwenden: Erhaben ist das, mit welchem in Vergleichung alles Andere klein ist; allein nur deßwegen, weil diese Begriffsbestimmung zu weit und unbestimmt ist.

Die Aesthetiker unterscheiden auch an dem Erhabenen gewisse allgemeine Merkmale. Sie sagen, das Erhabene erscheine nie deutlich, sondern sey in eine gewisse Dunkelheit gehüllt, und entwickle sich mit Ueberraschung; denn wenn das Erhabene deutlich sich zeigte, so würde es im Detail erkannt, und könnte nicht mehr den Eindruck des Erhabenen machen, würde es sich nur langsam entwickeln, so käme es wieder zur deutlichen Erkenntniß, würde uns nicht aus dem gewöhnlichen Zustande herausreißen und daher den Eindruck des Erhabenen verfehlen. Es leuchtet von selbst ein, daß wir diese Merkmale nicht an dem geistig Erhabenen unterscheiden können, weil der Geist sich selbst nicht dunkel ist, sein Selbstbewußtseyn sein bestimmtestes und sicherstes Wissen von sich und andern Geistern ist, und nicht durch ein plötzliches Erscheinen sich selbst als Erhabenes erkennt und fühlt. Er ist gerade in seinem Bewußtseyn und in seiner naturgemäßen Einheit und Ruhe erhabene Schönheit. Weil die Aesthetiker auch die vollkommene Ruhe und Stille ihrer Begriffsbestimmung zu Folge erhaben nannten, müßten sie sich besondere Mühe geben, dieses Erhabene mit dem allgemeinen Merkmal des Plötzlichen zu vereinigen. Um sich selbst zu täuschen, nahmen sie denn an, daß die Ruhe und Stille eine Concentrirung von Kräften darstelle, welche in jedem Augenblick hervorbrechen können, und nur um so überraschender erscheinen, je länger sie warten lassen. Die Ruhe und Stille ist daher das negativ Plötzliche des Erhabenen. Tritt der Geist aus seiner Ruhe und Stille, d. h. aus seinem naturgemäßen Seyn und Leben heraus, so hört er auf erhabene Schönheit zu seyn.

§. 15.

B. Das diesseitige subjectiv Schöne.

Da der Geist des Menschen nach dem Ebenbilde Gottes geschaffen wurde und die Natur das Werk des allmächtigen Schöpfergeistes ist; so hat die Menschheit, der Geist des Menschen und die Natur eine Beziehung zur jenseitigen oder rein geistigen Welt, und beide sind Werke und Offenbarungen Gottes. Die subjective und objective Schönheit, welche wir einerseits im Menschengeiste, in seinem Leben und Wirken, andererseits in der Natur, ihrem Seyn und Leben erkennen, stammt daher von oben. Die Offenbarung Gottes hat daher in der diesseitigen Welt zwei Richtungen, von welchen die eine durch den freien Menschengeist, die andere durch die Natur geht. Beide offenbaren daher Gott und das Schöne, soweit sie fähig sind. Da der Geist über der organischen Natur steht, und die Organisation der Materie der letzte Reflex des Geistigen ist, so offenbart sich auch das Urschöne durch den freien Geist deutlicher und vollständiger, als durch die organische Natur. Geist und Natur stehen jedoch in dem Zusammenhang mit einander, wie Seele und Leib und bilden miteinander die diesseitige reale Erscheinung des Schönen. Der freie Menschengeist mit der unfreien Natur sind das Prisma, durch welches sich das himmlische Licht, die höhere Schönheit, bricht und in diese Welt hereinfällt. Obgleich der Geist während dieses Lebens in enger Verbindung mit dem Körper steht, so erkennt und fühlt er sich doch als etwas Selbstständiges und kann sich daher auch an und für sich betrachten. Der Menschengeist, sofern er an sich, ohne Beziehung zu seinem Körper betrachtet wird, ist in seinem Seyn und Leben das diesseitige subjectiv Schöne.

§. 16.

Der freie Menschengeist — diesseitige erhabene Schönheit.

Wenn Gott erschafft, so kann er, da außer ihm Nichts ist, nur aus sich erschaffen. Erschafft der unendliche Geist freie Geister, so kann er diese bloß aus seinem Wesen nehmen und sein Wesen in sie legen; oder Gott erschafft nur nach seinem Bilde Geister zu seinem Ebenbilde. Die Geister sind göttlichen Geschlechtes, denn sie nehmen Theil an dem göttlichen Wesen. Gottes Wesen ist Wahrheit, Freiheit und Liebe; daher finden wir auch diese als die Elemente des geistigen Lebens. Darin besteht somit die hohe Würde und die erhabene Schönheit des Menschengeistes, daß er Ebenbild der Urschönheit ist und sich zur schönsten Blüthe im Reiche Gottes entfalten kann. Daher sagt Schelling: „Die Seele ist keine Eigenschaft, kein Vermögen oder irgend etwas der Art insbesondere; sie weiß nicht, sondern sie ist die Wissenschaft, sie ist nicht gut, sondern sie ist die Güte, sie ist nicht schön, wie der Körper es auch seyn kann, sondern sie ist die Schönheit selber."

Betrachten wir das Wesen, Leben und Wirken des Menschengeistes etwas genauer, so werden wir finden, daß er seiner ursprünglichen Beschaffenheit und Bestimmung gemäß etwas erhaben Schönes und Edles ist. Die Eine Geisteskraft tritt in nach verschiedenen Richtungen wirkenden Kräften aus sich hervor, wodurch aber keine Zersplitterung oder Entzweiung des Geistes mit sich selbst gesetzt wird, sondern nur eine vielseitige Entfaltung und Richtung des Geistes. Alle die verschiedenen ihrer Begriffsbestimmung zu Folge erhaben nannten, müßten sie sich besondere Mühe geben, dieses Erhabene mit dem allgemeinen Merkmal des Plötzlichen zu vereinigen. Um sich selbst zu täuschen, nahmen sie denn an, daß die Ruhe und Stille eine Concentrirung von Kräften darstelle, welche in jedem Augenblick hervorbrechen können, und nur um so überraschender erscheinen, je länger sie warten lassen. Die Ruhe und Stille ist daher das negativ Plötzliche des Erhabenen. Tritt der Geist aus seiner Ruhe und Stille, d. h. aus seinem naturgemäßen Seyn und Leben heraus, so hört er auf erhabene Schönheit zu seyn.

§. 15.

B. Das diesseitige subjectiv Schöne.

Da der Geist des Menschen nach dem Ebenbilde Gottes erschaffen wurde und die Natur das Werk des allmächtigen Schöpfergeistes ist; so hat die Menschheit, der Geist des Menschen und die Natur eine Beziehung zur jenseitigen oder rein geistigen Welt, und beide sind Werke und Offenbarungen Gottes. Die subjective und objective Schönheit, welche wir einerseits im Menschengeiste, in seinem Leben und Wirken, andererseits in der Natur, ihrem Seyn und Leben erkennen, stammt daher von oben. Die Offenbarung Gottes hat daher in der diesseitigen Welt zwei Richtungen, von welchen die eine durch den freien Menschengeist, die andere durch die Natur geht. Beide offenbaren daher Gott und das Schöne, soweit sie fähig sind. Da der Geist über der organischen Natur steht, und die Organisation der Materie der letzte Rest des Geistigen ist, so offenbart sich auch das Urschöne durch den freien Geist deutlicher und vollständiger, als durch die organische Natur. Geist und Natur stehen jedoch in dem Zusam...g mit einander Seele und Leib und bilden mit... die diessei... Erscheinung des Schönen. ... Mens... der unfreien Natur sind das ... ...urch ...

himmlische Licht, die höhere Schönheit, bricht und in diese Welt hereinfällt. Obgleich der Geist während dieses Lebens in enger Verbindung mit dem Körper steht, so erkennt und fühlt er sich doch als etwas Selbstständiges und kann sich daher auch an und für sich betrachten. Der Menschengeist, sofern er an sich, ohne Beziehung zu seinem Körper betrachtet wird, ist in seinem Seyn und Leben das diesseitige subjectiv Schöne.

§. 16.

Der freie Menschengeist — diesseitige erhabene Schönheit.

Wenn Gott erschafft, so kann er, da außer ihm Nichts ist, nur aus sich erschaffen. Erschafft der unendliche Geist freie Geister, so kann er diese bloß aus seinem Wesen nehmen und sein Wesen in sie legen; oder Gott erschafft nur nach seinem Bilde Geister zu seinem Ebenbilde. Die Geister sind göttlichen Geschlechtes, denn sie nehmen Theil an dem göttlichen Wesen. Gottes Wesen ist Wahrheit, Freiheit und Liebe; daher finden wir auch diese als die Elemente des geistigen Lebens. Darin besteht somit die hohe Würde und die erhabene Schönheit des Menschengeistes, daß er Ebenbild der Urschönheit ist und sich zur schönsten Blüthe im Reiche Gottes entfalten kann. Daher sagt Schelling: „Die Seele ist keine Eigenschaft, kein Vermögen oder irgend etwas der Art insbesondere; sie weiß nicht, sondern sie ist die Wissenschaft, sie ist nicht gut, sondern sie ist die Güte, sie ist nicht schön, wie der Körper es auch seyn kann, sondern sie ist die Schönheit selber.‟

Betrachten wir das Wesen, Leben und Wirken des Menschengeistes etwas genauer, so werden wir finden, daß er seiner ursprünglichen Beschaffenheit und Bestimmung gemäß etwas en Großes und Edles ist. Die Eine Geisteskraft tritt in ve Richtungen wirkenden Kräften aus sich her- r keine Zersplitterung oder Entzweiung des ist lbst gesetzt wird, sondern nur eine vielseitige nt Richtung eistes. Alle die verschiedenen

Richtungen und Wirkungen des Geistes verlieren sich nicht von
ihrem Mittelpunkte; denn das Ich liegt allen Thätigkeiten des
Geistes zu Grunde und erkennt und fühlt sich bei allen als
dasselbe bleibende und unveränderliche. Nach welcher Seite sich
der Geist wende, immer ist der ganze und ungetheilte Geist
dahin gerichtet, eben weil er ein unheilbares Wesen ist. Seine
Grundkräfte sind das Selbstbewußtseyn, die Selbstbestimmung
und das Selbstgefühl; diese Grundkräfte entfalten sich aber
während seines diesseitigen Lebens in verschiedenen Vermögen,
unter welchen man nichts Anderes verstehen kann, als das
Hervor= und Heraustreten des Geistes aus sich selbst, um das
zu suchen und zu ergreifen, was seine ewigen Bedürfnisse befrie=
digt. Weil Gott die absolute Wahrheit, die höchste Schönheit
und das höchste Gute ist, und der Menschengeist nach seinem
Bilde geschaffen wurde, liegt nothwendig in dem Wesen des
Geistes das Bedürfniß der Wahrheit, die Liebe des Schönen
und die Sehnsucht nach dem Guten. Um diese ewige Bedürf=
nisse zu befriedigen, tritt der Geist aus sich hervor und sucht
das Wahre, Schöne und Gute; er schlägt daher drei verschie=
dene Hauptrichtungen ein, um sich zu befriedigen und zu bese=
ligen oder entfaltet sich in die drei Hauptvermögen der Wahrheit,
Schönheit und Freiheit. Will sich der Geist des Einen oder
Andern bemächtigen, so zeigen sich noch andere untergeordnete
Kräfte, die alle die Bestimmung haben, des Geistes Leben zu
üben, zu befördern und zu erhöhen.

Wir unterscheiden auf der Erkenntnißseite des Geistes oder
in seiner Richtung auf das Wahre die zusammenwirkenden
Vermögen oder Thätigkeiten des erkennenden Geistes, 1) das
Vorstellungsvermögen, vermittelst welches wir mit Hülfe
der Sinne geistige Vorstellungen von den äußern Dingen und
ihren Gestalten und Einrichtungen erhalten; 2) den Verstand,
das Vermögen, die Merkmale eines Dinges, wodurch es sich
von jedem andern unterscheidet, zur abstrakten Einheit zu ver=
binden, Begriffe zu bilden; und einen Begriff unmittelbar durch

einen andern zu bestimmen oder Begriffe einander in organischer Einheit unterzuordnen, zu urtheilen; und ein Urtheil aus einem andern vermittelst eines dritten Urtheils abzuleiten oder ein Urtheil in einem andern durch ein vermittelndes zu begründen, zu schließen; 3) die Vernunft, das Vermögen, das Wahre oder wahrhaft Reale unmittelbar zu vernehmen oder inne zu werden. Die Vernunft führt alle Mannigfaltigkeit auf die Einheit, alles Aeußere auf das Innere, alle Wirkung auf die Ursache, und das All der Dinge auf den Urgrund zurück und leitet stufenweise wieder Alles von diesem ab und erklärt daraus die Erscheinungen. Die Vernunft ist daher auch das Vermögen der Ideen.

Richtet sich der Geist auf das Schöne, so entwickelt er wieder andere Kräfte. Die erste dieser Kräfte ist das Gefühlsvermögen, die Empfänglichkeit des Selbstgefühls durch die verschiedenen Thätigkeiten des Geistes afficirt, erhöhet oder deprimirt zu werden; oder in Beziehung auf das Schöne ist es das bestimmte Selbstgefühl des Ich, durch den Anblick und Genuß sich in seinem geistigen Wesen befördert und befriedigt zu fühlen. Die zweite ist die Einbildungskraft, das Vermögen, die Erfahrungen, die das Gedächtniß bewahrt, wieder bildlich zu beleben und aus dem Vorrathe von Bildern Neues, und aus dem Besondern Allgemeines zu gestalten. Die dritte ist die Phantasie — das Vermögen der Ideale, vermittelst welcher wir die ideale Beziehung oder das Verhältniß der sinnlichen Erscheinung zu der Idee erkennen, und das Schöne unmittelbar schauen, d. h. Ideale bilden.

Auf Seite der Freiheit, vermittelst welcher der Geist nach dem Guten strebt, unterscheiden wir: 1) das Begehrungsvermögen, d. h. dasjenige Vermögen des Geistes, durch einen Trieb, das Gefühl des Bedürfnisses, bestimmt zu werden, entweder nach Etwas zu streben oder Etwas zu verabscheuen; 2) das Gemüth, das Vermögen der Liebe, das Gute mit Wärme und Innigkeit in sich aufzunehmen und zu pflegen, für sich und mit allen Geistern in Gemeinschaft zu leben und erhaltend und segnend zu wirken; das Vermögen der Neigungen und Eigenschaften; 3) den Willen, die Kraft des Geistes, in sich selbst, also unabhängig von dem Nichtich sich für die Wahrheit zu bestimmen, die Wahrheit geistig real zu machen, wenn sie auch äußerlich nicht ausgeführt wird.

In dem Streben nach Wahrheit und Tugend entwickelt der Geist noch andere Kräfte, die noch nicht genannt worden sind, aber auch wieder nur dazu erscheinen, um die Einheit und Seligkeit des Geistes zu befördern. Diese sind das Gedächtniß und das Gewissen. Das Gedächtniß ist eine Modifikation oder die Kraft des Verstandes, das Begriffene oder die Schätze des Wissens aufzubewahren, um sein Leben zu bereichern und ihn in dem Streben nach dem Wahren und Guten zu unterstützen.

Damit der Geist seine ursprüngliche Einheit nicht verliere, der Wille den Vernunfterkenntnissen nicht widerstrebe oder zu der ursprünglichen Einheit zurückkehre, tritt das Selbstbewußtseyn als Gewissen hervor, und fordert, daß der Wille die Wahrheit unbedingt wolle und vollziehe, richtet über die Vollziehung der Forderung und vollzieht sein Gericht.

In diesen Vermögen oder Richtungen tritt der Geist mit Selbstbewußtseyn, Selbstgefühl und Selbstbestimmung aus sich hervor, daher stehen sie auch unter sich in der engsten Verbindung und sind zu vergleichen mit den Radien, die von dem Centrum ausgehen, aber auch zu demselben zurückkehren. Allen Richtungen oder Wirkungen des Geistes liegt das Ich zu Grunde, welches sich in allen als die Urkraft erkennt und sich durch dieselben entweder befördert oder gehemmt fühlt. Alle Thätigkeiten des Geistes haben daher einen Mittelpunkt in dem Ich oder stehen in harmonischer oder organischer Einheit. Die Vermögen des Geistes sind die geistige Organisation des Ich oder gleichsam der Leib des Geistes; denn sie sind es, durch welche der Geist aus sich hervorgeht und für andere Geister erscheint. Wie bei den organischen Wesen durch eine Thätigkeit der ganze Organismus in Thätigkeit gesetzt wird, wenn z. B. in dem thierischen Organismus der Magen thätig ist, so schlummern die andern animalischen Funktionen nicht oder hören auf, bis die Reihe an sie kommt, so ist bei allen geistigen Thätigkeiten der ganze Geist dabei und mit seinem ganzen Wesen thätig. Denkt der Verstand, so ist es der ganze sich selbstbewußte, sich selbstfühlende und sich selbstbestimmende Geist, welcher denkt. Nimmt der der Wahrheit bedürftige Geist Vorstellungen von außen auf, erhebt er die Vorstellungen zu Begriffen, verbindet Begriffe zu Urtheilen, folgert er aus einer Erkenntniß eine andere, führt er die Erscheinung auf den Grund, das Aeußere auf das Innere, das All der Erscheinung auf den Urgrund zurück; so ist er es selbst und ganz, der dieses thut. Mit dem Erkennen des Wahren werden auch die andern Grundkräfte des Geistes in Thätigkeit gesetzt. Der Geist fühlt sich bei der Erkenntniß des Wahren, bei dem wachsenden Reichthum von Erkenntnissen in seinem Wesen und Leben befördert, erhöhet und befriedigt, freut sich und gestaltet die Ideen zu Idealen oder verleihet dem Allgemeinen Individualität. Das erhabene Selbstgefühl bestimmt den Willen, das zu wollen, was das Selbstgefühl erhöht und befriedigt, was dem Leben des Geistes zusagt und den Selbstgenuß desselben erhöhet. Das Selbstgefühl wird entweder in den Zustand der Lust oder Unlust versetzt, jene bestimmt den Willen positiv, diese negativ. Das Gewissen, das Selbstbewußtseyn der Wahrheit, hält dem Willen das erkannte Wahre vor und verlangt unbedingten Gehorsam. Erkennt die Vernunft Etwas als wahr, wird durch die Erkenntniß das Selbstgefühl gesteigert, so wird die Lust zur Neigung und der Wille will es, und so wird das Wahre etwas Gutes.

Betrachten wir nun den Menschengeist an sich als eine sich selbst denkende, sich selbst fühlende und selbstbestimmende Kraft, so finden wir das Wesen und Leben des Geistes in einer bewunderungswürdigen organischen Einheit, oder als eine erhabene Schönheit. Die verschiedenen Vermögen zersplittern nicht das

Wesen des Geistes, sondern bezeichnen nur die verschiedenen Richtungen, in welchen der ganze Geist hervortritt, um nach dem zu greifen, was seinem Seyn zusagt, sein Leben erhöhet und befriedigt, oder seine Seligkeit ausmacht. Der Menschengeist ist Ebenbild Gottes und somit eine erhabene Schönheit; daher sagt auch der Psalmist:

> „Was ist der Sterbliche, daß du sein gedenkest,
> Und des Menschen Sohn, daß du auf ihn siehest!
> Und setztest ihn nur wenig unter Gott,
> Und mit Herrlichkeit und Würde kröntest du ihn."
>
> Ps. 8, 5. 4.

Der Geist des Menschen, insofern er mit einem sinnlichen Körper während dieses Erdenlebens verbunden ist, wird von Plato recht passend mit einem Menschen verglichen, der so in eine Höhle eingeschlossen und gebunden ist, daß er die Dinge außerhalb derselben nicht selbst, sondern nur den vorübergehenden Schatten davon sieht, der durch eine Oeffnung auf die ihm gegenüberstehende Wand fällt. Plato betrachtet nämlich das Leben des Geistes in einem materiellen Körper als einen Abfall von der Ideenwelt, wo er das Wahre unmittelbar erkannte, das Schöne schaute und das Gute genoß, und als eine Verbannung in eine Höhle, in den Körper dieser Scheinwelt, wo man das Wahre, die Idee nicht mehr rein und ungetrübt erkennt, das Schöne nur in matten Abbildern schaut und das Gute nur mit Anstrengung und nie ganz und rein erreichen kann. Der Menschengeist hat auch wirklich das Bedürfniß, das Wahre zu erkennen, das Schöne zu schauen und das Gute zu erlangen; daher ist es während seines Erdenlebens sein unablässiches Streben, die Wahrheit immer mehr zu erforschen, die Schönheit immer reiner zu schauen und die Tugend immer mehr zu lieben und zu üben, um dadurch immer einen höhern Grad von Seligkeit zu erreichen. In den geistigen Kräften selbst liegt die Bestimmung des Geistes. Die des Lichtes bedürftigen Erkenntnißvermögen streben unaufhörlich der Wahrheit

immer mehr habhaft zu werden; die der Sättigung und Befrie=
digung bedürftigen Vermögen des Schönen wollen das Schöne
immer mehr schauen und genießen; und die das Gute wollende
Willenskräfte streben rastlos nach der Erreichung des Guten:
wirken alle diese Vermögen zusammen oder tritt der Geist in
diesen Richtungen aus sich selbst hervor, um nach dem zu lan=
gen, was seines Wesens ist, so befördern sie das wahre Leben
des Geistes und stellen diesen in seiner organischen Einheit und
erhabenen Schönheit dar. Auf diese Weise entfaltet sich der
Geist zu einer herrlichen Blume, die den himmlischen Thau im=
mer mehr in sich aufnimmt, um sich desto prächtiger zu ent=
wickeln. Diese Geistesblüthe entfaltet sich immer mehr und
mehr und hat kein Ziel der höchsten Entfaltung, wie die irdische
Blume; sie nimmt durch die Erweiterung ihrer Blätter, ihr
sich selbst Aufschließen immer mehr die Strahlen der himm=
lischen Wahrheit, Schönheit und Güte in sich auf. Und was
ist die Folge dieser fortschreitenden, gleichmäßigen Entwicklung
und Bildung? Der Menschengeist befördert dadurch seine innere
Einheit, fühlt sich immer mehr beruhigt und befriedigt und
genießt einen innern Frieden, und eine unbeschreibliche Selig=
keit; er wird ferner des durch das Universum hin verbreiteten
Reiches der Wahrheit, Schönheit und Güte immer würdiger
und fähiger. Wo ist das Ende dieses Strebens, der Entwicke=
lung und der Seligkeit? Die Ewigkeit setzt hier keine Grenze.
Auf welche Reinheit und Seligkeit des Geistes können wir von
einem niedern Grad von Vollkommenheit ausgehend schließen?
Siehe da, das ist der Menschengeist in seiner natürlichen
Entwicklung und Entfaltung! Welche erhabene Schönheit ist
daher dieser Geist in seinem ewigen rastlosen Streben nach
Wahrheit, in seinem ewigen Schauen und Genießen des Schö=
nen und in seiner ewig steigenden Heiligkeit und Seligkeit!
Allein der Menschengeist ist nur erhaben schön, wenn er seiner
Natur und Bestimmung gemäß thätig ist; denn das Schöne ist
ja nur das, was in einer seinem Wesen entsprechenden Form

oder Weise ist oder wirkt. Wie der ganze Menschengeist eine erhabene Schönheit ist, wenn er seiner Natur und Bestimmung gemäß lebt und wirkt, so erscheint auch jedes einzelne Streben oder jede einzelne Thätigkeit als schön, wenn diese auf das des Geistes Würdige gerichtet ist.

§. 17.

Die Gesammtheit der Menschengeister, die Menschheit.

Wie viele solche Geister sind gewesen auf Erden, sind noch und werden seyn? Welche Zahl erschöpft das Menschengeschlecht! Millionenmal Millionen Menschengeister, sie alle ein Hauch und Ebenbild Gottes, sind und leben und bilden ein besonderes Geisterreich, das sich rastlos um den Urgeist bewegt. Durch die Gesammtheit der Menschengeister wird nicht nur Gottes ewiger Schöpfergedanke, sondern auch seine Liebe und Schönheit geoffenbart. Welche erhabene Schönheit ist daher die Idee von der Menschheit, dieser unzählbaren Geister Schaar, die alle zur Theilnahme an dem über der Welt herrschenden Reiche der Wahrheit, Schönheit und Seligkeit besondere Kräfte und Bedürfnisse empfangen haben! Die alle rastlos die Wahrheit suchen, am Genusse des Schönen sich freuen und nach Heiligkeit streben und mit der steigenden Befriedigung immer einen höhern Grad von Seligkeit erlangen! Die alle die Liebe zur gemeinsamen Thätigkeit verbindet, um mit einander das Eine und ewige Ziel zu erreichen! Die alle, jeder nach dem Maße seiner Kräfte und an seiner Stelle zum gemeinsamen Besten beitragen! Welch erhaben schönes Geisterreich, das die Liebe unter sich und mit der Urliebe verbindet!

Dieses sollte die Menschheit werden und seyn, denn so erschien sie in ihrem Urzustande. In dem Zustande vor der Sünde war der Menschengeist gerecht und heilig, und daher gottselig: es herrschte in ihm die seligste Einheit aller seiner Kräfte, denn die niedern Triebe gehorchten ohne Widerstreben der Vernunft und diese Gott, daher lebte der Geist des

Menschen mit Gott und sich in seligster Harmonie. Wir können
uns keinen seligern und schönern Zustand eines Menschen=
wesens vorstellen als diesen. Welche Einheit, welche Freude und
welche Seligkeit in dem Menschengeiste! Wie lieblich und erha=
ben erscheint uns dieser Seelenzustand! Mit der Sünde ver=
schwand diese selige Harmonie des menschlichen Geistes mit sich
und Gott und es trat eine Entzweiung mit sich und Gott ein,
denn der Menschengeist gelüstete gegen Vernunft und Gottes
heiligen Willen. Die Richtungen der Geistesthätigkeiten wider=
strebten der Natur und Bestimmung des Geistes, hemmten
einander, Heiterkeit, Ruhe und Friede verschwanden und es
traten Unzufriedenheit, Furcht und Schrecken an ihre Stelle
und erfüllten und entstellten den Geist. Mit und durch die
Sünde wurde jedoch nicht das Wesen des Geistes zerstört,
sondern nur die Einheit des Geistes mit sich und Gott gestört;
das Ebenbild Gottes wurde nicht ausgewischt, sondern erschien
nur mehr trüb; die Freiheit wurde nicht vernichtet, sondern
nur geschwächt. Auch in diesem Zustande war es dem Men=
schengeiste noch möglich, an der Aufhebung der Entzweiung des
Geistes mit sich und Gott zu arbeiten, einen gewissen Grad
von Vollkommenheit zu erreichen und auch noch die Schönheit
des göttlichen Geistes, wenn auch in verringertem Maße zu
offenbaren.

Weil der Menschengeist nach der Sünde nicht aufhörte
Ebenbild Gottes zu seyn, wenn auch nicht mehr so rein und
ungetrübt, und weil er dieselben Vermögen oder Kräfte behielt,
wenn auch geschwächt, so konnte er auch in dem Zustande der
Entzweiung nach innerer Einheit streben, die Wahrheit suchen,
das Schöne genießen und moralisch besser werden, d. h. seiner
Natur gemäß sich entwickeln und entfalten, und immer einen
höhern Grad von Vollkommenheit und Seligkeit erreichen,
wenn er auch nicht mehr aus eigener Kraftanstrengung jenes
verlorene Paradies, die innere Einheit und Gottseligkeit wieder
erlangen konnte. Der Menschengeist in dem Zustande seiner

Schwächung und Entzweiung durch die Sünde ist mit einer erotorischen Pflanze zu vergleichen, die zwar auch in fremdem Boden wächst, sich entwickelt, blühet und Frucht trägt, aber freilich nicht so üppig und kräftig, so frisch und herrlich wie im Heimathlande. Das ausländische Gewächs gedeihet auch in unserm Lande, entwickelt immer noch eine schöne Blüthe und trägt immer noch genießbare Frucht, wenn man sie nur sorgfältig pflegt; so verhält es sich auch mit dem Menschengeiste nach der Sünde, er kann sich immer noch zu einer schönen Blume entfalten, und Frucht tragen, wenn er gutes Willens ist und Mühe und Anstrengung nicht scheut. Nahe liegt freilich dem Zustande der Entzweiung ein gänzliches Verwelken und Verdorren. Doch hat die Menschengeschichte bewiesen, daß der Geist auch nach dem Sündenfalle die Wahrheit theilweise suchen und finden, sich an dem Schönen freuen und edle Kunstwerke schaffen und Edles und Würdiges verrichten konnte. Der durch die Sünde Verschlimmerte ist nicht gerade der Gottvergessene und von Gott Verlassene; denn Gott hat es nie an Anstalten und Einwirkungen fehlen lassen, durch und unter welchen der Menschengeist sich wieder aufrichten, entwickeln, bilden und Rühmliches leisten konnte.

Ehe wir zu dem Einfluß des Christenthums auf die Erhebung und Entwicklung des menschlichen Geistes zu einer himmlischen Blüthe fortschreiten, wollen wir zuerst betrachten, in wie weit der Menschengeist im Heiden= und Judenthum fähig war, das göttlich Schöne zu offenbaren.

§. 18.
Entwicklung des Menschengeistes im Heidenthum zur erhabenen Schönheit.

Weil alle Menschen von einer Familie abstammen, der Gott sich geoffenbart hat, so hat sich auch die Wahrheit, der Glaube an Einen lebendigen Gott, der Monotheismus, weit hin unter die Völker vererbt und ging nie spurlos verloren.

Es erhielten sich immer noch würdige, religiöse und sittliche Begriffe, die immer wieder von Wahrheit liebenden Männern belebt und eingeschärft wurden. An diesen Erbwahrheiten, die auf alle Wanderungen mitgenommen wurden, konnte sich stets die Vernunft erheben und orientiren. Selbst in den krassesten Auswüchsen des reinen Monotheismus finden wir noch jene ursprünglichen, reineren und würdigeren Begriffe von Gott, Tugend und Bestimmung des Menschen als die Grundlagen dieser Auswüchse. Auch bei dem bunten Polytheismus fühlten sich die Nationen von einer höhern Macht abhängig, leiteten Glück und Unglück als Belohnung und Strafe von oben her, betrachteten die Gesetze als Wille der Götter und die Richter und Könige als Stellvertreter derselben, welche die Lasterhaften hassen und die Beobachter der Gesetze lieben.

Damit die Wahrheit nicht gänzlich aus dem Menschengeschlechte verschwinde, traten von Zeit zu Zeit Männer mit ausgezeichneten Geistesgaben auf als Religionsstifter, Gesetzgeber, Reformatoren und Philosophen und wirkten sehr wohlthätig auf die große Menge des Volkes. Diese suchten nämlich den Irrthum und den Aberglauben zu verdrängen, reinere und würdigere Begriffe von Gott und der Bestimmung des Menschen zu verbreiten, und vor Verirrung und Sittenlosigkeit zu bewahren.

Das humane und ästhetische Leben wurde besonders auch durch das gesellschaftliche Leben in Städten, die Vereinigung zu Staaten, und die Wissenschaften und Künste befördert. Die Vereinigung der Menschen zu dem gesellschaftlichen Leben, die Gewöhnung an einen bestimmten Wohnsitz und der Ackerbau sind immer als die ersten Anfänge der menschlichen Veredlung und Bildung anzusehen. Dadurch vereinigten sich auch die Heiden zu Staaten und bekamen einen Rechtszustand — die Bedingungen, unter welchen sich die sittliche Freiheit entwickeln und eine liebevolle Gemeinschaft stattfinden konnte. Die Pflege der Wissenschaften und Künste konnte nur einen sehr wohlthätigen

Einfluß auf die Humanisirung des Menschengeschlechtes haben. Zeugen nicht heidnische Gedichte von edler Begeisterung für ewige Ideen, für Wahrheit, Recht und Tugend und sprechen nicht einige des Menschenherzens würdige Gefühle aus?

Auch der religiöse Kultus hatte unter den Heiden zur Bildung und Veredlung des Menschenherzens beigetragen. Vor gänzlicher Sittenlosigkeit bewahrte den Heiden die gesellschaftliche Ordnung, die Gesetze des Staates und Furcht vor den Göttern; es herrschten daher immer noch religiöse und sittliche Begriffe, Liebe und Hochachtung der Guten und Verachtung und Haß gegen die Bösen. Die Geschichte beweist auch, daß immer noch, wenn auch nicht ganz bestimmte und richtige Begriffe vom Guten und Bösen, von Recht, Pflicht, Tugend, Verdienst, Schande, Schuld, Zurechnung und dergl. gefunden wurden. Woher anders läßt es sich erklären, daß die Völker ihre ausgezeichneten Männer, die das Sinnliche und Schlechte bekämpften und edle Selbstaufopferung zeigten, für Recht, Freiheit und Vaterland stritten, bis zu den Göttern erhoben und göttlich verehrten, als weil sie die reine sittliche Würde achteten? Woher anders stammt der Mythos von Herakles am Scheideweg, als von der Unterscheidung des Guten und Bösen und der Achtung des sittlichen Ernstes? Glückliche aber noch mehr hatten unglückliche Ereignisse einen Einfluß auf die Sittlichkeit. Wie oft erkannten die Völker bei einem allgemeinen Unglücke oder Uebel ihre sittliche Entartung, legten Trauerkleider an und flehten zu den Göttern um Abwendung des Uebels und suchten diese durch Opfer und Büßungen zu söhnen? Und hatte nicht von Anfang an das Gute gute und das Böse schlimme Folgen für Körper und Geist? Diese Folgen mußten natürlich den Unterschied des Guten und Bösen deutlicher machen, die Liebe und das Streben nach dem Guten befördern und vor dem Bösen abschrecken.

So konnte sich immer noch im Heidenthum ein Leben entfalten, das edel und schön erschien, wenn es auch nicht den hohen Grad christlicher Vollkommenheit und Schönheit erreichte.

Darum bietet uns auch der Menschengeist mit seinen edeln
Bestrebungen im heidnischen Alterthum noch Stoff zu Kunst=
darstellungen. Hat z. B. Sophokles nicht würdige und sittliche
Gegenstände zu seinen Tragödien gewählt? Man lese die Tragö=
dien, in welchen er die Schicksale der Labdakiden dargestellt hat.

Je mehr aber die Idee von einem heiligen Gotte sich ver=
dunkelte, desto mehr wurde der Mensch auf die Natur und
sein eigenes Daseyn beschränkt. Mit dem allmähligen Ver=
schwinden der Idee von der Heiligkeit Gottes erschlafft auch der
Hin= und Rückblick auf das Göttliche, und die Beziehung dieses
Lebens auf Gott und die Ewigkeit, auf sein letztes und höchstes
Ziel. Hatte der Mensch seinen höchsten Leitstern im Leben ver=
loren, so ging auch die Beziehung seines Lebens auf die höchste
und ewige Vollkommenheit verloren. Das Leben und Wirken
der Griechen mußte sich daher nothwendig so bilden, wie es
uns die Geschichte beschreibt. Religion, Kunst und Politik
nahmen nothwendig diesen historischen Charakter an.

Die Religion gründet sich auf das zum Selbstbewußtseyn
erhobene Gefühl der Abhängigkeit von Höherem und eigener
Unzulänglichkeit, um Glückseligkeit zu erreichen. Aus diesem ins
Bewußtseyn aufgenommenen Gefühl geht nothwendig der Rück=
blick auf die Grundursache aller Dinge oder die Religion her=
vor. Religion bedeutet ja etymologisch den Rückblick auf das
Absolute. Der Rückblick auf das Absolute schließt in sich die
Erkenntniß Gottes und des Verhältnisses zu Gott. Dieser
Rückblick auf die letzte Grundursache des Daseyns war für die
ersten Menschen bestimmt und sicher, weil Gott selbst sich ihnen
nahete. Aus dem Paradiese verstoßen, konnten die ersten Men=
schen den Rückblick auf die wahre und letzte Ursache alles Seyns
nur durch Tradition erhalten und sichern; allein da durch die
Sünde das Sinnen und Streben des Menschengeistes abwärts
zur Erde gerichtet wurde, so wurde der Auf= und Rückblick zu
Gott immer schwächer und unsicherer. So verlor die Mensch=
heit allmählig die ewige und wahre Idee von Gott und wurde

auf sich beschränkt. Da aber durch die Sünde das Gefühl der Abhängigkeit und Hülfebedürftigkeit, das Bedürfniß der Religion, nicht aufgehoben, sondern im Gegentheil stärker hervorgerufen wurde, so suchte wohl der Menschengeist seinen Ursprung und seine Bestimmung, allein er fand diese nicht mehr rein und gewiß, denn der Rückblick auf den lebendigen Gott hatte aufgehört. Er schaute nun auf sich und das Nächste, auf die Natur mit ihren gewaltigen Kräften; und weil er den höhern Rückblick vergessen hatte, waren ihm die Naturkräfte das Furchtbarste und Höchste. Die ursprüngliche Idee Gottes zersplitterte sich in so viele besondere Gottheiten, als es besondere Naturkräfte und Bedürfnisse des Herzens gab. Weil nun aber die Götter des Mythus aus dem Suchen des lebendigen Gottes hervorgegangen und an seine Stelle getreten sind, so ermangelten sie doch nicht alles sittlichen Einflusses. Wie nichtig auch die Götter, die Opfer, die Büßungen, Hymnen, Gebete ꝛc. angesehen werden mögen, so war der Glaube an diese Götter und ihre Verehrung doch noch besser als das Gegentheil. Polytheismus ist besser als Atheismus. Durch die Naturvergötterung wurde das Göttliche zu dem Menschlichen herabgezogen und von diesem überkleidet; daher trat die Idee der Heiligkeit in Hintergrund und die Idee der Schönheit wurde der beseelende und leitende Stern des menschlichen Thuns und Strebens.

An der freundlichen und heitern Natur, die den Menschen umgibt und in die das Göttliche versenkt wurde, erwachte nach dem Verluste der Idee der Heiligkeit die Idee der Schönheit. Die Naturvergöttlichung wurde daher nothwendig das Ideal aller Schönheiten. Die vergöttlichten Naturkräfte wurden in persönlichen Wesen mit körperlicher Vollendung dargestellt; oder die Götter erscheinen in vollendeten Menschengestalten. Da es so viele Götter und Göttinnen gab, als Naturkräfte und Bedürfnisse des Menschengeistes, so zog eine große Menge schöner Wesen an der Phantasie vorüber, und weil alle

zusammen eine bildliche Auflösung des Begriffes von der Natur
sind, verweilen Viele so gerne in diesem Fabellande. Schönheit
war die Idee jedes Gottes und höchste Schönheit höchste Idee
der Kunst. Schönheit ist auch die Seele des religiösen Kultus.
Daher finden wir bei den Griechen verschiedene gezierte Tempel,
so viele Statuen ꝛc. Die Religionsfeste waren Freudenfeste,
wurden mit Spielen ꝛc. gefeiert; das Gemüth lösete sich ganz
in die schöne Natur auf und gab sich dieser hin. Die Gemüthsstimmung war dieser Ansicht zufolge stets heiter, fröhlich,
sanft, in Leiden und Freuden gemäßigt.

Weil die Natur der Gegenstand alles Wissens und Ver-
ehrens war, mußte die Naturnachahmung und die mehr sinnliche Auffassung in der Kunst vorherrschen. Die plastische
Kunst wurde daher von den Griechen vorzugsweise ausgebildet,
denn diese ist eine konkretere Nachbildung der Natur als die
übrigen Künste. Besonders waren es die Götterideen, welche
durch die plastische Kunst konkrete Gestalten erhielten. Die
körperliche Schönheit oder Vollkommenheit des menschlichen
Körpers wurde als der adäquateste Ausdruck der Götterideen
angesehen. Die höchsten Anforderungen, welche man an die
Kunst machte, waren daher: Naturgemäßheit, Klarheit, Objec-
tivität, Naivität und Abgeschlossenheit. Obgleich die griechische
Kunst nicht von der höchsten Idee der Schönheit, von dem
Einen lebendigen Geist Gott beseelt und begeistert war, und
das Sittliche nicht streng und rein genug auffaßte und darstellte,
so ist ihr wohlthätiger Einfluß auf die Vereblung und Bildung
des Menschengeistes doch nicht zu verkennen. Die antike Kunst,
besonders die Plastik, stand in einem engen Verhältniß zur
Religion. Die Götter des Polytheismus wurden durch die
plastische Kunst gleichsam sinnliche Wesen, traten dem Menschen
näher und dieser schaute sie in ihrer schönen Erhabenheit. Die
bildliche Erscheinung der Götter erweckte und belebte die Furcht
vor denselben, und die Verehrung des Göttlichen bekam eine
bestimmte Gestalt und Richtung. Das Abstrakte wurde konkret

und diente in dieser Gestaltung zur Belebung des religiösen
Glaubens, der Ehrfurcht vor dem Göttlichen, der Furcht vor
der strafenden und rächenden Macht der Götter und des Vertrauens auf eine höhere Hülfe in Noth und Verzweiflung.
Die mythischen Darstellungen belebten sittliche Ideen, die tief
im Geiste des Menschen verborgen liegen, steigerten das Gefühl
der Abhängigkeit von einer höhern Macht, erweckten das Bewußtseyn von Gut und Bös, erregten die Scheu, gegen den
Willen der Götter Etwas zu thun, läuterten das Gewissen und
erweckten Schrecken und Abscheu vor Frevel, Schandthat und
Grausamkeit. Die Götterbilder vermittelten die Beziehungen
des Menschen zum Göttlichen durch Opfer, Gebete ꝛc.; vor den
Göttern suchte man die Gunst und Gnade derselben und den
Frieden mit sich selbst, die Glückseligkeit, nach der sich stets das
Menschenherz sehnt.

Nach der Religion und Kunst gestaltete sich auch das politische Leben. Weil der Religion die Idee der Heiligkeit fehlte
und die Idee der Schönheit bloß auf die Natur beschränkt war,
wurde auch das Leben und Wirken des Menschengeistes auf
einen zeitlichen Zweck gerichtet. Ohne Erkenntniß der ewigen
Bestimmung des Geistes wird der Zweck einer Staatsverfassung
nie richtig aufgefaßt und verfolgt. Erkennt man eine Staatsverfassung nicht als die erste und nothwendige Bedingung eines
humanen Lebens, der freien Entwicklung des Menschenwesens
zu einem höhern Geistesleben, so müssen nur materielle Interessen im bürgerlichen Leben vorherrschen. Bürgerliche Freiheit,
Wohlstand, Reichthum, Genuß und Ruhm sind dann die höchsten Zwecke, die man zu erreichen sucht. Da die Bestimmung
des Menschen, durch verschiedene Lebensverhältnisse immer einen
höhern Grad von sittlicher Freiheit oder Vollkommenheit zu
erlangen, um für ein höheres Geistesleben reif zu werden,
im Alterthum nicht richtig aufgefaßt wurde, konnte sich der
Staat auch nicht in seiner hohen Bedeutung erkennen, als die
gesellschaftliche Ordnung, welche die Grundlage einer höhern

Geistesentwicklung ist. Wenn auch die Staaten des Alterthums sich ihres höhern Zweckes nicht bewußt waren, so sind sie nicht ohne wohlthätigen Einfluß auf das Menschenleben geblieben. Es gab auch unter den Heiden ein Volksthum, einen Rechts= zustand, Gesetze c., wodurch ein Volk zusammengehalten, vor sittlicher Verwilderung bewahrt und für ein wahrhaft humanes Leben empfänglich wurde.

§. 19.
Das antike Ideal.

Weil das Bewußtseyn, welches das Christenthum in dem Menschen geweckt hat, die Geistesgeschichte in zwei große Hälften theilt, unterscheiden wir mit Recht ein antikes Ideal von dem modernen. Diese zwei Hälften sind aber nicht dem Wesen, sondern dem Grade des Bewußtseyns nach verschieden. In der ersten Hälfte ist das Selbstbewußtseyn noch nicht so tief, rein und vollkommen, wie in der zweiten. Da nun aber das Selbstbewußtseyn, welches auch das Gottesbewußtseyn in sich schließt, der Inhalt des ganzen geistigen Lebens ist, so muß nothwendig die ideale Anschauung in dem Alterthum von der in der christlichen Zeit verschieden seyn. Das Ideal ist daher nicht etwas Individuelles, sondern etwas Gemeinsames; gehört nicht einzelnen Geistern und Geistesthätigkeiten an, sondern allen und der ganzen Zeit. Das Ideal ist die Blüthe der gei= stigen Bildung eines Volkes und einer Zeit.

Ein Volk bildet Ideale, wenn es sein geschichtliches Leben und Thun in einem Gegenbilde — in einer Welt von Phantasie= gestalten schaut, und diese geistig verklärten Formen die Geistes= thätigkeiten des Volkes beschäftigen. Da nun diese Idealbildung von dem Grade des Selbstbewußtseyns ausgeht, kann sie nur insofern rein, edel und vollkommen seyn, als das Selbst= bewußtseyn tief und vollkommen ist. Je mehr der Geist sich als ein freies, sittliches Wesen erkennt, je mehr er seine innerste und tiefste Wesenheit erfaßt, desto reiner und vollkommener ist auch das Gegenbild seines Lebens und Handelns; denn dadurch wird das Gegenbild zur Schönheit, daß ihm der Geist eines Volkes sein innerstes Wesen und sein eigenes Selbst zu Grunde legt. Es muß daher nothwendig in dem antiken Ideal Abstufungen oder Modifikationen nach dem Grade der Tiefe und Vollkommenheit des Selbstbewußtseyns geben. Auf dem Standpunkt des Polytheismus oder dieser Stufe der geistigen Bildung weiß sich der Menschengeist als ein freies Wesen und strebt in Allem diese seine Freiheit zu behaupten und zu erweitern. Das ideale Bewußtseyn ist daher auf diesem Standpunkte das der Heroen, oder die Heroen sind das Gegenbild seines geistigen Seyns und Lebens. In den Heroen, diesen idealen Persönlichkeiten, in ihrer sichtbargedachten Gestalt und Thätigkeit sieht der Grieche den vollkommenen Menschen, der seine Freiheit in allen Verhältnissen behauptet, der mit Anstrengung und Aufopferung größere Freiheit sucht und sich mit dem Göttlichen zu vereinigen strebt. Da hier aber das sinnliche Leben von dem geistigen nicht so strenge geschieden wird, erscheint das Handeln der Helden oft ungestüm, aufbrausend, kühn und abenteuerlich, als das der rohen Kraft; allein allem Thun und Streben liegt doch eine höhere Beziehung zu Grunde — die Behauptung und Erweiterung der eigenen und Anderer Freiheit.

Das Bewußtseyn des Göttlichen, welches hier, auf dem Standpunkte des Polytheismus, noch nicht als reine Geistigkeit, Einheit und Erhabenheit über der Natur gewußt wird, stellt sich ideal in den Göttern des Mythos dar, welche die Idee Gottes nicht erschöpfen. Da der Polytheismus nur eine weitere Ausbildung der Naturreligion im engern Sinn ist und hier das Gottes- und Naturbewußtseyn nicht so strenge von einander geschieden und auseinander gehalten werden, stehen die Götter noch immer in zu enger Beziehung zur Natur und können ohne diese nicht gedacht werden. Der tiefste Grund alles Zeitlichen und Geschichtlichen wird hier in personificirten Naturkräften aufgefaßt und die Götter erscheinen als vollkommene

Menschen. Das antike Ideal ist daher das ideale Bewußtseyn des Menschlichen und Göttlichen und erhebt sich nur so weit über den Menschen, als dieser tief in sich selbst geht und sich in seinem tiefern Wesen erfaßt. Das antike Ideal hat daher seine Grenzen an dem Grade des Selbst-, Natur- und Gottesbewußtseyns; die Griechen schauten das Gegenbild ihres Lebens und Handelns nur in den Heroen und die Wesenheit ihres Geistes in den Göttern. Das antike Ideal ist daher ein beschränktes und kein unendliches; das Vollkommene hat hier ein Maß.

In diesem Ideal bewegt sich auch die griechische Kunst. Der griechische Künstler wußte und fühlte sich noch nicht recht klar und tief als die Einheit physischer und geistiger Kräfte, sein Bewußtseyn war noch getheilt in die verschiedenen Wirkungen und Erscheinungen der Natur; daher mußte bei ihm die sinnliche Auffassung und Darstellung vorherrschen. Die Götter mußten zuerst in Betreff des Körpers als die vollkommensten Menschen erscheinen. Das Höchste, was die plastische Kunst zu erreichen strebte, war die Nachahmung im Geiste der schaffenden und gestaltenden Natur, das Bilden und Gestalten der Kunst, wie das der Natur selbst, indem sie eine Form oder einen Organismus für einen Begriff schafft. Weil das sinnliche Element in der antiken Kunst eine große Bedeutung hat, zeichnet sich dieselbe aus durch Naturgemäßheit, Klarheit, Leichtigkeit und Geschmeidigkeit und erstarrt in den mythischen Göttergestalten.

Einen höhern Grad von Reinheit und Richtigkeit erreicht das antike Ideal auf dem Standpunkte des heidnischen Monotheismus. Allein so wenig Platos Erkenntniß von einem Gott der allgemeine Volksglaube werden konnte, was er selbst sagte, so wenig konnte sein Ideal des Volkes Ideal seyn. Wollen wir das antike Ideal auch auf diesem Standpunkte des geistigen Lebens, dem Monotheismus, kennen lernen, so wählen wir mit Recht, mit Umgehung des dualistischen Standpunktes, Plato als Repräsentanten dieses Ideals. Plato erhob sich durch ein

tieferes und vollkommeneres Selbstbewußtseyn über den Polytheismus, erkannte seine geistige Natur in Verbindung mit
der physischen, und über sich Ein geistiges Wesen, das die
Grundursache alles Seyns und Werdens ist. Wie er sein
eigenes Wesen in ein körperliches und geistiges zerlegte, jenes
auf dieses bezog und jenes diesem unterordnete, so schied
er die Welt in eine geistige und sinnliche, in eine Ideenwelt
und Körperwelt, bezog diese stets auf jene und erkannte diese
als die Realwerdung jener. Das ideale Bewußtseyn Platos
war nun ein ganz anderes, als auf dem Standpunkte des Polytheismus. Wollte Plato das Leben und Handeln des Menschen
in einem Gegenbilde, die wirkliche Menschenwelt in eine Phan-
tasiewelt versetzen, so konnte er nicht bloß das heroische Leben
als das Gegenbild erkennen, sondern mußte nach der erkannten
Bestimmung des Menschen ein höheres Ideal von dem Menschenleben bilden. Wenn nach Platos Ansicht der Menschengeist
früher in der Ideenwelt selbst lebte, die Ideen selbst schaute,
das Wahre, Schöne und Gute ꝛc. den Göttern nachwandelte,
aber aus Unvermögen von Vergessenheit und Trägheit über-
nommen, den Rücken des Himmels nicht erreichen konnte,
auf die Erde herabfiel, und in einen Körper, wie ein Gefängniß, eingeschlossen wurde, und der Geist seine Wesenheit, die
Ideen, durch den Abfall nicht verliert und ihm ein Zug, eine
in seinem innersten Wesen liegende Sehnsucht, nach dem Göttlichen, nach der Ideenwelt, bleibt: so besteht das ideale Menschenleben darin, daß er vermittelst der sinnlichen Erscheinungen,
welche die im Werden begriffene Ideen sind, das Bewußtseyn
des Wahren und Guten wieder in sich erwecke, daß er überall
das Wahre suche, das Schöne liebe und das Gute erstrebe;
daß er mit einem Worte all seine Kraft dahin richte, daß er
aus dieser Scheinwelt erlöst werde und sich wieder zu dem
wahrhaft Seyenden erhebe. Der Philosoph tritt hier an die
Stelle des Heroen, denn wie dieser mehr durch Anwendung
körperlicher Kraft nach dem Bessern und Würdigeren strebt, so

jener vermittelst geistiger Kräfte. Der Philosoph ist derjenige, welcher am meisten durch sein erwecktes Selbstbewußtseyn die göttlichen Ideen auf das dem Göttlichen entfremdete und von dem Sinnlichen beherrschte und verdunkelte Leben einwirken läßt, welcher die Liebe zum Schönen, in welchem das Gute erscheint, belebt und steigert, und dessen Hauptstreben dahin geht, zu sterben und todt zu seyn für diese Scheinwelt.

In Plato fällt das Natur= und Gottesbewußtseyn nicht mehr in einander, sondern beide werden getrennt und auseinander gehalten; daher gestaltete sich das Ideal von der Na= tur und Gott anders, als auf dem Standpunkte des Poly= theïsmus. Die Natur wird nicht mehr als von dem Göttlichen belebt oder die Naturkräfte werden nicht mehr als göttliche Wesen gedacht, sondern die Natur hat außer Gott eine eigene belebte Existenz. Die Natur ist ein Abbild oder ein Realwer= den des vollkommensten Ideals von einer Welt, welches der geistige Weltschöpfer entwarf. Die Natur und die Menschen oder die vernünftigen Wesen bilden mit einander die Welt; daher wird die Welt von Plato als der Inbegriff von zahllosen leben= den und vernünftigen Wesen gedacht, weil sie nach der voll= kommensten Idee des Weltschöpfers, welche alle mögliche beseel= ten und vernünftigen Wesen nach Gattungen und Arten voll= ständig in sich enthält, gebildet wurde. Das Weltideal ist aber nach Plato nicht als ein abstrakter Gedanke des Weltschöpfers zu betrachten, sondern zunächst als eine außer Gott konkrete geistige Welt oder Ideenwelt. Die ganze sichtbare Welt ist ferner nicht von Gott unmittelbar geschaffen worden, sondern diese Welt ist zunächst nur ein Abbild der Ideenwelt, und ent= hält alle diejenigen Wesen, welche das jenseits lebendige Ideal in sich faßt. Die Ideen sind daher die Vermittlerinnen zwischen dem Geiste und der Materie. Die sichtbare Welt entspricht der Idee des Weltschöpfers, und wie diese die vollkommenste von einer Welt ist, so ist auch diese die vollkommenste. Daher nennt Plato die Welt vollständig, weil sie Alles in sich begreift, was in der Idee enthalten ist, eine Einheit der unendlichen Vielheit darstellt, und die sphärische Gestalt alle Figuren in sich enthält; unveränderlich und unzerstörbar, denn wenn auch das Einzelne sich verändert oder vergeht, so bleibt sie doch als Ganzes, weil Nichts außer ihr ist, was sie zerstören könnte und der Weltschöpfer dies nicht wollen kann. Die Welt, die der Idee entspricht, ist ewig dauernd; selbstständig, denn sie ist ein beseeltes Wesen, außer dem Nichts mehr ist, als Gott, der sie zu einem eigenen, sich selbst zureichenden und in sich vollkommenen Wesen gemacht hat; harmonisch, weil die Kreisbewegung, wie die sphärische Gestalt, die vollkommenste ist und der Vernunft am meisten zusagt. Das Uebel in der Welt rührt nicht von Gott her.

Die Welt ist daher eine Offenbarung Gottes, insofern sie das Abbild des ewigen Ideals von der vollkommensten Welt ist.

Das Gottesbewußtseyn erweiterte und steigerte sich in Plato, soweit es dem Menschengeist ohne besondere Offenbarung Gottes möglich ist. Die verschiedenen Naturgötter vereinigten sich in Einem geistigen Gott. Platos Gott ist nicht mehr eine personifizirte Naturkraft, sondern ein über und außerhalb der Natur stehendes höchstes Wesen. Die zersplitterte Idee Gottes, welche der Polytheismus darstellt, wird durch Plato wieder zur Einheit erhoben. Weil die Idee Gottes der Mittelpunkt des geistigen Lebens ist, behauptete Plato mit Recht, daß die Idee der Gottheit der Anfang und die Bedingung, so auch der Gipfel und die Vollendung alles wahren Wissens sey. Das Ideal, welches Plato in seinem Geist von Gott bildete, kommt dem christlichen auch sehr nahe. Das Wesen, das die Bedingung des Seyns und Werdens, ist nur Eines; dieses Wesen ist Vater des Ganzen und Vater der Götter, König, Herrscher, Regierer der Welt; und als solches Wesen ist er ewig, hat das Leben in sich oder ist unabhängig, absolut, mit der höchsten Macht verbindet er die höchste Weisheit, und ist allwissend;

er ist lauter und wahrhaftig und haßt daher die Lüge, er ist
ferner gerecht und gütig, der das Gute belohnt und das Böse
bestraft, ist nie Ursache des Uebels oder des Bösen, er hat
keinen Schmerz und keine Lust, unterliegt keinem Affekt und
keiner Leidenschaft, daher höchst selig. Weil Plato sich Gott so
dachte, forderte er auch eine Verehrung Gottes, die nicht bloß
in Ceremonien, Opfern und Gebeten, sondern hauptsächlich in
reinem Streben nach Tugend und inniger Pietät besteht. Das
ist nun mit wenigen Worten das ideale Gottesbewußtseyn
Platos.

Auf dem Standpunkte des platonischen Monotheismus hat
sich das heidnische Selbstbewußtseyn, welches das Natur= und
Gottesbewußtseyn in sich schließt, zur höchsten idealen An=
schauung des Lebens, der Natur und Gottheit geläutert und
gesteigert. Wie rein und vollkommen auch dieses Ideal ist und
wie sehr es sich dem christlichen näherte, so ist doch nicht zu
verkennen, daß der platonische Monotheismus nicht im Stande
war, das wichtigste und tiefste Selbstbewußtseyn und daher
auch Natur= und Gottesbewußtseyn zu erwecken.

Weil wir hier das Ideal Platos in der Bedeutung von
antikem Ideal berührt haben, so wollen wir im Vorbeigehen
auch etwas davon sagen, was Plato unter der Idee der Schön=
heit und unter dem Schönen sich dachte. Um eine richtige
Vorstellung von der platonischen Idee der Schönheit zu bekom=
men, müssen wir erst seine eigenthümliche Ideenlehre richtig
auffassen. Das Allgemeine, was Sokrates in dem Bewußtseyn
des Menschen erwecken wollte, ist von Plato zu konkreten Ge=
stalten erhoben und dem Bewußtseyn objectiv gegenüber gestellt
worden. Die platonischen Ideen sind daher nicht als allgemeine
Begriffe aufzufassen, was wir unter diesem Ausdruck gewöhn=
lich verstehen, sondern als himmlische Kräfte, lebendige Quellen
des Heils und der Seligkeit, Heilande der Welt und des Le=
bens, wie Ackermann (das Christliche im Plato) sie nennt.
Die Ideen sind das Wesen des Geistes, das höhere ideale

Bewußtseyn des Geistes selbst, allein weil die sichtbare Welt nur ein Reflex der unsichtbaren ist, so sind sie auch das an sich Seyende, das Ewige, die unsichtbare überfinnliche Welt. Da sie mit einander nicht das Wesen Gottes sind, obgleich sie in unmittelbarer Beziehung zum Wesen Gottes stehen und Bestimmungen von demselben sind, so stehen sie als das Vermittelnde zwischen Gott und der Welt, indem sie die erste Offenbarung Gottes sind, wovon die Welt das Abbild ist. Die Ideen sind jenseits in unbestimmter Vielheit; daher auch die Ideen des Schönen. Daher sagt Plato im Phädros: „Die Schönheit aber war damals glänzend zu schauen, als mit dem seligen Chor wir dem Zeus, andere einem andern Gott, folgend des herrlichsten Anblickes und Schauspiels genoffen." Und: „Das Göttliche nämlich ist das Schöne, Weise, Gute und was dem ähnlich ist." Das Schöne ist diejenige Form des Göttlichen, in welcher es dem Menschen sich am meisten nähert. Das Gute entflieht uns und wir könken es nur in diesen dreien zusammenfaffen, der Schönheit, Verhältnißmäßigkeit und Wahrheit. Da nun diese sichtbare Welt ein ewiges Werden des wahrhaft Seyenden oder der Ideen ist, so ist hier dasjenige schön, was dem dortigen Schönen entspricht, besonders der Geist des Menschen, der aus einem der Chöre der Götter ist, daher sagt Plato ferner: „So erwählt auch jeder sich nach seiner Gemüthsart eine Liebe zu einem Schönen, und als wäre nun jener sein Gott selbst, bildet er ihn aus und schmückt ihn wie ein heiliges Bild, um ihn zu verehren, und ihm begeisterte Feste zu feiern. Die also dem Zeus angehören, suchen, daß ihr Geliebter ein der Seele nach dem Zeus ähnlicher sey."

Weil die Ideen das Wesen des Geistes selbst sind, und dieser von der Ideenwelt abgefallen ist, und wie ein Schalthier diesen Körper herumträgt, in den er eingeschloffen ist, so gehört auch die Sehnsucht nach dem Göttlichen, das Schöne an sich wieder zu schauen, das er jenseits schaute, zum Wesen des Geistes. Durch die Liebe des Schönen nimmt er das Göttliche wieder in sich auf und fühlt sich selig im Anblick des Schönen auf Erden. Weil das Schöne seinem Geiste verwandt ist und er es einst schaute, erfüllt ihn dessen Anblick mit heftigen Gefühlen. Plato schildert im Phädros den Eindruck des Schönen auf den nach dem Göttlichen sich sehnenden Geist auf eine mythisch bildliche Weise: „Wer noch frische Weihung an sich hat, und das damalige vielfältig geschaut, wenn der ein gottähnliches Angesicht erblickt, oder eine Gestalt des Körpers, welche die Schönheit vollkommen darstellen, so schaudert er zuerst, und es wandelt ihn etwas an, wie einen Gott, und hat er ihn gesehen, so überfällt ihn, wie nach dem Schauder des Fiebers Umwandlung und Schweiß und ungewohnte Hitze; durchwärmt nämlich wird er, wenn er durch die Augen den Ausfluß der Schönheit aufnimmt, es schwillt der Kiel des Gefieders und treibt hervorzutreten aus der Wurzel überall an der Seele, so daß alles an ihr gährt und aufsprudelt. Ist sie getrennt von dem Schönen, so hüpft der gehemmte eingeschlossene Trieb, wie die schlagenden Adern und sticht überall gegen die ihm bestimmten Oeffnungen, so daß die ganze Seele von allen Seiten gestachelt sich abängstigt, hat sie aber wieder Erinnerung des Schönen, so frohlocket sie. Da nun beides so miteinander vermischt ist, bangt sie sich über einen so widersinnigen Zustand, und kann in ihrer Unruhe weder des Nachts schlafen, noch bei Tag irgendwo ausdauern, sondern sehnsüchtig eilt sie immer dahin, wo sie den, der die Schönheit besitzt, zu erblicken hofft. Hat sie ihn nun gesehen, und sich neuen Reiz zugeführt, so löst sie sich wieder auf, was vorher verstopft war, sie erholt sich, indem Stiche und Schmerzen aufhören, und kostet wieder für den Augenblick die süßeste Lust. Daher sie auch gutwillig den Schönen nicht verläßt, noch irgend jemand werther achtet als ihn, sondern Mutter, Brüder und Freunde sämmtlich vergißt, den fahrlässiger Weise zerrütteten Wohlstand für nichts achtet, und selbst das Anständige und Sittliche, womit sie es sonst am genauesten nahm, gänzlich hintansetzend ist sie bereit,

wie nahe es nur seyn kann, dem Gegenstande ihres Verlangens
zu dienen, und bei ihm zu ruhen. Denn nächst dieser Verehrung hat sie auch in dem Besitzer der Schönheit den einzigen
Arzt gefunden für die unerträglichsten Schmerzen. Da das
Schöne, das von einer unkörperlichen Welt stammt, zuerst durch
die Sinne diesseits wahrgenommen wird, nennt Plato auch das
durch Gehör und Gesicht Angenehme das Schöne. Phil. Hipp. Maj.

§. 20.
Aesthetische Geistesentwicklung im Judenthum.

Weil durch die Berufung Abrahams zum Stammvater des
auserwählten Volkes die Idee von dem Einen lebendigen Gotte
erhalten und durch vielerlei Anstalten wieder und wieder belebt
wurde, entfaltete sich der Geist des Israeliten auf eine von
dem Heiden verschiedene Weise. Die Idee Gottes ist der Sauerteig des Lebens. In der jüdischen Idee von Gott herrscht nicht
der Begriff der Schönheit vor, wie in der heidnischen, auch
nicht der der Heiligkeit, wie in der christlichen, sondern der der
Allmacht. Jehova ist ein Einiger lebendiger Gott, außer ihm
ist keiner; er ist Schöpfer Himmels und der Erde und Eigenthumsherr aller Dinge; das Volk Israel ist sein leibeigenes
Volk. Durch dieses enge Verhältniß des Volkes zu seinem
Gott, als des Sklaven zu seinem Herrn sollten die Israeliten
vor dem Abfalle von Jehova und vor dem Götzendienste bewahrt
und zu einer höhern Freiheit erzogen werden. Die erste Bedingung der Verwirklichung dieser Idee, der Entwicklung des
Geistes war die Constituirung zu einem Volke — und zwar zu
einem Volke Gottes. Als einem solchen wurden den Israeliten
die Grundbedingungen eines bürgerlichen und sittlichen und somit
eines schönen Lebens allgemeine Freiheit, Sicherheit und Wohlfahrt gesetzlich zugesichert und aufrecht erhalten. Auf der Basis
von allgemeiner Freiheit, Sicherheit und Wohlfahrt, auf dem von
Gott bestimmten Rechtszustand konnte sich auch der Menschengeist
im Judenthum zu einem schönen Leben entwickeln und entfalten.

Der himmlische Thau für diese Geistesblüthe war der Glaube des Israeliten an Jehova. Im Glauben erkannte der Israelite Jehova als einen allwissenden und allgegenwärtigen, einen gnädigen und segnenden Gott für Alle, die seine Rechte und Satzungen halten, ferner als einen heiligen und gerechten, mächtigen und furchtbaren Eiferer für sein Gesetz, welcher die Uebertretung rächt an den Nachkommen, einen unpartheiischen Gott, der sich der Wittwen und Waisen und Fremdlinge annimmt, der sich auch wieder versöhnen läßt durch Reue und Umkehr zu ihm, als Gott und als König. Durch die theokratische Verfassung wurde die Religion und Kirche enge mit dem Staate verbunden, und das ganze Leben und Streben des Israeliten auf das Göttliche gerichtet, und dadurch dem Leben desselben eine hohe Bedeutung gegeben. Jehova ist König des Volkes, und von der Treue der Israeliten hängt es ab, ob sie ihr Gott und König zu einem großen und glücklichen und im Auslande gefürchteten Volke machen wird. Alles Glück und aller Genuß kommt von ihm und ist Belohnung für die treue Haltung seiner Satzungen und soll nur mit Rücksicht auf ihn genossen werden. Auf der Grundlage des Glaubens an einen allmächtigen und heiligen Gott entwickelte sich im Alterthum unter den Juden ein eigenthümliches religiös-sittliches Leben. Weil Gott ihr Wohlthäter ist, stets unter ihnen wohnt, sie lehrt zc., so sollen sie ihn von ganzem Herzen, und den Bruder, den Miterwählten, wie sich selbst lieben. Gottesfurcht, Dankbarkeit, Anbetung, Gehorsam, Liebe, Gerechtigkeit, Wahrhaftigkeit, Keuschheit, Friedfertigkeit zc. waren die Tugenden, die sich aus diesem Glauben entwickelten. Betrachten wir das fromme, gläubige Gemüth eines gottbegeisterten Sängers oder eines Propheten, und wir erkennen, zu welch herrlicher und erhabener Blüthe der Geist des Israeliten sich entfalten konnte.

Der Geist wurde durch das Eindringen in das Gesetz für höheres Nachdenken erschlossen und das Herz großen und heiligen Empfindungen eröffnet, und aus dieser religiös-sittlichen

Geistesverfassung ging manche edle That hervor. Wie sehr werden diese großen und heiligen Empfindungen durch den Cultus
belebt und genährt! Die Feste und Opfer erinnerten stets an
Gott, den Schöpfer und Eigenthumsherrn und Heiligen. In
der Anerkennung Gottes als des Lehenherrn des Landes und
des gnadenvollen Gebers brachte man ihm die Erstlinge der
Ernte zum Opfer und dankte ihm für seinen Segen. Die Dank-,
Bitt- und Sühnopfer haben stets den religiösen Sinn der Israeliten belebt und genährt. In der theokratischen Verfassung
entwickelte sich auch das bürgerliche Leben auf eine bestimmte
mit der Sittlichkeit übereinstimmende Weise. Die Liebe des
Nächsten, die sich auf die Liebe Gottes gründete, erzeugte nothwendig Heilighaltung der Person des Nächsten, seines Lebens
und Leibes und seiner persönlichen Freiheit und alle die Tugenden in Betreff des Nächsten, die Rücksichten und Schonungen
in Beziehung auf Wittwen und Waisen, Arme, Dienstboten,
Fremdlinge. Nach der Gerechtigkeit Gottes, des Eigenthumsherrn des Landes, wurde auch dieses gleichmäßig vertheilt und
das Eigenthum eines Jeden für heilig gehalten. Auf die Heiligkeit und Reinheit Gottes wurde die Heilighaltung der Ehe
und der Abscheu vor aller Unzucht gegründet.

Durch die Satzungen und Rechte, welche als der heilige
Wille Gottes anerkannt wurden, wurde besonders auch die Gerechtigkeit und Humanität des Israeliten befördert. Wie wohlthätig mußten die Gesetze in Betreff der Thiere re. auf sie
wirken?

Das Gesetz, welches göttliche Autorität hat, bestimmt das
Leben des Israeliten in allen Beziehungen und ist Offenbarung
der göttlichen Weisheit. Die Weisen der Nation haben das
Gesetz auch als solche angesehen. Die Weisheit war von Ewigkeit in und bei Gott, und wird von Sirach als die höchste Er-
kenntnißkraft Gottes angesehen, vermöge welcher er die Welt
schuf, aufs weiseste einrichtete und Alles regiert, und welche er
besonders durch sein Gesetz offenbarte, das er den Israeliten

gab. Das Gesetz selbst wird daher von jüdischen Weisen als die reinste Quelle der menschlichen Weisheit angesehen, durch welche der Israelite über die wichtigsten Gegenstände des menschlichen Denkens auf das sicherste aufgeklärt wird und den sichersten Weg findet, der zu Leben, Glück und Heil führt. Vergl. Psalm 13:

> „Jehovas Gesetz ist vollkommen, erquickend das Gemüth,
> Jehovas Verordnungen wahrhaft, belehrend den Unkundigen;
> Jehovas Befehle sind richtig, erfreuend das Herz,
> Jehovas Gebot lauter, erheiternd die Augen;
> Jehovas Lehre ist rein, dauernd in Ewigkeit,
> Jehovas Rechte Wahrheit, gerecht allzumal:
> Sie sind köstlicher denn Gold und viel gediegen Gold,
> Süßer denn Honig und Honigseim.“
> Vergl. Jer. 8, 8. 9. Sir. 24, 25.

Der Israelite freut sich auch dieses Gesetzes, weil die himmlische Weisheit sich zu ihm herabgelassen und ihn dadurch vor den Nationen ausgezeichnet hat. Daher spricht Jesus Sirach in einem feierlichen Hymnus auf die Weisheit Cap. 24:

Ich ging aus des Höchsten Mund hervor, und dem Gewölke gleich umhüllte ich die Erde.

Ich schlug mein Zelt auf in der Höhe, und mein Thron war auf der Wolkensäule.

Ich allein umzog des Himmels Kreis und wandelte in des Abgrundes Tiefen.

Auf des Meeres Wogen und allem festen Lande, unter jedem Volk und Stamm' wohnte ich.

Nach allem diesem suchte ich einen Ruheort und in wessen Eigenthum ich bleiben sollte?

Da gebot mir aller Dinge Schöpfer und der auch mich erschaffen, gewährte mir ein Ruhezelt und sprach:

In Jakob sollst du zelten und in Israel dein erbliches Eigenthum nehmen.

Vor aller Zeit erschuf er mich und so lang die Zeit werd' ich auch nicht vergehen.

Im heiligen Zelte diente ich vor ihm, und so bekam ich denn auf Zion festen Sitz.

In der geliebten Stadt wies er auch mich zur Ruhe, und in Jerusalem ist meine Herrschaft.

Und Wurzeln schlug ich in einem verherrlichten Volke, und in des Herrn Antheil ist mein Besitzthum.

Wie eine Ceder auf dem Libanon bin ich hoch gewachsen und wie eine Cypresse auf dem Berge Hermon.

Wie eine Palme in Engeddi bin ich hoch gewachsen und wie Rosenstöcke zu Jericho.

Wie ein schöner Oelbaum in der Ebene und wie eine Platane über'm Wasser bin ich hoch gewachsen.

Das Gesetz Jehova's ist daher die objective Weisheit, göttliche Wahrheit, und wird durch die geistige Aufnahme des Israeliten subjective oder seine Weisheit. Es bezieht sich nicht bloß auf die Erkenntnißseite des Geistes, sondern umfaßt den ganzen Menschen, und gibt dem innern und äußern Leben die Richtung auf das Höhere und Göttliche — eine höhere Weihe. Die Weisheit des Israliten, die mehr eine praktische oder Lebensweisheit war, beruht daher auf einer ganz andern Basis, als die heidnische Philosophie, wenn auch diese die Erlösung des Menschen zum Zwecke hatte. Auf der Grundlage des Gesetzes konnte sich daher weit sicherer ein göttliches und daher schönes Leben nach Innen und Außen unter den Juden entwickeln, als vermittelst der Philosophie unter den Heiden; denn durch das Gesetz wurde stets das Göttliche auf das Menschliche und auf die Lebensverhältnisse bezogen und das Menschliche auf das Göttliche gerichtet. Daher sagt Josephus, wenn auch mit etwas Vorliebe für sein Volk, doch treffend, Contr. Apion. lib. II.:

Τοῦτο πρῶτον ἁπάντων τὴν θαυμαστὴν ὁμόνοιαν ἡμῖν ἐμπεποίηκεν· τὸ γὰρ μίαν μὲν ἔχειν καὶ τὴν αὐτὴν δόξαν περὶ θεοῦ, τῷ βίῳ δὲ τοῖς ἔθεσι μηδὲν ἀλλήλων διαφέρειν, καλλίστην ἐν ἔθεσιν ἀνθρώπων συμφωνίαν ἀποτελεῖ· παρ' ἡμῖν γὰρ μόνοις οὔτε περὶ θεοῦ λόγους ἀκούσεταί τις ἀλλήλοις ὑπεναντίους, ὁποῖα πολλὰ παρ' ἑτέροις· οὐδ' ὑπὸ τῶν τυχόντων μόνον κατὰ τὸ προσπεσὸν ἑκάστῳ λέγεται πάθος, ἀλλὰ καὶ παρά τισι τῶν φιλοσόφων αὐτῶν τετόλμηται, τῶν μὲν τὴν ὅλην θεοῦ φύσιν ἀναιρεῖν τοῖς λόγοις ἐπικεχειρηκότων, ἄλλων δὲ τὴν ὑπὲρ ἀνθρώπων αὐτοῦ πρόνοιαν ἀφαιρουμένων· οὐδ᾿ ἐν τοῖς ἐπιτηδεύμασι τῶν βίων ὄψεται διαφοράν· ἀλλὰ κοινὰ μὲν ἔργα πάντων παρ᾿ ἡμῖν, εἷς δὲ ὁ λόγος ὁ τῷ νόμῳ συμφωνῶν περὶ θεοῦ, πάντα λέγων ἐκεῖνον ἐφορᾶν· καὶ μὴν περὶ τῶν κατὰ τὸν βίον ἐπιτηδευμάτων, ὅτι δεῖ πάντα τὰ ἄλλα τέλος ἔχειν τὴν εὐσέβειαν· καὶ γυναικῶν ἀκούσειεν ἄν τις καὶ τῶν οἰκετῶν. In dieser Beziehung sagt auch **Kuhn** (Leben Jesu S. 431) sehr trefflich: „Kein Volk des Alterthums kommt nur von Ferne der Hoheit und reinen Geistigkeit gleich, womit der Jude das menschliche Leben auffaßte und durch die Erziehung zu verwirklichen suchte. Nirgends finden wir diese strenge Einheit und Stetigkeit des Unterrichts, der Bildung und des Lebens überhaupt; nirgends das rein geistige, göttliche Prinzip so unversehrt gehalten, und in einer so durchaus unmittelbaren und lückenlosen Anwendung auf das Irdische und den Menschen, als bei den Juden.‟

§. 21.
Das jüdische Ideal.

Dem antiken oder griechischen Ideal steht das jüdische gegenüber. Auf dem Standpunkte, auf den der Israelite durch das göttliche Gesetz gestellt wurde, entwickelte sich das Selbst-, Natur- und Gottesbewußtseyn auf eine von dem Heiden verschiedene Weise. Das Selbstbewußtseyn des Israeliten wurde viel tiefer, reiner und vollkommener als das des Heiden. Von der göttlichen Offenbarung erleuchtet erkannte sich der Israelite als ein geistiges Wesen, das nach dem Ebenbilde Gottes geschaffen wurde und die Bestimmung hat, gottähnlich zu leben, durch Reinigkeit und Gerechtigkeit heilig zu werden, wie Gott heilig ist; er erkannte ferner sich und seinen Bruder als die von Gott besonders Erwählten, vor andern Nationen Bevorzugten und Beschützten, und die Liebe Gottes und des Nächsten als den Inhalt des Geſetzes und die Norm des Lebens. Wollte der Israelite ſein Leben und Streben in einem Gegenbilde ſchauen, oder ſein Selbſtbewußtſeyn zu einem Ideal verklären, ſo fand er ſein Gegenbild in ſeinem Stammvater Abraham, in Moſes und den Propheten. Da des Israeliten inner= ſtes Geiſtesleben eine ſtete Beziehung zu dem Göttlichen haben, alle Geiſtesthätigkeiten von dem Glauben an den Einen leben= digen Gott beſtimmt werden und das äußere ſittliche, kirchliche und politiſche Leben nach dem Geſetze eingerichtet werden ſollen, ſo dachte er ſich den als den Gerechten, der von dem reinſten Glauben an Jehova, den Einen wahren lebendigen Gott, erfüllt und beſeelt iſt, der in Allem ſeine Hoffnung und ſein Vertrauen auf Gott ſetzt, und in wahrer Gottesfurcht alle ſeine Rechte und Satzungen genau beobachtet. Abraham war daher das Ideal des frommen und gerechten Israeliten. Abraham glaubte an den Einen wahren Gott, als ſolchen, der Eigenthumsherr der Länder und Völker, über Leben und Tod Herr iſt; der ſtreng Recht und Gerechtigkeit fordert, ſeine Verehrer ſegnet und beglückt, der die Frevler vertilgt, der ewig treu, unverän= derlich und unbeſtechlich lebt und regiert; er ſetzte all ſein Ver= trauen auf den wahrhaftigen Gott, der alle ſeine Verheißungen erfüllt, weil er allmächtig und höchſt gütig und gnädig iſt; er legte ſein Leben, ſeine Schickſale, ſein Glück und ſein Gut voll Ruhe und Zuverſicht auf Gottes Güte und Treue in ſeine Hände und wandelte ehrfurchtsvoll ſeine Wege. 1 Moſ. 22, 1—12.

Durch den Einfluß der göttlichen Belehrung wurde der Is= raelite nicht nur in Stand geſetzt, ſich ſelbſt nicht nur als ein beſtimmtes Ich zu erkennen, ſondern auch das relative und abſolute Nichtich wohl von einander zu trennen und in beſtimm= tem Gegenſatze aus einander zu halten. Das Naturbewußtſeyn trennte ſich von dem Gottesbewußtſeyn in dem Selbſtbewußt= ſeyn und trat im Gegenſatze deutlich hervor; während bei dem polytheiſtiſchen Heiden das Natur= und Gottesbewußtſeyn ſich beinahe in einander auflöſeten. Der erleuchtete Israelite unterschied streng zwischen Natur und Gott. In dem idealen Naturbewußtseyn erkannte er diese als ein Werk, das Gottes ewige Weisheit erschaffen und zu einem schönen harmonischen Ganzen geordnet hat. Gott steht daher über der Natur als ihr Schöpfer und Herr, und der Israelite erkennt in ihr Gottes unergründliche Weisheit, Güte und Macht. Die ideale Naturanschauung wurde besonders durch fromme Dichter in den Israeliten geweckt. Die frommen Dichter finden in der Natur eine herrliche Offenbarung Gottes, bewundern die Weisheit der Natureinrichtungen und Wirkungen, fühlen in den Erscheinungen derselben Gottes Nähe und preisen ihn mit begeistertem Herzen. Als Beispiel idealer Naturanschauung der israelitischen Dichter stehe hier Psalm 89:

Gebet Jehova, ihr Göttersöhne, gebet Jehova Ehre und Preis!
Gebet Jehova die Ehre seines Namens, betet an vor Jehova in
  heiligem Schmucke!
Jehovas Stimm' erschallet über den Wassern, Gott, der Herrliche,
  donnert, Jehova über großen Wassern.
Jehovas Stimm' ist gewaltig, Jehovas Stimme prächtig;
Jehovas Stimme zerschmettert Cedern, Jehova zerschmettert die
  Cedern Libanons,
Und macht sie hüpfen wie Kälber, den Libanon und Sirion wie
  junge Büffel;
Jehovas Stimme sprühet Feuerflammen,
Jehovas Stimm' erschüttert die Wüste, Jehova erschüttert die Wüste
  Kades;
Jehovas Stimme macht Hindinnen gebären und entblättert die
  Wälder;
  Und in seinem Palaste spricht Alles! Ehre!
Jehova thronet über Wasserfluth, Jehova thronet als König ewiglich;
Jehova gibt seinem Volke Schutz, Jehova segnet sein Volk mit
  Frieden.

Vergl. Pf. 19. 33. 65. 93. 104. 135. 147. Hiob 28. Sirach 42. 43.

Der Israelite verwechselte das Göttliche nicht mehr mit der Natur, sondern stellte das Göttliche über die Natur und

erkannte in seinem geoffenbarten Gott den Schöpfer und Herrn
derselben. Gott ist dem Israeliten ein über die Natur erhabenes, selbstständiges und ewiglebendes Wesen, das alles Seyns
und Lebens Grundursache ist. Das ideale Gottesbewußtseyn,
das besonders durch das Gesetz, die Natur und die Schicksale
des israelitischen Volkes geweckt wurde, stellt sich am reinsten
bei den Propheten heraus. Jehova ist in den Augen der Propheten als Schöpfer, Erhalter und Regierer des Himmels und
der Erde nicht bloß Gott und König der Juden, die er sich zu
seinem eigenen Volke erwählt hat, besonders schützt und leitet,
sondern auch aller Länder und Völker Eigenthumsherr und
Gott, daher fordert er auch von den Heiden Recht und Gerechtigkeit und wacht über ihr Thun und Lassen und richtet auch
die Völker. Auch diese wird er durch seine Belehrung erleuch-
ten, sie groß und glücklich machen, wenn sie sich um seinen heiligen Berg versammeln. Weil Gott gerecht und heilig ist, kann
er kein Wohlgefallen an den Opfern der Unreinen und Unheiligen haben, daher fordern die Propheten nicht bloß eine äußer-
lich-ceremonielle Gottesverehrung, sondern dringen hauptsächlich
darauf, daß die äußere Gottesverehrung mit sittlicher Gesinnung und Handlungsweise verbunden werden. „An Barmherzigkeit habe ich Wohlgefallen und nicht an Opfer. Hosea 6, 6.
Jes. 1, 11 flg. Amos 5, 21.

§. 22.
Uebergang zum Christenthum.

Auch im Heidenthum, noch mehr aber im Judenthum, wie
wir gesehen haben, konnte der Menschengeist noch nach innen
und außen ein edles, humanes und daher schönes Leben entwickeln, allein er war nach dem Sündenfalle doch nicht mehr
im Stande, so rein und heilig, und in einer so seligen Harmonie mit sich und Gott zu leben, wie in dem Urzustande der
Menschheit. Das Paradies, der Zustand der Reinheit und
Seligkeit, in welchem der Geist das herrlichste und schönste Leben

zu entfalten begann, ging für ihn durch die Sünde verloren, deffen ungeachtet blieb aber in dem Menschenherzen die Sehnsucht nach jener seligen Einheit mit sich und dem Göttlichen, jenem Frieden und jener Seligkeit, die es einst genoffen hatte. Diese bleibende Sehnsucht, oder diefer unabweisbare Zug des Menschengeistes nach einem seligeren Zustande, bedingt auch allein die Möglichkeit der Rückkehr in das verlorene Paradies. Obgleich aber dem Geiste jener Zug nach dem Beffern verblieb, so konnte ihn der Mensch doch nicht durch eigene Kraftanstrengung befriedigen. Die in voller Kraftentwicklung welkende Pflanze kann sich nicht selbst den Regen schaffen, der von oben kommt; so konnte das welke Geistesleben nicht mehr den himmlischen Thau erlangen, sich dadurch erquicken und stärken. Um die göttliche Pflanze in dem Sande der Erde nicht ganz verwelken zu laffen, sandte ihr Pfleger in der Zeit von oben her Feuchtigkeit, einen neuen Sonnenschein und eine mildere Luft. Chriftus, die volle Kraft des Lebens, erschien im Erdenleben, um dem dahinsterbenden Menschenleben neue Kraft zu geben. Daher sagt Augustin sehr trefflich: „Chriftus erschien den Menschen, der alternden, dahinsterbenden Welt, daß, während Alles umher sie welkte, sie durch ihn neues, jugendliches Leben empfangen sollten." Chriftus erschien als Licht und Leben, wer an ihn glaubte, empfing von ihm reines Licht und neue Lebenskraft, und wurde dadurch in Stand gesetzt, theils durch eigene Selbstanstrengung, theils durch göttliche Unterstützung in jenen seligen Zustand zurückzukehren, aus dem die Menschheit durch den Mißbrauch ihrer Freiheit getreten war, und ein anderes, herrliches und erhabenes Leben zu entfalten. Weil jene Sehnsucht im Geiste des Menschen nach Wahrheit und Seligkeit auch noch nach der Sünde fortdauerte, versuchten die Heiden verschiedene Wege und Mittel, dieselbe zu befriedigen, allein sie konnten sich höchstens nur täuschen. Das mosaische Gesetz führte wohl den Israeliten zur Erkenntniß seiner Sündenschuld, seiner Unreinigkeit und Unheiligkeit, erweckte dadurch nur um so mehr die Sehnsucht nach Lebensvollendung, nach einem Erlöser, allein es war nicht im Stande, die Sünde aufzuheben und den Menschen zu seiner verlorenen Heiligkeit und Seligkeit zurückzuführen. Das Gesetz ist daher die Grundursache jener heißen Sehnsucht unter den Israeliten nach einem Erlöser.

In Christus dagegen hat uns Gott aus reinem Erbarmen Alles gegeben, was wir bedürfen, um über die wichtigsten Angelegenheiten des Erdenlebens Licht zu erhalten, von der Sünde frei und sittlich gut zu werden, und jenen tiefen und sichern Frieden des Herzens wieder zu erlangen. Christus hat auf Erden ein geistiges Reich gegründet, in welchem Alle, die an ihn glauben, geistig erneuert und wieder geboren werden, und alle Mittel und Gelegenheiten haben, ein schönes, edles und seliges Leben zu beginnen, das eigentliche Leben des Geistes zu leben. Die Verwirklichung der Idee des Himmelreiches ist die höchste und schönste Geistesblüthe, zu der sich die Menschheit entfalten kann. Die Idee des Reiches Gottes, die unter den Heiden vergessen und von den Israeliten nur in beschränktem Sinn aufgefaßt wurde, ist von Christus nicht bloß neu und erhabener dargestellt, sondern auch wirklich in die Welt eingeführt worden. Das Reich Gottes, welches Christus unter den Menschen erneuerte und einführte, ist das Reich der Wahrheit, Tugend und Seligkeit, und in diesem Reiche kann der Menschengeist mit der Zeit das Höchste erreichen, was ihm nach seinen Anlagen erreichbar ist.

§. 23.

Erhabene Schönheit des Himmelreiches.

Das Himmelreich ist das Reich des Lichtes oder der Wahrheit. Der König dieses Reiches ist nicht mehr vergötterte Naturkraft oder moralische Eigenschaft des Menschen, und nicht ein gestrenger Judenkönig, sondern ein allmächtiger Vatergeist Aller; er ist die unendliche Liebe und Heiligkeit; sein Reich umfaßt nicht bloß ein Volk, sondern die ganze Menschheit und

das Geisterreich. Das Wichtigste, was die sich selbst überlassene
Vernunft suchte und wonach das Herz sich sehnte, hat Christus
gelehrt, und das Lichtvermögen des Menschen vermittelst des
Glaubens befriedigt. Das Reich Gottes auf Erden ist das
Reich der Freiheit und Heiligkeit im Gegensatze des satanischen
Reiches. In diesem Reiche gelangt man nicht durch Beobach-
tung von Rechten und Satzungen zur Gerechtigkeit und Recht-
fertigung, sondern durch weltbezwingenden Glauben und allbe-
herrschende Liebe. Nichts berechtigt zur Theilnahme an diesem
Reiche, als die geistige Wiedergeburt. Die Bürger dieses Reiches
sind frei, denn sie treten nicht bloß aus freier Ueberzeugung
ein und beharren darin in freier Liebe, sondern sie erlangen,
indem sie von der Sünde erlöst und geistig wiedergeboren werden, völlige sittliche Freiheit. Ihr Dienst und Werk ist heilige
Gesinnung und heiliger Wandel, und ihre Hoffnungen und Be-
lehrungen werden nicht auf die Gegenwart beschränkt, sondern
auf das ewige Leben hingewiesen.

Das Reich Gottes ist das Reich der Seligkeit. Die Geister, die im Glaubenslichte wandeln und von reinster Liebe
beseelt und von der Sünde frei sind, sind selig. Sie genießen
eine Seligkeit, die man vergebens in Sinnenlust sucht, und
einen Frieden, den die Welt nicht geben kann; sie leben in einer
Ruhe und Sicherheit, die nur der lebendige Glaube verleihen kann.

In diesem Reiche, das zugleich das Reich des Trostes, der
Gnade und Kraft ist, erhebt sich die Menschheit durch den Geist
Christi zu ihrem ursprünglichen Zustande, entfaltet ein herrliches und erhabenes Leben und trägt tausendfältige Frucht.
Das ersterbende Leben wird von Himmlischem Lichte, der Sonne
der Gerechtigkeit, erleuchtet und durch höhere Lebenskraft erweckt
und gestärkt.

Erhaben schön ist daher das Himmelreich, welches Christus
auf Erden gegründet hat! Unzählige Geister bilden einen Bund,
die im Glauben an Christus die Wahrheit erkannt haben, die
aus reinster Liebe in Friede und Eintracht zusammenwirken,

deren Sinnen und Streben von der Erde weg auf das Göttliche und Ewige gerichtet ist; voll Liebe, Demuth, Gehorsam,
Dankbarkeit, Freude vereinigen sie sich und schauen sammt und
sonders auf zu der Quelle alles Lebens und Segens. Dieser
Geisterbund umfaßt nicht nur alle lebenden Gläubigen, sondern
auch alle in dem Herrn Verstorbenen oder seligen Geister.
Welche selige Liebe herrscht durch millionenmal Millionen Geister hindurch und vereinigt alle zu einer harmonischen Thätigkeit! Alle vollziehen in freier und freudiger Thätigkeit den heiligen Willen Gottes und verherrlichen Gottes Namen.

Die christliche Kirche ist die sichtbare Seite dieses Reiches
und darum ist auch die Kirche erhabene Schönheit. In der
Kirche ist das Leben und Wirken des Menschen als Christen
ein wahres, wirkliches und heiliges; denn das Leben der Kirche
ist ein heiliges. Die Kirche ist die göttliche Anstalt, welche die
von Christus in ihr niedergelegte Wahrheit unter dem Beistande
des heiligen Geistes, vermittelst ihrer Diener, nach innen und
außen verbreitet, die anvertraute göttliche Gnade durch sinnliche Zeichen vermittelt, Alle zu Gott zurückzuführen sucht und
einen heiligen Wandel der Gläubigen fordert. Alle Glieder
dieser Anstalt sind Heilige und Priester im weitern Sinne. Die
Kirche gleicht einem Baume, der stets seinen Lebenssaft in alle
Aeste, Zweige, Blätter, Blüthe und Früchte verbreitet. Wie
der Baum seiner organischen Einrichtung zufolge dieses thut,
so verbreitet die Kirche nach allen Seiten hin Wahrheit und
Glauben, Liebe und Thätigkeit, Heiligkeit und Seligkeit. Wie
weit erhaben ist aber die Schönheit dieses geistigen Organismus über dem vegetabilischen des Baumes!

§. 24.

Christus, die realisirte Idee der Menschheit, wirkliches Ideal des christlichen Lebens.

Das Christenthum unterscheidet sich von allen andern göttlichen Offenbarungen dadurch, daß es nicht bloß Belehrung für

den Verstand ist, sondern eine persönlich gewordene Offenbarung
enthält. Christus ist der Anfang, Mittelpunkt und das Ende
des die Welt umgestaltenden Reiches Gottes auf Erden. In ihm
ist das ganze Himmelreich auf Erden erschienen. Er ist nicht
nur in dem Sinn als wahrer Mensch erschienen, daß er wirklich die menschliche Natur annahm, menschliche Bedürfnisse fühlte
und menschliche Schicksale erlebte, er ist auch in diesem Sinn
wahrer Mensch, weil wir in ihm den wahrhaftigsten, den sittlich
freiesten, den heiligsten und in sich seligsten Menschen, die volle
Lebensvollendung des Menschen gesehen haben. Er ist die realgewordene Idee der Menschheit; denn vollkommener, reiner,
wahrhaftiger können wir uns den Menschen nicht denken, als
wir ihn gesehen haben. Er ist daher auch das einzige Ideal,
das die Welt mit Staunen als wirklich oder real erscheinendes
gesehen hat. Welche Seelengröße, welche Wahrhaftigkeit, welche
Liebe, Heiligkeit und Seligkeit erscheint uns in Christus! Wie
reich ist daher sein Erdenleben an Momenten, welche Gegenstände der erhabensten Kunstdarstellung werden könne!

Betrachten wir sein ganzes Leben, Wirken und Leiden in
den verschiedenen Richtungen auf Erden, und fassen wir dann
die einzelnen Charakterzüge zusammen, so erhalten wir das
reinste und erhabenste Ideal der Menschheit und des christlichen
Lebens.

Der Gehorsam des Sohnes gegen den Vater, der Gehorsam bis zum Tode am Kreuze bestimmte sein ganzes Leben,
Wirken und Leiden, und gab diesen stets die Richtung auf das
Höhere und Göttliche. Daher sagt er: „Meine Speise ist, daß
ich den Willen meines Vaters vollziehe." Sein Werk ist der
Wille des Vaters. Weil aber der Wille des Vaters sein eigener Wille war, finden wir in der Erscheinung des Lebens Jesu
die höchste Ruhe, Klarheit und Besonnenheit und eine tiefe
lebendige Begeisterung. Der Feuereifer der alten Propheten
für Gottes Ehre hat sich in ihm in einen Zorn der Liebe verwandelt, der das Laster haßt, aber den lasterhaften Menschen,

weil er auch der Besserung fähig ist, nicht verstoßt. Es war nicht gereizte Persönlichkeit, sondern heiliger Unwillen, in dem er die Käufer und Verkäufer aus dem Tempel treibt. Sein ganzes Wesen ist Ruhe und Heiterkeit, sein Handeln ist voll Liebe, ohne Heftigkeit und Leidenschaft. Alles, was er thut, beginnt er besonnen, mit Hinsicht auf die Verherrlichung seines Vaters. Er legt sich kein Verdienst bei, sondern bezieht Alles auf Gott; die Lehre, die er verkündigt, ist nicht seine Lehre, sondern dessen, der ihn gesandt hat. In allen Widerwärtigkeiten und Leiden blickt er auf zum Himmel und spricht: Nicht mein, sondern dein Wille geschehe. Mit gänzlicher Ergebung in den Willen Gottes, und daher mit wahrer Heldengröße, trat er im Garten Gethsemane den Häschern entgegen, die ihn suchten, und sprach mit solcher Unerschrockenheit: Ich bin es, daß diese vor seiner Hoheit niederfallen mußten. Und zu Judas sprach er mit so vieler Zuversicht und durchdringlicher Kraft: Du verräthst des Menschen Sohn mit einem Kuffe, daß er wegging und sich erhängte mit dem Bekenntniß, unschuldiges Blut verrathen zu haben.

. Christus war ein frommer Jude, denn er beobachtete die religiösen Sitten und Gesetze seines Volkes mit eben so viel Gewissenhaftigkeit als Freiheit. Er hatte die Tugenden seines Volkes, aber Nichts von dem, was den Juden zu ihrem Nachtheil eigenthümlich war, denn er hatte diese Tugenden so wie sie dem Menschen überhaupt in allen Verhältnissen eigen seyn können. Wie er ein frommer Jude war, so war er der Obrigkeit auch gehorsam, darum spricht er: Gebet dem Kaiser, was des Kaisers, aber auch Gott, was Gottes ist. Mit welcher Ruhe und Gelassenheit erscheint er vor der weltlichen Obrigkeit und gibt sich dem ungerechten Richter hin! In dem ruhigen Bewußtseyn seiner Unschuld spricht er vor dem Richter mit unvergleichbarer Hoheit: Ich bin ein König. Ich bin dazu in die Welt gekommen, daß ich die Wahrheit zeugen soll. Aus Gehorsam gegen Gott und die Obrigkeit entzieht er sich nicht, sondern leidet willig die Todesstrafe. Als frommer Israelite erscheint er an den Festen in dem Tempel und genießt mit seinen Jüngern das Osterlamm.

In Beziehung auf das allgemeine gesellschaftliche Leben war Christus stets sanft und mild, und sucht überall die Niedrigen und Hülfebedürftigen auf, und läßt sich freundlich und leutselig herab; allein aus seiner Niedrigkeit, zu der er sich freiwillig herabließ, leuchtet ein hoher menschenfreundlicher Geist hervor. Nichts Menschliches war ihm fremd; Jeder stand ihm als Bruder nahe; er war sehr liebevoll und mild wenn er helfen, trösten und stärken konnte. Er ging umher und that wohl, half den Armen leiblich und geistig; er segnete die Kinder und stellte sich dem geringsten seiner Brüder gleich. Er richtete das zerstoßene Rohr wieder auf und fachte den glimmenden Docht wieder an. Er weinte über eine Stadt, die ihn verstieß, und betete am Kreuze für die, welche ihn verurtheilt und gequält hatten. Sein ganzes Leben war Aufopferung. Er lehrte nicht bloß, was Liebe sey, sondern zeigte diese durch sein Beispiel. Wie er einerseits so mild und sanft war, so erschien er auf der andern Seite als ein königlicher Held, den keine Gewalt der Erde bestimmen konnte, von Gottes Weg, der Wahrheit und dem Rechte abzuweichen. Er war kräftig im Handeln, selbstverläugnend und auf Gott vertrauend im Dulden. Mit Ruhe und Entschlossenheit wußte er in den schwierigsten Verhältnissen das Rechte und Wahre zu thun, so daß die, welche ihm verfängliche Fragen vorlegten, mit Staunen und Beschämung sich entfernten. Mit welcher Zuversicht und Wahrheit straft er die Pharisäer, so daß diese verstummten!

Auch als Familienglied zeichnet sich Christus aus. Er war der beste Sohn, liebte die Mutter mit innigster Liebe und erfüllte die Pflichten, die ihm dieses Verhältniß auferlegte, noch sterbend am Kreuze. Weil ihm aber sein messianischer Beruf wichtiger seyn mußte, als dieses Verhältniß, erkannte er in Jedem, der ihm den göttlichen Willen vollziehen half, seine Mutter, seine Brüder und Schwestern, d. h. nahe Geistesverwandte. Obgleich er die Bestimmung als Messias erkannte, kehrte er doch mit seinen Eltern von Jerusalem nach Nazareth zurück und war ihnen folgsam.

Obgleich Christus ein frommer Jude und ein guter Sohn war, so hat sein Charakter doch nichts Nationales und Familiäres, wodurch das rein Menschliche beschränkt würde; obgleich er so individuell, so einzig in seiner Art war, so hat er doch keine Besonderheiten, keine Eigenthümlichkeiten, wie diese aus unverhältnißmäßiger Mischung geistiger Vermögen entspringen. In seinem Wesen herrscht vielmehr die reinste Harmonie und Vollendung, und seine Handlungen tragen den Stempel der Allgemeingültigkeit und Gesetzmäßigkeit.

Fassen wir alle diese Charakterzüge zusammen, so erhalten wir das erhabene Bild von Christus, wie es von Dr. Ullmann (Ueber die Sündlosigkeit Jesu) dargestellt wurde: „Das Wesen Jesu ist vollendete innere Harmonie, diese gründet sich auf die durchgreifende Einheit des bewegenden und bestimmenden Prinzips; dieses Prinzip ist die reine ungetrübte, der Einheit mit ihrem Gegenstande sich stets bewußte Gottesliebe, und diese Gottesliebe prägt sich wieder aus als erhabene unbezwingbare Kraft im Handeln, als sanfte und freudige Ergebung im Dulden und als allumfassende Liebe gegen das menschliche Geschlecht und jeden einzelnen Menschen, so daß sich Jesus kämpfend, strafend und zerstörend nur gegen das Böse, fördernd, bildend und schöpferisch aber gegen alles Gute, selbst gegen die geringsten, unscheinbarsten Keime desselben, verhält; mit einem Worte: Der Charakter Jesu ist göttliche Liebe in rein menschlicher Erscheinung. Erhaben und einzig in seiner Art ist das Bild, welches uns die Schüler Jesu von seinem Charakter geben; es liegt darin das Eigenthümliche, daß es, stets unerreichbar, in desto größerer Hoheit und Reinheit vor uns steht, je höher wir uns selbst hinaufbilden, je mehr wir uns selbst ihm liebevoll zu verähnlichen suchen. Wie gerade die erhabenſten Gebirge dem Auge ihre ganze Größe entfalten, wenn ſich der Betrachter ihnen gegenüber auf einer Höhe befin= det, ſo vermag auch nur der geiſtig Erhöhte die ganze Größe Jeſu zu ermeſſen; nie aber vermag er ſie vollſtändig auszu= drücken, denn das Leben iſt größer als die Sprache, und ein ſolches Leben kann ſich eigentlich nur ſelbſt ausſprechen."

Welche erhabene Schönheit erblicken wir daher in Chriſtus, in ſeinem ganzen Weſen und in ſeinen einzelnen Aeußerungen und Handlungen, die den liebenswürdigſten Charakter in der Zeit darſtellen! Wie hoch ſteht das Ideal Chriſti über aller Kunſt und wie unerreichbar für jeden künſtleriſchen Ausdruck! Wenn das unendlich liebenswürdige Ideal von Chriſtus, dem Menſchen Sohn, nicht mit Worten ausgedrückt werden mag, um wie viel weniger iſt es durch ein Bild von Stein oder Farbe erreichbar? Je mehr der Geiſt gebildet, je ſittlicher reiner das Gemüth, je lebendiger der Glaube und je inniger die Liebe zu Chriſtus iſt, deſto erhabener und reiner erſcheint einem Solchen das Bild Chriſti, und deſto weniger findet er ſich durch die beſten Kunſtdarſtellungen von Chriſtus befriedigt; denn legt er den Maßſtab ſeines unmittelbaren Ideals an das Kunſtwerk, ſo bleibt dieſes weit unter dem Ideal zurück. Wenn auch dieſe Kunſtdarſtellungen keinen abſoluten Werth haben, ſo vermitteln ſie doch das Ideal Chriſti in relativen Chriſten. Eher läßt ſich Chriſtus in einzelnen Situationen ſeines Lebens darſtellen, in welchen er erhabene Charakterzüge offenbart, z. B. wie er die Kinder ſegnet, die Käufer und Verkäufer aus dem Tempel treibt, die Steuermünze betrachtet ꝛc., wo nicht alle Geiſteskraft des Künſtlers und die ganze ungetheilte Aufmerkſamkeit des Be= ſchauers auf die ideale Bildung concentrirt wird, als in ſeiner Einzelheit, in der er das erhabenſte Ideal der Menſchheit iſt.

§. 25.
Die moderne Idealbildung.

Mit der Erſcheinung des Chriſtenthums hat die Geiſtesbil= dung und Richtung einen Umſchwung erhalten, und die Geſchichte des menschlichen Lebens theilt sich dadurch in zwei große Epochen. Durch die Entzweiung des Menschengeistes mit sich selbst und Gott, die Sünde, verdunkelte das Selbstbewußtseyn des Geistes, so daß er sich selbst nicht mehr als die einige und ewige Kraft erkannte, das relative und absolute Nichtich, Natur und Gott, identifizirte, und daher in Finsterniß und Todesschatten saß. Selbst durch die größten Kraftanstrengungen gelang es ihm nicht mehr, das volle und einigende Selbstbewußtseyn zu erlangen, wenn wir in den religiösen Systemen des Polytheismus, Dualismus und heidnischen Monotheismus diese Kraftanstrengung erkennen wollen. Soll das Christenthum die erlösende Kraft von Finsterniß und Todesschatten seyn, so muß es nothwendig in dem Menschengeiste sein volles Selbstbewußtseyn, welches, wie wir schon öfter gesagt haben, das Natur= und Gottesbewußtseyn in sich schließt, wecken. Die erste und tiefste Bedingung der Erlösung ist die Erweckung dieses Selbstbewußtseyns. Daher sagt Johannes von dem ewigen Worte: „Es war dieses das wahre Licht, das jeden Menschen erleuchtet, der in die Welt kommt." Nicht aber das Selbstbewußtseyn, das der Geist in dem Zustande seiner Unschuld von sich selbst hatte, sondern das von seinem jetzigen Zustande soll in ihm durch das Christenthum erweckt werden, damit er sich einer Erlösung bedürftig und fähig erkenne. Fällt ein himmlischer Lichtstrahl in das dunkle Selbstbewußtseyn, so entsteht der Glaube. Der Hauptunterschied der heidnischen und christlichen oder der alten und neuen Zeit, besteht in der Verschiedenheit des Selbst=, Natur= und Gottesbewußtseyn; und hierin besteht auch der Hauptunterschied der Religion. Die christliche Lehre ist der Natur und den Bedürfnissen des Geistes als solchen am angemessensten, daher ergreift sie ihn in seinem innersten Wesen und Leben, seinem Selbstbewußtseyn, und ist daher die erhabenste und würdigste Religion. Vermittelst der christlichen Erlösungsanstalt hat der Menschengeist wieder das tiefste und reinste Selbstbewußtseyn erlangt; und erlangt er das verlorene selige

Selbstbewußtseyn wieder, so ist er gerettet. Die Erweckung des
Selbstbewußtseyns durch das Christenthum bedingt nothwendig
eine höhere und vollkommnere Idealbildung, oder das ideale
Selbstbewußtseyn ist im Christenthum ein anderes geworden,
als es im Heidenthume war.

Nimmt der Geist die christliche Lehre in sich auf, so wird
er sich bewußt als einer ewigen, einigen Substanz, hineingestellt
in ein unendliches Geisterreich, das über sich in eine unendliche
Höhe und unter sich in eine unendliche Tiefe sich ausdehnt; er
wird sich bewußt als eines Geistes, der seine ursprüngliche und
seinem Wesen entsprechende Einheit und Seligkeit nicht mehr
besitzt, der aber die Kraft oder Freiheit hat, sich ewig für die
eine Richtung nach oben oder die andere nach unten im Geisterreiche zu bestimmen. Mit dem Bewußtseyn seiner Natur
und Bestimmung erwacht die Sehnsucht, jene selige Einheit wieder zu erlangen, die allein sein Leben und Streben befriedigt;
er fühlt sich gefangen und gehemmt, und möchte befreit und in
seinem Wesen befördert, geistig erneuert und wieder geboren
werden; daher sieht er sich um nach Hilfe und Beistand, und
weil er sich als einen Hilfebedürftigen erkennt und fühlt, ergreift
er Alles, was ihm aufhilft und ihn erlöset; er erkennt seine
Versunkenheit als seine eigene Schuld, und sucht nun Alles zu
thun, um diese Schuld abzutragen und ein schuldloses Leben zu
gewinnen; er erkennt, daß nur in Christus Heil ist, umfaßt
diesen mit innigster Liebe, zieht sich von allem Andern zurück
und hält nur an diesem fest.

Erwacht nun ein solches Selbstbewußtseyn in dem Christen
durch das Licht, das jeden Menschen erleuchtet, der in die Welt
kommt, wo findet er nun das Ideal seines Seyns, Lebens,
Sehnens und Strebens? Wo anders als in Christus, dem
Menschen Sohne? Während der Polytheist in den Heroen und
Plato in dem Philosophen, der Israelite in seinem Stammvater das Gegenbild seines Lebens und Strebens, das Ideal
seines Lebens, sein ideales Bewußtseyn fand, steht vor dem

Geiſte des Chriſten Chriſtus in ſeiner unendlichen Hoheit und Heiligkeit, als das einzige realgewordene Ideal unendlicher Lebensſchönheit. Wie Chriſti Leben die menſchliche Erſcheinung der göttlichen Liebe iſt, ſo geht alle Idealbildung des Chriſten in Betreff des Lebens auf die Beziehung des Menſchlichen auf das Göttliche und die Verklärung des Menſchlichen durch die göttliche Liebe. Und wie Chriſtus die Gewalt des Satans zerſtört hat, ſo ſoll alles chriſtliche Leben ſiegen über den Einfluß des finſtern Geiſterreiches und ſiegreich ſich dem Lichtreiche anſchließen. Daher erkannten auch die Aeſthetiker die Beziehung des Geiſtes zu einem finſtern Geiſterreiche als einen beſondern Charakterzug des romantiſchen Ideals, wie Jean Paul Richter und Weiße, welcher Letztere hievon ſagt: „Die Häßlichkeit dieſer dem Lichte entfremdet gegenüber ſtehenden, finſtern und nächtlichen Geiſterwelt der Romantik, iſt jedoch von vorn herein oder an ſich eine aufgehobene und in Schönheit verwandelte durch jene Gewißheit von dem Siege des Lichts, ohne welche die Idealſchöpfung gar nicht vorhanden ſeyn könnte. Der Kampf aber dieſer beiden Reiche, des Lichts und der Finſterniß, iſt das große Schauſpiel, welches die Romantik durch alle Sphären der natürlichen und geſchichtlichen Wirklichkeit eben ſo, wie auch durch jene eines abſtrakten Jenſeits, welches in dieſem Kampfe erſt zur erſcheinenden Exiſtenz gebracht wird, hindurchführt.“

Das tiefe und volle Selbſtbewußtſeyn trennt das Ich und Nichtich als abſolut Verſchiedenes. Die Natur als Materie ſteht dem Geiſte als Gegenſatz gegenüber. Mit dem Bewußtſeyn der Geiſtigkeit, Einheit und Ewigkeit des Ich wird nothwendig auch die Geiſtigkeit, Selbſtſtändigkeit und Erhabenheit Gottes über der Natur behauptet. Die Natur bekommt daher in dem chriſtlichen Bewußtſeyn eine ganz andere Rolle, als in dem der alten Welt. Die Heiden haben das Göttliche in die Natur herabgezogen, theilweiſe jenes mit dieſer identifizirt oder das Geiſtige verkörpert; im chriſtlichen Bewußtſeyn wird dagegen

Gott und die Natur absolute getrennt, und beide werden in
ewigem Gegensatze aus einander gehalten, doch so, daß die Na=
tur das Werk der ewigen geistigen Gottheit und Mittel der
Offenbarung des Göttlichen für den Menschen ist. Das Lebens=
prinzip, das sich durch die Naturreiche hinzieht und die unzäh=
ligen Organisationen erzeugt, das die todte Materie auf so
vielfache Weise bildet und gestaltet, ist der letzte Reflex des gei=
stigen Lebens. Der Natur gegenüber erwachte auch das Selbst=
bewußtseyn der Heiden, allein nicht zur völligen Entgegensetzung;
nur das christliche Bewußtseyn setzt sich die Natur als Werk
und Offenbarung Gottes gegenüber und gewinnt an ihr die
Erweckung und Verdeutlichung der ewigen Ideen von Gottes
Macht, Größe, Reichthum, Weisheit, Güte, Majestät ꝛc. Der
Christ sieht in der Natur eine rastlose Thätigkeit, ein Zusam=
menwirken, ein Sparen und Anwenden der Kraft, ein geräusch=
loses Wirken, eine Ordnung, Gesetzmäßigkeit und eine rächende
Gewalt der Verletzungen dieser Ordnung, und erkennt all Dieses
nicht als einen Zufall, sondern als die weise Einrichtung und
Erhaltung eines einigen, höchsten Schöpfergeistes, und die Har=
monie der Natur als den letzten Reflex eines Geistesreiches und
einer moralischen Weltordnung. Der Christ erkennt die Natur
nicht als eine todte Masse oder Maschine, die sich von selbst
in Bewegung setzt, sondern als von Gottes Wort belebt, durch
welche sich Gott dem sinnlichen Menschen nahe stellt, seinen Ge=
danken und Willen ihm kund thut, ihn erzieht und segnet. Es
ist also ferner ein Charakterzug der modernen Idealbildung,
daß diese im Gegensatz mit der antiken das Körperliche ver=
geistigt.

Das christliche Selbstbewußtseyn, das das Ich und die
Natur richtig erkannt hat, ist auch das tiefste und reinste
Gottesbewußtseyn. Wenn der Geist oder das Ich seines
Lebens Inhalt und Tiefe in der Liebe gefunden hat, so erkennt
er den höchsten Geist, von dem er sich allein abhängig fühlt,
als die unendliche Liebe. Das ideale Gottesbewußtseyn ist daher

am vollkommensten dargestellt: Gott, der unendliche Schöpfergeist des Universums, ist der liebevolle Vater aller Menschen. Indem sich der Mensch als unsterblicher Geist, als
Ebenbild Gottes, als Kind des Vatergeistes auffaßt, sich mit
dem Unendlichen als verwandter Geist erkennt und fühlt, vereinigt er sein Leben mit dem Leben Gottes, oder nimmt das
göttliche Leben in sich auf und verherrlicht Gott in und durch
sich. Die innigste Vereinigung des Menschengeistes mit Gottes-
geist geschieht durch das Gebet, die Verehrung Gottes im
Geist und in der Wahrheit. Das Gebet ist daher das höchste
Geistesleben, denn es ist das Leben in Gott. In der alten
Welt suchen wir das Gebet in dieser Bedeutung vergebens.

Im Grunde gibt es, wie wir gesehen haben, nur zweierlei
historische Idealbildungen, wenn die ganze Geschichte des menschlichen Lebens nur in zwei große Epochen zerfällt, in die vor-
christliche und christliche. Das antike Ideal gehört der alten
oder heidnischen Welt, das moderne der christlichen Geistesbildung an. Das oben angeführte jüdische Ideal steht der christlichen Idealbildung zur Seite und in demselben Verhältniß wie
das Alte Testament zum Neuen Testament. Wir können daher
die Eintheilung des christlichen Ideals in romantisches und
modernes nur als Eines ansehen und höchstens zugeben, daß
das moderne eine Modifikation des romantischen ist, welche die
spekulative Wissenschaft von der Idee der Schönheit in neuerer
Zeit hervorgebracht hat.

Vergleichen wir zum Schlusse diese verschiedenen Idealbildungen, so erhalten wir folgende unterscheidende Merkmale.

Das Selbstbewußtseyn, das seine Geistigkeit und Einheit
noch nicht erkennt, das Ich noch nicht vollkommen von dem
Naturleben und dieses vom Göttlichen getrennt hat, bleibt
nach dem Grade des Selbstbewußtseyns an dem Aeußerlichen,
Endlichen hängen und liebt mehr das Sinnliche als das Geistige;
das christliche Selbstbewußtseyn, in dem das Ich sich selbst als
unsterblichen Geist weiß, sich der Natur entgegensetzt, und Gott

als absoluten Geist an die Spitze aller Erscheinungen setzt, geht in sich und zieht sich auf sich selbst zurück, und hält sich zusammen, erkennt sich hineingestellt in ein unendliches Reich Gottes und die Liebe als den tiefsten Inhalt des göttlichen und menschlichen Lebens.

Das Charakteristische des antiken Ideals ist daher Aeußerlichkeit, Endlichkeit und sinnliche Liebe, das des modernen dagegen Subjectivität, Unendlichkeit und geistige Liebe. Die christliche Kunst ist daher eine weit edlere und vollkommenere ihrem wahren Wesen nach. Die moderne Kunst nimmt auch die alte insoweit in sich auf, als das christliche Bewußtseyn aus dem heidnischen heraus entwickelt, gereinigt und gesteigert ist. Die christliche Kunst kann nur die Vollendung der Form der alten Kunst zum Muster nehmen, nicht mehr aber ihr Ideal, weil dieses ein anderes geworden ist. Oder sollte der Künstler von dem christlichen Ideal ganz absehen dürfen, weil dieses mit der Religion im Bunde steht und die Kunst, wie so oft oberflächlich behauptet wird, gar keinen Bezug auf die Religion haben? Woher anders stammten von jeher die idealen Anschauungen und die edeln Gefühle, welche Künstler durch das ganze Menschengeschlecht herab bildlich darstellten, als von der religiösen Geistesbildung, die jedem zu Theil wurde? Wenn man z. B. an einen Dichter die Anforderung macht, so allgemeine ideale Anschauungen und edle Gefühle auszudrücken, daß man nicht erkennt, welcher Religion er angehört und daß er Heiden, Juden und Mohammedanern eben so gefällt, als den Christen, so verlangt man nichts Unbilliges von ihm, vergißt aber dabei, daß diese allgemeinen idealen Anschauungen und edeln Gefühle eine Frucht des christlichen Selbstbewußtseyns sind und um so mehr Allen gefallen, als sie von einer höhern und edlern Geistesbildung abstammen. Die Grundlage des universellen Dichters ist doch das durch die christliche Wahrheit geläuterte und gesteigerte Selbstbewußtseyn; dichtet aber Einer gegen sein Selbstbewußtseyn, so ist er Verräther an sich selbst.

§. 26.

Die Hauptbeziehungen des christlichen Lebens.

In dem durch das Licht des ewigen Wortes erleuchteten, geläuterten und gesteigerten Selbst=, Natur= und Gottes= bewußtseyn, in der Erlösung von der Sünde und dem Tode, beginnt der Menschengeist nach innen und außen ein weit edle= res und herrlicheres, ein wahrhaft schönes oder erhabenes Leben zu entfalten. Die Liebe, die vollendete unmittelbare Schönheit, ist die Seele dieses neuen Lebens und gestaltet alle Handlungen und Bestrebungen zum Ausdruck erhabener Schönheit. Wo die wahre oder geistige Liebe fehlt, die innerste Wärme des geistigen Lebens, da gedeihen auch keine herrliche Thaten; das Herz, das nicht von himmlischer Liebe erwärmt wird, verhält sich wie der von dem Sonnenlichte und der Wärme abgewendete Boden des Nordens, der statt der tropischen Vegetation nur Zwerg= gewächse hervorbringt. Durch die christliche Liebe bekommt das Leben die innerste organische Einheit, es wird ein Baum, der wächst, Aeste, Zweige, Blätter und Blüthe treibt und Früchte trägt. Das wahre Geistesleben ist nur Eines, weil der Geist auch nur Einer ist, aber weil er lebt, bewegt er sich in ver= schiedenen Richtungen. Es ist aber auch nur wieder die Liebe, welche die Einheit des Lebens in den verschiedensten Richtungen erhält, und vor falschen oder verderblichen Richtungen bewahrt. Das durch die Liebe geeinigte Geistesleben an sich betrachtet ist daher erhabene Schönheit; denn der Geist lebt und wirkt in diesem Zustande auf eine seiner Natur angemessene Weise oder tritt aus sich heraus. Das von Haß erfüllte Gemüth dagegen zerstört die Einheit des Geistes, und er denkt und will, wie es seinem wahren Wesen und Leben nicht zusagt; er ist an sich häßlich.

Das Eine vom Geist des Christenthums veredelte Leben des Geistes tritt in diesem Erdenleben in mannigfachen Beziehun= gen in sinnlichen Erscheinungen oder Handlungen hervor, und offenbart in lebendiger Bewegung die Gesinnungen und

Bestrebungen desselben. Die Hauptbeziehungen, in welchen der
Geist in die Erscheinung tritt, sind die allgemeinen Verhältnisse,
in welchen der Mensch auf Erden lebt. Diese sind die Kirche,
der Staat, die Gesellschaft und die Familie. Der Mensch ist in
der Regel Mitglied einer Kirche — angenommen hier der christ=
lichen Kirche, eines Staates, der allgemeinen Menschengesell=
schaft und einer Familie; er lebt daher ein kirchliches, bürgerliches,
gesellschaftliches und familiäres Leben. Diese Verhältnisse sind aber
nur allgemeine Umrisse des menschlichen Lebens; denn sie haben
in der Wirklichkeit die verschiedensten Abstufungen und Nüancen.
Wir können der Kürze wegen das menschliche Leben nur in
diesen allgemeinen Verhältnissen darstellen, wie es vom christlichen
Elemente belebt und beseelt in die Erscheinung tritt und daran
bestimmen, auf wie vielfache Weise das christliche Leben als
ein erhabenes und schönes erscheint, wenn wir das Schöne in
konkreto darstellen wollen. Diese Darstellung und Bestimmung
des Schönen hat den Vortheil, daß hier das Schöne weit all=
gemein verständlicher erscheint, leichter begriffen wird, als in den
rein auf todte Begriffe gebauten Systemen der Aesthetik. Wäh=
rend die andern wissenschaftlichen Behandlungen nur fragen,
was ist das Schöne und es mit abstrakten Begriffen bestimmen,
fragen wir, wo ist das Schöne; denn wenn gefragt und beant=
wortet werden kann, was ist das Schöne, muß auch gefragt
werden können, wo ist es und wie erscheint es, weil ja ohne
das Daseyn des Schönen nicht die Frage entstehen könnte, was
ist es?

Das subjectiv Schöne und Erhabene ist der Geist, der in
diesem Körper wohnt, und sein Leben und Wirken, sofern es
von der christlichen Liebe bestimmt ist, ist eine unendlich mannig=
faltige Entwicklung des Schönen nach Außen. Ehe wir aber
das christliche Leben in seinen schönen Entwickelungen und Offen=
barungen objective verfolgen, entsteht die Frage: Ist eine ein=
zelne Handlung auch schön zu nennen? Die einzelne Handlung
ist soferne schön, als sie eine Idee des Geistes oder eine

Gesinnung desselben, die dem Wesen und Leben des Geistes zusagt, sinnlich offenbart, oder häßlich, wenn die Handlung das Gegentheil sinnlich wahrnehmen läßt. Wie der ganze Geist in seinem naturgemäßen Seyn und Leben erhabene Schönheit, oder in seinem natur- und bestimmungswidrigen Leben häßlich ist, so ist auch jede Handlung als Entäußerung des Geistes entweder schön oder häßlich. Wenn wir auch dem heidnischen Leben die Schönheit nicht absprechen, so müssen wir doch gestehen, daß sich die Lebensschönheit in höherem und reinerem Grade im Christenthum entfaltet. Es gibt Stufen des Schönen im Gebiete der Natur, so auch im Gebiete des geistigen Lebens. Hiebei ist noch zu bemerken, daß wir ein christliches Leben in idealer Vollkommenheit vor Augen haben.

§. 27.

1. Das christliche Leben in Bezug auf die Gottheit und die Kirche.

Der Mensch hat ein Verhältniß zu Gott und dieses Verhältniß lebt er als Glied der Kirche. Das Leben der Kirche ist das religiöse oder das Leben des Glaubens und der Liebe. Der religiöse Glaube erhebt den Geist in eine höhere Welt und die Liebe verbindet ihn sammt seinen Brüdern mit Gott. Der Gläubige und Liebevolle lebt gleichsam zwischen Himmel und Erde, durch den Glauben erhebt er sich einerseits bis in den Himmel, in der Liebe steigt er andererseits zur Erde nieder. Durch Glaube und Liebe wird der Menschengeist in das seligste Gleichgewicht mit sich selbst gesetzt, darum erscheint uns der gläubige und liebevolle Geist als erhabene Schönheit.

Durch Glaube und Liebe reißt der Geist das Reich Gottes an sich und verwirklicht es auf Erden; daher entwickelt er in dem Ergreifen und Verwirklichen des göttlichen Reiches ein edles und thatenreiches Leben, das Gegenstand der würdigsten und schönsten Kunstdarstellungen werden kann. Wie das Leben des Glaubens und der Liebe eine organische Einheit in sich hat,

so sind auch die einzelnen Gesinnungen, Empfindungen und Be=
strebungen als Aeußerungen des von Glaube und Liebe beseelten
Geistes schön zu nennen. Betrachten wir das kirchliche', d. h.
das von Glaube und Liebe beherrschte Leben in der Richtung
auf Gott und die Brüder, so werden wir eine mannigfaltige,
reiche Lebensentwicklung finden, die in jeder Beziehung edel
und liebenswürdig ist.

Vor dem Geiste des Gläubigen steht als wahr und wirklich
Gott, der unendlich liebevolle Vater als Schöpfer Himmels
und der Erde, als Erhalter und Regierer des Weltalls, Christus
als der ewige Mittler und Versöhner, und der heilige Geist
als der Erwecker heiliger Gesinnungen und Bestrebungen in
freien Geistern und Vollender unserer Heiligkeit.

§. 28.
Die lyrischen Gefühle der Christen in Beziehung auf Gott.

Schaut der Geist im Glauben Gott als den Einen ewig
Lebendigen, als die unendliche Liebe, Heiligkeit, Gerechtigkeit,
als den allein Guten ꝛc., so beugt er sich im Staube und betet
an. Welch erhabene Schönheit! Dort knieet eine gläubige
Seele, die Augen und Hände zum Himmel erhoben, mit ver=
klärtem Angesicht — Ausdruck des frommen Glaubens und der
reinsten Zuversicht und Hoffnung — unbeschränkt huldigend und
anerkennend die unendliche Würde und Erhabenheit des gött=
lichen Wesens! Die gläubige Seele lebt in dem Gebete ihr
erhabenstes Leben im Leibe und empfindet die reinsten und
seligsten Gefühle.

Der Christ glaubt Gott als den allmächtigen Schöpfer
Himmels und der Erde, daher fühlt er sich schwach und ab=
hängig und ruft mit dem Psalmisten aus: Was ist der Sterb=
liche, daß du sein gedenkest. Ps. 8.

Betrachtet die gläubige Seele Gott als die unendliche Macht,
welche Himmel und Erde beherrscht und erhält, und das Ganze

Weltall in ihrer Hand hält, so empfindet sie Furcht vor dem unendlichen Machthaber über Leben und Tod und spricht wieder mit dem Psalmisten: „Vor Jehova fürchte sich die ganze Erde, vor ihm müssen beben alle Bewohner der Erde, denn er spricht und es steht da!"

Richtet die gläubige Seele den Blick auf die Werke des Allmächtigen, so findet sie da eine unendliche Weisheit und einen unergründlichen Verstand, und erkennt in den Führungen oder Schicksalen unerforschliche Plane und Rathschläge Gottes, und ruft voll heiliger Bewunderung aus: „Wie groß sind deine Werke, o Herr, alle hast du mit Weisheit gemacht. Voll ist die Erde deiner Güte."

Tritt besonders Gottes Heiligkeit und Gerechtigkeit vor die Seele des Gläubigen, so wird sie mit unbegrenzter Ehrfurcht gegen den erfüllt, der da nach heiliger Ordnung herrscht, die reinste Liebe und höchste Majestät ist. Das entsprechende Gefühl drückt auch der Psalmist aus:

Gerecht ist Gottes Wort und all sein Thun ist treu;
. Er liebt Recht und Gerechtigkeit, von Jehovas Güte ist die Erde voll.

Erwägt die gläubige Seele das Unendliche und Unergründliche der Vollkommenheit Gottes und dagegen die eigene Schwäche und Fehlerhaftigkeit, so wird sie von Demuth und Sehnsucht nach Reinheit und Vollkommenheit erfüllt. In Uebereinstimmung mit dem Psalmisten betet sie:

Sey mir gnädig, o Gott, nach deiner Huld,
Nach deiner großen Barmherzigkeit tilge mein Vergehen!
Wasche mich rein von meinen Schulden, und von meinen Sünden
reinige mich 2c.

Ps. 50.

Ebenso steht vor der gläubigen Seele Christus als Gott, als Erlöser, Vermittler und Seligmacher, und beugt sich und betet an in dem Gefühle der Demuth, Ehrfurcht, Liebe und Bewunderung. Die gläubige Seele schaut Christus als den, den Gott erhöhet und ihm einen Namen gegeben, der über alle

Namen ist, daß vor dem Namen Jesu alle Knie sich beugen derer, die im Himmel und auf Erden und unter der Erde sind, und alle Zungen bekennen, daß Jesus Christus der Herr sey zur Verherrlichung des Vaters. Die gläubige Seele, die erkennt und fühlt, was sie durch die Verdienste Christi geworden ist und stets noch wird, und in der Geburt dem Leben und Tode Jesu die unendliche Liebe des Vaters und Sohnes schaut, wird von grenzenloser Liebe und Bewunderung gegen Christus erfüllt, betet an, dankt und huldigt dem Liebevollsten und Heiligsten. In der Sehnsucht, immer freier von der Sünde zu werden, richtet sie vertrauensvoll ihren Blick auf Christus, ihren Mittler bei dem Vater, hofft alles Gute um seiner Verdienste willen zu erhalten und des ewigen Lebens theilhaftig zu werden. Welch inniger und reiner Liebe gegen Christus die gläubige Seele empfänglich sey, sehen wir an dem Beispiel des heiligen Franz Xaver und erkennen es aus dem Sonett, „die reine Liebe,“ das er selbst verfertigte:

Nicht fühl ich dich zu lieben mich gezogen,
O Gott, durch die verheißene Himmelsfreuden;
Noch hat, was dich beleidigt zu meiden,
Die Furcht der Höllenqualen mich bewogen.

Du selber bist's, der mir mein Herz entzogen,
Blutbräut'gam! seh' am Kreuz ich dich leiden,
Seh' dich verhöhnt in Angst und Noth verscheiden,
Vergießend all dein Blut in reichen Wogen.

An solcher Lieb' ich meine Lieb' entzünde!
Und wär' der Himmel nicht, ich müßte lieben;
Und wär' die Hölle nicht, ich flöh' die Sünde.

Säh' Höll' und Himmel in Nichts zerstieben,
Daß Lohn nicht mehr, nicht Strafe mehr bestünde,
Die Lieb' um Liebe wäre mir dennoch blieben.

Purpurviolen der Heiligen von Rousseau. III. B.

Die gläubige Seele erkennt ferner in dem heiligen Geiste den Geist des Vaters und des Sohnes, der in uns das Werk

Chrifti, die Entfündigung und Heiligung fortfährt, den unend=
lich guten, heiligen, heiligenden, allwiffenden, allmächtigen und
Alles belebenden und ordnenden Geift Gottes. Welche Sehn=
fucht fühlt das gläubige Herz nach diefem Geifte, das in den
Geift der Lehre Jefu tiefer eindringen möchte! Welche Ehrfurcht
empfindet es gegen den unendlich heiligen Geift!

Erkennt die gläubige Seele Gott als den liebevollften, hei=
ligften und gerechteften Vater im Himmel, fo will fie auch
feiner Liebe und Gnade würdig werden; fie fucht ihre Ehre
nicht bei der Welt, fondern bei Gott. Die gläubige Seele will
nicht durch eigenes Verdienft, fondern nur durch die Gnade
Gottes Ehre bei Gott erlangen und fie will eigentlich nicht ihre,
fondern Gottes Ehre. Wie edel erfcheint die Seele in dem
Streben, nur bei Gott zu gelten, als anhänglich und treu
erfunden zu werden.

§. 29.
Inhalt des chriftlichen Hymnus, der Ode und des geiftlichen Liedes.

Der Unterfchied der chriftlich religiöfen Lyrik von der alten
beruht auf dem Unterfchied des antifen und modernen Ideals
oder auf dem verfchiedenen Gottesbewußtfeyn der alten und
chriftlichen Welt. Das tiefere, reinere und vollfommenere
Gottesbewußtfeyn, welches die chriftliche Lehre erweckt hat,
begründet auch den Vorzug der religiöfen Lyrik vor der alten
heidnifchen. Das chriftliche Gottesbewußtfeyn hat nothwendig
eine andere Wirkung auf das Selbftgefühl des Geiftes, als das
heidnifche; denn es erhöhet und fteigert je nach dem Grade des
Bewußtfeyns Gottes das Selbftgefühl zur Anbetung, Bewun=
derung, Furcht, Ehrfurcht, Demuth und Sehnfucht, zur höchften
Freude in Gott. Das nun durch das Gottesbewußtfeyn erregte
Selbftgefühl ift der Inhalt und Gegenftand der chriftlichen
Lyrik, des unmittelbaren Ausdruckes der Gefühle. Je reiner
und vollfommener daher das Gottesbewußtfeyn ift, defto tiefer,

inniger und reiner sind die Gefühle des Göttlichen oder die religiösen Empfindungen. Wenn die heidnische Welt das Göttliche nur als personificirte Naturkräfte oder moralische Bedürfnisse erkannte, die Götter nicht absolute über sich stellte, und selbst den Göttern menschliche Schwachheiten beilegte, so konnte durch dieses Gottesbewußtseyn das Selbstgefühl zu keiner so hohen und reinen Begeisterung gesteigert werden, wie im Christenthum. Die Gefühle, welche die alte religiöse Lyrik ausspricht, sind Folgen der sinnlichen Auffassung des Göttlichen. Die unterste Stufe in dieser Lyrik nimmt der Dithyrambus ein, der die absolute Ferne des Göttlichen aufhebt, und die göttliche Begeisterung in unmittelbares Besessenseyn von einer Gottheit, namentlich von Bacchus, setzt. Die sinnliche Aufregung mit ihrem Einflusse auf den Geist wird als eine Wirkung der Gottheit betrachtet und dem höchsten sinnlichen Leben eine religiöse Bedeutung beigelegt. Der Dithyrambus in dieser organischen Bedeutung kann daher in der christlichen Poesie keine Stelle mehr finden. Höher steht der epische Hymnus, der durch die Darstellung der Thaten, Lebensverhältnisse, Begriffe der Götter das Selbstgefühl erhöhet. Dieser Hymnus hat immer nur eine einzelne Gottheit und zwar nur einen einzelnen Standpunkt derselben zum Gegenstande und gewinnt daher nie eine universale Bedeutung.

Der christliche Hymnus schließt die sinnliche Auffassung des Göttlichen ganz aus und beruht auf rein geistiger Anschauung der Gottheit. Das Charakteristische und Unterscheidende des Hymnus von der religiösen Ode und dem geistlichen Liede besteht also darin, daß der Hymnus die Darstellung der unmittelbaren Gefühle des Gottesbewußtseyns ist. Während hier die religiösen Gefühle unmittelbare Wirkung der geistigen Anschauung Gottes sind, sind die, welche die Ode darstellt, durch Reflexionen oder Beobachtungen veranlaßt. Je nachdem der Geist die eine oder andere große Eigenschaft Gottes schaut, je nachdem ist auch das Gefühl verschieden, das durch den Hymnus ausgedrückt wird. Schaut der Geist Gott als die unendliche Macht und Herrlichkeit, so ist der Grundton des Hymnus das Gefühl der religiösen Furcht vor dem, der über Leben und Tod gebietet. Schaut der Geist Gott als den Unendlichen und Grenzenlosen, so spricht sich im Hymnus das Gefühl der Schwäche, Beschränktheit und Unvollkommenheit, im Gegensatz zu Gottes Unendlichkeit aus. Tritt aber vorzugsweise Gottes Heiligkeit, Vollkommenheit und Majestät vor den Geist des Menschen, so ist der Inhalt des Hymnus das Selbstgefühl der Ehrfurcht und Demuth ꝛc. Weil Gott aber an sich Geist ist, so ist der Dichter genöthigt, zur Darstellung des Göttlichen und göttlicher Eigenschaften seine Zuflucht zu der sinnbildlichen Natur zu nehmen, um vermittelst der Größe des Weltalls, der Erscheinungen in der Natur ꝛc., Gottes große Eigenschaften zu erhabene Gefühle anregender Anschauung zu bringen. Nur an Naturerscheinungen wußten die israelitischen Dichter Gottes Hoheit, Macht, Herrlichkeit und Majestät darzustellen. Wie oft hat Christus Gleichnisse und Bilder zur Versinnlichung und Verständlichkeit seiner erhabenen Lehre aus der Natur genommen? Ich erinnere in dieser Beziehung nur an ein einzelnes Beispiel, an den Hymnus von Kleist: Gesang zum Preise Gottes: Gerecht ist der Herr! die Himmel ohne Zahl sind seine Wohnungen; seine Wagen sind die donnernden Gewölf' und Blitz' sein Gespann ꝛc.

Das Gefühl, das die geistige Anschauung Gottes unmittelbar erzeugt, ist ein starkes, lebhaftes und daher nicht lange dauerndes Gefühl. Der Hymnus ist Ausdruck tiefer und inniger Begeisterung.

Die religiöse Ode unterscheidet sich von dem Hymnus dadurch, daß ihr Inhalt nicht die Darstellung der durch die Anschauung des Göttlichen unmittelbar erweckten, sondern die der durch religiöse Betrachtung oder philosophische Reflexion entstandenen Gefühle ist. Durch die Betrachtung göttlicher Dinge mit Beziehung auf das Seyn und Leben des unsterblichen

Geiſtes wird das Selbſtgefühl auf eigenthümliche Weiſe an=
geſprochen und begeiſtert.

Die Begeiſterung des Selbſtgefühls iſt, weil ſie durch philo=
ſophiſche Betrachtungen erzeugt wird, ruhiger und länger
dauernd, als im Hymnus, immer aber erreicht ſie noch einen
hohen Grad von Intenſität und Lebhaftigkeit. Die philoſophiſche
Betrachtung richtet ſich entweder auf die Gottheit ſelbſt oder
religiöſe Wahrheiten und Thatſachen. Wird die Gottheit ſelbſt
Gegenſtand der religiöſen Reflexionen, ſo werden das Weſen
oder die Eigenſchaften deſſelben in Beziehungen zur Natur und
zu dem Geiſte mit den entſprechenden Gefühlen dargeſtellt.
Man erinnere ſich z. B. an Klopſtocks Oden, dem Unendlichen,
der Erbarmer ꝛc. Religiöſe Wahrheiten werden in ihren gött=
lichen Beziehungen erforſcht, und wirken in dieſer Entwicklung
erhebend auf das Selbſtgefühl. Man leſe z. B. die Geſtirne,
der Tod, die Welten ꝛc. von Klopſtock. Nicht die Betrachtung
oder die philoſophiſche Reflexion des Göttlichen oder göttlicher
Dinge oder Wahrheiten iſt die Hauptſache der religiöſen Ode,
ſondern die Gefühle der Anbetung, Ehrfurcht, Furcht, Bewun=
derung, des Staunens, der Demuth, der religiöſen Freude,
des Troſtes und der Hoffnung ꝛc., ſind der Hauptzweck der
Ode. Hieraus folgt, daß die philoſophirende Reflexion nicht
ſtreng logiſch fortſchreitet und den ganzen Gegenſtand nach
allen Seiten erſchöpft, ſondern gleichſam ungeordnet und
ohne Zuſammenhang unerwartet ſchnell von einem Moment
der Wahrheit zum andern, von einer Beziehung zur andern
übergeht.

Das geiſtliche Lied ſtellt ebenfalls religiöſe Gefühle dar,
allein es unterſcheidet ſich von dem Hymnus und der Ode
dadurch, daß dieſe Gefühle nicht unmittelbar aus der An=
ſchauung oder aus der reflektirenden Betrachtung des Göttlichen
entſtanden ſind. Die Gefühle, die den Inhalt des religiöſen
Liedes bilden, ſind diejenigen, welche die einfache Erinnerung
oder Beherzigung religiöſer Wahrheiten oder Thatſachen zu

ihrem Entstehungsgrund haben. Die Erinnerung und Be=
herzigung religiöser Wahrheiten und Thatsachen erweckt aber
die Sehnsucht nach dem Göttlichen; daher können wir
als den Grundton des religiösen Liedes die Erinnerung und
die Sehnsucht bestimmen. Das Verhältniß des Liedes zu
der Ode und dem Hymnus besteht also darin, daß durch
die letzteren das Göttliche zu dem Menschlichen herabgezogen
wird, durch das Lied aber das Menschliche zu dem Gött=
lichen erhoben wird. Der Zweck des religiösen Liedes wird
somit dadurch erreicht, daß religiöse Wahrheiten und Ereig=
nisse in Erinnerung gebracht und diesen entsprechenden Gefühle
erweckt werden, die sich aber alle in dem Gefühl der Sehn=
sucht nach dem Göttlichen zusammenfassen lassen. Auch
Dank= und Loblieder beruhen auf der religiösen Sehnsucht,
des Göttlichen würdig zu seyn und sich mit Gott immer mehr
zu vereinigen. Die einzelnen Gefühle, die aus der Erinne=
rung und der Sehnsucht entstehen, sind so mannigfaltig mo=
dificirt, als die Gegenstände der Erinnerung und Sehnsucht
und die Grade der Lebhaftigkeit, Tiefe und des Umfanges
verschieden sind.

Wenn nun der Hymnus, die Ode und das geistliche Lied
die verschiedenen Gefühle zum Gegenstande der Darstellung haben,
die aus der unmittelbaren Anschauung des Göttlichen, aus der
reflektirenden Betrachtung, und aus der Erinnerung desselben
entspringen, so haben alle auch den Zweck, durch die verschie=
denen Gefühle, die der Dichter ausspricht, das christliche Gottes=
bewußtseyn in Andern zu beleben, Andere zu demselben Anschau=,
der reflektirenden Betrachtung und Erinnerung des Göttlichen
zu erheben, und die diesen Geistesthätigkeiten entsprechende
Gefühle zu erwecken. Diese Gedichte haben für die religiöse
Bildung großen Werth, weil das Göttliche nicht bloß zur An=
schauung, Erkenntniß und Erinnerung des Geistes gebracht,
sondern tief in das Menschenwesen — in das Selbstgefühl,
gelegt wird.

§. 30.

Die Liebe des Glaubens.

Der Glaube ist nothwendig auch Liebe. Welch erhabene und edle Gesinnungen, Gefühle und Bestrebungen erzeugt dann die Liebe zu Gott und Christus, zu dem dreieinigen Gott, in einer gläubigen Seele? Erkennt die Seele im Glauben Gott als den unendlich Vollkommenen und Liebenswürdigen, so hat sie eine große Freude an Gott und seinen Werken, nicht weil sie Gutes von ihm hofft, sondern weil er ihr Gott ist. Welche intensive Lebensfrische verleihet diese Freude der Seele und welche Seligkeit wohnt in ihr?

Die Seele, welche Freude an Gott hat, übergibt sich ihm ganz mit Verstand, Herz und Wille. Die Liebe glaubt Alles, d. h. die gläubige Seele nimmt mit vollem Vertrauen und Freudigkeit Alles hin, was Gott lehrt, oder die Liebe nimmt den grübelnden und zweifelnden Verstand gefangen. Aus der Liebe zu Gott stammt der Gehorsam gegen Gott oder die Liebe will mit aller Kraft des Herzens und Willens, nur was Gott will, und verlangt Nichts, was Gott mißfällt. Die Liebe nimmt auch Herz und Wille gefangen. Der Gehor= sam verbindet den Menschen am engsten mit Gott, und macht sein subjectives Leben zu einem göttlichen, indem er Gottes Willen zum Inhalt des eigenen Wollens macht. Welch heilige Richtung nimmt der Geist im unbedingten Gehorsam gegen Gott und welch erhabenes Ziel verfolgt er?

Weil der wahre Glaube auch Liebe ist, sehnt sich die gläubige Seele nach Gott, sie sehnt sich, von der Sünde immer mehr frei zu werden, alle geistigen Bedürfnisse zu befriedigen und Gott durch Vollkommenheit immer näher zu kommen oder ähnlicher zu werden. Die gläubige Seele sehnt sich nach dem Schauen Gottes und von Gott geliebt zu werden. Wie groß und rein ist also die Liebe, welche diese Sehnsucht im Herzen des Menschen erweckt, und wie erhaben schön erscheint der Menschengeist in der liebevollen Sehnsucht nach Gott!

Die Liebe vertraut, bittet, hofft und duldet. Die gläubige Seele wendet sich in ihrer Liebe zu Gott, der in aller Noth helfen kann, und ist ihres Vertrauens gewiß, daß er alle ihre Wünsche befriedigen werde, wenn sie der Weisheit Gottes nicht zuwider sind. Erhaben schön erscheint uns daher die Seele, welche unbedingtes Vertrauen zu Gott hat, d. h. welche gewiß ist, daß Gott sie liebe und für sie sorge, daß er ihr stets mit seiner Gnade beistehe, die Welt zu besiegen, daß er alle Ereignisse des Lebens zu ihrem Besten lenke, daß sie einst seine Seligkeit erbe, die noch in keines Menschen Sinn gekommen ist, und ihn von Angesicht zu Angesicht schauen wird. Wie frei von aller Selbstsucht ist der auf Gott Vertrauende! wie rein von der Sünde! Siehe den Herrn, mit welchem Vertrauen er auf Gott wandelte! und siehe die Apostel und Märtyrer, mit welchem Vertrauen sie auf Erden wirkten und duldeten! Welche herrliche Früchte bringt das volle Gottvertrauen! Es gibt Muth im Leben und Sterben, Freudigkeit des Herzens und Kummerlosigkeit in unsern irdischen Verhältnissen.

Sehnt sich die gläubige Seele nach Gott, so wünscht sie, daß ihr Alles zu Theil werde, was Gottes ist und wendet sich bittend an Gott um Befriedigung dieser Sehnsucht. Sie bittet: „Zukomme uns dein Reich und gib uns heute unser tägliches Brod," und bittet um dieses nicht bloß für sich, sondern auch für die ganze Menschheit; ihre Bitte verwandelt sich in Für= bitte. Die gläubig liebevolle Seele spricht durch die Liebe so recht aus, was in ihrer Natur liegt — die Bedürfnisse nach Licht, Gnade und Heiligung! Welch erhabenen Zug nimmt daher die Seele in der kindlichen Liebe! Welch edle Seele, die ihre wahren Bedürfnisse recht lebhaft fühlt und sich allein an den wendet, Der die Quelle des Lebens und Heils ist!

Die Liebe, die aus dem lebendigen Glauben an den leben= digen Gott hervorgegangen ist, trägt Alles und duldet Alles, was Schickung Gottes ist. Der Gläubige, welcher weiß, daß Gott Alles leitet und ordnet, erträgt aus Liebe zu

Gott alle Leiden und Widerwärtigkeiten des Lebens mit Geduld, denn er ist überzeugt, daß Gott den Menschen nicht über seine Kräfte versucht. Er blickt zu seinem Herrn empor, welcher selbst durch Leiden und Qual zu seiner ewigen Herrlichkeit eingegangen ist. Der aus Glaube und Liebe Geduldige nimmt alle Leiden freudig an, erträgt sie kindlich ergeben und benützt sie zu seiner sittlichen Besserung. Welch großer Geist zeigt sich in der religiösen Geduld!

Die Liebe vertrauet, bittet und hofft und ihr Verlangen wird befriedigt, ihr Vertrauen gerechtfertigt und ihre Bitte erfüllt; daher wird sie nothwendig als Dankbarkeit erscheinen. Die dankbare Seele erkennt Gott als freien Geber ihres Daseyns, Lebens, ihrer Güter und Kräfte und schreibt ihm Alles, was sie ist, hat und hofft, als unverdientes Geschenk zu. Welche erhabene Seele erkennen wir in der aufrichtigen Dankbarkeit gegen Gott! Die dankbare Seele weiß, daß ihre Bedürfnisse nur durch Gaben und Gnaden Gottes befriedigt werden; sie ist demüthig, sie gibt sich selbst als Gegengabe, weil sie nichts Besseres hat; sie ist in Liebe entzückt, nicht so fast über die Gabe als den Geber, freut sich über die dem Mitmenschen gewordenen Gaben und Glück, wie über ihr eigenes; das dankbare Herz preiset Gottes Macht, Weisheit und Güte und ist selig in der Liebe zum allmächtigen Geber.

Die wahre Liebe eifert nothwendig für den geliebten Gegenstand. Die Liebe wünscht aufrichtig, daß Gott von allen Menschen als der liebevolle Vater anerkannt, geehrt und geliebt werde. Die für Gottes Ehre eifernde Seele betet sehnsuchtsvoll: Geheiligt werde dein Name! dein Reich komme! Wieder, welche edle und liebenswürdige Seele, die für Gottes Anerkennung und Ehre eifert! Christus suchte nicht seine Ehre, sondern die seines Vaters! Welchen Eifer zeigten die Apostel und ersten Christen, das Reich Gottes zu verbreiten und Gott zu verherrlichen! Welche hohe Begeisterung erzeugt der Eifer für Gottes Sache und das wahre Wohl der Menschen!

In Glaube und Liebe ist das Herz zum wahren Gebet
geöffnet. Der Inhalt des Glaubens und der Liebe ist auch der
Gegenstand des Gebetes. In dem Gebete lebt die Seele ihr
tiefstes Glaubens= und Liebe=Leben. Welche Erhabenheit der
Seele zeigt sich im aufrichtigen, vertrauensvollen und demüthi=
gen Gebete! Wie frei von Selbstsucht, Selbstvertrauen, Hoch=
muth und Heuchelei ist die wahrhaft betende Seele! Wie erha=
ben erscheint uns Christus, wenn er betet und wie ehrwürdig
die Heiligen Gottes im Gebet!

§. 31.
Das Tragische im christlichen Sinne.

Die Bestimmung des Tragischen bekam dadurch eine große
Schwierigkeit für die Aesthetiker, weil diese bei der Begriffs=
bestimmung desselben nicht bis zu dem verschiedenen Bewußtseyn
des Göttlichen in der alten und neuen Zeit zurückgingen. Die
Aesthetiker haben gewöhnlich eine gewisse Scheu vor dem Wort
Religion und suchen immer ängstlich das Religiöse von dem
Schönen, Religion und Kunst zu trennen, und fern von einan=
der zu halten, mißkennen aber dadurch den tiefsten Einfluß der
Religion auf das dreifache Bewußtseyn des Geistes, aus welchem
allein die Kunst hervorgeht. Berücksichtigen wir die Geschichte
der Geistesentwicklung des Menschen, so finden wir den Satz
unbestreitbar: Wie die Religion, so die Kunst. Religion
bezeichnet den Grad der Geistesbildung, des Selbstbewußtseyns,
die Anschauung der Natur und des Lebens, die Beziehung des
Lebens und der Natur auf die Idee — das Göttliche. Man
fordert ja nicht von den Aesthetikern, daß sie überall und in
allen Beziehungen nachweisen sollen, wie enge die Kunstschöpfun=
gen mit dem Geiste der Religion zusammenhängen, sondern
nur, daß sie sich des Einflusses der Religion auf die Auffassung
des Göttlichen, des Lebens und der Natur bewußt werden und
seyen. So unklar die Aesthetiker sich selbst in Betreff des
Tragischen waren, so unbestimmt handelten auch die Dramatiker.

Ich glaube, daß, wenn man keine Vorbilder in dem Tragischen aus dem Alterthum gehabt hätte, sich die neuere Tragödie von selbst aus dem christlichen Selbstbewußtseyn entwickelt hätte, man nicht so lange in Ungewißheit des Tragischen gewesen und nicht so lange so verschiedene Meinungen darüber gehabt und gestritten hätte. Die Vorbilder aus dem griechischen Alterthum, die aus einem andern Bewußtseyn geflossen sind als die christliche Zeit hat, und die Meinung, das höchste in der Kunst zu erreichen, wenn man die Alten nachahme, haben in Beziehung auf die dramatische Kunst in der Theorie und Praxis die größte Verwirrung herbeigeführt. Man faßte das Wesen der alten Tragödie auf, bestimmte darnach das Tragische, verpflanzte dieses in das moderne Ideal, und konnte sich nicht mehr davon losmachen. Man suchte nun den Vorbildern des Alterthums etwas Allgemeines abzugewinnen und übertrug dieses Allgemeine auf das neuere Drama. Dieses Allgemeine, das man von alten Tragödien abstrahirte, war die Bestimmung, daß das Tragische in dem Kampfe der Freiheit mit der Nothwendigkeit bestehe. Diese Bestimmung ist zwar allgemein, aber für das eigentliche Wesen des Tragischen zu beschränkt. Der Mittelpunkt des Tragischen ist allerdings der Mensch von Seite seiner Sittlichkeit, allein mit diesem ist das Tragische noch nicht geschlossen; denn, da das Sittliche einen absoluten Werth hat, so steht der Mensch nicht bloß im Verhältniß zur sinnlichen Natur, sondern auch zu einer höhern moralischen Welt. W. Schlegel und Schiller suchen wohl dem Tragischen eine höhere Richtung zu gewinnen, scheinen sich aber doch hierin nicht ganz klar geworden, und sich noch zu sehr an die allgemeine Auffassung des Tragischen als Kampf zwischen Freiheit und Nothwendigkeit gehalten zu haben. Erster sagt in seinen Vorlesungen über dramatische Kunst und Literatur: „Eine geistige und unsichtbare Kraft kann nur durch den Widerstand gemessen werden, welchen sie einer äußerlichen und sinnlich zu ermessenden Gewalt leistet. Die sittliche Freiheit des Menschen kann sich daher

nur im Widerſtreit mit den ſinnlichen Trieben offenbaren.
Nur im Kampf bewährt ſich das Sittliche, und wenn der tra=
giſche Zweck einmal als Lehre vorgeſtellt werden ſoll, ſo ſey es
dieſe: daß, um die Anſprüche des Gemüthes auf innere Gött=
lichkeit zu behaupten, das irdiſche Daſeyn für nichts zu achten
ſey, daß alle Leiden dafür erduldet, alle Schwierigkeiten über=
wunden werden müſſen." Schiller drückt ſich hierüber in ſeiner
Abhandlung über den Grund des Vergnügens an tragiſchen
Gegenſtänden auf folgende Weiſe aus: „Diejenige Dichtungsart
alſo, welche uns die moraliſche Luſt in vorzüglichem Grade
gewährt, muß ſich eben deßwegen der gemiſchten Empfindung
bedienen, und uns durch den Schmerz ergötzen. Dieß thut
vorzugsweiſe die Tragödie, und ihr Gebiet umfaßt alle mögliche
Fälle, in denen irgend eine Naturzweckmäßigkeit einer mora=
liſchen, oder auch eine moraliſche Zweckmäßigkeit der andern,
die höher iſt, aufgeopfert wird. Beide erkennen in dem Tra=
giſchen eine moraliſche Beziehung, allein ſie beziehen es nicht
auf eine unverletzbare moraliſche Weltordnung, die Alles aus=
ſtößt oder vernichtet, was ſich in ihr nicht auflöſen und ver=
einigen kann, ihr unnütz iſt oder widerſtrebt. Geben wir dem
Tragiſchen die Beziehung auf eine ewige unverletzbare Welt=
ordnung, ſo befürchten vielleicht viele Aeſthetiker, daß dadurch
das Tragiſche als ſolches aufhöre ſchön zu ſeyn und der Kunſt
zu dienen, weil es ja als Sittliches oder Gutes beſtimmt werde.
Obgleich Schiller zugibt, daß das freie Vergnügen, welches der
Kunſt eigen iſt, einen wohlthätigen Einfluß auf die Sittlichkeit
habe, ſo meint er doch, daß das Moraliſchgute als Zweck oder
Mittel der Vollkommenheit der Kunſt nicht fromme. Er ſagt
in dieſer Beziehung: „Die wohlgemeinte Abſicht, das Moraliſch=
gute überall als höchſten Zweck zu verfolgen, die in der Kunſt
ſchon ſo manches Mittelmäßige erzeugte und in Schutz nahm,
hat auch in der Theorie einen ähnlichen Schaden angerichtet.
Um den Künſten einen recht hohen Rang anzuweiſen, um ihnen
die Gunſt des Staates, die Ehrfurcht aller Menſchen zu erwerben,

vertreibt man sie aus ihrem eigenthümlichen Gebiet, um ihnen einen Beruf aufzudringen, der ihnen fremd und ganz unnatürlich ist. Man glaubt ihnen einen großen Dienst zu erweisen, indem man ihnen, anstatt des frivolen Zweckes zu ergötzen, einen moralischen unterschiebt, und ihr so sehr in die Augen fallender Einfluß auf die Sittlichkeit muß diese Behauptung unterstützen." Ferner sagt er: „Für die Würdigung der Kunst ist es aber vollkommen einerlei, ob ihr Zweck ein moralischer sey, oder ob sie ihren Zweck nur durch moralische Mittel erreichen könne, denn in beiden Fällen hat sie es mit der Sittlichkeit zu thun, und muß mit dem sittlichen Gefühl im engsten Einverständniß handeln; aber für die Vollkommenheit ist es nichts weniger als einerlei, welches von beiden ihr Zweck und welches ihr Mittel ist. Ist der Zweck selbst moralisch, so verliert sie das, wodurch sie allein mächtig ist, ihre Freiheit, und das, wodurch sie allgemein wirksam ist', den Reiz des Vergnügens. Das Spiel verwandelt sich in ein ernstes Geschäft; und doch ist es gerade das Spiel, wodurch sie das Geschäft am besten vollführen kann Nur indem sie ihre höchste ästhetische Wirkung erfüllt, wird sie einen wohlthätigen Einfluß auf die Sittlichkeit haben; aber nur indem sie ihre völlige Freiheit ausübt, kann sie ihre höchste ästhetische Wirkung erfüllen." Diese strenge Trennung des Schönen vom Guten beruht auf der unrichtigen und unvollständigen Auffassung des Schönen und Guten. Da das Schöne die Erscheinung des Seyns oder Seyenden oder der Idee, oder des Begriffes oder wie man es nennen mag, in der angemessenne Form oder Gestalt ist, so schließt das Gute, das das Seyn in zweckmäßiger Erscheinung ist, das Schöne ich sich. Und wie das Schöne vom Guten nicht getrennt werden kann, d. h. wie Nichts gut seyn kann, ohne zugleich schön zu seyn, so kann auch in der Kunstdarstellung das Schöne vom Guten nicht ganz unabhängig und als selbstständig dargestellt werden. Nur darin kann ein Unterschied gemacht werden, daß die Kunstdarstellung des sittlichen Lebens nicht die Zweckmäßigkeit dieses

Lebens hervorhebt und verfolgt, wie die Moralwissenschaft dieß
thut, sondern das sittliche Leben als die dem Wesen des Geistes
angemessene Erscheinungsform betrachtet. Nirgend durchdringt
sich das Schöne und Gute so sehr wie im menschlichen Leben;
denn hier ist schön, was gut ist, und umgekehrt, weil der vernünftige Geist nur nach Zwecken handeln kann. Ein unsittliches Leben kann nie schön genannt werden, weil hier der
Geist nicht auf eine seinem Wesen entsprechende Weise zur Erscheinung kommt. Da man immer glaubte, man müsse in der
Kunst das Schöne von dem Guten trennen, wie die Kunst von
der Religion, so hat man vielerlei Lebensverhältnisse nicht
künstlich behandelt, in der Meinung, man überschreite das Gebiet der Kunst, stelle das Gute dar, diene der Religion, und
gebe die Freiheit der Kunst preis. Wenn man den Zweck der
Kunst bloß in ein Spiel, oder den Reiz des Vergnügens setzt,
so kann man wohl fragen: was ist denn das Spiel und der
Reiz des Vergnügens bei dem Anschauen einer würdigen Christus-
Statue? Dieser erhabene Gegenstand der Kunst, das höchste
Ideal menschlicher Vollkommenheit, ist doch nicht Gegenstand
des Spiels und des Reizes des Vergnügens. Er ist die reinste
und vollkommenste Sittlichkeit und doch Gegenstand der Kunst.
Wenn er auch nur in seiner erhabenen Schönheit dargestellt
wird von Seiten der Kunst, so beruht diese nur auf seiner
reinsten Sittlichkeit, ohne welche er auch den eigenthümlichen
ästhetischen Eindruck nicht macht. Je sittlicher der Künstler
selbst ist, desto vollkommener wird auch sein Werk seyn.
Im Tragischen ist das Sittliche oder Gute vom Schönen
nicht zu trennen, denn hier wird und muß das menschliche
Leben in Beziehung zu einer moralischen Weltordnung aufgefaßt werden, nur wird nicht gefordert, daß
die Kunst, namentlich die Tragödie, das menschliche Leben
in dieser Beziehung würdige und bestimme, sondern nur, daß
sie uns eine lebhafte und bildliche Anschauung von demselben gebe.

Was ist nun das Tragische im Allgemeinen? Das Tragische im Allgemeinen ist der Mensch im Zustande des Leidens, insofern dieses Leiden eine Beziehung zur mora= lischen Weltordnung hat. Die Elemente des Tragischen sind also der Mensch, das Leiden und die moralische Weltord= nung. Wenn das Tragische eine Beziehung zur moralischen Weltordnung hat, so ist der freie Mensch der Mittelpunkt, um den sich das Tragische dreht. Menschen, die sich durch wirkliche Unsittlichkeit von der moralischen Weltordnung lossagen und dieser widerstreben, stehen außerhalb derselben und können nicht mehr Gegenstand tragischer Darstellung werden, so wenig als die Teufel. Wenn also das Leiden des Menschen eine tra= gische Bedeutung haben soll, so muß er noch innerhalb der moralischen Weltordnung stehen. Nicht jedes Leiden, das den sinnlich moralischen Menschen trifft, kann tragisch genannt wer= den, sondern nur solche, die als Wirkung der moralischen Weltordnung betrachtet werden können, und auch als solche ertragen werden. Die Leiden sind in Beziehung auf die mora= lische Weltordnung aber zweifach, entweder solche, welche den Menschen unverschuldet treffen, oder solche, welche sich der freie Mensch selbst zugezogen hat, durch solche Vergehungen, durch welche er die Ordnung dieser Welt verletzt, aber sich nicht außerhalb dieses Reiches gestellt hat. Die moralischen Leiden, wenn wir die tragischen wegen ihrer Beziehung so nennen wol= len, verhalten sich daher wie die körperlichen Leiden. Es treffen den Körper Leiden, weil er in Verbindung, in der Nähe und dem Umgang mit andern Körpern, in einer physischen Welt= ordnung lebt, und es treffen ihn solche, welche der Körper sich selbst durch Verletzung seines Organismus zugezogen hat, und welche alle dahin zielen, die gestörte Ordnung des körperlichen Organismus wieder herzustellen. Es ist aber nicht genug, daß der Mensch in moralische Leiden geräth, sondern er muß diese auch mit Bewußtseyn, Freiheit und Geistesstärke ertra= gen, nicht verzweiflungsvoll jammern, sondern sogar mit

Muth und Entschlossenheit untergehen, wenn der Untergang unvermeidlich ist.

Die Menschen sind sinnlich moralische Wesen, sie leben daher auf Erden ein physisches und moralisches Leben. Dieses doppelte Leben kann aber nur stattfinden, wenn es, wie es eine physische, so auch eine geistige oder moralische Weltordnung gibt. Die physische Weltordnung fällt uns mehr in die Augen, als die moralische; denn in der Natur bemerken wir leicht, wenn wir ihr Leben und Wirken beobachten, eine Harmonie, eine Einheit, Ordnung und Zweckmäßigkeit, die allen fremden Einwirkungen widerstrebt, ihre Verletzung rächt und stets das gestörte Gleichgewicht wieder herzustellen sucht. Die physische Weltordnung ist ein Widerschein der geistigen oder moralischen, die ebenfalls Einheit und Ordnung ist, jedes Feindselige von sich weiset, Eingriffe zurückdrängt und rächt und die gestörte Ordnung aus sich wieder herstellt und zu befestigen sucht. Sowie der Geist sich als eine Erscheinung erkennt und seinen Ursprung in dem höchsten Geiste suchen muß, so erkennt er auch die moralische Weltordnung als den Willen oder die Ordnung des höchsten Geistes. Von jeher hat man auch ein höheres Walten, Ordnen und Strafen über dem sittlichen Thun und Lassen des Menschen anerkannt oder dunkel gefühlt, wenn auch dieß höhere Walten nicht so klar und bestimmt als eine moralische Weltordnung, als die ewige Geisterordnung, aufgefaßt wurde.

Da nun die Auffassung einer moralischen Weltordnung von dem Selbst= und Gottesbewußtseyn abhängt, und die Bestimmung des Tragischen von dem Bewußtseyn und der Anerkennung eines moralischen Reiches bedingt wird; unterscheiden wir nothwendig nach der historischen Entwicklung des menschlichen Selbstbewußtseyns verschiedene Stufen des Tragischen. Die Ansicht des Tragischen wird von der Naturreligion, dem Polytheismus, dem Monotheismus des Heiden= und Judenthums und Christenthum modificirt.

Unter Naturreligion im engern Sinne verstehen wir denjenigen Grad der Geistesbildung, wo das Natur- und Gottesbewußtseyn in dem Selbstbewußtseyn des Geistes zusammenfallen und einander decken. In dem ersten Stadium des erwachenden Selbstbewußtseyns erfaßt sich der Geist noch nicht als rein geistiges Wesen, unterscheidet sich noch nicht streng von der Natur und kann sich noch nicht über sich und der Natur zu einem freien geistigen Wesen erheben. Er erkennt und fühlt sich noch in den nothwendigen Gang der Natur verflochten und kann sich ihrer nicht frei bemeistern; daher fühlt er sich von einer finstern und zauberhaft wirkenden Macht, die aus der Natur hervortritt, gefangen und beherrscht. Die absolute Gottheit ist allgewaltige Naturkraft und an die Stelle einer moralischen Weltordnung tritt die furchtbare Naturordnung, der sich der Mensch ohne Rücksicht auf Schuld oder Verdienst ergeben muß. Das Leiden, das den Menschen trifft und hinwegrafft, ist ohne Beziehung auf sittliche Güte oder Verschuldung; es ist die blinde nicht nach Absichten wirkende Naturkraft. Dieser gewaltigen und dunkeln Macht muß alle Größe unterliegen und den Tribut ihrer Endlichkeit bezahlen. Weil das Leiden auf dieser geistigen Bildungsstufe als nothwendige Wirkung der unendlichen Naturmacht erscheint, wird es auch mit dumpfem Schmerz, mit brutaler Gleichgültigkeit und Stumpfheit ertragen. Wir finden daher bei halbwilden Völkern bewunderungswürdige Beispiele von starrer und stumpfer Ertragung der heftigsten Leiden und des qualvollsten Todes. Das Tragische erscheint hier nur auf seiner untersten Stufe als unvermeidlicher Untergang alles Lebenden, Großen, Schönen, Reichen und Mächtigen 2c. Weil die Naturreligion als Grundlage des Polytheismus auch noch in diesem fortwuchert, finden wir da auch Etwas, was mit dieser Art des Tragischen Aehnlichkeit hat, die Nemesis der Griechen, nicht die, welche mit Zeus Eins ist, sondern die Tochter der alten Nacht. Auf der niedern Stufe des Polytheismus muß auch das Gefühl der Vergänglichkeit alles Großen und Schönen seinen Grund in dem Glauben an ein blindes, mit Nothwendigkeit herrschendes Schicksal oder Fatum gehabt haben; denn außer den Göttern, an die die intellectuelle und ethische Natur des Menschen vertheilt wurde, war Nichts da, das man als etwas Bestimmtes ansehen konnte, und über den Göttern als Einheit stand. Da man aber doch nach der nothwendigen Forderung der Vernunft auch die Götter in einer höhern Einheit sich vorstellen mußte, blieb nichts Anderes übrig, als eine einfache Nothwendigkeit anzunehmen, welche auch die Götter zur Einheit verbindet und von sich abhängig macht, und von der man keinen Grund, keinen Inhalt, keinen Begriff angeben konnte. Das Fatum war daher eine prädikatlose Nothwendigkeit, unter der die Götter und Menschen stehen, und der besonders die Menschen ihren Tribut bezahlen müssen.

Mit der weiteren Entwicklung des Bewußtseyns des Geistes erhielt auch der Polytheismus immer mehr eine ethische Bedeutsamkeit. Die Götter, die anfänglich, auf dem Uebergang der Naturreligion in den Polytheismus, nur personifizirte Naturkräfte waren, die Herrschaft der Natur unter sich theilten, wurden endlich auch sittliche Wesen von hoher Intelligenz und Macht. Erst nachdem sich der Geist als sittlich freies Wesen erkannt, sich der Natur entgegengesetzt und über sich mit Gerechtigkeit waltende Götter anerkannt hatte, waren die Elemente des Tragischen gegeben; daher finden wir erst auf der Stufe der griechischen Geistesbildung Tragödien. Der Grieche erkannte sich schon als ein freies oder moralisches Wesen, dessen Handeln nicht mehr gleichgültig ist, sondern eine Beziehung zu den gerechten Göttern hat; Leiden und Unglück sah er nicht mehr als reinen Zufall an, sondern bezog diese schon auf sein sittliches Thun und Lassen, und betrachtete es als Strafe der gerechten Götter. Das Tragische ist aber nur in dem Maße rein und vollkommen, als das Selbstbewußtseyn des Griechen von sich als freies sittliches Wesen und einer moralischen Weltordnung vollkommen war. Wenn auch der Grieche sich als

freies Wesen erkannte, so war dieses Selbstbewußtseyn doch nicht
tief und rein genug, um sich als Ebenbild eines höchsten Gottes
anzusehen; im Gegentheil wurden die Götter erhöhte Ebenbilder
des menschlichen Geistes. Die moralische Weltordnung wird
noch nicht als eine heilige Ordnung der Geister oder als der
heilige und unverletzbare Wille des absoluten Gottes aufgefaßt,
sondern vielmehr als eine strenge, über den Menschen waltende
Gerechtigkeit, welche die Götter handhaben und welche nur
große Verbrechen bestraft. Das tragische Leiden hat seinen
Grund in der Freiheit, im Innern des Menschen; es ist Strafe
für bewußte, imputable, sittliche Verletzungen, allein es ist bloß
Strafe, Verderben des sittlichen Subjects ohne Beziehung des
Leidens auf den sittlichen Zustand des Leidenden und die Hei=
ligkeit Gottes. Die harte, somit nicht heilige Gerechtigkeit
zeigt sich auch darin, daß sie nicht nur an dem die Gerechtigkeit
verletzenden Subject Rache nimmt, sondern auch die Nachkom=
men desselben noch mit Vergehen und neuen Strafen verfolgt.
Das Tragische auf dem Standpunkte des Polytheismus besteht
also in Ertragung von Leiden, die Folgen oder Strafen einer
freien Verletzung der Gerechtigkeit oder sittlichen Ordnung sind,
die aber nicht in dem wahren und richtigen Verhältniß der Schuld
zur Gerechtigkeit zum Bewußtseyn gekommen sind, sondern immer
noch in dem Mißverhältniß der Gerechtigkeit zur Schuld. Die
über dem sittlichen Thun der Menschen waltende Gerechtigkeit
wird als eine sehr strenge und unversöhnliche angesehen, so daß
sie um einer Frevelthat willen den Fluch über eine ganze Fa=
milie ausspricht, alle Glieder derselben zu Verbrechen verleitet,
um das ganze Haus zu verderben oder Rache an Kindern und
Kindskindern zu nehmen. Dieser Ansicht zu folgen ist das Lei=
den des tragischen Helden, weil er sich der Schuld nicht ganz
klar bewußt ist und über sich eine strenge Gerechtigkeit erkennt,
jammervoll, weil er von einem verstrickenden und verderbenden
Schicksal verfolgt wird. Man erinnere sich an den Oedipous
auf Kolonos von Sophokles.

Den Uebergang des Polytheismus zum heidnischen Mono=
theismus bildet der Dualismus, der auf dem Bewußtseyn
und Gefühl des noch unvereinbaren Gegensatzes von dem Ange=
nehmen und Unangenehmen, Guten und Bösen beruht. Dieser
Dualismus fordert nothwendig von der Vernunft die Erhebung
zur Einheit, welche er auch in dem platonischen Monotheismus
findet. Die Auflösung des Dualismus in den Monotheismus
kann aber nur vor sich gehen, wenn man einen höheren Ein=
heitspunkt für das Angenehme und Unangenehme, das Gute
und Böse gefunden hat. Plato fand dadurch die Erhebung des
Dualismus zum Monotheismus, daß er das menschliche Leben
von einem teleologischen Standpunkte aus betrachtete. Auf die=
sem Standpunkte erkannte er das Leiden, die Hemmung des
Lebens, wieder als eine Förderung und Steigerung desselben
oder als eine erhöhte Lebensthätigkeit. Das Leiden entsteht aus
dem Zusammenleben und Zusammenwirken der endlichen Dinge,
allein es erweckt das Selbstbewußtseyn und Selbstgefühl der
persönlichen Freiheit und Selbstständigkeit, in welchem sich jede
Persönlichkeit einer andern und den übrigen endlichen Dingen
entgegensetzt. Der sich als freie Persönlichkeit bewußte Mensch
kann sich aber nicht ohne einen bestimmten Zweck denken, der
die Aufgabe seines ganzen Lebens ist. Ein freies vernünftiges
Wesen kann sich aber nur einen sittlichen Zweck setzen, und alle
Leiden nicht als Hemmungen seines Lebens, sondern nur als
Veranlassungen zu bestimmten Thätigkeiten ansehen, die sich auf
die Realisirung des sittlichen Zweckes beziehen. Dadurch nun, daß
die Leiden nicht als Hemmungen des sittlichen Lebens, sondern
vielmehr als Mittel und Beförderung desselben, als die reale
Verwirklichung des sittlichen Zweckes betrachtet werden, erhebt
sich der Dualismus zum Monotheismus, und man erkennt nicht
mehr zwei einander entgegengesetzte oberste Prinzipien, sondern
Ein höchstes Wesen, das nicht nur die oberste Ursache alles
Seyns, sondern auch ein intelligentes, sich selbst bewußtes und
nach sittlichen Zwecken wirkendes Wesen ist. Die oberste

Welturfache ist daher selbst das höchste sittliche Wesen, das den Gegensatz in eine höhere Einheit auflöst; oder dieses Wesen ist Urheber einer sittlichen Weltordnung. Mit der Anerkennung Gottes als eines nach sittlichen Zwecken handelnden Wesens ist auch das Daseyn einer sittlichen Weltordnung gegeben. Plato erkannte auch auf seinem teleologischen Standpunkte Gott als Urheber einer moralischen Weltordnung und als Richter und Vollstrecker des Sittengesetzes. Das Thun und Lassen des Menschen als sittlichen Wesens hat eine Beziehung zu dieser erhabenen Weltordnung, welche Gott so eingerichtet hat, daß die Tugend siegt und das Laster besiegt wird. S. De leg. X. Das sittliche Handeln des Menschen hat aber nicht für das Subject und die Zeit bestimmte Folgen, sondern auch für die Ewigkeit, weil der Geist unsterblich ist und das sittliche Handeln demselben ganz eigen angehört. Nach Verdienst oder Schuld belohnt oder bestraft Gott die Menschen, und dieß ist das Gericht, welches Gott in diesem wie in jenem Leben ausübt, und welchem kein Sterblicher entgehen kann. Die Strafen Gottes sind nicht bloß gerecht, sondern auch weise, weil sie immer einen moralischen Zweck haben. Die Strafe ist nicht nur Vergeltung in dem moralischen Reiche, sondern hat den Zweck der Besserung; ist aber ein Mensch unverbesserlich, so dient sie als abschreckendes Beispiel für Andere. Auf diesem Standpunkte werden nun die Elemente des Tragischen anders gemischt, als auf dem des Polytheismus. Der Mensch erkennt sich hier als freies sittliches Wesen, das nicht von außen, oben oder unten gezwungen werden kann, sondern das sich für jede Handlung selbst entscheidet. Auf seinem sittlichen Handeln beruht aber sein Verhältniß zu der moralischen Weltordnung, und davon ist sein Glück und sein Unglück und Leiden abhängig. Das Leiden ist Strafe für sittliche Verletzung in dem Maße, als die Handlung störend und hemmend in die moralische Weltordnung einwirkte, und es ist in diesem Bewußtseyn als Mittel zur Besserung, zur Erreichung sittlicher Zwecke zu benutzen. An die Stelle der strengen

Gerechtigkeit tritt hier das Reich moralischer Zwecke, in dem nicht nur Gerechtigkeit, sondern auch Weisheit herrscht. Leiden und Verderben des menschlichen Daseyns sind daher nicht mehr als Folgen oder Verhängnisse einer strengen, unbestimmten Gerechtigkeit anzusehen, sondern als Einwirkungen eines höchsten Wesens, das stets die Ordnung sittlicher Zwecke aufrecht erhält, Eingriffe und Störungen zurückweiset, und zur Erhaltung des Ganzen das Einzelne fallen oder untergehen läßt.

Das Tragische bekommt durch die göttliche Offenbarung im Judenthum noch eine bestimmtere oder konkretere Fassung; allein es hat eine besondere Modifikation. Der Mensch ist Ebenbild Gottes, und daher dazu berufen, wie Gott das höchste, vollkommenste Wesen ist, nach sittlicher Vollkommenheit zu streben. Diese Vollkommenheit erreicht er immer mehr, je genauer und treuer er die Gebote Gottes beobachtet. Dem sittlichen Leben ist hier eine bestimmte Norm vorgeschrieben — das Gesetz, das das ganze Leben des Israeliten umfaßt. Das Leiden hat eine enge und ernste Beziehung auf die Uebertretung des Gesetzes, es ist Fluch des heiligen Gottes, unmittelbare Folge und Strafe des Ungehorsams gegen Gott. Das Leiden ist die sich sichtbarlich und körperlich rächende sittliche Ordnung. Die Leiden können abgewendet werden durch Buße, Opfer und Umkehren zu Gott. Die moralische Weltordnung erscheint zunächst als der heilige Wille Gottes, so wie er in dem Gesetze geoffenbart ist. Durch das Gesetz soll die höhere sittliche Weltordnung unter ein Volk verpflanzt werden, und damit diese fest unter demselben gegründet und erhalten werde, ist Jehova nicht nur Gott, sondern auch König des Volkes. In der Idee Jehova's konzentrirt sich die sittliche Weltordnung; denn Gottes Gerechtigkeit, Weisheit und Heiligkeit sind die Elemente der Idee von dem sittlichen Reiche unter dem jüdischen Volke. Jedoch ist zu bemerken, daß die Idee der Gerechtigkeit und Weisheit vorherrscht und die der Heiligkeit etwas zurücksteht, aber dennoch aus dem Hintergrunde hervorleuchtet. Es kommt hier das neue

Moment zu der Betrachtung des Tragischen hinzu, was bisher noch nicht in Betracht kam, daß Gott höhere, dem Menschen unerforschliche Plane ausführt, die zum Heile der Menschheit gereichen, ohne daß der Mensch das Zweckmäßige seines Wirkens erkennt. Damit ein sittliches Reich thatsächlich und wirklich in die Menschheit eingeführt, erweitert und festgehalten werde, räumt Gottes Weisheit Alles weg, was diesen erhabenen und heiligen Rathschlägen entgegen steht; das Endliche muß oft ohne Bewußtseyn seiner Schuld zu Grunde gehen und sein Daseyn höhern Zwecken aufopfern. Pharao mußte um höherer Zwecke willen im rothen Meere zu Grunde gehen, die Israeliten vierzig Jahre in der Wüste umherirren, die Canaaniten ausgerottet werden ic. Obgleich dieß Alles um höherer Plane willen geschehen mußte, so ist doch nicht zu vergessen, daß auf Seiten des untergehenden Subjects auch Schuld war; denn wo keine Schuld, da ist auch kein Widerstand gegen die moralische Weltordnung — gegen die Ausführung höherer Plane. Das Leiden findet daher mit oder ohne Bewußtseyn der Schuld statt. Im erstern Falle ist eine Person tragisch, wenn sie das Leiden in dem Bewußtseyn von Schuld erträgt, darin eine Strafe für die Verletzung der sittlichen Weltordnung erkennt und alle Kraft anstrengt, sich mit dem gekränkten Sittengesetz wieder auszugleichen. Tobias erkennt sein Unglück als die Schuld seines Volkes, erträgt es mit Ergebung in den Willen Gottes, und ermüdet nicht, Gutes zu thun. Ein Beispiel des zweiten Falles ist Hiob, der ohne Bewußtseyn von Schuld leidet. Das Tragische an Hiob ist im Sinn des A. Test., daß er das Bewußtseyn seiner Unschuld immer lebhaft erhält, von dem Leiden zwar tief gebeugt und erschüttert ist, aber keinen Augenblick den Gedanken aufgibt, Gott werde den Schuldlosen nicht für immer leiden lassen. Dem Leiden, dieser äußern Nothwendigkeit, setzte er seinen in Gott starken Geist oder Willen entgegen.

Was ist nun das Tragische auf dem christlichen Standpunkte? Durch das christliche Licht hat das menschliche Selbstbewußtseyn

den höchsten Grad von Tiefe und Vollkommenheit erreicht für
dieses Erdenleben, und mit dem erhöhten Selbstbewußtseyn hat
man auch eine reinere und bestimmtere Ansicht von dem Tragischen erhalten. Die Faktoren des Tragischen, der Mensch,
das Leiden und die moralische Weltordnung wurden in ein hel-
leres Licht gestellt und bestimmter in gegenseitiger Beziehung
aufgefaßt. Wir wollen nun hier die Elemente des Tragischen
in umgekehrter Ordnung betrachten, und mit der christlichen
Ansicht von der moralischen Weltordnung beginnen. Diese
Weltordnung ist Gottes heiliger Wille und dieser ist das
alleinige Gesetz des höhern Geisterreiches. Das Himmelreich,
das Christus auf Erden gestiftet hat, ist die Einführung eines
höhern sittlichen Reiches unter den Menschen. Der heilige Wille
Gottes soll nun aller Menschengeister Wille und einziges Gesetz
seyn. Die Liebe ist die Seele dieses sittlichen Reiches auf Erden.
In Glaube und Liebe lebt der Christ dieses Reich. Die Zwecke
dieses Reiches sind Heiligkeit und Seligkeit, und Gott, der heiligste Vater, will, daß alle Menschenkinder diese hohen und erhabenen Zwecke erreichen; daher läßt er es aus Liebe nie an Mit-
teln und Gelegenheit fehlen, damit diese Zwecke erreicht werden,
oder daß der Mensch heilig und selig werde. So verschieden
auch die Einwirkungen Gottes auf die Erreichung gedachter
Zwecke sind, so gehen doch alle aus Gottes Liebe und Heiligkeit
hervor. An der Spitze der moralischen Weltordnung steht der
allmächtige, allwissende, heilige Gott, und wacht wie der weiseste
und beste Hausvater über die Ordnung seines Hauswesens.
Und wie der gute Hausvater Alles thut, damit die sittliche
Ordnung in seinem Hause erhalten, erhöhet und befördert
werde, wie er mahnt, zurechtweiset, straft und der Unord-
nung vorbeugt, so vielfach müssen wir uns nach der christlichen Lehre Gott auf die sittliche Weltordnung einwirkend
denken. Der Hauptunterschied zwischen der antiken und modernen Ansicht von dem Schicksal ist daher dieser, daß nach der
Ansicht der Alten eine strenge Gerechtigkeit über dem sittlichen

Handeln der Menschen walte, nach dem Glauben der Chri=
sten dagegen ein unendlich heiliger und liebevoller Va=
tergeist.

Die Leiden, die den Christen treffen, werden nun ganz
anders aufgefaßt, als im Alterthum. Die Leiden sind für den
vernünftig sinnlichen Menschen ein sehr kräftiges Mittel, die
Gott gebraucht, um rein geistige Zwecke zu erreichen; sie sind
der allgemeine Hebel der sittlichen Weltordnung für dieses Leben.
Ihr eigentlicher und allgemeiner Zweck ist die Beförderung gei=
stiger Reinheit und Vollkommenheit; und als solche entweder
Zulassung oder Schickung des weisesten und heiligsten Gottes,
beiderlei aber so gewendet in dem sittlichen Reiche, daß sie nur
der Förderung sittlicher Zwecke dienen. Die Leiden erinnern den
Christen, daß er dieselbe eben sowohl verdient habe, als sie seine
Thätigkeit bestimmen, sein Ziel zu erreichen; daß dieses Leben
die Zeit der Prüfung und Läuterung ist, und daß er, wenn er
sein Kreuz auf sich nimmt und Christus nachfolgt, auch zur
ewigen Herrlichkeit gelangen werde; daß er von Gott geliebt
wird, wenn er ihn mit Leiden heimsucht, und daß ihn Gott
nicht über seine Kräfte versucht. Die Leiden sind besonders
geeignet, den Glaube und die Liebe zu Gott zu stärken, höhere
Geistesgüter zu suchen und die irdischen nach ihrem Werth zu
schätzen, viele herrliche Tugenden zu wecken und zu pflegen, wie
Demuth, Ergebung in den Willen Gottes, Mitleiden, Barm=
herzigkeit. Die Leiden erwecken das Bewußtseyn und Gefühl
der Geisteskraft über dieselben sich zu erheben. Der Christ rühmt
sich mit dem Apostel der Leiden, weil er an sich selbst merkt,
daß diese Geduld, Bewährung, Hoffnung und Liebe bewirken
oder des Geistes wahres Leben befördern und erhöhen. Röm.
5, 3 — 5. Und sollte auch der äußere Mensch von den Leiden
überwältigt und zu Grunde gerichtet werden, sollte er in Leiden
untergehen, so geht er siegreich unter, denn der innere Mensch
erneuert sich von Tag zu Tag, gewinnt an Tüchtigkeit für die
ewige Herrlichkeit. 2 Kor. 4, 16 — 18.

Der Geist erkennt sich in dem von dem Christenthum geweck=
ten und erleuchteten Selbstbewußtseyn als einen erkennenden,
sich selbst bestimmenden und für sich selbst lebenden Geist oder
als eine Persönlichkeit, und in seiner Erscheinung als ein Glied
des unendlichen Geisterreiches, in welches Gott den unendlichen
Reichthum seines Lebens und seiner Seligkeit aus einander und
niedergelegt hat, als Ebenbild Gottes. Erkennt sich der
Geist als Ebenbild Gottes, so ist ihm auch das letzte und höchste
Ziel seines Lebens, die Aufgabe seiner gesammten Lebensthätig=
keit klar geworden; er weiß, daß er als Ebenbild Gottes Gott
selbst zum Ziele seines Strebens hat, daß er nämlich Gott an
Wahrhaftigkeit, Liebe, Heiligkeit und Seligkeit immer ähnlicher
werden soll. Mit der Erkenntniß seiner Aufgabe fühlt er auch
die Kraft in sich, diese Aufgabe immer mehr zu lösen. Er
erkennt und fühlt sich als eine sittliche Kraft, die sich allein selbst
bestimmt für oder wider Gott, und die Nichts im Himmel und
auf Erden zu zwingen vermag. Weil Gott den Menschengeist
niemals vernichten mag, bleibt ihm ewig die Kraft, sich auch
gegen Gottes heilige Ordnung ewig zu empören. Der Geist
weiß sich, obgleich von Gott abhängig, doch als ein solch freies,
aus sich und für sich wirkendes Wesen, daß wir dieses Selbst=
bewußtseyn von Freiheit außerhalb des Christenthumes nirgends
finden. Mit solcher tief bewußten Freiheit ist er auch befähigt,
ein Glied des freiesten Geisterreiches oder einer höhern sittlichen
Weltordnung zu seyn. Das, was also der Mensch will und
thut, ist sein eigenes Werk, es ist entweder sein eigenes Ver=
dienst oder seine eigene Schuld, und sein sittliches Handeln
bezieht sich, weil es eine absolute Bedeutung hat, nicht bloß auf
die gegenwärtige moralische Weltordnung, sondern auch auf die
Ewigkeit in den ewig unvereinbaren Richtungen auf das Gute
oder Böse.

So verhalten sich nun die Faktoren des Tragischen auf dem
christlichen Standpunkte; es fragt sich daher nur noch, wie sich
diese Elemente im christlich Tragischen mischen. Der Mittelpunkt

des Tragischen ist das Subject, d. h. die Auffassung und Ertragung der Leiden, welche als Verhängnisse oder Retorsionen der moralischen Weltordnungen zu betrachten sind. Weil das christliche Subject, das sich im strengsten Sinne als freies sittliches Wesen erkennt, die Leiden als Fügungen oder Strafen derjenigen moralischen Ordnung erkennt, an deren Spitze der weiseste, gütigste und heiligste Vatergeist steht, so faßt es die Leiden ganz anders auf und erträgt sie anders als in der alten Welt. Da man gewöhnlich nur diejenigen Leiden tragisch nennt, welche groß sind, dem menschlichen Daseyn den Untergang drohen, und unter welchen der Menschengeist eine ungewöhnliche Kraft der Vernunft und des Willens und eine größere Thätigkeit als die gewöhnliche entwickelt, so wollen wir auch nur diese im christlichen Sinne zu den tragischen rechnen. Wie der Christ die Leiden auffaßt und erträgt, sehen wir am deutlichsten an dem Beispiel Christi, der, weil er in Allem den Menschen gleich wurde, der erste und wahrste Christ ist. Christus sah sein Leiden und seinen Tod als den heiligen Willen Gottes und als Theil seiner Bestimmung auf Erden an. In dem Bewußtseyn seiner Unschuld und des heiligen Willens seines Vaters ging er ruhig und gelassen, mit Ergebung in den Willen Gottes und mit Demuth, mit Muth und Zuversicht, ohne einen Laut bitterer Klage, ohne Zagen und Entsetzen den qualvollsten Leiden und dem schmählichsten Tode entgegen, und sprach allein die Worte, welche der Kern des christlichen Tragischen oder der Erduldung der bittersten Leiden und den qualvollsten Tod bezeichnen: „Mein Vater! wenn es möglich ist, so gehe dieser Kelch mir vorüber; doch nicht, wie ich will, sondern wie du." So ertrugen die ersten Christen oder die Märtyrer Leiden und Tod. Alle erkannten in dem Leiden den heiligsten Willen Gottes und ergaben sich mit Demuth und Freudigkeit. Der lebendige Glaube und die reinste Liebe zu Gott und Christus gaben ihnen Muth und Kraft, ja die Freude, für Christus und seine Sache zu leiden und zu sterben. Da die Aesthetiker gewöhnlich von dem tragischen Helden eine besondere Kraftentwickelung gegen das Leiden, so zu sagen eine Empörung, einen Ungestüm, ein Toben und Rasen fordern, können sie freilich, abgesehen von dem religiösen Momente, nichts Tragisches an Christus und seinen Heiligen finden; denn sie scheinen nicht begreifen zu wollen, daß die ruhige Fassung des Geistes, die gläubige Erge= bung in den Willen Gottes, und die demüthige und geduldige Ertragung der bittersten Leiden eine größere Geisteskraft erfor= dert, als das Poltern, Stürmen und Wüthen ihrer tragischen Helden. Es ist auch gut, daß die Dramatiker z. B. auf das tragische Leiden des ersten Blutzeugen Christi, des Stephanus, nicht ihre Aufmerksamkeit richten, weil sie es bei ihren herr= schenden Ansichten nur profaniren würden, wenn man auch ihnen zugeben könnte, daß sie dasselbe nicht religiös, sondern rein menschlich behandeln sollten. Demuth und Geduld, die sich auf den Glauben und die Liebe gründen, sind nach dem Gesag= ten die Geistesstärke des Christen bei unverschuldeten Leiden, die er als weise Zulassungen und Fügungen Gottes erkennt. Weil der Christ auch bei geringern Leiden dieselbe Geistesstärke beweiset, oder weil er nicht großer Leiden und Gefahren bedarf, um hohe Geisteskraft zu entwickeln und gar nie gegen dieselben tobt und poltert, so gibt es mehrere Momente des Tragischen auf dem christlichen Standpunkte, als in der Ansicht der alten Welt und der Aesthetiker. Läßt sich nun die Definition von dem Tragischen, wie sie gewöhnlich gegeben wird, auch auf das Tragische im christlichen Sinne anwenden? Man setzt gewöhn= lich das Tragische in den Kampf zwischen Freiheit und Noth= wendigkeit; wenn man daher die Nothwendigkeit in einem höhern und edleren Sinne nimmt, und darunter die von dem Men= schen unabwendbaren Fügungen und Schickungen Gottes, und unter Freiheit die freie bereitwillige Ergebung in den Willen Gottes versteht; so hat man einerseits zwar eine Nothwendig= keit, aber keinen Kampf gegen dieselbe. Es findet allerdings hier auch ein Kampf statt, allein dieser ist ein ganz anderer,

als die Aesthetiker meinen, er ist der Kampf gegen die Sinn=
lichkeit, um diese mit dem Willen den Fügungen Gottes zu unter=
werfen. Diesen Kampf gegen die Sinnlichkeit hat auch Christus,
der den Menschen auch hierin gleich wurde; gekämpft, denn er
fing an traurig und ängstlich zu werden, und sprach zu seinen
Jüngern am Oelberge: Bange bis zur Todesangst ist es mei=
ner Seele, und zu Gott: Mein Vater! ist es nicht möglich,
daß dieser Kelch mir vorübergehe, ohne daß ich ihn trinke?
Doch er unterwirft auch seinen sinnlichen Leib Gottes Willen,
indem er spricht: So geschehe dein Wille! Dieser edelste Kampf
hat aber nichts Schönes in den Augen der Dramatiker. Am
nächsten steht der christlichen Auffassung des Tragischen die
Zweckbestimmung desselben von W. Schlegel: „Nur im Kampfe
bewährt sich das Sittliche, und wenn der tragische Zweck einmal
als eine Lehre vorgestellt werden soll, so sey es diese: daß, um
die Ansprüche des Gemüthes auf innere Göttlichkeit zu behaup=
ten, das irdische Daseyn für nichts zu achten sey, daß alle Lei=
den dafür erduldet, alle Schwierigkeiten überwunden werden
müssen." In der Behauptung der sittlichen Freiheit oder in
der Bewahrung des von göttlicher Liebe erfüllten Gemüthes
gingen die Märtyrer siegreich unter.

Während das tragische Leiden im griechischen Alterthum
immer auf einer, wenn auch nicht klar bewußten Schuld beruhte,
traten nach dem christlichen Glauben Leiden ein, die der Mensch
nicht durch Schuld herbeigerufen hat, wie wir dieses bei den
Leiden der Märtyrer sehen, aber zur Verwirklichung höherer
Plane Gottes dienen, wie dieses bei den Märtyrern wieder der
Fall war. Das Endliche muß untergehen, wenn der Untergang
desselben höheren Zwecken dient. Das Tragische erscheint um
so reiner, je weniger der Leidende selbst Schuld an dem Un=
glücke und Untergang ist; denn desto reiner und inniger ist auch
das Mitleiden. Das Tragische zeigt sich aber nicht bloß nach
christlicher Ansicht in der muthvollen, demüthigen und gotterge=
benen Ertragung der unverschuldeten Leiden, sondern auch unter

Bedingungen bei denjenigen, die der Mensch sich selbst in der moralischen Weltordnung bereitet hat. Im Glauben und der Liebe steht der Christ auf dem Boden einer höhern Weltordnung — innerhalb des moralischen Reiches; verletzt aber Einer diese Weltordnung durch Vergehungen aus Thorheit, Verblendung, Uebereilung, Verführung 2c., so daß er sich nicht innerlich ganz lossagt von dieser Geisterordnung, so ist er ein krankes Glied eines ewig belebten und kräftigen Organismus, das dieser aus sich selbst wieder zu heilen und brauchbar zu machen sucht. Die Leiden, welche unmittelbare physische Folgen des moralischen Krankseyns oder Zurechtweisungen und Strafen Gottes sind, dessen heiliger Wille das Gesetz der sittlichen Weltordnung ist, können als die Heilungsversuche dieses geistigen Organismus betrachtet werden. Es kommt hier nun darauf an, wenn die leidende Person tragisch genannt werden soll, daß sie die Leiden als solche erkennt, sie mit Demuth und Geduld erträgt und sie freudig benützt, um die geistige Freiheit wieder zu erlangen und ein brauchbares Glied in der Geisterordnung zu seyn. Hier ist auch kein Kampf gegen die Leiden zu finden, sondern nur wieder einer gegen die Sinnlichkeit. Wenn aber ein Hauptmerkmal des Tragischen in der ungewöhnlichen Geisteskraft bei den Leiden erkannt wird, so findet diese auch hier in der Ertragung und Benützung der verschuldeten Leiden statt. Unterliegt das leidende Subject der Größe der Leiden, so bewährt es ungemeine Geisteskraft, wenn es sich willig in den Tod schickt und diesen als das Sühnopfer für die gekränkte moralische Weltordnung betrachtet. Die Dramatiker, die ästhetische Anschauungen geben wollen, haben auch das christlich Tragische nicht als solches darzustellen, d. h. es ist nicht ihre Aufgabe, die Ertragung der Leiden auf den religiösen Glauben und die göttliche Liebe zu beziehen und in diesen zu begründen, sondern das Tragische nur zu behandeln, wie es auf dieser Stufe des Bewußtseyns aufgefaßt und ertragen wird, wie es somit in der neuen Zeit als rein oder edleres Menschliches erscheint. Das, was Solger von dem Tragischen sagt, läßt sich auf das anwenden, wie es dem christlichen Bewußtseyn erscheint: „Im Tragischen wird durch die Vernichtung die Idee als existirend offenbart; denn in dem sie sich als Existenz aufhebt, ist sie da als Idee, und beides ist eins und dasselbe. Der Untergang der Idee als Existenz ist ihre Offenbarung als Idee." Betrachten wir den Menschen als Erscheinung einer Idee, so offenbart sich die Idee, die freie Geistigkeit des Menschen, am einleuchtendsten, wenn er, um seine sittliche Freiheit zu behaupten, seine zeitliche Existenz hinopfert. In diesem Falle zeigt er am deutlichsten, daß sein besserer Theil ein freier Geist ist, der von keiner Erdengewalt bezwungen werden kann.

Die Ertragung der Leiden und die Geistesfassung im Untergange ist daher nach dem Selbstbewußtseyn der eigenen Persönlichkeit, der Ansicht der Leiden und dem Bewußtseyn einer moralischen Weltordnung verschieden. Auf der Stufe der eigentlichen Naturreligion finden wir ein stumpfsinniges und geistigdumpfes Dulden und Untergehen, auf der des Polytheismus ein heldenmäßiges Kämpfen gegen Leiden und Verderben, aber auch, weil eine kalte und strenggerechte Hand den Menschen niederbeugt, am Ende ein jammervolles und trostloses Verzagen, auf dem Standpunkte des christlichen Bewußtseyns eine klare und ruhige Geistesfassung, ein Kampf des Geistes mit der Sinnlichkeit und eine demüthige und geduldige Ergebung in Leiden und Tod in dem zuversichtlichen Bewußtseyn, daß der Geist Trümmer und Leichen überlebt und aus diesem Leben, wie aus einem Gefängniß, befreiet wird.

§. 32.

Glaube und Liebe im Einfluß auf das subjectiv Schöne.

Wie der Glaube und die Liebe den Geist des Menschen zu Gott erheben und ihn für das Göttliche begeistern, so richten dieselben den Geist auf sich selbst und die Mitgeister, und bestimmen die Gesinnungen, Gefühle und Bestrebungen des Geistes in der Beziehung auf sich selbst und die andern Geister. Der von Glaube und Liebe beseelte Menschengeist entwickelt in sich ein mannigfaltiges, herrliches Leben.

Der Christ erkennt sich im Glauben als Ebenbild Gottes, ausgerüstet mit der Kraft, Gott zu erkennen, ihn zu lieben und als Erlöster durch Christus die erhabene Zwecke Gottes an sich auszuführen und als Stellvertreter Gottes die Erde zu besitzen und zu beherrschen. Er erkennt sich im Glauben mit Gott verbunden, von ihm geliebt und mit besonderen Gaben beschenkt als Erben Gottes. Eine erhabene Seele ist die, welche ihre wahre Würde fühlt, sich als Tempel des heiligen Geistes betrachtet und ihre hohe Würde stets behauptet. Welches selige Gefühl, durch Gott so sehr erhöhet zu seyn!

Wie jeder Geist seine von Gott ihm verliehene Würde achtet, so achtet er auch jede andere Menschenwürde und will von jeder andern geachtet seyn. Welch seliges Verhältniß entsteht durch die gegenseitige Achtung der Geister! Welche Vorsicht, Schonung, Milde herrscht unter diesen! Der Niedere und Arme ist durch die Anerkennung der Menschenwürde dem Hohen und Reichen gleich geworden!

Wie sehr sich der Christ auch selbst achtet, so erkennt er doch, daß er Alles, was er ist und hat, nur durch die Gnade Gottes geworden ist, und daß er noch weit hinter dem Ideal der sittlichen Vollkommenheit zurückstehe; er bekennt sich daher als einen mangelhaften, unlautern und unnützen Knecht. Das Gefühl der Erhöhung durch Gott schlägt daher nothwendig um in das Gefühl der Demuth. Welch liebenswürdige Seele, in welcher wahre Demuth wohnt! Der Demüthige ist frei von aller Selbstsucht und vom Hochmuth, denn er bezieht Alles, was er ist und genießt, auf die freie Gnade Gottes. Demuth ist die lebendigste und reinste Liebe, und daher Grundlage aller christlichen Tugenden. Der Grundcharakter Maria's ist Demuth, denn sie sprach: Ich bin des Herrn Magd, mir geschehe, wie du gesagt hast. In Maria erscheint uns daher die

liebenswürdigste Reinheit und Unschuld, die unbedingteste Erge=
bung in den Willen Gottes, die standhafteste Geduld, die reinste
Liebe und ein ewiger Friede Gottes individualisirt durch die
lieblichste Jungfräulichkeit. Die Demuth ist auch der Grundzug
ihres sittlichen Charakters. Das Ideal, das wir von Maria
machen, bleibt für die Kunst besonders unerreichbar; daher
finden wir manches sonst gute Bild Maria's unbefriedigend.
Der Grund hievon liegt einerseits in dem hohen Ideal von
Maria, andererseits in den Künstlern selbst. Nur Aehnliches
kann von dem Aehnlichen erfaßt und geschauet werden.

Wer sich in Demuth selbst achtet, achtet auch an den Mit=
menschen das, was sie durch die Gnade Gottes geworden sind,
haben und genießen. Die Achtung erstreckt sich auf die höhern
Geister, die Engel und die von diesem Leben geschiedenen Gei=
ster. An den höhern Geistern achten wir die hohe Intelligenz,
die reinere Liebe und Unschuld, und den höhern Grad der Se=
ligkeit — achten ihre Bevorzugung als eine freie Gabe Gottes.
Die Entschlafenen achten wir in dem Geiste, in welchem sie
auf Erden lebten, wirkten und duldeten, und beziehen unsere
Verehrung derselben auf Gott, durch dessen Gnade sie geheiligt
wurden. Die Seele, welche die höhern Geister und die im
Herrn Entschlafenen achtet, erhebt sich über die Erde und ver=
bindet sich mit einer unendlichen Geisterwelt. Welcher Schwung=
haftigkeit über das Gewöhnliche und Alltägliche ist die Seele in
der Achtung fähig!

Wenn der Christ sich selbst und Andere der hohen Würde
wegen achtet, so muß er in gerechtem und heiligem Unwillen
diejenigen verachten, welche die hohe Bevorzugung Gottes
mißbrauchen. Ist die Verachtung der Unwürdigen nicht ein Be=
weis von ernstem Eifer und warmer Begeisterung für Wahr=
heit und Tugend und für die Ehre Gottes?

Der Glaube schließt nothwendig die Liebe in sich. Der
Christ, der sich im Glauben als Ebenbild Gottes erkennt und
sich selbst achtet, liebt sich auch selbst, d. h. er sucht sich in

Beſitz aller der höhern Güter zu ſetzen, die ihm Gott verleihet, um ſein wahres Weſen und Leben zu fördern, und als ein durch Gottes Gnade erhöhtes und geläutertes Weſen der ewigen und ſeligen Gemeinſchaft mit Gott würdig zu werden. Der tiefſte Grund der Selbſtliebe iſt die Liebe Gottes und Chriſti, denn ſie will ihr eigenes Weſen zu dem entfalten, was er durch Gottes Gnade werden kann und ſoll, und ſich in dieſer ſtufen- weiſen Entwicklung immer mehr und reiner ſelbſt angehören, ſich ſelbſt beſitzen und genießen. Durch die edle Selbſtliebe wird die Selbſtſucht oder der Egoismus — die alte und ſündhafte Natur des Menſchen verklärt. Der Chriſt liebt ſich ſelbſt, aber nur in dem, was er durch die Liebe Gottes iſt und werden ſoll. Wer ſich aufrichtig und redlich ſelbſt liebt, ſucht ſein rein menſch- liſches Weſen durch die von oben dargebotenen Mittel zu ent- falten und zu veredeln und ſich ſelbſt glücklich und glückſelig zu machen. In dem reinen Selbſtgenuß erfährt der Chriſt, wie freundlich der Herr iſt, und liebt ihn und den Nächſten. Erha- ben ſchön iſt die Seele, die ſich durch die Gnade Gottes zum ſeligſten Selbſtgenuſſe zu erheben ſtrebt; ſie erſchließt ihr ganzes Weſen der göttlichen Seligkeit. Ohne Selbſtliebe iſt der Menſch weder des Großen noch des Edeln fähig.

Wie die Selbſtachtung die Achtung der Mitgeiſter in ſich ſchließt, eben ſo iſt auch nothwendig die Selbſtliebe die Liebe der Brüder. So ſehr die Selbſtliebe ſich durch die Erreichung der menſchlichen Beſtimmung den wahren Selbſtgenuß zu ver- ſchaffen ſucht, eben ſo ſehr wünſcht und will ſie, daß alle Ande- ren, welche dieſelbe Beſtimmung haben, ihr eigentliches Weſen der von Gott in ſie gelegten Beſtimmung erſchließen, ſich in dieſer ſelbſt recht eigen anzugehören, zu beſitzen und zu genießen ſuchen mögen. Die wahre Nächſtenliebe will, daß Gott durch alle Menſchen verherrlicht werde, und daß alle glücklich, gut und ewig ſelig werden. Durch die chriſtliche Nächſtenliebe wird die Selbſtſucht zur allgemeinſten und edelſten Liebe verklärt. Welche edle Seele, die aller Selbſtſucht ſich ſo ſehr entſchlagen hat, daß sie alle Mitgeschöpfe mit heiliger Liebe umfaßt, Allen Alles gönnt, wünscht und will, was ihre leiblichen und geistigen Bedürfnisse erfordern; daß alle ein freudiges und seliges Daseyn entwickeln, sich selbst selig fühlen und Gott preisen! Welche erhabene Schönheit gegen die Seele, welche von Kälte, Härte, Neid, Haß, Selbstsucht und Eigennuß eingeschrumpft ist! Nächstenliebe ist das Leben und Wirken der Gottesliebe. In der Nächstenliebe zeigt und entfaltet sich das Ebenbild Gottes im Menschen, und die Erlösung durch Christus oder die Wiedergeburt des Geistes, denn die Liebe ist das wahre Leben des Geistes. Aus der Liebe, dem göttlichen Lebenskern, entwickeln sich auch herrliche Tugenden, weil diese in jener schon eingeschlossen sind. „Die Liebe ist langmüthig, ist milde; die Liebe beneidet nicht; sie ist nicht unbescheiden; sie blähet nicht; sie verletzt den Wohlanstand nicht; sie ist nicht eigensüchtig; sie denkt nichts Arges; sie hat nicht Freude an dem Unrecht, aber Freude an der Wahrheit; sie trägt Alles, sie glaubt Alles, sie hofft Alles, sie duldet Alles." 1 Kor. 13, 4—7.

Die wahre Nächstenliebe schließt auch die Feindesliebe nicht aus; denn sie wünscht und will, daß der Feind sich bekehre, zur Erkenntniß seines Irrthums und Unrechts komme und durch Verfolgung seiner Bestimmung ein edles und würdiges Leben entfalte und ewig selig lebe. Die Nächstenliebe segnet die, welche ihr fluchen, betet für die, welche sie lästern. Welch erhabene Seelengröße zeigt der Christ in der Feindesliebe! Er erhebt sich zu der reinsten Liebe seines Herrn, der am Kreuze für seine Feinde betete. Wenn andere Liebe immer noch von einigen Rücksichten auf Verwandtschaft, Wohlthaten, Aussicht auf Hilfe, Sympathie ꝛc. bestimmt seyn kann, so erhebt sich die Feindesliebe über alle und jede Rücksicht und offenbart die reinste Liebe Gottes. Darum sagt Christus: Denn wenn ihr nur die liebet, die euch lieben, welchen Lohn werdet ihr haben? Thun dies nicht auch die Zöllner? Die Seele zeigt sich in ihrer erhabensten Schönheit und Liebenswürdigkeit, wenn sie die Feinde liebt,

denn sie ist in der That eine wahrhaft erlöste oder wiederge=
borene, ist frei von aller Selbstsucht und allem Eigennutz, und
hat sich zu einem wahren geistig=universellen Leben entfaltet.
Wie bewunderungs= und ehrwürdig erscheinen uns die christlichen
Märtyrer, die ihren Peinigern nach dem Beispiele Christi von
Herzen verziehen haben.

Die wahre Liebe schließt auch den Lasterhaften und
Irrgläubigen nicht aus. In dieser Beziehung haben wir
wieder erhabene Beispiele an Christus, den Aposteln und den
ersten Christen. Wie liebenswürdig und wahrhaft menschen=
freundlich erscheint uns Christus, der über die verblendeten
und verstockten Bewohner Jerusalems weinte! Die Seele, die
auch noch die Lasterhaften und Ungläubigen liebt, d. h. die
noch hofft, wünscht und will, daß der Sünder sich bekehre, und
der Irrgläubige zur Erkenntniß der Wahrheit gelange, beweiset
ihr wahrhaft wiedergeborenes Leben, das Leben der Liebe.

Das liebende Herz umfaßt nicht nur den Landsmann und
Glaubensgenossen, sondern auch den Fremdling und An=
dersgläubigen, der einer andern Nation und einem andern
Glaubensbekenntniß angehört. Wie engherzig scheint der Christ,
dessen Herz durch Nationalhaß und Nationalhochmuth beschränkt
ist! Die wahre Vaterlandsliebe schließt diese Liebe nicht aus;
denn die wahre Liebe kennt keine Schranken, sie ist allgemein
und ewig.

Die wahre Liebe will auch Befriedigung, d. h. sie will
von Andern anerkannt und geliebt seyn. Welch erhabenes
Geisterreich, in dem alle lieben und wieder geliebt seyn wol=
len. Wie rein und edel erscheint daher die Seele im Verlan=
gen nach Gegenliebe. Findet die Seele nun die gewünschte
Gegenliebe, so erkennt sie die liebevolle Theilnahme und erwie=
dert Liebe um Liebe. In der Anerkennung der Gegenliebe ent=
wickelt die Seele einen herrlichen Charakterzug — die Dank=
barkeit. Das dankbare Herz erkennt lebhaft das, was ihm
die Gegenliebe des Nächsten aus freiem Wohlwollen und reinen

Beweggründen gegeben hat, und was es dadurch geworden ist, es freut sich des guten Willens Anderer und wendet dem Liebenden sich selbst zu mit seinem ganzen Willen, erkennt, was die Liebe Andern leistet und daß die Gegenliebe die Frucht der Erlösung und Verherrlichung Gottes ist. Welche Demuth und Seligkeit wohnt daher in dem Herzen, das die Gegenliebe stets dankbar hinnimmt! Wie fern ist es von Hochmuth und Selbstsucht, wenn es sich dankbar freut über das, was Andern Gutes geschieht! Wie schön und liebenswürdig ist die Seele, die in dankbarem Gefühl die Liebe zurückgibt, die sie empfangen hat! Welch würdiges Glied der großen Familie Gottes auf Erden!

Das Herz, das in Liebe und Gegenliebe selig ist, kann nur wünschen, daß die gegenseitige Liebe Alle zu einer seligen Familie auf Erden verbinde. Wie rein und edel der Eifer, daß die Liebe stets in und unter uns wohne!

Die Liebe beschränkt sich nicht bloß auf die Erde und die Lebenden, sondern umfaßt auch die Verstorbenen und die höheren Geister; daher auch das Verlangen, von diesen geliebt zu seyn. In Beziehung auf die Verstorbenen entsteht ein zartes, geistiges Verhältniß, das erhaben schön genannt werden kann. Die lebenden Liebenden gönnen den Vollendeten ihre Seligkeit, freuen sich ihrer Vollendung und wünschen von Herzen auch denen, welche das Angesicht Gottes zu schauen noch nicht rein und würdig genug sind, baldige Vollendung; sie behalten die Liebe der Entschlafenen in dankbarem Andenken und bitten Gott, er möge sie dafür belohnen, und bald zur vollen Seligkeit gelangen lassen und benützen die von denselben erhaltenen Wohlthaten zu der Ehre und Freude derselben. Die Entschlafenen sind den Lebenden noch mit Achtung und Liebe zugethan, sie freuen sich über ihre sittliche Veredlung und bitten Gott, daß sie den Kampf hier glücklich auskämpfen und den Sieg über die Welt erlangen mögen.

Der Hinblick auf die Entschlafenen und die geistige Verbindung mit diesen bildet die Grundlage des religiös Elegischen von dieser Seite oder erzeugt die Wehmuth, die durch Glaube und Liebe gemildert wird. Schmerzlich ist die zeitliche Trennung von Geliebten, allein die Liebe, die keine Grenze kennt, erhält das gegenseitige Verhältniß der Gestorbenen und Lebenden auf geistige Weise. Wehmüthig steht der Sohn am Grabe seiner Mutter, allein sein Auge ist nicht auf das Grab, sondern die Wohnung der ewigen Seligkeit gerichtet.

§. 33.
Das Erhabene des Subjekts. Das Pathetische.

Wir unterscheiden das Tragische als Erhabenes von dem Erhabenen des Subjekts, weil das Tragische im christlichen Sinn sich auf den Glauben und die Liebe gründet und auf eine moralische Weltordnung bezieht, während dieses auf der durch den Glauben und die Liebe erweckten Selbstachtung und Selbstliebe und der Achtung und Liebe Anderer beruht und sich auf das rein menschliche Leben und die Begegnisse des Lebens erstreckt. Das Erhabene des Subjekts ist daher im Allgemeinen durch Achtung und Liebe erzeugte Geistesfassung und Haltung gegen die äußeren Verhältnisse. Es umfaßt das sogenannte Pathetische, die Würde und Anmuth, Grazie und Holdseligkeit und das religiöse Elegische. Hieraus erhellet zugleich, daß es in einer ungemeinen Geisteskraft, in einer reinen und seligen Verfassung und ungewöhnlichen Richtung desselben auf das Himmlische und Göttliche sich äußert und daher der Schlaffheit und Kraftlosigkeit, der gemeinen Gesinnung und der sinnlichen Richtung entgegensteht.

Unter dem Pathetischen, oder Pathos, versteht man gewöhnlich alle Aufregungen und Kraftanstrengungen des Geistes, die große Willenskraft, welche durch Hindernisse des Lebens hervorgerufen werden und auch dahin zielen, diese zu entfernen. Das Pathetische umfaßt daher alle edleren Affekte, welche Kant Affekte der wackern Art nennt und darunter diejenigen versteht, welche das Bewußtseyn unserer Kräfte wecken, jeden

Widerstand zu überwinden. Jeder Affekt dieser Art erscheint ihm ästhetisch erhaben, sogar die Verzweiflung, welche große Entrüstung aber nicht Verzagen ist. Die Affekte, in welche wir das Pathetische setzen, werden alle entweder von Hemm= nissen des Lebens, welche die Natur entgegenstellt oder von solchen Hindernissen erweckt, auf welche wir in der sittlichen Menschenwelt stoßen, und sind daher entweder gegen Natur= ereignisse oder sittliche Hindernisse gerichtet. Der Geist zeigt seine ungewöhnlich große Kraft und Stärke entweder in der heftigen Empörung und starkem Ausbruch gegen die Hindernisse oder in der Ruhe und Erwartung oder in der drohenden Stel= lung. Gegen die Hemmnisse der Natur erscheint die große Wil= lenskraft in der Bekämpfung und Anwendung aller Abwehrungs= mittel des physischen Uebels, oder auch in der ruhigen Fassung, der Geistesgegenwart und der Ergebung. In beiden Fällen sucht der Geist seine Freiheit und Selbstständigkeit der Natur gegenüber zu behaupten, erhebt sich siegreich entweder über die hemmenden Naturereignisse oder läßt sich von ihnen geistig nicht beherrschen. Er bewährt in allen Fällen seine geistige Freiheit, gehe es, wie es wolle.

Je nachdem die Naturansicht ist, je nachdem verhält sich auch der Geist gegen die Natur und zeigt daher seine Kraft und Stärke auf verschiedene Weise. Auf dem Standpunkte der eigentlichen Naturreligion fallen die Natur und die Gottheit zusammen und die furchtbare Macht der Natur oder ihrer Elemente tritt an die Stelle der Gottheit. Die Naturmacht ist hier das bewußte höchste Wesen, von dem man sich auf eine geheimnißvolle Weise abhängig fühlt; ein Wesen, das aus =und durch die Natur entweder fördernd oder hemmend auf das Daseyn des Menschen einwirkt. Die hemmenden Einwirkungen sind es vorzüglich, welche das Bewußtseyn der Freiheit erwecken; allein wie soll sich der Geist in seiner Freiheit der Naturnoth= wendigkeit gegenüber behaupten, die so furchtbar und verderb= lich dem menschlichen Daseyn entgegentritt? Auf dieser Stufe der geistigen Bildung weiß sich der Mensch, der sich noch so enge in den nothwendigen Gang der Natur verflochten fühlt, keinen andern Rath, um seine Freiheit oder eigentlich seine Eristenz zu retten, als gegen die verderblichen Naturereignisse zu toben und zu wüthen, um gleichsam die Natur zu erschrecken und in ihrem Beginnen aufzuhalten. Daher finden wir, daß einige wilde Völker gegen die Drohungen der Natur aus vollem Halse schreien, in der Meinung, die Natur dadurch zu ihrem Dienste zwingen zu können. Besonders machen diesen Völkern die Sonnen= und Mondesfinsternisse viel zu schaffen, weil sie glauben, das zum Leben so nothwendige Licht stehe in Gefahr zu erlöschen, und suchen daher durch Lärm, Geschrei und Springen auf alle Weise diese Gefahr abzuwenden. Die Zauberei ist es vorzüglich, in der der Geist auf dieser Stufe der geistigen Bildung sich den Naturhemmnissen entgegensetzt, und durch welche er die dämonische Gewalt der Natur zu bezwingen glaubt. Die Zauberei erscheint hier entweder als bloßes gebieterisches oder drohendes Wort, oder in einem eigenthümlich erhöhten Geisteszustand, dem ein bestimmtes Aeußeres entspricht, oder in einem den gebietenden Willen des Zauberers in sich fassenden Gegenstand, der auch in Abwesenheit desselben in der Nähe und Ferne zauberisch wirkt. Durch die Zauberei will also überhaupt der Geist aussprechen, daß Etwas, was geschieht oder besteht, dem Daseyn des Menschen widerspreche, und nicht seyn soll, weil es derselbe nicht so haben will. Die Zauberei ist daher als die Morgenröthe des erwachenden Bewußtseyns des Menschen von seiner geistigen Freiheit anzusehen und somit auch als der niederste Grad des subjectiv Erhabenen.

Vermag der Mensch die Naturgewalt durch die Zauberei nicht zu bezwingen, so befindet er sich in einer trostlosen Lage, und die geistige Entgegenwirkung gegen die Hemmnisse der Natur verwandelt sich in stumpfsinnige Hingabe und Erduldung des Zufälligen, das man als ein geheimnißvolles ansieht. Furcht vor Hererei und Einwirkung der Geister lähmt die kraftvolle

Thätigkeiten des Geistes gegen drohende Naturereigniſſe. Da=
her finden wir in den Reiſebeſchreibungen, daß Wilde mit
ſtaunenswürdigem Stumpfſinn und Kaltblütigkeit die bitterſten
Leiden ertragen. Dieſe Hingabe an die Naturgewalt iſt nicht
erhaben, weil ſich hier keine ungewöhnliche Geiſteskraft, ſondern
das Gegentheil zeigt.

Höher ſteht das Pathetiſche, das wir auf dem Standpunkte
des Polytheismus treffen. In dem polytheiſtiſchen Bewußt=
ſeyn treten die Natur und die Götter ſchon weiter auseinander,
und das Bewußtſeyn der geiſtigen Freiheit hat einen höhern
Grad von Tiefe und Klarheit erlangt. Das wahre Mißver=
hältniß iſt aber hier in Bezug auf das Erhabene, daß das Be=
wußtſeyn der geiſtigen Freiheit über das der Natur und Gottheit
hervortritt. Das Erhabene beruht daher vorzüglich auf dem
Selbſtgefühl der Freiheit, das nicht in das wahre Gleichgewicht
mit dem Gefühl der Abhängigkeit von einer höhern Macht
getreten iſt, und iſt einſeitig. An die Stelle der Zauberei iſt
hier das heroiſche Handeln getreten, durch welches der
Menſch in ſeinem lebhaften Gefühl der Freiheit die Natur zu
überwältigen ſtrebt. Als das Erhabene des Subjekts auf dieſer
Stufe des Selbſtbewußtſeyns erſcheint uns daher das Handeln
der griechiſchen Heroen. Erinnern wir uns hiebei an Herakles,
der das Ideal der Griechen von Muth und Tapferkeit iſt. In
dem Bewußtſeyn ſeiner Freiheit und ſeiner Lebensaufgabe,
durch Vollendung großer Thaten, durch die Bezwingung der
Natur und ſeiner ſelbſt die Unſterblichkeit zu erobern, ſteht er
als unerſchrockener Kämpfer gegen die Hemmniſſe des zeitlichen
Daſeyns da, und vollendet ſtaunenswerthe Heldenthaten, die
ſich auf Naturerſcheinungen beziehen. Die Heldenkraft des
Herakles zeigte ſich beſonders in der Vertilgung ſchädlicher
und gewaltthätiger Weſen, ſowohl Thiere als Menſchen, um
die Bedingung des phyſiſchen Lebens zu geben, auf welchem ſich
erſt das geiſtige erbaut und entfaltet. Der Beſchluß und die
größte ſeiner Thaten iſt das Hinabſteigen in die Unterwelt, die

Bezwingung des Cerberus und die siegreiche Rückkehr von da. Tod und Unterwelt erfüllten ihn auch mit Grausen, allein er besiegte gleichsam auch die letzte Naturnothwendigkeit, indem er die Schrecknisse des Todes besiegte und die Selbstständigkeit seines Geistes behauptete. Das heroische Handeln stellt uns daher am klarsten die Geisteskraft gegen die Naturhemmnisse im griechischen Alterthum dar; denn es entspricht ganz dem allgemeinen Bewußtseyn von der persönlichen Freiheit und der Bezwingbarkeit der physischen Natur.

Noch höher und reiner erscheint uns das Erhabene des Subjekts auf dem christlichen Standpunkt. Das geistige Verhalten gegen beschränkende und hemmende Naturereignisse beruht hier auf einem reineren und tieferen Bewußtseyn der Natur und des menschlichen Wesens. Die Natur ist das Werk Gottes, der Ausdruck der Allmacht, Weisheit und Güte Gottes und die Naturereignisse sind in seiner Hand Mittel, wodurch er moralische Zwecke erreicht. Der Mensch weiß sich im Christen= thum einerseits als eine absolute Negation der Natur, anderer= seits als ein organisches Wesen, das mit dem ganzen Orga= nismus der Natur zusammenhängt, allein er ist sich auch der Aufgabe bewußt, sich einerseits frei über die Natur zum Un= endlichen zu erheben und sich nie von den Naturereignissen in seinem Streben nach Wahrheit, Heiligkeit und Seligkeit stören oder hemmen zu lassen, andererseits der Natur gemäß zu leben. Die Geisteskraft, die der Christ Naturereignissen gegen= über an den Tag legt, besteht daher darin, daß er sich als Geistigkeit rein erhält, sich von demselben geistig nicht beherr= schen, niederschlagen und in Verzweiflung setzen läßt, sondern im Gegentheil alle Erscheinungen der Natur nur zur Behaup= tung und Steigerung seiner Geistesfreiheit benützt. Das Er= habene des Subjekts auf dem christlichen Standpunkte stellt sich also als ruhige Fassung, als vernünftige Abwendung physischer Uebel und als stille Ergebung und Benutzung derselben zur Erreichung höherer Zwecke dar. Wie weit verschieden ist aber

diese Geistesruhe gegen jene auf dem Standpunkte der Naturreligion! Oder beweist diese stille Geistesruhe nicht auch
eine hohe Geisteskraft? Der Unterschied des Erhabenen des
Subjekts auf dem Standpunkte des Polytheismus und des
Christenthums stellt sich hauptsächlich dadurch heraus, daß dort
ein heroisches Handeln in Beziehung auf die Natur hervortritt
oder die Geisteskraft in die Handlung übergeht, hier mehr der
Geist in sich und bei sich bleibt. Der Christ bezwingt die Natur dadurch, daß er ihr keinen negativen Einfluß auf seine
geistige Freiheit gestattet; er bezwingt den Tod, indem er die
Schrecknisse des Todes überwindet und im Sterben sich noch
dem physischen Tode entgegensetzt. Des Christen Geisteskraft
zeigt sich den Naturereignissen gegenüber am schönsten in der
Affektlosigkeit. Affekte beherrschen beweiset höhere Geistesstärke,
als die ungestüme, oft rohe Entwicklung körperlicher Stärke,
die wir bei den griechischen Heroen finden.

Das Erhabene des Subjekts kommt ferner auch, und noch
reiner und edler, in moralischer Beziehung zur Erscheinung. Im Sittlichen kann der Geist mehr als den Naturerscheinungen gegenüber seine Achtung gegen sich selbst und seine
Selbstliebe an den Tag legen oder seine sittliche Freiheit behaupten und zeigen. Das subjektiv Erhabene dieser Art ist zweifach,
es ist entweder negativ oder positiv: es zeigt sich nämlich als
kraftvolle Abwehr alles dessen, was die sittliche Freiheit aufzuheben droht oder als energisches Streben nach dem, was
diese befördert und erweitert. Die negative Seite hat aber
wieder zwei Richtungen, eine nach Innen und die andere nach
Außen; der Geist bewahrt nämlich seine Freiheit gegen die niedern Triebe, gegen die Sinnlichkeit oder gegen die von Außen
kommenden Versuchungen. Gegen diese beiden, die sittliche
Freiheit bedrohenden Feinde hat der Geist des Menschen zu
kämpfen.

Auf der oben bezeichneten niederen Stufe der Geistesbildung
durch die Naturreligion kann keine Rede seyn von der Geistes-

freiheit gegen die reinsinnlichen Triebe, weil selbst die ganze Religion auf der Begierde beruht. Die Selbstbehauptung des Geistes nach Außen erscheint bloß in der Verfolgung und Blut= rache. Die wilden Völker entwickeln eine bewunderungswürdige Anstrengung der geistigen und physischen Kraft, eine ungewöhn= liche Ausdauer in Kälte, Nässe, Hitze, Hunger, Durst, in Schlaflosigkeit ꝛc., um Rache an dem verletzenden Subjekt zu nehmen; allein Wer mag dieses schön oder erhaben nennen? Die Aesthetiker erkennen auch dem großen Böfewicht das Er= habene des Subjects zu, insofern in dem Bösen der Geist eben so und zuweilen noch augenfälliger als in dem Guten seine Freiheit an den Tag legt. Der Böse gebraucht die Gewalt des Affektes, um seinen Zweck zu erreichen. Betrachten wir bloß die Kraftentwicklung, so müssen wir den Bösen dem Guten in Beziehung auf das Erhabene des Subjekts der äußern Erschei= nung nach gleichstellen; allein dem Innern nach weit von ein= ander trennen. Die unbesiegbare Willenskraft des Bösen, die Consequenz und Steigerung der Bosheit erfüllt uns mit Stau= nen und Furcht, wie z. B. der gegen die Gottheit sich empö= rende Prometheus und Faust nach der Volkssage, allein wir haben doch nicht eigentlich das Gefühl des Erhabenen. In Kunstwerken, namentlich der Poesie, dient es und soll es nur als Mittel dienen, um das Tragische und das Erhabene des Subjekts zu motiviren. Das Böse hat nur Schein des Erha= benen, nicht aber das Wesen desselben; es ist die Form ohne Inhalt oder Idee. In dem Bösen beweist allerdings der Mensch seine sittliche Freiheit, aber verliert sie auch. Der Böse, der mit Bewußtseyn und Willen das Böse will, hat seine sitt= liche Freiheit aufgegeben und kann als solcher oder an sich nicht erhaben genannt werden. Anders verhält es sich, wenn der Böse nicht mit vollem Bewußtseyn und mit Absicht böse ist, sondern wenn er getäuscht, verführt und befangen ist.

Das Erhabene des Subjekts tritt erst dann in voller Kraft und Würde auf, wenn der Geist sich seiner ewigen Bestimmung

bewußt ist. Da nun aber der Grieche wohl von seiner
Freiheit, nicht aber auch von seiner ewigen Bestimmung ein
klares und tiefes Bewußtseyn hatte, erscheint das Erhabene
des Subjekts noch nicht so klar und rein wie in der neuern
Zeit. Die Heroen sind hier wieder das Ideal des subjektiv
Erhabenen. Die Behauptung der sittlichen Freiheit gegen innere
und äußere Feinde erscheint meistens noch als ein roher Kampf,
als Ungestüm und als harte Rache. Das subjektiv Erhabene
ist in dem Maße noch unrein und unvollkommen, als die Heroen=
idee nothwendig die höchste Körperkraft mit den Vorzügen des
Geistes und Gemüthes verbindet, die im heroischen Zeitalter
hochgeschätzt wurden. Das subjectiv Erhabene fordert nicht
gerade die höchste Körper= sondern Geisteskraft und tritt in
einem weniger starken Körper nur desto stärker und reiner
hervor, weil im andern Falle leicht zuviel auf Rechnung der
körperlichen Kraft geschrieben werden kann. Die Heroen un=
terziehen sich allerdings den härtesten Proben, zeigen eine
staunenswürdige Ausdauer in Strapazen und verrichten ruhm=
würdige Thaten, um sich selbst und die Feinde der Menschheit
zu besiegen, das Göttliche durch Kampf und Ausdauer zu errin=
gen, allein wie ihnen das Göttliche immer noch etwas Unbe=
stimmtes war, so waren ihnen auch die Mittel und Wege dazu
nicht ganz klar und bestimmt; sie wollten das Göttliche im
Sturmschritte erreichen. Weil aber doch ihr ganzes Sinnen
und Streben auf die Vereinigung des Menschlichen mit dem
Göttlichen gerichtet war, erscheint ihr Leben und Streben erha=
ben schön. Horaz hat diese Richtung der Heroen recht schön
ausgedrückt. Od. III. 3:

> Justum et tenacem propositi virum
> Non civium ardor prava jubentium,
> Non vultus instantis tyranni
> Mente quatit solida, —
> Hac arte Pollux et vagus Hercules
> Enisus, arces attigit igneas;
> Quos inter Augustus recumbens

Purpureo bibit ore nectar:
Hac te merentem, Baccho Pater, tuae
Vexere tigres, indocili jugum
Collo trahentes: hac Quirinus
Martis equis Acheronta fugit.

In dem durch das chriſtliche Licht erleuchteten Selbſtbewußt=
ſeyn erkennt ſich der Menſch als Selbſtzweck, alles Andere
außer dem Geiſte als etwas Relatives und Beziehungsweiſes,
und fühlt ſeine Freiheit als eine von allem Aeußern unbeſieg=
bare Geiſteskraft, welche die Aufgabe hat, ſich ins Unendliche
zu erweitern. Mit der Selbſtachtung und Selbſtliebe, die der
Glaube und die Liebe erweckt haben, iſt auch das Erhabene des
Subjekts im chriſtlichen Sinne beſtimmt. Selbſtachtung und
Selbſtliebe ſind die kräftigſte Schutzwehr der moraliſchen Frei=
heit; denn wer ſich ſelbſt achtet und liebt, wird allem Gemeinen,
Niedrigen und Unwürdigen widerſtreben, komme es von den
ſinnlichen Neigungen oder von Außen; er wird in muthigem
Kampfe die Sinnlichkeit beſiegen und dahin beſchränken, daß ſie
in ſeine Geiſtesfreiheit nicht mehr ſtörend eingreift, ſondern die
untergeordnete Bedingung des zeitlichen Daſeyns bildet. Auf
dieſe Weiſe haben alle Heiligen Gottes ihre Geiſtesfreiheit
behauptet und gegen die Macht ſinnlicher Triebe eine unge=
wöhnliche Kraft entwickelt. Durch die Selbſtliebe ſucht der
Chriſt ſeinem Weſen Alles zu verſchaffen, was ihm dazu dient,
ſein menſchliches Seyn dem Geiſte und dem Körper nach zu
befördern oder ſeine wahre Beſtimmung zu erreichen, ſich immer
rein und frei ſelbſt anzugehören und ſich zu genießen. In
wahrer Selbſtliebe entwickelt der Chriſt eine bewunderungs=
würdige Geiſteskraft, um von ſich alle Hinderniſſe abzuwehren,
welche der Erreichung ſeiner Beſtimmung entgegenſtehen. Bei
allen ſinnlichen Reizen und Vortheilen bleibt er unbeſtechlich
und unverführbar; ſelbſt der Zwang hebt ſeine Geiſtesfreiheit
und Reinheit nicht auf oder vermag nicht, ihn zur innern Zu=
ſtimmung zu bewegen. Er leidet im Gegentheil lieber Noth,

läßt sich verkennen und verfolgen, als der sinnlichen Zumuthung
Gehör zu geben. Auf dem christlichen Standpunkte bekommt
das Erhabene des Subjekts noch eine eigenthümliche Erscheinungsform. Die Unbestimmbarkeit des Willens durch böse
Zumuthungen hat oft Armuth, Noth, Mißkennung, Mißhand-
lung, Verfolgung, vielfache Leiden zur Folge. Der erhabene
Geist beweiset in diesen Fällen zuerst, daß er seine sittliche Freiheit zu behaupten wisse, dann zeigt er eine ungewöhnliche
Stärke in der weisen Anwendung aller derjenigen Mittel, welche
geeignet sind, diese Leiden von sich abzuwenden, erträgt sie aber
lieber mit Geduld und Gelassenheit, als daß er sich dadurch im
mindesten in der Behauptung seiner sittlichen Freiheit stören
ließe. Beweiset der Christ nicht auch in diesen Fällen, daß er
sich eines erhabenen und freien Geistes bewußt ist und um
diesen unverletzt zu erhalten, große Kraft anwendet? Oder ist
Geduld und Gelassenheit nicht auch Geisteskraft? Für alle
genannten Fälle haben wir an Christus und den Heiligen
erhabene Beispiele. Das Erhabene des Subjekts oder das
Pathetische, von dem christlichen Standpunkte aus betrachtet,
unterscheidet sich daher von dem im Sinne des heroischen Zeit-
alters dadurch, daß die Abwehr der von der eigenen Sinnlichkeit oder von dem Bösen von Außen an den Geist kommenden
Eingriffe in seine sittlichen Freiheit, der sinnlichen Triebe und
der Versuchungen, Verführungen und Bestechungen 2c., aus
einem tiefen Bewußtseyn des Geistes von seiner erhabenen
Freiheit und Bestimmung hervorgeht, und daß alle Kraftanstrengungen des Geistes zu dieser Abwehr auf wahrer Selbstachtung und Liebe beruhen, daß daher die Kraft, die der Geist
den Hemmnissen seines Lebens entgegensetzt, oft nicht so heftig
und stürmisch hervortritt, wie bei den Heroen, sondern im Gegentheil oft in Ruhe und Gelassenheit sich zeigt. Welche Geisteskraft wird erfordert, um eine Armuth geduldig zu ertragen,
in die man ohne Verschuldung gestürzt wurde? Hier mögen
nun die Aesthetiker wieder einwenden, daß dies Alles religiös

aber nicht ästhetisch sey. Dagegen ist zu erwidern, daß, wenn die Kraftanstrengung des Geistes um seine Freiheit zu behaupten, ästhetisch ist, diese hier um so mehr als solche erscheinen muß, weil der Christ sich nur in einem tiefern Bewußtseyn seiner Würde und Bestimmung anstrengt, sich rein und unverletzt zu behaupten. Will man das Sittliche von dem Aesthetischen trennen, so verirrt man sich in eine wasser- und pflanzenlose Wüste. Das Erhabene des Subjekts erscheint in der großen Willenskraft oder in der Freiheit des Geistes und hat daher nothwendig eine Beziehung zur Sittlichkeit. Hebt man die sittliche Freiheit auf, so gibt es keine mehr für den Menschengeist, denn sie ist ja gerade das Vermögen, sich für das Gute oder Böse selbst zu bestimmen, also das Vermögen, sittlich oder unsittlich zu seyn.

Das positiv Erhabene des Subjekts charakterisirt sich dadurch, daß der Geist seine sich bewußte Aufgabe mit aller Kraftanstrengung zu realisiren sucht. Wie der Christ sich anstrengt, um alle Hindernisse seiner sittlichen Vervollkommnung wegzuräumen oder seine sittliche Freiheit zu behaupten, so entwickelt er auch große Geisteskraft, um seinem unendlichen Ziele so schnell als möglich immer näher zu kommen. Das energische Wollen der nach Förderung der Geistesfreiheit strebenden Individuen erscheint als eine Art edleren Zornes, und ohne diesen edeln Zorn ist nichts Großes und Edles vollbracht worden, was uns die Weltgeschichte aufbewahrt hat. Er ist nicht nur die Kraft des Geistes, die Trägheit, Hinterlist', die Verwirrung, die Bosheit 2c. schnell zu überwinden, sondern sich auch kräftig und bleibend alles das anzueignen, was das Seyn und Leben des Geistes befördert und ihn zur herrlichen Entfaltung seines Wesens führt. Diese energische Wirksamkeit des Geistes und schnelle und muthige Bemeisterung aller Dinge und Verhältnisse, um diese sich zur Erreichung höherer Zwecke dienstbar zu machen, hat wieder bei dem Christen ihre tiefste Wurzel in der höhern Selbstachtung und Selbstliebe. Der Christ ist aber nicht egoistisch, daher sucht er nicht nur sein wahres Geistesleben zu befördern und zu erhöhen, sondern auch das der übrigen Menschen. Welch edeln Zorn hatte daher Moses, als er mit den Gesetztafeln vom Berge herabkam und das israelitische Volk im Götzendienst begriffen sah!

§. 34.
Fortsetzung des Erhabenen des Subjekts.
Anmuth und Würde.

Beschränkt sich der erhabene Geist in seinem Heraustreten aus seinem innersten Wesen bloß auf seinen Körper und macht diesen zum Ausdrucke seiner eigenen Harmonie oder seines Gleichgewichtes; so erscheint in und an dem Menschen die Anmuth und Würde. In beiden Fällen zeigt der Geist seine Selbstständigkeit und Freiheit und seine Herrschaft über den Körper und die Bildungsfähigkeit des Körpers durch den Geist. In Anmuth und Würde sehen wir das menschliche Wesen in dem schönsten Verhältniß der beiden Hauptbestandtheile. Anmuth und Würde sind der körperliche Ausdruck der Gesundheit und Blüthe des Seelenlebens; daher können wir nur dem menschlichen Wesen dieses Prädikat beilegen. Und wenn man das schöne Kunstwerk ein inniges und wirkliches Durchdrungensein der Materie von der Idee oder die Darstellung einer ästhetischen Idee in einer angemessenen organischen Gestalt nennt, so ist der Mensch, der Anmuth und Würde besitzt, ein lebendiges, sich selbst bewegendes Kunstwerk, denn in ihm haben sich Allgemeines und Besonderes, Idee und Individualität innigst durchdrungen oder das Allgemeine, die schöne Seele, kommt durch einzelne Handlungen oder Bewegungen des Körpers in die Erscheinungen.

Die Griechen trennten die Anmuth oder Grazie von der Schönheit, wie der Mythos von dem Gürtel der Venus lehrt. Venus ist an und für sich schön, allein nur weil sie den Gürtel hat, der Dem die Kraft verleihet, anmuthig zu seyn und geliebt zu werden, der ihn trägt, ist ihr Anmuth eigen. Als die Schaumgeborene, in der ·gleichsam der feinste Körper mit einem hohen Geiste vereinigt ist, wird sie für die schönste unter den Gottheiten gehalten und ist die Göttin der Schönheit selbst; weil aber ihr schön gebauter Körper von der schönsten Seele belebt und bewegt wird, kommt ihr vorzugsweise die Anmuth zu. Die Bedingungen, unter welchen Anmuth oder Grazie erscheint, sind also ein vollkommener menschlicher Körperbau und eine schöne Seele, die diesen Körper bewahrt und bewegt. Nicht Eines ohne das Andere begründet die Erscheinung der Anmuth, sondern das gleichmäßige Zusammentreffen Beider. Die schöne Seele der Venus zeigt sich darin, daß sie, die dem Meeresschaume nackt Entstandene, in keuscher Zucht und Scham die Blöße mit den Händen zu decken sucht, wie wir dies an der mediceischen Venus sehen. In der Idee der Venus lag, wie in andern Götterideen, auch ein sittlicher Inhalt und eine sittliche Beziehung. Der Körperbau der Venus ist der reichste, feinste und beweglichste, denn sie ist aus dem Schaume des Meeres geboren. Wenn nun Anmuth in der Bewegung und Bestimmung des Körpers durch das Gemüth oder die schöne Seele besteht, so begreifen wir leicht, daß nicht nur Venus die Göttin der Schönheit und Anmuth ist, sondern auch, daß die Anmuth mehr bei dem weiblichen Geschlechte als bei dem männlichen gefunden wird. Auf Seite des weiblichen Geschlechtes ist nicht nur ein zärteres und feineres Gemüth, sondern auch ein zärterer, leichter beweglicher Körperbau. Daher sagt Schiller in: Ueber Anmuth und Würde: „Die zarte Fiber des Weibes neigt sich wie dünnes Schilfrohr unter dem leisesten Hauch des Affekts. In leichten und lieblichen Wellen gleitet die Seele über das sprechende Angesicht, das sich bald wieder zu einem ruhigen Spiegel ebnet. Auch der Beitrag, den die Seele zu der Grazie geben muß, kann bei dem Weibe leichter als bei dem Manne erfüllt werden." Ich möchte daher die Anmuth die Verklärung des Körpers durch ein reines edles Gemüth nennen, um das

Wesen derselben genauer zu bestimmen. Im Gemüthe lebt
der Mensch sein tiefstes und reinstes Leben, in der Liebe lebt
er für sich und mit andern Geistern, und dieses tiefste und
innigste Seelenleben verbreitet den größten Liebreiz über den
Körper. Ohne Liebe kommt der Geist nicht zu seinem wahren
Gleichgewichte und zum wahren Selbstgenusse. Die Anmuth ist
daher die Erscheinung des tiefsten Seelenlebens und weil das
gemüthliche Leben ein ruhiges und sanftes ist, so erscheint auch
die Anmuth in gemäßigter, ruhiger und sanfter Bewegung des
Körpers. Weil aber das griechische Geistesleben noch nicht von
der reinsten, der göttlichen Liebe bewegt und bestimmt war,
sondern in dem Gemüthe die Liebe des Schönen, eine sinnliche
Liebe in besserem Sinne, an die Stelle der reinsten oder himm=
lischen Liebe trat, herrscht in der Erscheinung der griechischen
Anmuth das Mißverhältniß, daß die vollendete Gestalt des
Körpers, der leichte, schlanke und feingebildete Bau desselben
stärker hervortrat, als der reine Gemüthszustand. Das gemüth=
liche Leben des Griechen bewegte sich in der Liebe des sinnlich
Schönen, wo es immer erschien, in dem Offen= und Freiseyn
für die schöne und milde Natur, die ihn umgab, in Geselligkeit,
Freude und Heiterkeit; daher finden wir, daß die Schönheit
nirgends so hoch geachtet wurde, wie bei den Griechen, daß der
heitere Himmel und das milde Klima stets den Geist heiter
stimmte, daß sie ein gütiges Wesen, ein weiches Herz und einen
fröhlichen Sinn in ihrem Leben offenbarten. Das ganze grie=
chische Gemüthsleben faßt Kyrenäus in den Worten zusammen:
Sie (Athen) allein unter den Städten weiß Mitleiden zu haben.
Wir finden auch eine Bürgschaft für diese Behauptung in dem
Berichte des Pausanias, daß Athen die einzige Stadt in Griechenland sey, welche dem Gott des Mitleids einen Altar auf
dem Markte errichtet hatte. Setzen wir die Anmuth in den
körperlichen Ausdruck des Gemüthslebens, so erhellet von selbst,
wie die Anmuth bei den Griechen erscheinen mußte. Wie nun
das Gemüthsleben ein edles sinnliches war, so war auch die

die Erscheinung desselben mehr edle Sinnlichkeit. Die Grazien sind die Personifikation des griechischen Gemüthslebens, und weil dieses ein rein menschliches, oder sinnlich edles ist, so haben diese auch einen großen ästhetischen Werth.

Dem Gesagten zu Folge wird die Anmuth in der christlichen Zeit in einer höhern Proportion oder in einem richtigern Verhältniß erscheinen. Die christliche Liebe ist eine himmlische und göttliche und der eigentliche und tiefste Inhalt des Gemüthes. Die göttliche Liebe ist die Grundlage der reinsten und edelsten Selbstliebe. Das christliche Gemüth erhebt sich daher über sinnliche Lust und Unlust, reißt sich los von dem rein Sinnlichen, es freut sich der schönen Natur, ist gütig, gesellig, heiter und froh; allein dem ganzen Gemüthszustande liegt eine höhere Liebe zu Grunde, als die Liebe im Sinne der Griechen. Die himmlische Liebe, die eine Frucht der Erlösung von der Sünde ist, entwickelt in dem Menschengeiste das herrlichste und schönste Leben, entfaltet das Menschenwesen zu der lieblichsten Blüthe, einigt den Geist in sich selbst und läßt ihn den sanftesten Frieden und eine überschwengliche Seligkeit kosten. In der himmlischen Liebe empfängt die menschliche Seele ein neues und höheres Bildungselement; sie reinigt das Gemüth, welches wir als die krankhafteste Seite des Menschenwesens erkennen, von allem Unreinen, Gemeinen und Unwürdigen, und erfüllt es mit den reinsten und edelsten Neigungen und Eigenschaften.

Wie weit reiner und seliger ist daher der Gemüthszustand des Christen gegen den der Griechen! Verklärt die reinste Liebe das ganze körperliche Leben oder widerstrahlt der christliche Gemüthszustand in dem ganzen körperlichen Daseyn, welch erhabene Anmuth! Unter Anmuth im christlichen Sinne verstehen wir also die Erscheinung des von göttlicher Liebe beseelten Gemüthszustandes in der organischgebildeten oder vollkommenen Menschengestalt. Es erhellet somit von selbst, daß die Anmuth, als äußere Erscheinung des Körperlebens, ein freies Werk des Menschengeistes ist; allein die Anmuth erscheint hier mehr ohne

Wiffen und Abficht, denn die unendliche Liebe bildet, gestaltet
und wirkt, ohne daß der Chrift sich dieser Wirkung immer klar
bewußt wird. Auch hat nur diejenige Anmuth den höchsten
Liebereiz für uns, welche ohne Abficht erscheint. Die Anmuth
mit Bewußtseyn und Abficht ist gewöhnlich Affektation. Hat
das menschliche Gemüth die unendliche Liebe empfangen, so
wächst und nährt sich diese geistige Leibesfrucht, und das Gemüth gebiert in natürlichem Verlaufe unzählige Geisteskinder.
Die himmlische Liebe ist für Geist und Körper ein neues
und höheres Bildungsprinzip und verklärt Körper und
Geist. In dieser Beziehung können wir auch zugeben, was
so oft behauptet wird, die Seele baue ihren Körper; ja wir
können auch hinzusetzen, daß die himmlische Liebe auch die
Seele bildet und zu einer göttlichen gestaltet. Es ist aus der
Erfahrung bekannt, wie stark und bleibend sich der Gemüthszustand in dem menschlichen Körper, besonders in dem Angesichte ausdrückt, und wie ein reiner Gemüthszustand den
menschlichen Körper in seiner Schönheit erhöhet und ein sünd-
haftes Gemüth denselben verhäßlicht. Trefflich ist in dieser
Beziehung die Stelle in den Betrachtungen über sämmtliche
Evangelien der Fasten von Hirschers: „Vornehmlich im Ange-
sichte spiegelt sich der Geist. Ein sinnlich=schönes Antlitz ist
Gabe der Natur; ein liebevolles, mildes, reines, frommes,
gottgeweihtes ist Sache der Freiheit. Aber es ist auch ihre
Sache, wo sich Rohheit, Sinnlichkeit und Verworfenheit im
Angesichte des Menschen abprägt. Unsere Empfindungen, Gefühle und Begehrungen drücken sich in unseren Geberden und
Mienen aus. Je öfter wir gewisse Gefühle und Verlangen in
unserer Seele haben, desto häufiger ihr Ab= und Ausdruck im
Angesichte. Und werden solche Anmuthungen, Wünsche und
Begehrungen endlich zur Gewohnheit, so prägen sie sich in
stehenden Zügen auf unserm Gesichte aus. So blickt z. B. eine
unaussprechliche Güte, eine tiefe Redlichkeit und Treue, eine
innige Demuth und Frömmigkeit aus dem Auge; so schwebt

eine holde Milde, eine bewunderungswürdige Sanftmuth, ein frommes Dulden, ein heiliger Ernst um den Mund; so leuchtet eine rührende Anmuth, eine ehrfurchtgebietende Würde, eine tiefe Reinigkeit, eine hehre Weihe über dem ganzen Antlitz; wir werden angezogen, wir lieben, wir bewundern. Wer hat nun alle diese Hoheit, wer all diesen Liebreiz über solchen Menschen ausgegossen? Niemand anderer, als (unter Gottes Beistand) er selbst. Indem er die betreffenden Anmuthungen, Gefühle und Gesinnungen in seiner Seele stehend machte, erhob er sein Angesicht zu einem bleibenden herrlichen Widerscheine derselben. Im Gegentheil schießt aus manchem Blicke ein rohes unreines Verlangen, es bewegt sich in ihm ein unsteter, scheuer, argwöhnischer und arglistiger Geist; in manchem Auge herrscht ein hochmüthiges, anmaßendes Wesen, ein gebieterischer Sinn; Selbstgefälligkeit, Bissigkeit, Ingrimm, Schadenfreude Neid und Habsucht umziehen den Mund; und wilde Rohheit, plumper Uebermuth, Gemeinheit und Niederträchtigkeit, Fraß und Völlerei, und Geilheit prägen sich in dem ganzen verzerr= ten, aufgerissenen, entnervten, thierischen und aufgelösten An= gesichte aus; wir fühlen uns abgestoßen, wir erschrecken, es ekelt uns. Wer nun hat auch hier dem betreffenden Menschen all dieß Widrige, Verzerrte und Häßliche aufgedrückt? Nie= mand, als wiederum er selbst. Was er seiner Seele gethan hat, prägt sich in seinem Aeußern ab. Seine Verhäßlichung ist die endliche Frucht lang genährter und befriedigter Leiden= schaften. — Laßt uns nicht vergessen: alle bloß äußere und an= geborne Schönheit welkt; eine Schönheit dagegen, die von der Güte, der Milde, der Demuth, der Reinheit, der Innigkeit unseres Gemüthes stammt, und sich von da aus in unsere Züge ergießt, bleibt so lange als dieses Gemüth, macht die ältesten Personen noch anziehend, und verbreitet einen Liebreiz über das Angesicht selbst der Todten, die im Herrn entschliefen. Ja, bloß sinnliche Schönheit ist nicht einmal solange, als sie von den Jahren noch nicht abgestreift worden, schön. Wahet hinter der angenehmen Larve eine leidenschaftliche, eine stolze, herrische, eitle, feindliche, unreine Seele, so fühlt sich jeder abgestoßen, welcher sie in einem Augenblicke, wo die Seele ins Angesicht getreten ist, überrascht: und will sie gefallen, so muß auch sie die Züge der Freundlichkeit, des Wohlwollens, der Bescheidenheit ꝛc. für einen Augenblick künstlich annehmen und dadurch erst der äußern Blüthe des Leibes ihren Beifall sichern." Die Anmuth als leibliche Erscheinung des Gemüthszustandes besteht daher nicht bloß in einzelnen vorübergehenden Mienen, Blicken, Bewegungen des Angesichtes und des ganzen Körpers, sondern in dem stehenden oder bleibenden Ausdruck des Ge= sichtes, oder die Erscheinung der Anmuth dauert so lange als der Gemüthszustand. Unsere Erklärung der Anmuth stimmt dem Gesagten zu Folge beinahe ganz mit der zusammen, welche Fr. v. Schiller gegeben hat: Die Freiheit regiert also jetzt die Schönheit. Die Natur gab die Schönheit des Baues, die Seele gibt die Schönheit des Spiels. Und nun wissen wir auch, was wir unter Anmuth und Grazie zu verstehen haben. Anmuth ist die Schönheit der Gestalt unter dem Einflusse der Freiheit; die Schönheit derjenigen Erscheinungen, die die Person bestimmt. Die architektonische Schönheit macht dem Urheber der Natur, Anmuth und Grazie machen ihrem Besitzer Ehre. Jene ist ein Talent, diese ein persönliches Verdienst. Es ist vor Allem an= zuerkennen, daß die Anmuth eine Schöpfung des freien Geistes ist, der Spiegel des freien Gemüthes; allein Schiller legt noch nach dem Sinn der griechischen Anmuth einen großen Nachdruck auf die Schönheit des menschlichen Körperbaues und fordert diese als unerläßliche Bedingung der Anmuth. Gegen diese Ansicht müssen wir bemerken, wie auch aus der oben angeführ= ten Stelle aus Hirschers Betrachtungen hervorgeht, daß auch eine minder gefällige Gesichtsbildung des Ausdruckes der An= muth fähig ist und es auf den reinen Gemüthszustand haupt= sächlich ankommt. Zu dem oben Angeführten setzt v. Hirscher auch noch hinzu: „Dagegen mag uns bei stiefmütterlicher

Ausstattung des Aeußern der erste Anblick eines Menschen oft gleichgültig laſſen; er wird uns aber gewinnen und feſſeln, ſo bald wir ihn näher betrachten, und bei einigem Umgange des herzlichen Wohlwollens, der Anſpruchloſigkeit, der Sanft= und Demuth, der Milde und Treue gewahr worden, die ſich in ſeinem Auge, in ſeinen Mienen und Geberden ausſprechen." Es iſt wohl zuzugeben, daß die Reinheit des Gemüthes um ſo lieblicher erſcheint, je regelmäßiger die Geſichts= und Körper= bildung iſt, allein es iſt dabei auch zu bemerken, daß dieſelbe den gehörigen Ausdruck in jeder organiſch vollkommen entwickel= ten Menſchengeſtalt findet, die wir auch nicht gerade ſchön nennen, und daß die geringere Schönheit des Körpers durch die Ausſtrahlung eines reinen und edeln Gemüthes verklärt oder wenigſtens erhöhet wird. Schiller hat wohl die Anmuth als ein Werk und Verdienſt des freien Geiſtes beſtimmt, allein doch unbeſtimmt gelaſſen, welche geiſtige Seite vorzüglich in der Anmuth zum Vorſchein kommt. Weil wir auf dem Stand= punkte des Chriſtenthums die Quelle der Anmuth vorzüglich in der Reinheit des Herzens ſuchen, unterſcheiden wir uns auch darin von den Griechen, daß wir die Anmuth nicht vorzugs= weiſe auf Seite des weiblichen Geſchlechtes ſetzen, ſondern auch dem männlichen in gleichem Grade zukommen laſſen. Der Apoſtel Johannes, der Lieblingsjünger des Herrn, diene als Beiſpiel der Anmuth auf Seite des männlichen und Maria, die Mutter des Herrn, als das des weiblichen Geſchlechtes. Wir legen beiden Anmuth bei, weil ihr ganzes Aeußere Ausdruck der göttlichen Liebe, eines reinen Gemüthes war. Des Apoſtels Johannes erſtes und letztes Wort iſt: „Liebe und liebet einan= der." Maria nennen wir nicht graziös, ſondern holdſelig, weil erſterer Ausdruck zu ſehr an die niederer ſtehende Anmuth der Venus und ihrer Begleiterin erinnert, und Maria weit über dieſe Ideen erhaben ſteht. Holdſelig iſt der beſſere Aus= druck zur Bezeichnung ihres ganzen innern und äußern Weſens.

'Wie nahe auch Anmuth und Würde mit einander auf ihrem tiefsten Grunde verwandt sind und auch an demselben Subjekte zugleich hervortreten können, so lassen sie sich von einander trennen und erscheinen auch gewöhnlich getrennt. Wenn wir die Würde im Voraus als die Beherrschung und Unterordnung der sinnlichen Triebe durch den Willen unter die Gesetze der Vernunft definiren; so erhellet daraus schon, daß die Anmuth sich erst in Folge der Selbstbeherrschung zeigen kann; denn ein menschlicher Körper, wenn er auch noch so schön von der Natur gebaut ist, wird des Ausdruckes der Anmuth nicht fähig seyn, so lange die niedern oder rein sinnlichen Triebe sich noch nicht zur Ruhe begeben oder der Vernunft unterworfen haben. Wie in der Anmuth der Geist nur auf die körperliche Sphäre sich erstreckt, so verhält er sich bei der Würde; der Wille zwingt die sich gegen den Geist empörenden sinnlichen Triebe und Neigungen zu dem Gehorsam gegen die Vernunft, um die Einheit des Geistes in sich selbst darzustellen, seine Freiheit zu behaupten und für sein Streben keine Hindernisse mehr zu finden: doch besteht der Unterschied der Anmuth von der Würde darin, daß erstere in successiven sanften Bewegungen des Körpers zum Vorschein kommt, während sich die Würde darin zeigt, daß der Wille eine feste und dauernde Herrschaft über die Sinnlichkeit errungen hat, daß in der Anmuth die Reinheit des Gemüthes, in der Würde aber die Kraft und Herrschaft des freien Willens in der körperlichen Erscheinung hervortritt. Da die sinnliche Natur gegen den Geist gelüstet, ihre eigenen Gesetze und Bedürfnisse hat, die erfüllt werden wollen, die aber, ihrer Herrschaft überlassen, die Freiheit des Geistes aufheben; so kann der Mensch die Würde nur durch einen Kampf und Sieg erlangen. Die Würde besteht daher in der festbegründeten Oberherrschaft des Willens über die Sphäre des geistigen und leiblichen Daseyns, in der steten Unterwerfung der sinnlichen Natur der geistigen und erscheint daher als fortdauernder Triumph des Sieges, die Würde ist zwar ein ruhiger Geisteszustand ohne Kampf, allein, da die sinnliche Natur nicht aufhört solche zu seyn und daher ihre Rechte immer noch geltend zu machen wünschte, stellt sie sich auch als stete Wachsamkeit der Willensherrschaft heraus, damit der sinnliche Affekt keinen Augenblick gewinne, um die Freiheit und Selbstständigkeit des Geistes zu täuschen.

Die Würde zeigt sich um so deutlicher, je mehr und je heftiger körperliche Schmerzen, Leiden, sinnliche Begierden 2c. den Geist bestürmen, je ruhiger aber dieser ist und je fester er sich selbst getreu seine Richtung verfolgt. So wenig sich aber der würdevolle Geist durch unangenehme Affekte, durch schmerzliche Empfindungen in seiner Freiheit stören läßt, so wenig gestattet er den angenehmen einen Einfluß auf seine Ruhe und sein Gleichgewicht mit sich selbst. Worin liegt aber der Grund, daß wir dieser Willensherrschaft über die ganze Sphäre sinnlicher Affekte Würde zuerkennen? Der tiefste Grund ist darin zu suchen, daß wir, wie wir die zeitlichen Dinge schätzen, wenn sie in ihrer naturgemäßen Gestalt da sind und wirken, so den Menschen achten, wenn er seiner Bestimmung gemäß erscheint und wirkt, d. h. wenn er sein ganzes Wesen durch eine unbestechliche Willenskraft zu einer höhern Einheit verbindet und dieser die höchste Beziehung gibt. Die Anerkennung der Würde ist Achtung, reines, interesseloses Wohlgefallen, das die Begierde und Furcht ausschließt.

Offenbart der vernünftige Wille seine Oberherrschaft durch wirkliche Unterwerfung des sinnlichen Theils unter den geistigen, durch Handlungen, so tritt das Edle in die Erscheinung. Edel nennen die Aesthetiker gewöhnlich solche Handlungen, die von dem Willen gegen die Interessen der Sinnlichkeit ausgeführt werden, z. B. großmüthige Verzeihung schwerer Beleidigungen, freiwillige Aufopferung des Vermögens und selbst des Lebens für Wahrheit, Recht und Menschenwohl, weisen auf die Beispiele hin, die Aristides, Regulus, August, Phocion 2c. gegeben haben und bestimmen dadurch den Gegensatz des Edeln, das

Gemeine. Das Edle besteht also in solchen Handlungen, welche beweisen, daß der Geist aufgeht und die Sinnlichkeit untergeht. Hat der Wille eine unüberwindliche Herrschaft über die niederen Triebe schon erlangt und weiß er sich stets und fest darin zu behaupten, so erscheint die Hoheit und Majestät, die uns nicht nur Achtung, sondern Bewunderung, Ehrfurcht und Huldigung abnöthigt. Insofern Hoheit und Majestät sich aus der sittlichen Kraftanstrengung des Willens entwickelt, und die höchste Reinigung des Geistes von allem Fremdartigen darstellt und das Menschenwesen zur seligen Einheit und Harmonie erhebt, so ist sie im weitern Sinn das Heilige und wir können Schiller beistimmen, der sagt: „Majestät hat nur das Heilige.‟

Aus dem Gesagten erhellet auch, in wie weit die menschliche Würde sich unter den Griechen zeigen konnte. Da die Erlangung der Würde von dem Bewußtseyn der höchsten Geistesbestimmung abhängig ist und die Griechen sich ihrer ewigen Bestimmung im Allgemeinen nicht ganz klar bewußt wurden, da die Idee der Schönheit die der Heiligkeit in Hintergrund stellte; so konnte die menschliche Würde nicht in dem hohen Grade, wie sie dem christlichen Bewußtseyn erscheint, unter den Griechen hervortreten. Dafür sprechen auch die verschiedenen griechischen Schulen über die Bestimmnng des Menschen. Die griechischen Heroen zeigen allerdings eine Geisteswürde in ihrem Ringen und Streben gegen alles Niedrige und Gemeine, um sich zu dem Göttlichen zu erheben und mit diesem zu vereinigen, allein sie zeigen noch ihre Willenskraft in wildem, ungestümem Kampfe mit der äußern Sinnlichkeit, sie selbst haben sich noch nicht überwunden, und die Einigung ihres Menschenwesens, die Geistesruhe und Sicherheit, erlangt; so wie ihnen auch das Wesen des Göttlichen nicht in höherem Lichte aufgegangen war, so war ihr Streben etwas unbestimmt und unklar, nicht auf Heiligkeit und Seligkeit, sondern nur auf Ueberwältigung aller Hindernisse gerichtet, die die selige Einheit des Menschenwesens stören. Die Stoiker haben den Kampf des

Geistes gegen die Sinnlichkeit, zunächst gegen die sinnlichen Triebe des Körpers gewendet, und geglaubt, ihre höchste Bestimmung zu erreichen, wenn sie die sinnlichen Triebe ganz ertödten und ihren Geist von denselben ganz unabhängig machen. Diese zerstörten eigentlich die natürliche Einheit des Menschenwesens, indem sie die sinnliche Seite gleichsam ganz zu vernichten suchten, statt diese mit der geistigen in naturgemäßes Gleichgewicht zu bringen. Wenn auch die Stoiker einen hohen Grad von menschlicher Würde erlangten durch die Behauptung ihrer geistigen Freiheit den sinnlichen Trieben gegenüber, so erscheint uns diese Würde ganz entblöst von dem anmuthigen Ausdrucke; die stoische Tugend ist eine zu strenge und finstere, die die sinnliche Seite des Menschenwesens einseitig und unrichtig auffaßt. Die höchste menschliche Würde wurde von den Griechen in den Götterideen hypostasirt, unter welchen die Ideen Jupiters und Junos den ersten Rang einnehmen. In Jupiter, dem Gotte des allgemeinen Natur- und sittlichen Lebens, schaute der Grieche die höchste Würde, die Hoheit und Majestät; denn sein Wesen wurde, wie die Natur von einem höhern Einheitsprinzip zusammengehalten wird, durch die Gerechtigkeit zur höchsten Einheit und Harmonie verknüpft. Sein Wille ist ein ewig gerechter, der die Götter-, Menschen- und Naturwelt zusammenhält, und in diesem gerechten Willen erscheint die höchste göttliche Majestät. Wie Jupiter auf Seite des männlichen Geschlechts als die höchste Majestät gedacht wird, so die Juno auf Seite des weiblichen.

In dem tiefern und reinern Bewußtseyn von der allgemeinen menschlichen Bestimmung erreicht der Christ einen höhern Grad von Würde als der Grieche; denn der Christ weiß, daß Heiligkeit seines ganzen Wesens die ewige Aufgabe seines Lebens ist, und daß er nicht in der Ertödtung der sinnlichen Natur, sondern in der Unterordnung und Anwendung derselben zu Erreichung von geistigen Zwecken seine wahre Würde erlangt. Nicht durch die Handhabung der Gerechtigkeit, sondern durch das Streben nach Heiligkeit erwirbt der Christ Würde. Der unverrückbare Hinblick auf das Heilige und Heiligwerden gibt dem Willen jene hohe Kraft, welche alle niedern Zwecke und Interessen höhern unterordnet, die ganze niedere Sphäre beherrscht und zum Dienste eines heiligen Geisteslebens zwingt. Wenn auf Seite des Christenthums die männliche Anmuth in dem Apostel Johannes erscheint, so finden wir die höchste christliche Würde in dem Apostel Paulus. Nicht die Gerechtigkeit, sondern das Gefühl der Erlösung von der Sünde und der Sehnsucht nach endlichem Freiwerden von Allem, was den Geist beschränkt, gibt ihm jene hohe Begeisterung, in welcher er die Welt überwand. Dieses dauernde Gefühl und diese tiefe Sehnsucht stellt sich in dem kraftvollsten Charakter des Apostels dar. Mit welcher Leichtigkeit und Entschiedenheit erhob er sich über alle Leiden und Unannehmlichkeiten, die ihm in seinem Berufe zustießen, wie wenig achtete er auf die körperlichen Bedürfnisse und die Entbehrungen, welchen er sich unterziehen mußte?

§. 35.
Das Elegische als Erhabenes des Subjects.

Das Christenthum hat einen unverkennbaren Einfluß auf die Erweckung der elegischen Gemüthsstimmung dadurch gehabt, daß es den Geist mehr von dem Sinnlichen abzog und in sich kehrte, und allen Gesinnungen und Empfindungen eine höhere Beziehung gab. Auf der aus Glaube und Liebe entsprungenen Selbstachtung und Selbstliebe beruht auch das Elegische im christlichen Sinne. Auch hierin zeigt der Geist seine Freiheit und Selbstständigkeit, daß er sich von Schmerz und Trauer nicht überwältigen und niederdrücken läßt. Das Selbstbewußtseyn des Menschen bildet hier wieder einen großen Unterschied zwischen dem griechischen Alterthum und der christlichen Zeit; denn dem Heiden ist das Bewußtseyn alles Relativen noch nicht so klar und tief aufgegangen, wie dem Christen, daher läßt er sich von Unglück, Verlust, Leiden 2c. noch so tief ergreifen und

erschüttern, bricht in laute und bittere Klage aus, und erhält
sein Gemüth nicht rein oder in einem des Geistes würdigen
Gleichgewicht. In den Elegien des Alterthums spielt der sinn=
liche Mensch noch eine große Rolle und macht sein untergeord=
netes Recht noch zu stark geltend; man erinnere sich nur an
die Trauer= oder eigentlich Klaggesänge des Ovid, die er in
seinem Verbannungsort am Pontus Eurinus geschrieben hat.
So viel äußern ästhetischen Werth auch diese Elegien haben
mögen, so spricht sich doch ein Gemüth aus, das durch relati=
ves oder sinnliches Leiden zu sehr ergriffen ist und seine Rein=
heit und Selbstständigkeit gegen sinnliche Unannehmlichkeiten
nicht behauptet. Schiller sagt in Beziehung auf diese Elegien
trefflich in seiner Abhandlung: Ueber naive und sentimentale
Dichtung: „Das Bedürfniß, nicht die Begeisterung, stieß jene
Klagen aus; es athmet darin, wenn gleich keine gemeine Seele,
doch die gemeine Stimmung eines edlern Geistes, den sein
Schicksal zu Boden drückte. Zwar wenn wir uns erinnern, daß
es Rom, und das Rom des Augustus ist, um das er trauert,
so verzeihen wir dem Sohne der Freude seinen Schmerz; aber
selbst das herrliche Rom mit allen seinen Glückseligkeiten ist,
wenn nicht die Einbildungskraft es erst veredelt, bloß eine end=
liche Größe, mithin ein unwürdiges Objekt für die Dichtkunst,
die erhaben über Alles, was die Wirklichkeit aufstellt, nur das
Recht hat, um das Unendliche zu trauern.“

Die letzteren Worte Schillers leiten uns nun zur nähern
Bestimmung des Elegischen im christlichen Sinne. Wir wer=
den finden, daß dieses auf dem christlichen Standpunkte betrach=
tet in einer besonders den Christen eigenthümlichen Gemüths=
verfassung besteht. Der Christ ist und bleibt Mensch, wie
der Heide es ist; sein sinnlicher Theil dauert an ihm unverän=
dert fort, bleibt für Unglück, Leiden, Verlust ꝛc. fortwährend
empfänglich und theilt seine Verletzung, Beschädigung, seinen
Schmerz dem Gemüthe mit, weil der Mensch als solcher nur
Ein unzertrennliches Wesen ist; nur der Geist kann und soll

durch den Einfluß des Christenthums verändert werden, d. h.
er soll und kann sich zwar nicht ganz losreißen von der ihm so
enge anschließenden Sinnlichkeit, soll aber sich den sinnlichen
Forderungen immer mehr entschlagen und sich rein vom Sinnlichen bewahren, oder sein Sinnen und Streben soll von dem
Endlichen auf das Unendliche gerichtet werden und sich über alles
Relative zwar nicht gleichgültig, doch ungehemmt davon erheben und immer mehr für das Heilige entfalten. Da nun alles
Sinnlich-Unangenehme auch auf das christliche Gemüth einen
Eindruck machen muß, so zeigt sich das christlich Elegische gerade
darin, daß die Freiheit des Geistes dem sinnlichen Eindruck auf
das Gemüth diejenige Kraft und Wirkung nicht gestattet, die
er auf das Gemüth des Naturmenschen ausübt, oder daß er
den unvermeidlichen Einfluß des Schmerzes durch höhere Rücksichten mildert, alle gegen denselben sich empörende Gemüths-
aufregungen beschwichtigt und das Gemüth in seinem natürlichen Gleichgewicht erhält. Alles Leiden, Unglück und aller
Verlust sind in den Augen der Christen etwas rein Relatives,
Vorübergehendes und höhere Zwecke Beförderndes; der sinnliche Schmerz wirkt nothwendig auf das Gemüth, allein der
Christ achtet des Leidens, des Unglückes ꝛc. wenig im Hinblick
auf das ewige Leben oder die ewige Seligkeit. Er faßt sich ruhig
und gelassen, blickt als sinnlich-geistiges Wesen mit Bedauern,
mit Wehmuth und Trauer auf das hin, was gewesen ist, aber
nicht mehr ist. Er wird schmerzlich davon gerührt, allein der
Schmerz wird gemäßigt durch das Bewußtseyn der geistigen Freiheit und ewigen Bestimmung. Die christliche Gemüthsstimmung ist daher wirklich s a n f t e Wehmuth, und diese ist
das wahre Wesen des Elegischen. Diese Gemüthsstimmung ist
auch aus diesem Grunde eine natürliche und hiemit schöne. Die
erhabenste elegische Gemüthsstimmung zeigt sich, wie sich Schiller
ausdrückt, in der T r a u e r u m d a s U n e n d l i c h e. Die würdigste Trauer des Geistes besteht darin, daß seine Selbstliebe
noch nicht so rein und kräftig ist, wie sie seyn sollte und könnte,

daß er sich noch nicht Alles zugeeignet hat, was sein wahres
Leben und seine Seligkeit wirklich befördert und sich noch von
dem Scheine täuschen und der Leidenschaft verblenden läßt;
ferner darin, daß er auch um sich noch viel Irrthum, Aber=
glaube, Unreinigkeit, Bosheit ꝛc. herrschen sieht, oder daß nicht
alle Mitmenschen aus reiner Selbstliebe ausschließlich nach dem
streben, was wahr und gut ist und den Geist beseligt. Eine
solche elegische Trauer spricht der Apostel Röm. 7, 14 — 25 aus;
denn er sagt nach einer Reflexion über seine moralische Unvoll=
kommenheit: Ich unglücklicher Mensch! Wer wird mich von
diesem Todeskörper befreien?

Wenn wir nun das Elegische in eine bei sinnlichem Schmerz
gemäßigte Gemüthsverfassung setzen, und dieser der Natur des
Geistes gemäßen Beherrschung des sinnlichen Leidens, Unglücks ꝛc.
Schönheit vindiciren, können wir Schiller wohl beistimmen, der
behauptet, daß bei der Elegie die Trauer nur aus einer, durch
das Ideal erweckten, Begeisterung fließen dürfe, wenn wir die
durch das Ideal erweckte Begeisterung etwas genauer bestim=
men. Die Trauer fließt nach unserm Dafürhalten nicht aus
der Begeisterung, sondern aus dem sinnlichen Leiden. Die Be=
geisterung für das Höhere, in welcher der Mensch alles Relative
gering achtet, mäßigt den sinnlichen Schmerz zur elegischen
Trauer. Die elegische Trauer kann daher nur stattfinden, wenn
eine höhere Begeisterung da ist, die den Schmerz beherrscht und
das Gemüth wehmüthig stimmt. Unter Ideal müssen wir uns
dann den höhern Geisteszustand denken, in dem er unverrückt
auf das Göttliche und Ewige gerichtet und von diesem stets
begeistert ist. Der elegische Dichter muß sich daher in diesen
Geisteszustand versetzen, wenn er sich nicht schon wirklich in dem=
selben befindet, in welchem er alles Relative gegen das Abso=
lute nur mit sanfter Wehmuth verschwinden läßt. Diese Gei=
stesfassung, die von dem Absoluten bestimmt wird, ist die höhere
Begeisterung oder der wahre Standpunkt des elegischen Dich=
ters. Schiller sagt ferner: Die Trauer über verlorne Freuden,

über das aus der Welt verschwundene goldene Alter, über das
entflohene Glück der Jugend, der Liebe u. f. w., kann nur als=
dann der Stoff zu einer elegischen Dichtung werden, wenn jene
Zustände sinnlichen Friedens zugleich als Gegenstände morali=
scher Harmonie sich vorstellen lassen. Da ohnehin auch der
Gegenstand der Trauer ein würdiger seyn muß, so fügen wir
noch hinzu, daß der Verlust des sinnlichen Friedens nur als=
dann eine wahrhaft elegische Trauer erweckt, wenn das Gefühl
dieses Verlustes durch höhere Rücksichten gemäßigt wird. Was
ist die zeitliche Freude gegen die ewige und reinste! was das
goldene Zeitalter gegen die ewige Seligkeit! was der Tod und
die Trennung gegen das ewige Wiedersehen! das Unglück und
Leiden gegen ewig dauernde Herrlichkeit! Weil da das Elegische
am reinsten erscheint, wo die Heftigkeit des Schmerzes durch
religiöse Rücksichten beherrscht oder ein von Glaube und Liebe
beseeltes Gemüth hervorleuchtet, geben wir auch mit Schiller
Klopstock einen großen Vorzug vor den ältern und neuern Ele=
gikern. Dieser sagt von Klopstock: Seine Sphäre ist immer das
Ideenreich, und ins Unendliche weiß er Alles, was er bearbei=
tet, hinüber zu führen. Man möchte sagen, er ziehe Allem,
was er behandelt, den Körper aus, um es zu Geist zu machen,
so wie andere Dichter alles Geistige mit einem Körper bekleiden.
Beinahe jeder Genuß, den seine Dichtungen gewähren, muß
durch eine Uebung der Denkkraft errungen werden; alle Ge=
fühle, die er, und zwar so innig und so mächtig in uns zu
erregen weiß, strömen aus übersinnlichen Quellen hervor. Da=
her dieser Ernst, diese Kraft, dieser Schwung, diese Tiefe, die
Alles charakterisiren, was von ihm kommt; daher auch diese
immerwährende Spannung des Gemüthes, in der wir bei Le=
sung desselben erhalten werden.

Da der Schmerz an und für sich nicht schön ist, bekommt
er erst eine ästhetische Bedeutung, wenn er von Glaube und
Liebe verklärt erscheint. In der elegischen Trauer erkennen wir
einen nicht gewöhnlichen Menschen, sondern einen solchen, dessen

Gemüth durch ein höheres Lebensprinzip in dem schönsten Gleich=
gewicht erhalten und bewahrt wird, in kleingläubige, jammer=
hafte, sinnliche Klage auszubrechen.

§. 36.
Die Objectivität des religiösen Geisteslebens.

Wie alles Geistige im leiblichen Leben eine Erscheinung oder
einen Ausdruck gewinnt, so auch das religiöse Leben des Geistes.
Die genannten religiösen Tugenden, die aus dem Glauben und
der Liebe kommen, bilden das äußerliche Leben der Kirche.
Glaube und Liebe vereinigen unzählige Geister zu einem unsicht=
baren Bunde, der auch eine äußere Erscheinung erhält. Die
sichtbare Kirche ist der Ausdruck des gemeinsamen Glaubens,
der gegenseitigen Liebe und der gemeinschaftlichen Hoffnung.
Welch erhaben schöner Verein ist dieser Geisterbund, der in der
sichtbaren Kirche seinen Ausdruck gewonnen hat! Die Kirche
als Vereinigung der Menschengeister im Glauben, der Liebe
und der Hoffnung, derer, die da auf Erden leben und schon
dahin gegangen sind, ist aber kein Gegenstand der Erfahrung,
sondern idealer Anschauung. Nur einzelne christliche Gemein=
den und einzelne kirchliche Versammlungen sind Gegenstände
sinnlicher Wahrnehmung, und sind als Segmente des großen,
unübersehbaren Kreises anzusehen. Das erhabene Schöne stellt
sich daher von dieser Seite nur in einzelnen Erscheinungen dar.

Das Haus, die stille Kammer, das Feld, der Wald ꝛc.
beschränken die religiösen Tugenden nicht in ihren mannigfalti=
gen Erscheinungen, doch ist es vorzüglich der christliche Tem=
pel oder die Kirche, wo dieselben sich bestimmter aussprechen.
Daher wollen wir auch etwas von dem christlichen Tempel in
ästhetischer Beziehung sagen.

Der Christen gemeinsamer Glaube und die gemeinsame
Hoffnung ist versinnbildet durch das Haus Gottes — den Tempel.
Schön ist an und für sich, ohne Rücksicht auf Größe oder den
Baustyl, die Kirche, die sich mit einem oder mehreren Thürmen

über die niedern Wohnungen der armen Sterblichen erhebt. Jede Dorfkirche ist, sich so erhebend und dem Himmel zuweisend, der Ausdruck der Bestrebungen und Hoffnungen aller der ihr Angehörigen. Der christliche Tempel mußte sich eben so bestimmt von dem heidnischen unterscheiden, als das Christenthum von den heidnischen Religionen. Der griechische Tempel war nicht für die Volksversammlung, sondern für die Wohnung der Götterbilder bestimmt. Das Aeußere desselben wurde als Hauptsache mit Säulen, Standbildern, Basreliefs ꝛc. geziert. Er konnte auch nicht durch Größe und Erhabenheit imponiren, sondern sollte nur durch seine leichte Proportion, Heiterkeit und Zierde gefallen. Wie die Religion, so der Tempel. Die griechische Religion war heitere, schöne Naturreligion, und der Gottesdienst beschränkte sich meistens auf das Sinnliche und fand außerhalb des Tempels statt. Nachdem der Geist des Christenthums die Herzen der Menge zu durchsäuern begonnen hatte, wurden andere Tempelbauten Geistesbedürfniß. Die christliche Religion zieht den Menschengeist zum Himmel empor, kehrt ihn von der Welt in sich und erhebt ihn so über sich und die Welt. Die Verkündigung des Evangeliums, die gemeinsame Feier des heiligen Abendmahls und das gemeinschaftliche Gebet erforderten ein Gebäude als Versammlungsort der Gläubigen, der in allen seinen Theilen den genannten Zwecken angemessen war. Es entstanden zuerst zu diesem Zwecke die eigenthümlichen Bauten, die byzantinischen Kirchen und Dome, aus denen sich die gothischen oder altdeutschen entwickelten. Es erhoben sich daher bald Gebäude, welche geeignet waren, den Geist ernst und feierlich zu stimmen, auf das Hohe und Himmlische hinzuweisen, von der Zerstreuung in der Welt zu sammeln, ihn in sich und das Göttliche zu versenken, und die Betrachtung und die Andacht zu fördern. Unter allen Kirchenbauten scheint der byzantinische und so genannte gothische Styl derjenige zu seyn, welcher mit dem Geiste des Christenthums und dem christlichen Gottesdienste am meisten übereinstimmt. Der altdeutsche Dom ist an sich etwas erhaben Schönes. Diesem Dome liegt die Form des Kreuzes (lateinischen oder griechischen) zu Grunde, als Symbol der Erlösung. Der Altar wurde stets gegen Osten gestellt, dem Lande zu, von welchem das Heil kam, und die drei Haupteingänge wurden gegen Norden, Westen und Süden angebracht, um anzudeuten, daß alle Völker kommen sollen, zu kosten, wie freundlich der Herr sey. Die kühn aufsteigenden Gewölbe und Bögen, getragen von schlank aufschießenden Säulen, bedeuten sinnvoll die Richtung und den Schwung des Geistes zum Unendlichen, der sich von dem Irdischen losreißt und kühn aufwärts strebt. Dem Hauptinhalt des christlichen Glaubens entsprechen oft drei Thürme, von welchen zwei in den Ecken der Kreuzform und der dritte über dem westlichen Eingang sich erheben. Der Chor ist in diesem Gebäude wie ein Tempel im Tempel erhöhet. Ein besonderes Hellbunkel, das durch die eingeschmolzenen Fensterscheiben besonders modifizirt wird, erfüllt diese Hallen mit heiligem Schauer und stimmt das Gemüth zur frommen Verehrung und Anbetung des unsichtbaren Gottes. Die einfachen Verzierungen, die frommen Bilder und die heiligen Geräthe wirken auf Gefühl und Phantasie. Diesen Bauten scheint die Figur der Rose als Grundlage gedient zu haben; daher finden wir an dem ganzen Gebäude einen bestimmten Charakter. Aus dieser Grundfigur scheinen sich auch die eigenthümlichen Formen der Fenster und Thüren erklären zu lassen. Die durchbrochene Arbeit an diesen Gebäuden, besonders an den Thürmen, scheinen gleichsam die Lichtblicke des gläubigen Christen in die jenseitige Welt zu bezeichnen. Da diese Tempel einen bestimmten Baucharakter und eine große Angemessenheit zu der christlichen Gottesverehrung haben, so sprechen sie uns weit mehr an, als andere Tempelbauten, wenn auch diese großartiger seyn sollten. Die altdeutschen Münster sind auch ein glänzender Beweis von dem tiefen Glauben und der innigen Liebe unserer Vorfahren, die mit unsäglicher Mühe so große Massen aufgethürmt haben.

Trefflich ist, was Arndt in Betreff des deutschen Mittelalters sagt: „Jene Zeiten hatten Etwas, was der unsrigen fehlt, und was Frische und Saft auf das Dürre und Leblose goß und es mit Geist und Athem beseelte; sie hatten einen lebendigen Glauben, eine tiefe Liebe zu Gott; die Religion war von Kind auf in das ganze Leben und in alles Thun und Leiden verflochten — eine kindlich unbewußte Religion; und diese höchste Macht und Gewalt des Herzens gab ihm Muth, Kühnheit und Geschicklichkeit zu Allem. Gott war in ihnen und wirkte aus ihnen heraus schöne und liebliche Werke für die Welt, und die treuen und gläubigen Menschen folgten ihrem Triebe, wie die Bienen und Ameisen und Schwalben, die ihre Wohnungen aufbauen und ihre Häuser mauern und nicht wissen warum, noch wodurch sie es thun. Dieser lebendige, einfältige und geschäftige Geist der Frömmigkeit und göttlichen Liebe blühte in jenen vergangenen Menschengeschlechtern, und nur die Ahnung davon erfüllt unsere Sündlichkeiten mit einer tiefen Sehnsucht und inniger Wehmuth, wie der Erwachsene an die frühesten Tage seiner Jugend zurückdenkt. Durch diese Kraft schufen sie ihre Freiheit und verwalteten das Regiment ohne viele und künstliche Gesetze; durch diese waren sie Dichter und Saitenspieler und Bildner und Baumeister, und bildeten so Unbegreifliches und Ueberschwängliches, — Alles dieses muß man glauben, wenn man begreifen will, wie ein Volk im zwölften und dreizehnten Jahrhundert schon so Herrliches schaffen und bilden konnte. Wer hat die Dome in Mailand, Ulm, Cöln, Wien, Straßburg, Freiburg gebaut? Diese Werke sind wie Träume und Dämmerungen aus einer längst vergangenen und Andeutungen und Weissagungen aus einer fernhin zukünftigen Zeit; denn diese freudigen Menschen lebten mitten in Gott und Er selbst schuf aus ihnen. Ein Wunder bleibt es immer, wie alles höhere Daseyn ein Wunder ist. Darum nennen es die Einen Narrheit, die Anderen eine Herrlichkeit. Wer nicht durch das Christenthum und seine unendliche Einfalt und Tiefe jene Zeit und ihre Werke

erkennen will, dem bleiben sie ein verschlossenes Räthsel oder nur bunte Albernheit. Und wer nur das klare heitere Alterthum erkennt und darin lebt, dem ist der Sinn zugeschlossen, in diese Heiligthümer einzudringen, daß, wenn sie ihm auch lieblich dünken, sie ihn doch immer bänglich und halb verworren, und fast mit einem Gefühl von Sünde gehen lassen. Wer baut jetzt solche Mauern, wölbt solche Pfeiler und treibt solche Thürme in die Luft? Wer schnitzelt und meißelt und gräbt und malt solche fromme, freundliche und kindliche Bilder? Aus wessen Herz strömen solche Weltphantasien?"

Was dem Dome im Innern noch Schönheit und gleichsam Leben verleihet, ist die Orgel und nach außen das Glockengeläute. Die Orgel ist das einzige musikalische Instrument, welches sich für den Dom eignet. Das volle Orgelspiel hat im Dome etwas Erhabenes, Feierliches und Majestätisches; es ergreift den ganzen Menschen, reißt ihn durch Gewalt der Töne von der Erde los und trägt ihn auf Windesflügeln zu dem Sternendom empor. Wie passend und erhebend ist das heitere volle Orgelspiel an einem christlichen Freudenfeste, z. B. an Ostern, am Feste der Auferstehung des Herrn! Das vollkräftige Orgelspiel scheint durch die Zaubertöne alle Todten aus den Gräbern zu rufen. Die volle Orgel ruft mit noch stärkerem Tone als die Menschenstimme: Halleluja! Wie wehmüthig oder elegisch, den Geist in sich kehrend, und in seiner Sammlung auf das Ewige und Unvergängliche hinweisend ist das sanftere, ruhigere und gemüthliche Orgelspiel in dem Helldunkel des altdeutschen Domes? Wird damit noch allgemeiner Gesang verbunden, so ist es entzückend. Durch Orgelspiel und Gesang scheint selbst der Dom belebt und bewegt zu werden, der Starre und Todte beseelt zu seyn.

Nach Außen kündigt das Glockengeläute des Domes heilige Bestimmung an. Welche erhabene Schönheit hat das volle Glockengeläute für den, der ein festlich gestimmtes Gemüth hat! Die Idee des christlichen Festes ist auch die Idee dieser musikalischen

Erſcheinung. Ein kräftiges harmoniſches Geläute verkündigt z. B. am Pfingſtfeſte in weite Ferne hin die Sendung des heiligen Geiſtes, um Licht und Frieden in die Herzen der armen Sterblichen auszugießen. Das Geläute der Glocken verkündigt uns, daß einer unſerer Brüder zu Grabe gebracht wird, wir wünſchen ihm ewige Ruhe. Wie freundlich wird die Stille des Morgens und Abends durch das Glockengeläute unterbrochen! Ein höherer und ungewöhnlicher Klang bringt in unſere Ohren und mahnt uns, das Herz aufwärts zu richten. Der Glockenklang, den wir von verſchiedenen Gemeinden auf dem Lande vernehmen, erinnert uns an die geiſtige Gemeinſchaft, in der wir zu einander ſtehen. Wie erhaben ſchön iſt der Anblick einer frommen betenden Familie, während die Gebetglocke geläutet wird! Jede Gebetglocke des Morgens ruft uns von dem Schlafe, einem unthätigen Leben, zu einem ſegensreichen Wirken des Tages. Wie herzlich begrüßen diejenigen den Schall der Morgenglocke, welche die Nacht in Schlafloſigkeit zugebracht haben!

Zu der äußern Schönheit des Tempels gehören ferner die heiligen Geräthe, Kleider, Verzierungen, Ceremonien ꝛc. Wie wohlthuend und erhebend iſt zumal für den armen und gemeinen Mann der Anblick des heiligen Schmuckes ſeiner Kirche und der Glanz kirchlicher Geräthe! Die kirchliche Pracht erhebt ihn über ſeine enge und ſchmutzige Wohnung in einem Winkel der Erde, über das Gemeine des Lebens, erweitert ſein Herz für höhere und edlere Gedanken und begeiſtert ihn für alles Große und Schöne.

Das Haus Gottes iſt auch der Ort, wo vorzugsweiſe die religiöſen Tugenden in die Erſcheinung treten.

Welchen erhabenen Anblick gewährt hier die verſammelte Menge, welche den gemeinſamen Glauben an Einen Gott und Vater, an den einzigen Erlöſer und Mittler und an den einen Heiliger und Beſeliger ausſpricht! Hier ſtellt ſich beſonders die Liebe zu Gott und den Brüdern dar. Siehe, eine zahlreiche

Menge betet mit einander! Das Herz Aller ist von Liebe zu
Gott beseelt, Alle preisen Gott als den Schöpfer und Herrn,
der Macht hat über Leben und Tod; Alle loben ihn als den
höchst Weisen und Guten, und beten ihn an als den Gerechten
und Heiligen, und demüthigen sich vor dem unendlich Vollkommenen. Bittend wenden sich Alle gemeinsam in allen ihren Bedürfnissen an den Reichesten und Mächtigsten, flehen um Güter
des Geistes und des Leibes. Alle erkennen die freie Gnade
Gottes und führen Alles, was sie besitzen und genießen, dulden
und sind, auf diese zurück, ihr Herz ist erfüllt von innigstem
Danke.

Die versammelte Menge bittet und dankt nicht nur um und
für die einem Jeden zu Theil gewordenen Gaben, sondern es betet
Einer für den Andern, und Alle gedenken in ihrem Gebete der
verstorbenen Brüder. Welch erhabene und selige Geistesgemein-
schaft erscheint uns daher im gemeinsamen Glaubensbekenntniß
und dem gemeinschaftlichen Gebete!

Siehe hier die Licht bedürfenden Geister! Alle versammel-
ten hören mit Aufmerksamkeit das Wort Gottes und bewahren
es im Herzen. Welche Ruhe, Stille und welch freudiger Ausdruck herrscht in dieser gottseligen Versammlung! Mit welcher
Andacht singt sie!

Wie der ganze Gottesdienst als etwas erhaben Schönes
erscheint, so die einzelnen Theile desselben. Einen erhaben schönen Anblick gewähret die kirchliche Versammlung beim Genuß
des heiligen Abendmahls. Alle erscheinen mit demselben Glauben und derselben Liebe, Alle erkennen und lieben sich als Brüder, und sammeln sich um den Einen Gott und Herrn, der sich
ihnen selbst zur Speise gibt, um Alle zu heiligen und zu beseligen. Im Bewußtseyn der Schuld und des Bedürfnisses der
Begnadigung, mit Ehrfurcht und Liebe, Sehnsucht und Zuversicht auf das ewige Leben treten Alle zum Tische des Herrn,
beseitigen allen Rangunterschied und genießen Alle das Eine
Brod des Lebens, geben sich den Bruderkuß und beten für

einander und für die Verstorbenen. Hier wird recht augenfällig das Himmelreich Christi auf Erden im Kleinen dargestellt, um Einen Herrn und Ein Haupt sammeln sich die Glieder und bilden die seligste Familie; Alle sind Ein Geist und Ein Herz!

Welch ehrwürdiger Anblick! Dort geht ein frommer Priester in heiligem Schmucke, um einem kranken Gläubigen das Brod des Lebens zu seiner Genesung, wenn auch nur zur vollen geistigen, zu bringen!

Einen ernst=elegischen Eindruck macht ein Leichenzug. Da beweisen die Brüder einem entschlafenen Bruder noch im Tode die Achtung und Liebe, die sie ihm im Leben schenkten; sie begleiten ihn bis zur Pforte der Ewigkeit, wünschen ihm ewigen Frieden und selige Vollendung, bitten Gott, er möchte ihn zu seiner seligsten Anschauung gelangen lassen. Das Kreuz, das Triumphzeichen über Tod und Verwesung und die Hoffnung aller Gläubigen, wird auf seinem Grabe aufgepflanzt!

§. 37.
Das Prächtige, Feierliche und Majestätische.

Die Kirchengebäude, die heiligen Geräthe, die Feier des Gottesdienstes führt uns hier zur Erklärung des Prächtigen, Feierlichen und Majestätischen im ästhetischen Sinne, als Ausdruck des subjectiv Erhabenen, denn im Gebiete der Natur werden wir es von einer andern Seite kennen lernen.

Die Pracht besteht zunächst in reichem Schmucke und Putze, die die Sinne fesselt und von dem Gewöhnlichen abweicht; soll aber etwas im ästhetischen Sinne prächtig seyn, so genügt der äußere Glanz und Reichthum nicht, sondern es muß sich dadurch etwas Erhabenes aussprechen. Es mag wohl ein Kleid prächtig genannt werden, wenn es aus kostbarem, schön gefärbtem Stoffe besteht und keine Sparsamkeit merken läßt und gut oder passend gemacht ist, allein in ästhetischer Beziehung hat es an und für sich keinen Werth und bekommt einen solchen, aber nur einen untergeordneten, erst in der wirklichen Anwendung

zur Bekleidung eines edlen Menschen. Welchen Werth hat es,
wenn es eine gemeine, widrige Seele trägt! Das Prachtvolle
mit ästhetischer Bedeutung zeigt sich in der Regel im ruhigen
Zustande einer Erscheinung, die etwas Großes und Erhabe=
nes zur sinnlichen Wahrnehmung bringt. Wir legen großen,
versteht sich architektonisch richtig und zweckmäßig gebauten Kir=
chengebäuden, den Domen oder Münstern, das Prädikat präch=
tig bei, nicht weil sie bloß groß, symmetrisch ꝛc. gebaut sind,
sondern weil hier ein erhabener Gedanke dem Ganzen zu Grund
liegt, und sich in reicher Entfaltung ausspricht. Das Präch=
tige, z. B. das Aeußere eines Tempels, besteht daher einerseits
in dem Großen, Mannigfaltigen und Reichen des architektoni=
schen Werkes, andererseits in dem Gottesbewußtseyn und dem
Selbstgefühl der Abhängigkeit von dem göttlichen Wesen, die
sich durch das Daseyn des Tempels sinnlich wahrnehmbar dar=
stellen. Wir können daher das ästhetisch Prächtige als die Ver=
klärung der Materie durch das Erhabene des Sub=
jects, oder die Vergeistigung der Materie nennen. Der regel=
lose Stein nimmt unter der Hand des Steinhauers eine bestimmte
Gestalt an, fügt sich zu einem andern, alle werden nach und
nach, jeder an seinem Platze, zusammengesetzt, und so steht nun
ein Gebäude da, das sich durch seine Symmetrie, Proportion ꝛc.
dem Mineralreich gegenüber stellt, und des Meisters Gedanken
oder Plan vollständig ausspricht, den er in seinem Gottesbe=
wußtseyn entworfen hat. Die rohe Masse wurde von dem erha=
benen Geist bemeistert und gezwungen, Geistiges darzustellen.
Findet daher hier nicht wirklich eine Verklärung der rohen
Masse durch eine geistige Idee oder eine Vergeistigung der Ma=
terie statt? Wenn wir aber das Prächtige auf diese Weise defi=
niren, müssen wir noch hinzusetzen, daß diese Verklärung der
Materie immer großartig und reich seyn muß. Wir nennen
nämlich eine kleine und armselige Dorfkirche nicht prächtig, ob=
gleich sie auf derselben Idee, wie der prachtvollste Dom, beruht,
weil eben die Idee sich nicht auf eine reiche, mannigfaltige und

großartige Weise zur sinnlichen Darstellung entwickelt hat. Dem Innern des Tempels gibt besonders auch die Verzierung mit Säulen, Laubwerk, Gemälden, eingeschmolzenen Fensterscheiben, Statuen zc. den Charakter des Prachtvollen, wenn die Verzierung reich, mannigfaltig und würdig ist. Diese hat die Aufgabe, die Pracht des Gebäudes zu erhöhen.

Feierlich nennen wir eine Erscheinung in der Bewegung, wenn sie zugleich glanzvoll oder prächtig ist und den Eindruck des Erhabenen macht. Der Gottesdienst z. B. wird feierlich genannt, wenn er in einer Succession von prachtvollen Erscheinungen oder Handlungen besteht, die erhabene Ideen in glanzvoller Entwickelung darstellen. Der erste Unterschied des Prachtvollen und Feierlichen zeigt sich daher darin, daß ersteres in der Ruhe, das andere in der Bewegung sich darstellt. Wie das Prachtvolle etwas Stehendes ist, und deswegen durch seinen Reichthum des Schmuckes hauptsächlich nur eine Idee versinnlicht, so entwickelt das Feierliche durch eine Reihe von Handlungen und Erscheinungen nach einander mehrere Ideen auf eine sinnlich hervorstechende Weise. Das Feierliche verbindet daher eine successive Mannigfaltigkeit zur Einheit, und umfaßt in Beziehung auf das Religiöse alle kirchlichen Handlungen in der Einheit, die Verrichtungen der Priester, die Ceremonien, die Anwendung heiliger Geräthe, die Predigt, das Orgelspiel und den Gesang zc. Wollen wir dies Alles auf einen Ausdruck zurückbringen, so ist das Feierliche die Erscheinung des Erhabenen in der prachtvollen Succession von Handlungen und Erscheinungen; oder es ist die Vergeistigung oder Verklärung der Bewegung. Die Bewegung des Körpers ist an und für sich etwas Sinnliches; denn nimmt man nicht auf die Absicht des handelnden Subjects Rücksicht, so erscheint jede Bewegung als eine sinnliche oder Körperthätigkeit, und es ist kein Unterschied unter den Handlungen. Achten wir aber auf den Geist, der die Bewegung bestimmt, so zeigt sich ein großer Unterschied zwischen der rein sinnlichen und der geistig bestimmten Thätigkeit.

Das Feierliche entwickelt sich daher nur durch solche Handlun=
gen, welche keinen Bestimmungsgrund mehr in der Sinnlichkeit,
sondern rein im Selbstbewußtseyn und Gefühl des Göttlichen
haben; es sind also Handlungen, die von dem Göttlichen
verklärt oder vergeistigt sind. Daß das Feierliche in einer
prachtvollen Reihe von Veränderungen zur Erscheinung komme,
beweiset besonders die Musik. Die Musik wird aber nur feier=
lich genannt, wenn ihre Bewegung von religiösem Geiste be=
stimmt ist. Ein rein sinnlicher Musiker wird wohl nie eine
wahrhaft feierliche Musik componiren können. Die Musik ist
um so feierlicher, je mannigfaltiger ihre Bewegung zu gleicher
Zeit ist, d. h. je mehrere musikalische Instrumente zusammen=
wirken. In der Mannigfaltigkeit der Instrumente entwickelt sie
ihre Pracht und in der Bewegung das Feierliche. In Bezie=
hung auf das religiöse Feierliche bemerkt Ficker mit Recht:
„Wer fühlte nicht das Feierliche, wenn in der Peterskirche in
Rom, bei den tausend allmählig ersterbenden Lampen, durch
das schauerliche Gewölbe und seine hohen Pfeiler hinab das
ernste Miserere bringt, und mit ihm der Gedanke an Grab
und Ewigkeit die Seele mächtig erfaßt?"

Sowohl das Prächtige als das Feierliche bekommt die Be=
nennung majestätisch, wenn Beides die höchste Würde in sich
vereinigt. Wir nennen auch einen Tempel majestätisch, in
sofern er als solcher würdig ist und auf die höchste Majestät
hinweiset. Das Feierliche wird mit Recht majestätisch genannt,
wenn es das Würdigste, Heiligste und Ehrfurchtgebietende auf
die würdigste Weise versinnlicht. Das Majestätische, welches
sich durch das Feierliche entwickelt, erweckt Ehrfurcht und An=
betung. Besonders ist auch die Musik geeignet, den Geist von
dem Aeußern abzuziehen und in sich zu kehren und mit Ehr=
furcht vor dem Göttlichen zu erfüllen. Ihr Maestoso wird
diese Wirkung nicht verfehlen, wenn es von tiefem und reinem
religiösen Geiste gedichtet ist. Das Majestätische ist dem Ge=
sagten zufolge der höchste Grad des Prachtvollen und Feierlichen,

der solchen Eindruck auf den Menschengeist macht, daß er sich augenblicklich der Sinnlichkeit ganz entschlägt und reiner Geist ist; oder das Majestätische ist die Erscheinung der höchsten Würde in Ruhe und Bewegung oder auf eine so prachtvolle und feierliche Weise, daß es für Augenblicke oder kürzere Zeit das Menschenwesen ganz verklärt oder vergeistigt.

§. 38.

Das Komische.

Da wir bisher von dem Erhabenen des Subjects gesprochen haben, und wir unter dem Komischen die negative Seite der Erscheinung des Erhabenen verstehen, so findet die Rede von dem Komischen ihre geeignete Stelle hier. Vor Allem muß aber bemerkt werden, um dem gewöhnlichen Irrthum vorzubeugen, daß das Lächerliche nicht eigentlich das Komische ist. Man mag über Vieles lachen, ohne es als Komisches anzuerkennen. Weil sich aber das Lächerliche doch zum Komischen verhält, wie das Traurige zum Tragischen, wie Solger sagt, so versuchen wir hier auch das Lächerliche genauer zu bestimmen. Weil aber das Lächerliche so mannigfaltig ist und von einem Subject als solches erkannt und gefühlt wird, während dies von einem andern nicht geschieht; hat man von jeher dasselbe auf verschiedene Weise zu erklären und unter einen allgemeinen Begriff zu bringen gesucht. Man sagte: Lächerlich heißt Alles, dessen Wahrnehmung zum Lachen oder wenigstens zum Lächeln reizt; das Lächerliche ist jede unerwartete, plötzlich auffallende, anschauliche Ungereimtheit vernünftiger oder doch ihnen ähnlicher Wesen in Dingen, die keine große Wichtigkeit haben; es ist ein Konflikt zwischen Freiheit und Naturnothwendigkeit, es ist eine sinnlich angeschaute Zweckwidrigkeit, oder plötzliche Verwandlung einer gespannten Erwartung zu Nichts ꝛc.

Aus allen Bestimmungen des Lächerlichen leuchtet zuerst ein, daß das Lächerliche nur unter freien Wesen gefunden wird. Es bezieht sich daher auch auf das Handeln freier Wesen;

allein es fragt sich nur, wie ist das Handeln, oder die Wirkung
oder das Seyn des Geistes nach Außen beschaffen, wenn wir
einen Menschen lächerlich finden? Denken wir uns viele Fälle,
wo wir über die Menschen lachen und suchen wir das Handeln,
das wir lächerlich finden, in seinem tiefsten Wesen zu erfassen,
so könnten wir vielleicht eine allgemeine Bestimmung des Lächerlichen finden. Ist Jemand stets besonnen, spricht er nur,
wenn er überzeugt ist, daß er Wahres und Passendes rede,
handelt er stets mit Vorsicht und Umsicht, und kennt er die
äußeren Hindernisse seines Seyns und Handelns, so thut ein
Solcher Nichts, worüber wir lachen. Hieraus ergibt sich, daß
wir über das Gegentheil des Gesagten lachen. Spricht Jemand
Etwas, was nicht allgemein als Wahres anerkannt wird, handelt er ohne Vorsicht und Umsicht, so daß er von dem beson-
nenen Handeln Anderer abweicht, und achtet er nicht auf
äußere Hindernisse; so lachen wir über einen solchen Menschen.
Jedoch ist dieses Seyn und Handeln auf Abiaphora in intellektueller, moralischer und physischer Beziehung einzuschränken;
denn hat das Handeln schmerzliche und verderbliche Folgen, so
tritt an die Stelle des Lachens Mitleid. Wir stimmen daher
Ficker bei: „Die Ungereimtheit muß in unwichtigen Dingen
stattfinden, und selbst zur Verachtung zu gering, zum Hasse
zu gut und zur ernsten Betrachtung zu unwichtig seyn. Wenn
wir nun die Quelle des lächerlichen Handelns suchen, so finden
wir, daß dieses immer aus einem Wahn in was immer für
einer Beziehung hervorgeht. Spricht Jemand Etwas im Wahne,
es sey wahr, so lachen wir, weil dieser Wahn sich an der allgemeinen Ansicht plötzlich bricht; daher entsteht nur über solche
Reden ein Gelächter, welche sogleich als Wahn erkannt werden.
Thut Jemand wieder Etwas im Wahne, es sey passend, angenehm und recht, so lachen wir wieder, weil diese Handlung
auf einem Wahne beruht, der sogleich durch die allgemeine
Sitte oder Ansicht elidirt wird; und handelt Jemand ohne Rücksicht auf die äußere Hindernisse, also im Wahne der Sicherheit,

so kann plötzlich sein Wahn getäuscht werden, und wir lachen, weil sich der Wahn an der Naturnothwendigkeit bricht. Warum lachen wir, wenn Sancho Pansa erzählt, er sey auf dem bezauberten hölzernen Pferde zu einer solchen Höhe gestiegen, daß er die himmelblauen Ziegen habe weiden sehen, und daß ihm die Erde nicht größer als ein Pfefferkorn und die Menschen darauf nicht größer als Haselnüsse geschienen haben; oder wenn Don Quixote die Windmühlen für Riesen hält und mit ihnen kämpfen will, oder wenn Einer auf einem mit Schnee bedeckten Eis gravitätisch und unbesorgt einherschreitet; plötzlich stolpert, fällt, aber unverletzt wieder aufsteht? Nur aus dem Grunde, weil der Wahn in diesen Beziehungen plötzlich an unserm Bewußtseyn oder der Natur scheitert. Das Lächerliche besteht daher aus zwei Faktoren, objektive ist es die Handlung eines intelligenten und freien Wesens im Wahne, subjektive die plötzliche Wahrnehmung des Wahns; oder wenn wir Beides zusammennehmen, zeigt es sich in dem plötzlichen Wahrnehmen einer Handlung im Wahn. Daher kommt es, daß nicht alle Menschen dieselbe Handlung als lächerlich finden, weil nicht alle den Wahn als solchen erkennen, und der Wahn oft der Art ist, daß zur Wahrnehmung desselben eine gewisse Geistesbildung erfordert wird. Es wird auch immer eine heitere Laune erfordert, um das Lächerliche als solches zu fühlen. Der Mensch lacht über sich selbst, wenn er seinen Wahn plötzlich erkannt hat, oder dieser sich an seinem Selbstbewußtseyn bricht. Das Lächerliche besteht demnach in einem gewöhnlich unbewußten Widerspruche des Geistes mit sich selbst und die Aeußerung dieses Widerspruches ist das umgekehrte Naive. Mit Bewußtseyn sich in einen Widerspruch mit sich selbst setzen, scheinbar nach einem Wahn sprechen und handeln, ist das Werk des Witzes und der Laune. Der bewußte Wahn ist die umgekehrte Ironie und Schalkhaftigkeit. Wir lachen über beide Arten des Wahnes, weil wir in beiden etwas Eitles erkennen; und weil wir über ernste, passende und wichtige Reden und

Handlungen nicht lachen, sondern über thörichte, unpassende und unvorsichtige, ist unser Lachen der Ausdruck eines moralischen Urtheils, d. h. es entsteht ein Gelächter, weil sich der Wahn an unserm gesunden Selbstbewußtseyn bricht. Warum nicht alles Lächerliche Gegenstand der Komik werden könne, und warum viele Komödien nicht eigentlich solche seyen, sondern vielmehr Spiele des Lächerlichen oder eigentliche Lustspiele, wird sich von selbst klar darstellen, wenn wir das Komische genauer bestimmt haben werden.

Das Erhabene des Subjekts findet seinen Gegensatz noch innerhalb des Reiches des Schönen im Komischen; das Komische ist daher die äußerste Gränze des Schönen im freien Geistesgebiete. Haben wir das Komische den Gegensatz des Erhabenen genannt, so können wir auch dasselbe an dem Gegenüberstehenden genauer prüfen und bestimmen. Das Erhabene tritt dadurch in die Erscheinung, daß die Idee die sinnliche Erscheinung ganz beherrscht und im Untergang des Sinnlichen nur reiner und bestimmter hervortritt. Im Erhabenen herrscht daher die Idee, das Allgemeine oder Geistige, oder wie man es nennen mag, über die Form oder Erscheinung vor; oder das gewöhnliche Verhältniß des Schönen, des Seyns an sich in entsprechender Form wird dahin geändert, daß das Seyn auf eine ungewöhnlich hervorstechende Weise über die Form vorschlägt. Das Gegentheil von der Erscheinung des Erhabenen wird sich daher darin zeigen, daß die Gestalt des Schönen das Seyn an sich überwältigt, und diese Erscheinung des Schönen ist das Komische im weitesten Sinn. Weil nun im Komischen nur ein Mißverhältniß zwischen den zwei Faktoren des Schönen wahrgenommen wird, so steht es noch auf dem Gebiete des Schönen und ist Gegenstand unseres Wohlgefallens. Hiedurch ist auch zugleich der Unterschied des Komischen von dem Häßlichen gegeben. Das Häßliche ist der Tod des Schönen; denn das Seyn hat aufgehört in der, der Natur des Seyns angemessenen, Form zu erscheinen. Im Gebiete des Komischen scheinen noch die Ideen durch, allein sie sind der Zeitlichkeit und Zufälligkeit preisgegeben, und treten nur nicht mit der Uebermacht und Klarheit hervor, wie im Erhabenen des Subjekts. Das gewöhnliche oder gemeine Leben ist komisch, weil es noch von ewigen Ideen bewegt wird, aber diese von Sinnlichkeit, Thorheit, Interesse 2c. verdeckt werden. Das Komische erhebt sich daher wohl über das Lächerliche, das keine Idee durchscheinen läßt, sondern nur einzelner Wahn ist; denn nur dasjenige Lächerliche ist komisch, welches noch auf dem Grund und Boden ewiger, wenn auch dunkler Ideen sich bewegt. Weil nun das Komische die durch die Sinnlichkeit aufgehobene Idee oder der Untergang der Idee in die Sinnlichkeit ist, besteht sein höchster ästhetischer Werth darin, daß das gesunde, freie Bewußtseyn diesen Untergang wieder vernichtet, oder das Mißverhältniß der Faktoren des Schönen in das richtige Verhältniß zurückversetzt. Wenn nämlich das Komische ein umgekehrtes Ideal oder eine Idee, die unter der Form oder äußeren Erscheinung untergegangen, aber noch vorhanden ist, genannt wird, so wird die untergegangene Idee noch von dem gesunden Geist anerkannt, hervorgezogen und an ihren rechten Platz gestellt. Das gesunde Bewußtseyn kehrt das umgekehrte Ideal wieder um. Weil wir es lieben, für den abstrakten Ausdruck ein Konkretum zu gewinnen, so wollen wir das Komische in einem einzelnen Falle oder in einem Beispiel betrachten. Der Frömmler ist komisch, weil er als ein Frommer erscheint, oder die Idee der Frömmigkeit einen Ausdruck bekommen hat, allein diese Idee erscheint nicht rein und vollständig. Sein ganzes Aeußere gründet sich auf die Idee der Frömmigkeit, allein diese geht unter seinem Thun und Lassen unter und scheint nur unvollkommen durch. Das Komische umfaßt daher das gemeine oder unvollkommene sittliche Leben — die gewöhnliche Wirklichkeit, welche nicht ganz rein und vollständig von der Idee beherrscht und bestimmt wird; die verkehrten Handlungen entspringen zwar auch aus der Idee, allein sie stellen dieselbe nicht rein und vollkommen dar. Betrachten wir den Frömmler genauer, und wir werden tiefer in das Wesen des Komischen eindringen. Der Frömmler thut Alles, was die Frömmigkeit zu erfordern scheint; er eifert überall für Gottes Ehre, er ist unwillig und empört, wenn Gottes Name entheiligt wird; er klagt über Unsittlichkeit und das Verderben der Jugend; er betet gewissen=haft zu gewissen Zeiten; er spricht oft mit Andern über religiöse Dinge; besucht die Kirche regelmäßig, bezeugt Ehrfurcht gegen das Heilge, wo es sich findet, vernachlässigt die kirchlichen Ge=bräuche und Ceremonien nicht, ist immer der Erste und Letzte in der Kirche; zeigt sich überall und öffentlich als eifrigen Ver=ehrer Gottes, als gewissenhaftes Glied der Kirche, als ein williges und gehorsames Pfarrkind; er macht Stiftungen für die Kirche und befördert die Andacht, wo er kann. Alles dieses, was er so thut, scheint gut und lobenswerth und dennoch nen=nen wir ihn einen Frömmler. Und warum? Er hat ein from=mes Gemüth und will fromm seyn, allein alle seine frommen Handlungen sind zu gesucht, oft unpassend und er glaubt, nicht genug äußere Werke verrichten zu können, um der Frömmigkeit Genüge zu thun. Die Frömmigkeit erscheint daher nicht in den angemessenen, Zeit und Ort gemäßen Handlungen, ruhig und klar, sondern in einem Haschen nach Zeit und Gelegenheit, Frömmigkeit beweisen zu können; die wahre Frömmigkeit er=stickt gleichsam durch dieses ungemessene Haschen. Der Frömm=ler erscheint uns auch noch komisch, wenn er aus mißverstan=dener Frömmigkeit glaubt, er sey wahrhaft fromm, wenn er recht genau und pedantisch verfahre; wenn er nur alle die Gebräuche und Gebote seiner Kirche gewissenhaft beobachte ꝛc., weil auch sein Thun und Lassen die, wenn auch nicht tief und klar genug, aufgefaßte Idee der Frömmigkeit zur Triebfeder hat. In diesem Falle verliert sich die Idee in der Aeußerlichkeit und ihre Existenz ist prekär. Der Frömmler kann auch ferner noch komisch genannt werden, wenn er wirklich fromm seyn will, obgleich sein Gemüth nicht ganz rein und lauter ist; wenn er,

weil Viele ihn als einen frommen Mann achten und lieben,
den Ruhm der Frömmigkeit durch viele dahinzielende Werke
zu behaupten sucht. In diesem Falle herrscht das Aeußere
über das Innere und verdunkelt die Idee. Der Frömmler
ist noch schätzenswerth, weil es doch die Idee der Frömmigkeit ist, welche ihn zu seinen Handlungen bestimmt,
aber ihn eben dadurch aus dem Erhabenen zum Komischen macht, daß die Idee nicht zu klarem und vollem
Bewußtseyn kommt und nicht als reine Idee in seinen
Handlungen durchschimmert. Der Frömmler hört auf komisch zu seyn, wenn er sich der Idee der Frömmigkeit
ganz entschlägt, und nur äußerlich fromm sich stellt, um
die Leute zu täuschen und selbstsüchtige Zwecke zu erreichen; er
wird auch auf dieser Stufe nicht mehr Frömmler, sondern
Heuchler genannt. Weil in dem Heuchler die Idee erstorben
ist, so kann er nicht mehr komisch seyn, oder noch im Gebiete
des Schönen stehen. Wir können daher Hegel nicht beistimmen,
der meint, der Gegenstand des komischen Scherzes dürfe nur
ein bloß scheinbar Erhabenes seyn: „Das Komische muß darauf
beschränkt seyn, daß Alles, was sich vernichtet, ein an sich
selbst Nichtiges, eine falsche und widersprechende Erscheinung,
eine Grille, z. B. ein Eigensinn, eine besondere Caprice gegen
eine mächtige Leidenschaft, oder auch ein vermeintlich haltbarer
Grundsatz und feste Maxime sey."

Wenn wir uns von den Dramatikern bestimmen lassen,
kommen wir nicht recht ins Reine über das Wesen des Komischen, denn eine Praxis ohne bestimmte Grundsätze und Ansichten liefert die buntfarbigsten Werke. Solger scheint uns das
Wesen des Komischen am reinsten und tiefsten aufgefaßt zu
haben: „Sollen die beiden Elemente des Schönen in einander
übergehen, so muß dieß auch nach der Richtung der Erscheinung
stattfinden können, so daß die Idee des Schönen sich ganz in
die Zufälligkeit und in die Beziehungen des gemeinen Lebens
verliert. Erhält sich auf diese Weise die Idee durch das gemeine

Leben in der Existenz, so ist dieß das Komische. Im Tragischen wird die Idee so vernichtet, daß sie als Idee rein hervortritt. Hier wird die Idee auch in die Existenz aufgelöst;
aber nicht um diese zu vernichten, sondern sich mit ihr festzu-
halten durch stufenweise Verknüpfung des Allgemeinen und
Besondern. Wir finden die Idee in dem zeitlichen Zustande
gegenwärtig, und sie erhält sich in diesem, ungeachtet sie sich
darin auflöst. Auch hier also zeigt sich ein Widerspruch zwischen
Idee und Wirklichkeit, mit welchem aber zugleich eine Beruhi-
gung verbunden ist, und zwar die umgekehrte, wie beim Tragischen, bestehend in der Wahrnehmung, daß Alles doch zuletzt
gemeine Existenz, und auch in dieser überall die Idee des Schönen gegenwärtig ist, daß wir mithin in unserer Zeitlichkeit doch
immer im Schönen leben. Daher entsteht eine Lust und Freude
an der Wirklichkeit. Die gemeine Lust wird durch die Befriedigung der natürlichen Bedürfnisse hervorgebracht; hier hingegen fühlen wir in unserer Wirklichkeit zugleich ein höheres
Bedürfniß befriedigt.''

Das Komische hat durchaus nichts Erniedrigendes, das
wir uns nur erlaubten. Dieß sind die Ansichten, die aus dem
Standpunkte des gemeinen Lebens herrühren. Für die Kunst
ist das Komische etwas rein Ideales, und das vollkommene
Komische eben so edel und hoch, als das vollkommene Tragische.
Wir müssen beim Komischen in die Widersprüche des gemeinen
Lebens eingehen, beim Tragischen in die Vernichtung, die dem
Menschen aus seinen höchsten Gaben entstehen muß. In beiden
Gebieten also versenken wir uns ganz in die nichtige Natur des
Menschen, wo er ein bloßer Schein ist; aber eben dieß muß
dahin führen, in dem Schein etwas Wesentliches zu erkennen.
So erreicht diese Anschauung das Höchste, indem wir die Ge-
genwart der Idee darin bemerken. Im Komischen zeigt sich die
Idee als den Widersprüchen unterworfen, in sie aufgelöst,
bloß durch den Zusammenhang des gemeinen Bewußtseyns er-
halten; aber wir sehen in dem flüchtigen Augenblick immer die

Offenbarung der Idee, und dieß eben ist es, was uns auf=
heitert." Vorl. über Aesth. S. 103. 105.

Weil den Griechen die Ansicht von dem Leben noch nicht
aufgegangen war, daß der gemeinen Wirklichkeit die Idee zu
Grunde liege und durchschimmere, und daß wir eben deßwegen
noch Wohlgefallen an derselben haben und uns aufheitern; so
konnte die Komödie derselben noch nicht diesen bestimmten und
rein ästhetischen Charakter haben, den sie in neuerer Zeit erhielt.
Die Komödie der Alten macht sich durch die muthwilligste Laune
und Satyre Luft, kennt keine religiöse und politische Schranke,
macht selbst die Götter oft lächerlich, schont keinen hohen und
niedern Bürger mit ihrer bitteren Lauge und gibt alle dem
Spott und der Verachtung preis. Die neuere Komödie dage=
gen hat sich zur Aufgabe gemacht, das gemeine Leben über=
haupt bildlich darzustellen, nicht als ein verdammungswür=
diges, sondern nur als ein solches, welches der Idee noch
nicht ganz bewußt worden und von dieser nicht ganz durch=
drungen ist.

§. 39.
Das Humoristische.

Das Humoristische als eigenthümliches Verhalten des
Geistes gegen alles Relative in der Menschenwelt und Natur,
ist erst durch die Verbreitung des Christenthums zur reinern
Erscheinung gekommen; es ist eigenes Produkt der romantischen
Zeit. Durch die Erweiterung des Gesichtskreises und durch die
Beziehung alles Endlichen auf das Unendliche, welche das all=
gemeine christliche Bewußtseyn vermittelt, bekommt der Menschen=
geist eine eigene Stellung zu allen Erscheinungen des Lebens.
Er fühlt sich hochgestellt über allem Relativen und Mangelhaften,
wenn er auch sich selbst nicht in der Absolutität und Vollkom=
menheit erkennt, nach der er sich sehnt und strebt. Großes
und Kleines, Mangelhaftes und Vollkommenes, Tragisches
und Komisches geht an dem Geiste in der Erscheinung vorüber,

allein Alles weiß er in seinem absoluten Bewußtseyn zu schätzen und zu würdigen. An dem absoluten Bewußtseyn des Geistes bricht sich Großes und Kleines, Bedeutendes und Unbedeutendes und bekommt von demselben seine rechte Stelle und wahre Bedeutung. In diesem Bewußtseyn erhebt sich der Geist auf einen hohen Standpunkt, auf einen Berg, dessen Gipfel über den Dunst der Erde, den Nebel und die Wolken erhaben ist, und auf dem ein ewiger heiterer Sonnenschein ihn umstrahlt und er über sich einen ewig reinen Himmel erblickt. Der Menschengeist schwebt in seinem absoluten Bewußtseyn gleichsam zwischen Himmel und Erde. Von diesem Standpunkte aus richtet er seinen Blick zugleich aufwärts. Aufwärts blickend schaut er stets einen milden, freundlichen und heitern Himmel, abwärts schauend erblickt er aber theils liebliche Landschaften, theils Sümpfe, theils Dünste, Nebel und Rauch. Zwischen Himmel und Erde schwebend, gehört er jedoch noch beiden Gebieten an, denn er ist noch nicht frei von diesem Todeskörper, aus dem er befreit zu werden sich sehnt: er schaut zwar mit Sehnsucht aufwärts, allein er kann seinen Blick noch nicht von der Erde abwenden, an die er noch durch seinen Körper gebunden ist. Dieses scheint nun auch der wahre Standpunkt des Humoristen zu seyn und aus diesem sich das eigenthümliche Wesen des Humors erklären zu lassen. Das absolute Selbstbewußtseyn vermittelt stets die Beziehung alles Relativen auf das Absolute oder verbindet das Menschliche mit dem Göttlichen. Der Humor ist daher im Grund nichts Anderes als das stets lebhafte absolute Selbstbewußtseyn des Geistes von der Relativität aller Erscheinungen des Lebens in Vergleich mit dem Absoluten oder Unendlichen; und das Humoristische nichts Anderes, als die wirkliche Beziehung alles Relativen vermittelst des absoluten Bewußtseyns auf das Absolute. Dem Gesagten zu Folge können wir den Bestimmungen des Humors mehrerer Aesthetiker nicht beistimmen und müssen sie mit der Bemerkung zurückweisen, daß sie das Wesen des Humoristischen nicht rein und bestimmt genug aufgefaßt haben. Das Humoristische kann nicht mehr als ein besonderes Komisches aufgefaßt werden, es ist geradewegs die Aufhebung des Komischem im absoluten Selbst- bewußtseyn oder die Algebra der gemeinen Wirklichkeit. Es ist ferner nicht die unendliche Zersplitterung der Idee, sondern gerade umgekehrt die Vereinigung des Zersplitterten. Humor ist nicht der komische Weltgeist. Wenn auch oft viel Treffliches von dem Humor gesagt wird, so ist das Wesen desselben doch nicht erschöpft und richtig dargestellt. Z. B.: „Der Humor ist aber ein Produkt des Geistes, ja der Geist selbst. Deßhalb ist er auch nicht sowohl empfindend, als beschauend, keine Auf- wallung, keine Begeisterung, sondern ein ruhiger und doch aufs Höchste beseelter Zustand, keine fortreißende Fröhlichkeit, auch keine Freude über einen Gegenstand, sondern ein Schweben, ein Erhabenseyn über alle, nicht bloße Freiheit in Absicht der Dinge und ihrer Eindrücke, sondern eigene Selbstständigkeit, kein Fliehen aus der Welt und kein Entsagen, sondern ein Herrschen über alles, aber kein Herrschen mit Kampf, sondern ein Selbsthingeben an die Idee." Aus der gegebenen Defini- tion des Humors und des Humoristischen, läßt sich auch all das Eigenthümliche des Humoristen erklären. Indem er sich einerseits mit seinem absoluten Selbstbewußtseyn dem Absoluten, einer höhern und vollkommnern Welt zuwendet, dem heitern Sonnenschein, und das Höhere und Vollkommnere schaut, ist das Wesen des Humors auf der einen Seite innige, reine Heiterkeit des Geistes, ein von erhabenen Idealen beseelter ruhiger Zustand und das Gefühl der Erhabenheit über die gemeine Wirklichkeit, aber auch das der Mangelhaf- tigkeit und Sehnsucht. Weil er sich aber auch andererseits der gemeinen Wirklichkeit zuwendet, und hier das Unvollkommene und Mangelhafte des Großen und Kleinen, des Hohen und Niedern, des Ernsten und Komischen durch die Beziehung auf das Absolute oder die Anlegung des absoluten Maßstabes wahrnimmt, und die gesammte Wirklichkeit als etwas Relatives betrachtet; so herrscht neben der Heiterkeit und Innigkeit auch eine wehmüthige Stimmung in dem Geiste, die aber von dem absoluten Bewußtseyn gemäßigt und daher anderer Art ist, als das Elegische. Die Sehnsucht in der Richtung nach oben und die Wehmuth nach unten, bezeichnet so recht das Wesen des Humors und einen Geist, der sein absolutes Bewußtseyn erlangt und sich selbst gefunden hat. Das Schweben zwischen Himmel und Erde entfernt ihn gleichweit von zu bitterer Klage, von Hohngelächter und Spott über die gemeine Wirklichkeit, als von Empfindelei, Bizarrerie und Schwärmerei. In dem Humoristischen zeigt sich daher ein klares, von allen Extremen bewahrtes, menschenfreundliches Gemüth.

Weil, wenn der Humorist sein Wesen selbst auf das Absolute bezieht und daran mißt, sich als unvollkommen und mangelhaft erkennen muß, so bezieht sich auch die Sehnsucht und Wehmuth, die ihm eigen ist, auf sich selbst und parodirt sich selbst, indem er sich in seinem absoluten Selbstbewußtseyn groß und klein, stark und schwach erkennt und fühlt. Bei dem Künstler zeigt sich das Humoristische darin, daß er in seinem absoluten Selbstbewußtseyn sein Kunstwerk auch als etwas Relatives betrachtet, das die Idee nicht zu erschöpfen vermag; daher bemerken wir bei dem humoristischen Künstler eine gewisse Gleichgültigkeit gegen sein Werk und einen gewissen leichten Sinn. Er tröstet sich damit, daß das Größte und Beste in der gemeinen Wirklichkeit nichts ist gegen die Idee. Daher erhebt sich der Künstler über sein eigenes Werk, wie über das ganze Gebiet der Relativität.

In dem Hinblick auf die äußere Wirklichkeit findet der Humor nirgends die reine Erscheinung der Idee, sondern im Gegentheil ihre Zersplitterung und ihr Zerfließen in die unendliche Mannigfaltigkeit, dennoch erkennt er aber aus der Erscheinung das Daseyn und Leben der Idee als das Wesentliche der Erscheinung. Der Humor bezieht sich nicht bloß auf die Wirklichkeit, die durch ihre Form oder Erscheinung die Idee verdeckt, das Komische, sondern selbst auch auf das Erhabene des Subjekts, das Tragische ꝛc. insofern auch hier noch nicht, wenn der Maßstab des absoluten Bewußtseyns angelegt wird, die volle Idee erscheint. Der Humorist lächelt über Beides, Komisches und Tragisches, weil Beides in Beziehung auf das Absolute Nichts ist; sein Lächeln ist jedoch nicht satyrisch, sondern ein wehmüthiges und wohlwollendes. Daher sagt Solger treffend: „Daher wird in dem echt Humoristischen nichts ganz lächerlich, sondern Alles mit einer gewissen Wehmuth verbunden seyn, und das Tragische hinwiederum wird immer den Anstrich des Komischen mit sich führen." Der Humorist, der in dem absoluten Bewußtseyn die Erscheinungen überschaut, sieht dieselben auch von einer andere Seite an, als der gewöhnliche Mensch, und macht einen andern Unterschied zwischen dem Großen und Kleinen; daher haben oft unbedeutend scheinende Dinge in den Augen desselben eine große Bedeutung, während er in andern wichtig scheinenden Sachen nur Lächerliches findet. Ueber die Freude der gewöhnlichen Menschen trauert er oft, und über die Trauer derselben lacht er, weil er Freude und Trauer in einer höhern Beziehung würdigt; daher kommt es auch, daß der Humorist den Alltagsmenschen unverständlich ist, als Sonderling und sogar als Narr erscheint. Weil der Humorist von der Höhe seines Bewußtseyns aus die Wirklichkeit betrachtet, so sieht er zwar lauter Einzelnheiten, Individualitäten, oder Zersplitterungen der Idee, allein er kann nicht beim Einzelnen stehen bleiben, sondern muß das Ganze der Erscheinung zusammenfassen, weil sein Standpunkt ein universeller ist. Es gibt also nach Jean Pauls Ansicht für den Humoristen keine einzelne Thorheit, keine Thoren, sondern nur Thorheit und eine tolle Welt. Der Humor umfaßt aber nicht bloß das Komische, sondern auch das Ernste und Tragische, verfährt jedoch mit Beiden nach seiner Weise; daher können wir Jean Paul wohl beistimmen, der da sagt: „Der Humorist

erniedrigt das Große, um ihm das Kleine, und erhöhet das
Kleine, um ihm das Große zur Seite zu setzen, und so Beide
zu vernichten, weil vor der Unendlichkeit Alles gleich ist und
Nichts." Obgleich der Humor sich über Alles erhebt, was
geschieht, und Alles überschaut, um Alles zu sich hinauf zu
ziehen und an seinem absoluten Bewußtseyn zu messen, so geht
er doch auch auf das Einzelne ein, nicht aber, um bei demsel=
ben stehen zu bleiben, sondern um die Idee in ihrer unend=
lichen Zersplitterung aufzusuchen und diese Zersplitterung in
seinem Bewußtseyn aufzuheben. Wenn auch die Aesthetiker
diese Eigenthümlichkeit des Humors anerkennen, so scheint es
doch, daß sie nicht recht einsehen, warum der Humorist so in=
dividuell, andererseits aber doch wieder so universell ist.
Der Humor sucht nicht die Idee in alle Einzelheiten zu ver=
folgen, sondern die Einzelheiten zur Idee zurückzuführen; nicht
die in die Einzelheiten verlorene Idee, sondern die Rückkehr der
Einzelheiten gewährt das ästhetische Interesse des Humors.
Der Humor verweilt deßwegen noch gerne bei der bunten Wirk=
lichkeit, weil er in dieser noch Anknüpfungspunkte der Idee
findet.

Worin besteht nun die Geistesthätigkeit des Humors
und der ästhetische Werth desselben? Vorzüglich sind es Phan=
tasie und Gemüth, die in dem Humor eine Rolle spielen.
Die gesammte gemeine Wirklichkeit macht den eigenen Eindruck
auf das Gemüth des Geistes, daß sie dasselbe mit einer sanf=
ten Wehmuth erfüllt, weil dieselbe nicht von der Idee ganz
durchdrungen und erfüllt ist, oder weil das Größte, Schönste
und Vollkommenste doch nur etwas Relatives ist; weil jedoch
die Relativität die nothwendige Schranke der Endlichkeit ist
und dieser eine Unendlichkeit ewig gegenübersteht: so erhebt sich
der freie Geist leicht von der Endlichkeit zur Unendlichkeit. Die
Trauer des Gemüthes über die unendliche Zersplitterung der
Idee wird durch das absolute Selbstbewußtseyn des Geistes in
eine sanfte Wehmuth und stille Sehnsucht verwandelt; daher ist

das Gemüth des Humoristen nicht zum bittern Spott, sondern zum milden Lächeln gestimmt. Auf dieser Seite nähert sich die humoristische Gemüthsstimmung sehr der elegischen, allein sie wird von dieser besonders durch die einwirkende Phantasiethätigkeit geschieden und eigenthümlich modifizirt. Schaut nämlich der Geist auf dem Standpunkte seines absoluten Selbstbewußtseyns die bunte Einzelheit und Mannigfaltigkeit der Lebenserscheinungen, denen zwar die Idee zu Grund liegt, aber diese nicht vollständig durchdringt, so fühlt sich die Phantasie in dem Anschau der Idee aufgefordert, die gemeine Wirklichkeit mit der Idee zu durchdringen und zu sättigen oder die zersplitterte Idee wieder zu ihrer Einheit zu erheben. Das scheint nun das große Geschäft des Humors zu seyn, die gemeine Wirklichkeit durch das Setzen der Idee im absoluten Selbstbewußtseyn aufzuheben; daher aber wir den Humor oben eine Algebra im eigentlichen Sinne des Wortes genannt. Algebra bedeutet ja etymologisch genommen die Einrichtung und Heilung gebrochener Knochen und in der Mathematik uneigentlich die Ergänzung oder Vervollständigung einer Gleichung, das Finden des unbekannten x. Passend glauben wir die gemeine Wirklichkeit mit einem gebrochenen Bein oder mit einer algebraischen Gleichung vergleichen zu dürfen, insofern dieselbe nicht das Daseyn der wirklichen Idee, sondern nur ein Bruch des Unendlichen ist, und insoferne sich die Idee zu derselben wie das unbekannte x zu der Gleichung verhält. Wenn nun die Wirklichkeit gerade ein Bruch der Idee ist, so ist es das Geschäft der Phantasie, diesen Bruch zur Einheit zu erheben, oder zu der Zersplitterung und Einzelheit das unbekannte x oder die Idee zu suchen. Weil aber hier nicht die Vernunft, sondern die Phantasie das unbekannte x sucht und findet; so steht das gefundene x als ein absolutes Ideal der Gegenwart gegenüber. So lange der Wechsel der Scheinwelt dauert, um in Platos Sinne zu sprechen, so lange hält die Phantasie des Humoristen derselben die Ideenwelt gegenüber, oder in seiner

Phantasie verklärt sich die Scheinwelt zur Ideenwelt. Die Geistesthätigkeit des Humoristen ist dem Gesagten zu Folge eine rein ästhetische und hat einen großen Werth; denn vor dem Lichte und Glanze seiner idealen Welt verschwinden die Dünste, Nebel und Sümpfe der rauhen Wirklichkeit. Können wir dem Schwunge des wahren Humoristen folgen, und seinen hohen Standpunkt erreichen, so verlieren wir zwar die Wirklichkeit nicht aus dem Auge, allein durch die Beziehung derselben zum Absoluten gewinnt sie für uns einen neuen und eigenthümlichen Reiz, weil wir zu ihr das unbekannte X gefunden und die Gleichung gelöst haben. Daher sagt Jean Paul in seiner eigenthümlichen Weise: „Der Humor gleicht dem Vogel Merops, welcher zwar dem Himmel den Schwanz zukehrt, aber doch in dieser Richtung in den Himmel auffliegt. Dieser Gaukler trinkt, auf dem Kopfe tanzend, den Nektar hinaufwärts." Ein wahrer Künstler muß daher nothwendig auch eine humorische Gemüthsstimmung haben. Ist der Humor nicht im Stande, durch sein ganzes Wesen die Freude über das gefundene X durchschimmern zu lassen, so ist er der unversöhnte Humor, der aber nach unserer Ansicht nicht darin besteht, daß er uns ungewiß lasse, ob er die Idee in ihrem Untergange dennoch festhalte, oder ob nicht ein wirklicher Unglaube an dieselbe, eine geheime Verzweiflung im Hintergrund laure, sondern darin, daß er die Wirklichkeit oder das ewige Werden der Scheinwelt nicht vollständig durch die Ideenwelt verklärt. Ein Beispiel eines solchen Humors ist Callot=Hoffmann und Heine. Wir müssen ferner bestreiten, daß der Humor ein Kind des Hasses und der Liebe, der Weltverachtung und der weltumfassenden innigen Humanität ist, und daß sich ihm auch nur darum das Heilige zum Spiele anvertraue. Haß und Weltverachtung schließt das absolute Selbstbewußtseyn aus, und das Spiel des Heiligen kann in dem Humoristischen nur dann stattfinden, wenn es als zeitlich oder relativ Heiliges erscheint, dem das absolut Heilige entgegengesetzt werden muß.

Der wahre Humor wird sich dem Gesagten zu Folge nur in demjenigen Geiste finden, der sich von dem Relativen und Materiellen frei gemacht hat, und zu dem Absoluten fortge= schritten ist und somit ein absolutes Bewußtseyn erreicht hat. Dieser Geist ist nicht der gewöhnliche Menschengeist, der noch an der Erdscholle hängt, sondern er ist ein freier, starker und hochschwebender Geist. Das absolute Selbstbewußtseyn ver= leihet auch dem Geiste eine tiefe Innigkeit, ein besonderes Hochgefühl und eine dauernde Hochherzigkeit. Der wahre Humor ist nicht bloß eine vorübergehende Geistesstimmung, sondern eine solange dauernde als das höhere Selbstbewußtseyn dauert. Hieraus erhellet auch zugleich, was auch die meisten Aesthetiker anerkennen, daß der wahre Humor nur ein Produkt der christ= lichen oder romantischen Zeit ist. Das Christenthum wird aber nur in denjenigen Völkern und Menschen den wahren Humor erwecken, welche sich von dem Sensualismus frei gemacht und durch tieferes wissenschaftliches Forschen das Bewußtseyn des Absoluten gewonnen haben. Hieraus und aus noch mehreren Gründen läßt sich auch erklären, warum nicht bei den Fran= zosen, sondern bei den Engländern und den Deutschen, die meisten und besten Humoristen gefunden werden. Diese beiden Völker haben stets mit einem tiefen Glauben und einer innigen Pietät ein rastloses wissenschaftliches Streben verbunden und das Bewußtseyn des Absoluten allen Zeitereignissen gegenüber behauptet. Es läßt sich aus dem Gesagten ferner noch leicht erklären, warum der Humor, diese rein ästhetische Geistes= thätigkeit, besonders nur in der christlichen Zeit zur Erscheinung kam. Der Grieche hing noch an der schönen sinnlichen Natur, die sein höchstes Ideal der Schönheit bildete, und erkannte die höchste und letzte Beziehung des Lebens zur Heiligkeit noch nicht; daher konnte er sich nicht in seinem Bewußtseyn bis zu der Höhe erheben, wo er sich im Gegensatze gegen die gemeine Wirklichkeit schaute. Die Zeitlichkeit konnte für ihn kein Bruch oder eine Gleichung mit einem unbekannten x seyn; denn sie war ihm ja die an Nichts mangelnde Vollständigkeit. Noch aufgelöst in das heitere und freundliche Naturleben wurde er sich des Absoluten nicht bewußt. Die griechischen Götter sind alle miteinander nicht das Absolute. Soweit der Humor in dem griechischen Alterthum zum Vorschein kommen konnte, erscheint er in Plato, jedoch nur in dem Maße der Tiefe und Reinheit, als sein Bewußtseyn des Absoluten ein klares und festes war. Mit dem christlichen Glauben hat der menschliche Geist eine Schwungkraft erhalten, die er vorher nicht kannte. Mit dem Glauben ist das absolute Selbstbewußtseyn gegeben, in dem der Geist sicher das Relative von dem Absoluten scheidet, das eine auf das andere bezieht und das eine an dem andern mißt und würdigt. Der christliche Glaube entfesselt den Geist von der verstrickenden Sinnlichkeit und erhebt ihn auf den Standpunkt, wo er eben recht seine ästhetische Thätigkeit entwickeln kann, die wir mit dem uneigentlichen Ausdrucke Humor bezeichnen.

§. 40.
Das Ironische und Satyrische.

Obgleich das Ironische und Satyrische in einer gewissen Verwandtschaft mit dem Humoristischen und unter sich stehen, so lassen sie sich doch genau von einander trennen und besonders bestimmen.

Beide beruhen auch, wie das Humoristische, auf dem absoluten Selbstbewußtseyn und beziehen sich auf das Verhältniß der Idee zur gemeinen Wirklichkeit oder umgekehrt, jedoch fassen beide dieses Verhältniß eigenthümlich auf und behandeln es auf besondere Weise. Während das Humoristische sich über das ganze Gebiet der Erscheinungen ausdehnt und einen universellen Charakter dadurch bekommt, geht die Ironie und die Satyre mehr aufs Einzelne und faßt das genannte Verhältniß nicht im Großen und Allgemeinen, sondern im Besondern und Kleinen auf.

Die Ironie ist überhaupt der Widerspruch des absoluten Bewußtseyns gegen die gemeine Wirklichkeit
oder der durch das absolute Bewußtseyn vermittelte Gegensatz der Idee gegen die Erscheinung. Der die mannigfaltigen Erscheinungen, in denen die Idee untergegangen ist,
überschauende Geist kehrt denselben die lebhaft bewußte Idee
entgegen und erkennt sie als Gegensatz der Idee. Der Ironische
ist daher selbst ein anderer als ein gewöhnlicher Mensch; er
weiß sich in seinem Bewußtseyn über die gemeine Wirklichkeit
erhaben, aber dennoch ihr nahe stehend. Die Ironie geht in
das Einzelne ein und behandelt es als Etwas, was ihrem Bewußtseyn widerspricht, um durch diese Behandlung das Einzelne
als ein solches aufzuheben und in ein Allgemeines zu verwandeln. Die Ironie setzt daher nothwendig eine Begeisterung
für die Idee voraus, sonst würde sie sich in der gemeinen Existenz verlieren und aufhören eine solche zu seyn. Die Begeisterung für die Idee sichert auch der Ironie ihren ästhetischen
Werth; denn sie erhält sie in der Schranke, in welcher dieselbe
das Wesentliche auf das Außerwesentliche bezieht, und dieses
zum Wesentlichen erhebt. In der Ironie sind wieder, wie
beim Humor, vorzüglich Phantasie und Gemüth, dazu aber
auch die Einbildungskraft thätig. Die Phantasie setzt dem Einzelnen das Allgemeine entgegen, und erzeugt die Begeisterung,
welche das Gemüth in der Liebe für die im Untergange begriffene
Idee erhält, und mit Heiterkeit, aber auch zugleich mit Sehnsucht und Wehmuth erfüllt. Die Einbildungskraft faßt das
Aeußere und Einzelne noch als die Erscheinung der Idee auf
und stellt sie vor die Phantasie, welche darin aber nur die
ersterbende Idee erkennt. Der ästhetische Werth der Ironie
besteht daher in der eigenthümlichen Geistesthätigkeit, nach
welcher das Bewußtseyn des Absoluten dem Komischen im weitern Sinne die Idee entgegensetzt und wieder mit derselben
erfüllen möchte. Weil auf dem Standpunkte des absoluten
Selbstbewußtseyns Nichts die volle Idee darstellt, sondern jede

Erſcheinung die reine Exiſtenz derſelben aufhebt und vernichtet;
ſo betrachtet der Jroniſche Alles mit einer gewiſſen Gleichgültigkeit, mit einem heitern Scherz und ſanften Lächeln.
Wie der wahre Künſtler einerſeits hohe Begeiſterung für die
Jdee hat, ſo iſt er andererſeits gegen ſein Kunſtwerk ironiſch,
weil dieſes ja nur das Aeußere oder Sinnliche iſt, welches ſein
Jdeal nur andeutet, aber nicht erſchöpft, nur die ſinnliche Erſcheinung des Geiſtigen iſt. Weil das Jdeal im ſinnlichen Stoffe
unerreichbar iſt, ſteht der Künſtler vor ſeinem Werk mit Sehnſucht und Wehmuth, weil es aber doch die Hülle ſeines Geiſtes-
kindes iſt, das nun leibliches Daſeyn erlangt hat, auch mit
inniger Liebe. Aus dem Geſagten erhellet, daß auch nur der
Betrachter das Kunſtwerk recht würdigt und genießt, der ſich
ironiſch gegen daſſelbe verhält, d. h. der ebenſo, wie der Künſtler, das Werk weit unter der Jdee ſtehend erkennt, den Untergang der Jdee an ſich in demſelben bedauert, aber das Bewußtſeyn der Jdee demſelben entgegen hält.

Wenn auch die Jronie des Sokrates nicht als eine
äſthetiſche, ſondern nur als eine intellektuelle oder wiſſenſchaft-
liche anerkannt wird, ſo dient uns doch die Betrachtung derſelben, tiefer in das Weſen der äſthetiſchen Jronie einzudringen.
Nach der beſagten Weiſe verfährt auch Sokrates in ſeiner
Jronie. Sokrates gewann durch ſein raſtloſes Streben
nach Selbſtkenntniß das Bewußtſeyn des Allgemeinen, des
Wahren, Guten und Rechten, des Anſichſeyenden, Ewigen,
das er als von einer höhere Welt in ihn und alle Geiſter Ge-
legtes erkannte, und das ſein und aller Menſchen einzelnes
Wollen und Handeln beſtimmen und zu einer höhern Einheit
und Allgemeinheit erheben ſoll. Das beſtimmende Allgemeine
liegt in jedem Menſchengeiſte, nur wird es nicht von jedem
gewußt und als Leitſtern des Lebens angeſehen; daher geht
ſeine theoretiſche und praktiſche Philoſophie allein dahin, das
Bewußtſeyn des Allgemeinen oder ewig an ſich Seyenden zu
wecken und aufzuklären oder ſeine ganze Philoſophie läuft in

dem Imperativ zusammen: „Kenne dich selbst." In diesem
Bewußtseyn des Allgemeinen setzt sich Sokrates dem gemeinen
Wissen und Handeln entgegen und erscheint dadurch ironisch,
daß er eben einen Kontrast des Allgemeinen und Besondern
bildet, und das Einzelne zum Allgemeinen erheben will. Er
geht scheinbar in die Wirklichkeit der Einzelnheiten ein, läßt
aber diese, wie eine Seifenblase, an seinem absoluten Bewußtseyn zerplatzen, zerstört dieselbe und setzt an ihre Stelle das
Allgemeine oder die Idee. Das Resultat seiner Ironie ist, daß
er den Menschen von dem eiteln Scheine losreißt, ihn von dem
Scheinwissen, das nur von äußern Dingen stammt, zu dem
wahren Wissen führt, welches er in sich selbst findet, wenn er
sich von dem Aeußern abzieht und demselben abstirbt und sich
rein auf sein Inneres zurückzieht. Durch die ewige Idee,
deren Bewußtseyn Sokrates durch seine Selbstkenntniß errang,
erhob er sich zu einer Kraft des Geistes, in welcher er allen
Andern überlegen war; er bewahrte wohl sein Bewußtseyn unverletzt, allein er ließ sich auch auf eine populäre Weise zu
denen herab, die auf einer niedern Stufe des Selbstbewußtseyns standen und suchte sie durch Täuschung und Enttäuschung
auf seinen Standpunkt zu erheben. Täuschung und sogleich
Enttäuschung ist das kräftigste Mittel das Scheinwissen zu zerstören und die Wahrheit zum tiefen und klaren Bewußtseyn zu
bringen. Auf dem Standpunkte seines Bewußtseyns und seiner
Popularität oder Volksthümlichkeit behauptete er in Platos
Gastmahl Etwas, was Anderen sehr paradox erscheinen mußte,
daß nämlich der künstlerische Tragödiendichter auch Komödien-
dichter sey. Was der Mensch im Ernst behauptet, das ist er
selbst. Indem Plato den Sokrates dieses behaupten läßt,
stellt er uns denselben recht tiefsinnig in der Eigenthümlichkeit
und Originalität seines eigenen Wesens dar. Sokrates vereinigt
nämlich in sich selbst das Tragische und Komische; er erscheint
von Seite des Bewußtseyns der ewigen Ideen, die sein ganzes
Wesen und Leben bestimmten und beherrschten, oder die Freiheit

seines Geistes bewahrten, als eine tragische Person; von
Seite seiner Jronie aber, von dem scheinbaren Eingehen in
die Subjektivität der Meinungen und Neigungen Anderer
oder der durch Täuschung und allmählige Enttäuschung ver=
mittelten Entgegensetzung seines höhern Bewußtseyns dem gemei=
nen Bewußtseyn, als komische. Ohne bei dem Unterschied der
Jronie in intellektueller und ästhetischer Beziehung länger zu
verweilen (sie ist dieselbe, nur hat sie in der Kunst einen an=
dern Gegenstand und Zweck), wollen wir nur sehen, ob wir die
Einheit des Tragischen und Komischen, wie sie uns in So=
krates erscheint, nicht auch auf die ästhetische Jronie anwenden
können. Wenn wir oben die Jronie den Widerspruch des ab=
soluten Bewußtseyns gegen die gemeine Wirklichkeit nannten,
so verstehen wir unter dem absoluten Bewußtseyn eben das
christliche, das von seiner reinen und ewigen Geistigkeit, der
Beziehung der Natur zu Gott und dem Einen absoluten Schöpfer=
geist weiß. Mit diesem Bewußtseyn trägt der Geist die höchsten
Jdeen in sich, die nicht rein aus dem Selbstbewußtseyn ent=
wickelt sind, sondern von außen, von der christlichen Offenbarung,
in ihm geweckt und erklärt wurden, und die ihn weit über die
Endlichkeit und Zeitlichkeit erheben, die Freiheit desselben be=
schützen und bewahren, und ihn zum tragischen Subjekte im
weitern Sinne machen; weil aber der Jronische sich mit diesem
Bewußtseyn in die gemeine Wirklichkeit herabläßt, die Maske der=
selben annimmt, um zu täuschen und zu enttäuschen, zur Wahrheit
oder dem wahren Wissen zu führen und in ästhetischer Beziehung
die Zersplitterung der Jdee wieder aufzuheben und zur schönen
Einheit zurückzuführen, so erscheint er auch von dieser Seite
komisch im weitern Sinn. Die ästhetische Wirksamkeit
des Jronischen besteht daher darin, daß Tragisches und
Komisches miteinander verbunden wird, um das Ko=
mische im Bewußtseyn ins Tragische in diesem Sinne aufzu=
lösen. Weil die Jronie von dem absoluten Bewußtseyn aus=
geht, läßt sie sich milde und schonend zum gemeinen Bewußtseyn

herab, ist so voll Freundlichkeit, daß das getäuschte, aber auch enttäuschte gemeine Bewußtseyn sich dadurch nicht verletzt, sondern freudig erhöhet fühlt. Die ästhetische Ironie muß auf dieselbe Weise wirken, wie die Sokratische. Von dieser sagt Alcibiades: „Wie meint ihr, daß mir zu Muthe gewesen, der ich mich gekränkt glaubte, und doch auch an des Mannes Natur und Besonnenheit mich erfreute, da ich einen solchen angetroffen, wie ich nie zu finden geglaubt, an Weisheit und Beharrlichkeit, so daß ich weder wußte, wie ich ihm zürnen sollte und mich seinem Umgang entziehen, noch auch, wie ich ihn gewinnen könnte, Rath wußte. Denn das wußte ich wohl, daß er durch Gold noch viel weniger irgendwo verwundbar wäre, als Ajar durch Eisen, womit ich aber geglaubt habe, daß er allein könne gefangen werden, dadurch war er mir doch entwischt. Rathlos also blieb ich, und in der Gewalt des Menschen, wie nie Einer in eines Andern seiner gewesen ist.“

Je höher das christliche Selbstbewußtseyn über dem Sokratischen steht, desto reiner und vollkommener ist auch die Ironie auf dem Standpunkte des Christenthums. Im höchsten und besten Sinn können wir auch Christus Ironie beilegen, denn er ging mit dem absolut göttlichen Bewußtseyn ins Menschenleben ein, lebte wie ein Mensch, setzte aber sein Bewußtseyn dem gemeinen entgegen und erfüllte dieses mit göttlichen Ideen, oder erweckte ein höheres und tieferes Bewußtseyn. Da wir das Wesen der Ironie nicht in einen feinen Spott, welcher unter der Maske der Treuherzigkeit oder der Unwissenheit die Fehler und Schiefheiten Anderer lächerlich macht, sondern in die Entgegensetzung des absoluten Bewußtseyns in dem Leben oder durch wirkliches Leben dem gemeinen, um die Vereinzelung zur höchsten Einheit zu erheben, setzen, können wir auch sagen, daß das Gespräch Christi mit der Samariterin am Jakobsbrunnen auf einer Art Ironie beruhe. Sein Schlafen während des Seesturms ist ironischer Art. Wie Sokrates durch sein anscheinend gemeines Leben Selbsterkenntniß an seinem

Bewußtseyn anzünden wollte, so hat Christus durch sein Leben in der Knechtsgestalt auf dem Grunde der Selbsterkenntniß die Erkenntniß der Sündhaftigkeit durch die Entfaltung seines göttlichen und heiligen Bewußtseyns erweckt, und daran die Wirklichkeit der Erlösung, die Rückkehr des Geistes zu seiner ursprünglichen erhabenen und seligen Einheit geknüpft.

Der Unterschied des Ironischen von dem Satyrischen zeigt sich darin, daß die Ironie von dem absoluten Bewußtseyn ausgeht und dem gemeinen in Aehnlichkeit entgegentritt, während die Satyre von der gemeinen Wirklichkeit anhebt und zu dem absoluten Selbstbewußtseyn fortgeht. Der Unterschied der Ironie von der Satyre ist daher ein umgekehrtes Verhältniß. Die satyrische Weltanschauung faßt die Wirklichkeit als Vereinzelung und Zersplitterung der Idee auf, und hält sie dem absoluten Bewußtseyn gegenüber, um sie an diesem zu beleuchten. Der Satyriker geht ins Einzelne der Wirklichkeit ein, lebt ganz in derselben, und faßt diese so vereinzelt auf und stellt sie so mimisch dar, daß der Gegensatz derselben von selbst einleuchtet. Weil nun aber die gemeine Wirklichkeit durch ihre Vereinzelung und mimische Darstellung nothwendig der Idee gegenüber gestellt wird, hebt sie sich auch als solche im absoluten Bewußtseyn auf, oder die Vereinzelung und Zersplitterung der Idee wird in demselben wieder zur Einheit erhoben. Die Satyre bekommt daher nicht dadurch, daß sie das gemeine Leben recht anschaulich und bildlich beschreibt oder dasselbe dem Gelächter und Spott preisgibt, sondern dadurch, daß sie die gemeine Wirklichkeit im absoluten Selbstbewußtseyn vernichtet und derselben in diesem Bewußtseyn eine ideale entgegensetzt, ihren ästhetischen Werth. Soll daher diesem zu Folge sie ihre ästhetische Bedeutung behaupten, so darf sie nicht das Unsittliche im engern Sinne zum Gegenstande wählen, in welchem die Idee ganz untergegangen ist, oder welches sich der Idee absolute entgegensetzt, sondern nur solche Lebensverhältnisse, welchen immer noch die Idee zu Grunde liegt, aber getrübt und vielfach gebrochen erscheint. Das Komische im weitern Sinne ist die Grundlage des Satyrischen, jedoch unterscheidet sich die Behandlung dessel= ben in der Komödie von der in der Satyre, wovon aber mehr in der Wissenschaft der Kunst die Rede seyn wird. Der Grund der Erscheinung des Satyrischen liegt darin, daß die Phantasie in dem Leben nicht den vollen Ausdruck der Idee findet und das Gemüth von dem Widerspruche des Lebens mit der Idee ergriffen wird; weil nun Phantasie und Gemüth nicht befriedigt sind, ergreift der Satyriker die gemeine Wirklichkeit, um sie entweder mit Ernst oder Scherz zu vernichten und in dem ab= soluten Bewußtseyn in ihr Gegentheil umzuwandeln. Schiller bemerkt ganz richtig, daß streng genommen der Zweck des Dichters weder den Ton der Strafe noch den der Belustigung ertrage, weil er aber die Geistesthätigkeit des Satyrikers in Strafe und Belustigung setzt, jedoch den Ton der Strafe für das Spiel, das die Poesie immer seyn soll, für zu ernst, die Belustigung für den Ernst, der allem poetischen Spiel zu Grunde liegen soll, für frivol hält, sucht er dem satyrischen Dichter das Eine und Andere doch zu retten dadurch, daß er sagt, die strafende Satyre erlangt poetische Freiheit, indem sie ins Erhabene übergeht; die lachende erhält poetischen Gehalt, indem sie ihren Gegenstand mit Schönheit behandelt. Wenn auch Schiller das Wesen des Satyrischen darin richtig zu bestimmen scheint, daß in der Satyre die Wirklichkeit als Mangel dem Ideal, als höchste Realität, gegenüber gestellt wird, so können wir doch ihm darin nicht beistimmen, daß die Satyre entweder eine strafende oder scherzhafte sey. Wenn auch der Ton der Strafe ins Erhabene übergeht, so ist er immer noch ein strafen= der, und Strafe kann nicht der Zweck der Satyre seyn. Der von der Idee begeisterte Dichter kann nicht strafen wollen, wenn er sich im Gebiete der Kunst behaupten will, auch darf er nicht ein bloßes Spiel treiben, was die Poesie immer seyn soll, son= dern er kann nur die gemeine Wirklichkeit ernsthaft auffassen und sie in seiner Gemüthsstimmung dem Hohn und Spott preisgeben, hiebei aber nicht stehen bleiben, sondern diese nur als Mittel gebrauchen, um dieselbe in dem an dem Gegensatze erweckten höhern Bewußtseyn zu vernichten. Jeder Poesie muß es mit ihrem letzten Zwecke ernst seyn, jedoch steht es ihr frei, diesen durch Ernst oder Scherz zu erreichen. Der höchste und letzte Zweck aller Kunst ist aber die durch Aeußeres vermittelte sinnliche Anschauung des Ideals. Schiller sucht der scherzhaften Satyre dadurch einen ästhetischen Werth zu sichern, daß er behauptet, einem schönen Herzen sey es verliehen, unabhängig von dem Gegenstand seines Wirkens, in jeder seiner Aeußerungen ein vollendetes Bild von sich selbst abzuprägen. Da wir aber darauf bestehen, daß die Satyre die gemeine Wirklichkeit der Idee entgegensetzte, so kann der Satyriker nur diese fest= halten und sinnlich anschaulich schildern, um so zu sagen ein Extrem durch das andere hervorzurufen. Wir müssen daher Solger beistimmen, daß die Satyre die Wirklichkeit als Wirk= lichkeit des gemeinen Lebens in Beziehung auf die Idee unter allgemeine Gesichtspunkte fasse. Der ästhetische Werth einer scherzhaften Satyre kann hiemit nicht darin bestehen, daß in der= selben sich ein schönes Herz abpräge, oder daß das Subjekt des Dichters an die Stelle der objektiven Wirklichkeit trete, sondern darin, daß das gemeine Leben an dem absoluten Be= wußtseyn, an der edlen Begeisterung der Phantasie und des Gemüthes des Dichters einen Gegensatz finde und eben so zu dem vernichtenden Bewußtseyn Anderer komme. Nicht nur der scherzhafte Satyriker muß ein schönes Herz, ein von den Idealen begeistertes Gemüth haben, sondern auch der ernsthafte oder pathetische. Die Wirksamkeit des Satyrikers besteht also darin, daß er sein Bewußtseyn in Andern erwecke, so daß auch an dem Anderer die gemeine Wirklichkeit gebrochen und vernichtet und dadurch in demselben in den idealen Gegensatz umgewandelt werde. Die Wirkung der Satyre ist daher die Erfüllung des gemeinen Lebens mit der Idee in dem absoluten Selbstbewußt= seyn und darin besteht die wahre Schönheit der Satyre.

§. 41.
Der ästhetische Witz.

Der Witz spielt seine eigentliche Rolle in den genannten Gemüthsstimmungen, in dem Humoristischen, Komischen, Ironischen und Satyrischen; denn das Wesen desselben besteht eben auch in der eigenthümlichen Beziehung des Relativen auf das Absolute und des Absoluten auf das Relative. Der Witz kann daher im Allgemeinen als sprühender Funke oder als Blitz jener Geistesstimmung betrachtet werden, in welcher der Mensch den Gegensatz der Wirklichkeit zur Idee und diesen Gegensatz dennoch wieder als nothwendige Einheit erkennt. Auf dem Standpunkte, auf welchem der Geist die gemeine Wirklichkeit mit der Idee verbindet oder jene durch diese vernichtet, findet er auch schnell und überraschend die Seite an der Wirklichkeit, welche als Gegensatz gegen die Idee erscheint. Die Absicht und Wirkung des Witzes zeigt sich darin, daß der sich selbst bewußte Geist den Widerspruch zwischen der Idee und Wirklichkeit unerwartet und unmittelbar, d. h. ohne Mittelglied vernichtet oder aufhebt. Der wahre oder höhere Witz geht daher entweder von der Idee aus, und überdeckt mit dieser die Wirklichkeit, oder er geht von der Wirklichkeit aus, und läßt diese in jener zu Grunde gehen; daher unterscheiden wir zweierlei Arten von Witz. Der eine Witz bezieht die Idee auf die Wirklichkeit, und hebt durch die Herabziehung der Idee den Gegensatz auf, der zwischen Idee und Wirklichkeit besteht, der andere dagegen faßt die Wirklichkeit zusammen und hält sie an das Licht der Idee, wodurch jene verschwindet. Jeder Witz erscheint daher als Widerspruch gegen das Wirkliche auf dem Standpunkte der Idee. Die erste Art Witz ist dem Humoristen und Ironiker eigen, denn er betrachtet die Wirklichkeit von einem höhern Standpunkte aus, und erhebt diese zu sich empor; er vernichtet plötzlich die Wirklichkeit dadurch, daß er die Idee im Widerspruch mit derselben hervortreten läßt; die andere finden wir besonders bei den Komikern und Satyrikern. Der Satyriker und Komiker faßt die

gemeine Wirklichkeit im Gegensatze gegen die Idee auf, und
vernichtet jene durch diesen Gegensatz, oder hebt sie durch die
Idee auf. Der ästhetische Witz unterscheidet sich von dem gemeinen also dadurch, daß er immer die Beziehung der Idee
zur Wirklichkeit oder umgekehrt im Auge hat, und diese Beziehung unmittelbar erscheinen läßt, während der gemeine Witz
nur einzelne Dinge der gemeinen Wirklichkeit auf einander bezieht, und verschiedene Gegenstände durch schnell aufgefundene
Aehnlichkeiten mit einander vereinigt. Der gemeine Witz ist
bloß Sache des Verstandes, der leicht Aehnlichkeiten und Gegensätze an den einzelnen Dingen wahrnimmt, und dient bloß zur
Belustigung. Aus dem oben Gesagten erhellet nun, daß bei
dem ästhetischen Witz nicht bloß der Verstand, sondern wie bei
dem Humoristischen, Ironischen, Komischen ꝛc. vorzüglich die
Phantasie und das Gemüth thätig sind. Der ästhetische Witz
ist das Produkt der Lebhaftigkeit der Phantasie bei einer höhern
Weltansicht. Wir können daher den ästhetischen Witz nicht bloß
auf Verbindung von Vorstellungen beschränken, die ihrem innern
Gehalt und ihrem Zusammenhang nach weit von einander ab-
stechen; wir müßten nur unter diesen einander fremden Vorstellungen die Idee und die Wirklichkeit verstehen, welche wir
jedoch von einem höhern Gesichtspunkte aus nicht als einander
fremd, sondern nothwendig zusammengehörend betrachten müssen.
Jean Paul begünstigte diese niedere Ansicht von dem Witze,
indem er diesen den verkleideten Priester nennt, der jedes Paar
copulirt. Wenn die gewöhnliche Definition: der Witz ist die
Fertigkeit, Aehnlichkeiten zwischen Unähnlichem aufzufinden, für
unsere Standpunkte in dem Sinne, in welchem sie gewöhnlich
genommen wird, nicht paßt, so können wir doch derselben noch
einen höhern Sinn abgewinnen. Der ästhetische Witz bezieht
unmittelbar die Idee auf die Wirklichkeit oder diese auf jene,
indem er zwischen Idee und Wirklichkeit einen Gegensatz findet.
Die Wirklichkeit ist der Idee unähnlich, weil sie nicht die volle
Entwickelung derselben ist, aber dennoch findet die Phantasie

eine Aehnlichkeit in diesem Unähnlichen, weil ja doch die Idee der gemeinen Wirklichkeit zu Grunde liegt. Wir könnten uns daher mit dieser Definition eher befreunden, als mit der: „Der Witz ist eine Fertigkeit, mit überraschender Schnelle mehrere Vorstellungen, die nach ihrem innern Gehalt und dem Nerus, dem sie angehören, einander eigentlich fremd sind, zu Einer zu verbinden." Siehe: Ueber das Erhabene und Komische, von Dr. Fr. Th. Vischer. Diese Definition räumt dem Witze noch nicht diejenige Stelle ein, an welcher er als ein wahrhaft ästhetischer oder idealer erscheint. Wir verlangen, daß ein wahres Epigramm witzig sey, wird es aber witzig, wenn hier Vorstellungen, die nach ihrem innern Gehalt und dem Nerus, dem sie angehören, einander eigentlich fremd sind, zu Einer verbunden werden? Wird es im Gegentheil nicht erst dadurch witzig, daß in demselben das Kunstwerk in seiner Relativität zur Idee aufgefaßt und dargestellt wird? Nur wenn der epigrammatische Dichter mit der dem wahren Künstler eigenen Ironie und Gleichgültigkeit das Kunstwerk betrachtet, wird er witzig seyn, und somit ein wahres Epigramm dichten. Ficker ahnet die tiefere Bedeutung des ästhetischen Witzes, indem er sagt: „Vorzüglich aber öffnet sich der Witz ein weites Feld, wenn er auf den Zusammenhang zwischen der Sinnen- und Geisteswelt geradezu sein Augenmerk richtet." Auch können wir auf diesem Standpunkte nicht zugeben, daß durch den Witz bloß eine Erhabenheit zu Falle gebracht werde. Der Witz ergreift wohl die ganze Wirklichkeit, die erhabene und komische, und zielt dahin, die ganze Wirklichkeit durch Donnerschläge als solche zu vernichten und in die Idee hinabzustürzen, allein diese Vernichtung geschieht nicht dadurch, daß eine Vorstellung aus einem sehr entlegenen und ganz heterogenen Gebiet mit einer andern in eine Kategorie gestellt wird. Der Witz bezieht sich nicht allein auf das Erhabene, sondern auch vorzüglich auf das Komische, das er durch die unmittelbare Entgegenstellung der Idee vernichtet. In dieser Beziehung sagt Solger im Erwin, ster Thl. S. 254,

trefflich: „Der Witz aber ist uns eine Wirkungsart des thäti=
gen künstlerischen Verstandes, welcher durch das ganze Reich
der Kunst, aber nach einer bestimmten Richtung hindurchgeht.
Er kann also keineswegs an dasjenige Gebiet gebunden seyn,
worin das Komische allein gefunden wird, sondern kann eben
sowohl eine tragische oder erhabene Wirkung haben, wenn er
die ganze Welt der Erscheinung mit ihren allgemeinen Gegen=
sätzen und Widersprüchen in die Anschauung der Idee hinab=
stürzt. Dieses Bestreben auf das Allgemeine und Ganze, welches
dem sinnlichen Witze nicht beiwohnen kann, weil das Ganze
dort in jedem Einzelnen zum Vorschein kommt, unterscheidet
den allgemeinen oder idealen Witz."

Der Witz behauptet daher nur dann einen ästhetischen
Werth, wenn er aus den oben genannten Geistesstimmungen
hervorgeht, das Endliche auf das Unendliche bezieht, und die
Anschauung des Wesens gibt und dadurch mit Einem Schlage
die Gegensätze der Wirklichkeit vernichtet. Und indem der Witz
die wesentliche Anschauung der Verknüpfungen der Dinge in
der Idee gibt, in welcher alle zusammenfallen, erregt er stets
Lachen. Es verhält sich hier wie bei dem Lächerlichen. Die
Wirklichkeit gibt sich den Schein der Wahrheit und Schönheit
und Vollkommenheit, oder sie lebt im Wahne, allein dieser
Wahn wird durch den wahren Witz zerstört und diese Ent=
täuschung erregt das Lachen. Die Wirkung des ästhetischen
Witzes ist daher eine Belebung der Idee in uns und eine Stär=
kung unserer geistigen Gesundheit.

Da das Christenthum das absolute Bewußtseyn in uns ge=
weckt und uns auf den Standpunkt gestellt hat, alle Dinge in
ihrem relativen Werthe zu betrachten, so leuchtet auch von selbst
ein, daß der Witz in der christlichen Zeit viel tiefer und wür=
diger ist, als in der alten Zeit. Auf dem christlichen Bewußt=
seyn beruht der Witz des Cervantes und Shakespeare. Wir
finden hier einen großen Unterschied zwischen dem Witz des Ari=
stophanes und dem der genannten Dichter. Eben dadurch wurde

das Werk des Cervantes „Don Quixote" so witzig, daß er die Wirklichkeit des mittelalterlichen Ritterthums stets im Gegensatze und Widerspruche zu der Idee desselben auffaßte. Die höchste Kraft des Witzes zeigt sich bei ihm darin, daß er durch den Widerspruch von Narrheit und Tugend das wirkliche Ritterthum vernichtet und die Idee desselben zum klaren Bewußtseyn bringt.

<h2 style="text-align:center">§. 42.</h2>

<h3 style="text-align:center">II. Das christliche Leben des Staates.</h3>

a) Das bürgerliche Leben als Schönes auf der Grundlage des Christenthums.

Von der Ueberzeugung ausgehend, daß das christliche Prinzip das menschliche Leben vorzugsweise zu einem schönen zuzugestalten vermag, und daß das Schöne diesseits am reinsten und vollkommensten durch vernünftige, selbstbewußte Wesen zur Erscheinung komme, verfolgen wir auch das menschliche Leben, in sofern es von dem edelsten Prinzip beseelt und bestimmt wird, in allen seinen Beziehungen, in welchen es Gegenstand der Kunst wird. Die Wissenschaft des Schönen geht der Kunst zur Seite, und hat die Aufgabe, das ganze Gebiet der Kunst, wovon diese nur einzelne Momente benutzt, in großen Umrissen darzustellen.

Jeder Mensch ist in der civilisirten Welt Glied eines Staates und entwickelt als solches ein durch die Staatsverfassung bestimmtes Leben. Wie jede Familie nur durch gegenseitige Bestimmungen und Ordnungen gebildet und erhalten wird, so auch der Staat, denn er ist ja nichts Anderes, als eine große Familie. Mit der Vereinigung einzelner Familien zu gemeinschaftlichen Zwecken begann auch die Bildung des Staates und die Civilisation. Die Menschen können auch nur in gegenseitigem Verkehr ein wahrhaft humanes Leben entwickeln und genießen; daher haben alle alten Wohlthäter der Menschheit die Menschen zuerst vereinigt und ihnen Gesetze und Ordnungen gegeben.

Durch die Verbreitung und Annahme des Christenthums wurden auch allmählig die Staatsverfassungen auf christliche Ideen gegründet, d. h. die christlichen Ideen von Recht, Gerechtigkeit, von der Würde und Bestimmung des Menschen ꝛc. gingen in die Bildung und Regierung der Staaten über. Man erkannte diese Ordnung als eine göttliche oder als Gottes Willen; man betrachtete die Regenten als Stellvertreter Gottes und diese nannten sich von Gottes Gnaden; man leistete den Regenten Gehorsam, weil Gott diesen forderte. Der Staat ist daher auch als organische Einheit und Verbindung aller demselben Angehörigen, um die Achtung jeder einzelnen Person, die Heilighaltung des Lebens, der Freiheit, der Ehre und des zeitlichen Eigenthums zu erhalten, eine erhabene Schönheit. Nur in einem Staate, wo das Leben, die Freiheit, die Ehre und das Eigenthum gesichert ist, kann sich ein wahrhaft menschliches Leben entwickeln; und nur in einem solchen Staate kann der Bürger seine physischen und geistigen Kräfte entfalten und anwenden, sein kirchliches Leben öffentlich zeigen, Wissenschaften und Künste pflegen. Ein Sklave, der keinen Rechtszustand hat, kann auch kein wahrer Mensch werden. Je mehr die Staatsverfassung sich auf christliche Ideen gründet, und je sittlicher die Bürger sind, desto sicherer und freier kann der Einzelne sein zeitliches Leben gestalten und ordnen und seine höhere Zwecke verfolgen.

Der Staat kann nicht Selbstzweck, sondern nur Mittel zur Entwicklung eines wahrhaft humanen und christlichen Lebens seyn, d. h. er soll nur die Bedingungen gewähren, unter welchen der Einzelne und. Alle während des zeitlichen Daseyns höhere Zwecke verfolgen und erreichen können. Alle Gesinnungen und Bestrebungen, die dem Zwecke des christlichen Staates angemessen sind, können, sofern sie in die Erscheinung treten, schön genannt und Gegenstände der Kunst werden.

Wie edel und liebenswürdig ist der Regent, welcher seine Unterthanen väterlich liebt und für sie besorgt ist, damit alle ein glückliches Leben führen? der sich herzlich freut, wenn es allen gut geht? der sich als verantwortlichen Stellvertreter Gottes betrachtet, um die Gerechtigkeit und Ordnung aufrecht zu erhalten? der seinen Unterthanen zugänglich, gegen dieselben freundlich herablassend und gegen alle gerecht ist? der selbst sein Leben für die Erhaltung des Staates, für die Ordnung und Sicherheit aufopfert? Welche Begeisterung finden wir oft unter einem Volke für einen solchen Regenten!

Eben so edel und ehrwürdig erscheint uns der Staats=diener, wenn er, jeder an seiner Stelle, seine Bedeutung erkennt, ein würdiges Glied des Einen Oberhauptes zu seyn, um die hohen Zwecke des Staates zu realisiren. Der Staats=diener entwickelt eine schöne Thätigkeit, wenn er stets die Ge=rechtigkeit, Ordnung, die Sicherheit und den Wohlstand der Staatsunterthanen bei der Verwaltung seines Amtes im Auge hat; wenn er diesen stets zugänglich, theilnehmend und freund=lich ist; wenn er nicht so sehr sein Wohl, als das seiner Unter=gebenen berücksichtigt und alle seine Kräfte dem Staatswohle widmet, und wenn er daher nicht arbeitscheu, gleichgültig, be=stechlich und partheiisch ist. Welch edlen und ehrenwerthen Cha=rakter zeigt der Staatsdiener, der lieber Andern zu Schätzen auf gesetzliche Weise verhilft und selbst arm bleibt, als auf un=gerechte Weise — durch Veruntreuung — sich zu bereichern; der um der Gerechtigkeit und Ordnung willen lieber Verfolgung leidet, als der Wahrheit und dem Rechte etwas zu vergeben, und lieber Verbannung und Tod duldet, als gegen den Staat untreu zu seyn!

Das von Glaube und Liebe beseelte Gemüth des Staats=bürgers wird in mannigfaltiger Beziehung ein schönes und edles Leben im Staate entwickeln.

Dem Gesetze, das der objective Wille Aller ist, um Recht und Gerechtigkeit festzustellen, bezeigt der christliche Staatsbür=ger Achtung und Gehorsam; er unterwirft seinen Verstand und Willen dem gemeinsamen Verstand und Willen, und freut sich des Gesetzes, weil es die Bedingung ist, unter welcher er allein die höhern Zwecke des Daseyns erreichen kann. Das Gesetz wird durch den Regenten aufrecht erhalten und angewendet; daher zollt der christlich gesinnte Staatsbürger dem Oberhaupte des Staates Ehrfurcht, Liebe, Gehorsam und Treue. Welch edle Seele, die den gemeinen Egoismus abgelegt hat, und in dem Oberhaupte den von Gott gesetzten Wächter und Vollstrecker des Gesetzes erkennt und ihm Ehrfurcht beweiset!

Das Staatsoberhaupt ist der Vater einer großen Familie; welche niedrige Seele daher, welche die liebevolle Sorgfalt des Regenten für die leibliche und geistige Wohlfahrt der Untertha=nen nicht erkennt und nicht mit Liebe erwiedert!

Christliche Demuth wohnt in dem Herzen dessen, der dem Staatsoberhaupte, das das Gesetz aufrecht erhält und dadurch die allgemeine Wohlfahrt befördert, Gehorsam beweiset. Wie edel und erhaben ist die unverbrüchliche Treue, die der Christ gegen das Staatsoberhaupt an den Tag legt! Welche Demuth und Liebe beweiset die Seele, welche für den Regenten oder die Obrigkeit betet! Beweiset sie hiedurch nicht die reinste und edelste Vaterlandsliebe, wenn sie Gott bittet, er möge ihm Licht und Kraft verleihen, das große und schwere Amt zu seiner und seiner Unterthanen leiblicher und geistiger Wohlfahrt zu ver= walten.

Die Vaterlandsliebe ist eine edle und schöne Tugend, und erzeugt edle und denkwürdige Handlungen. Wer sollte den Boden nicht lieb haben, auf welchem er geboren und erzogen wurde, und die glücklichsten Jahre seiner Kindheit verlebt hat? Wer sollte die Familie und die Gemeinde nicht lieben, der er angehört, und wer den Regenten nicht lieben, der die Gesetze handhabt, unter welchen Jeder frei und sicher ist? Die wahre Vaterlandsliebe will die bestehende Ordnung, bei welcher Jeder glücklich leben kann, aufrecht erhalten; sie wirkt daher kräftig Allen entgegen, die diese Ordnung durch Lehre und That zu untergraben suchen; sie scheut sich nicht vor Mißkennung,

Verachtung und Verfolgung; sie gibt Gut und Blut für die all=
gemeine Ruhe und Sicherheit. Die Vaterlandsliebe ist thätig,
um die Verletzungen der Gesetze zu vermindern und die Frevel=
thaten zu verhindern und zu strafen. Die Vaterlandsliebe, die
sich des Schutzes und der Ordnung freut, gibt gerne dem Kai=
ser, was des Kaisers ist.

Die Vaterlandsliebe äußert sich im Großen auf eine zwie=
fache Weise — auf eine negative und positive. Jeder, der die
Wohlthaten eines Staates genießt, fühlt sich auch verpflichtet,
sein Vaterland sowohl nach Innen als nach Außen zu verthei=
digen. Jeder, der willig und muthig zum Kampfe geht, um
die Ruhe und Sicherheit seines Vaterlandes zu erhalten, zeigt
eine edle Begeisterung für höhere Zwecke des Lebens. Wie erhe=
bend ist es, einen hohen Ernst, eine außergewöhnliche Anstren=
gung, eine lebhafte Begeisterung und eine edle Resignation an
dem Soldaten wahrzunehmen, der für das Recht und die Frei=
heit seines Vaterlandes kämpft. Das Heroische erscheint zu=
nächst, wenn der Soldatenstand im Innern mit Treue gegen
Empörer gegen die bestehende Ordnung muthvoll kämpft und
lieber Blut und Leben hingibt, als das Vaterland in den Hän=
den der Willkür, der Habsucht, der Herrschsucht 2c. zu sehen.
Bürgerkriege sind die schrecklichsten; allein der geordnete Sol=
datenstand kann nur gegen die eigenen Staatsbürger die Waffen
ergreifen, wenn das Vaterland von Schwindelköpfen, Unruhe=
stiftern in Gefahr gestürzt wird. Nur in der höhern Rücksicht,
daß durch solche Nothwehr das Recht und die Freiheit des Va=
terlandes gerettet und die Bedingungen zu einem wahrhaft
humanen und höhern Leben erhalten werden, kann der Kampf,
der Wunden und Tod im Gefolge hat, schön genannt werden.
Wird der Staat von einer Heeresmacht angegriffen, um diesen
zu unterjochen, zu rauben, sich zu vergrößern, Recht und Frei=
heit zu zerstören, so ist es eine heilige Sache, die rohe zerstö=
rende Gewalt abzuwenden und den bestehenden Zustand zu er=
halten, indem man sich der Freiheit, Sicherheit und Wohlfahrt

erfreut. In sofern durch die Ordnung des Staates der Mensch sich zu einem edlern und höhern Daseyn entwickeln kann und soll, ist der Bestand des Staates Gottes Wille und Sache. Wer daher sein Vaterland vertheidigt, vertheidigt Gottes Sache. Wie verderblich und beklagenswerth auch die Kriege sind, so sind sie doch als Nothwehr der Völker hochherzige Kraft=äußerungen für die Erhaltung edler Erdengüter, und würdig, mit heiliger Begeisterung besungen zu werden. In dem Kampfe für das Vaterland zeigt sich ein hoher Muth, eine edle Resig=nation und Ruhmsucht, eine ungewöhnliche Ausdauer, eine ernste Heilighaltung des Rechtes und der Freiheit, eine höhere Rücksicht. Wie sehr wurde von jeher dieses ungewöhnliche tha=tenreiche Leben und Streben bewundert und mit welcher Be=geisterung vernommen! Wie edel und liebenswürdig erscheint uns der siegreiche Krieger, der ein gefühlvolles Herz an den Tag legt, der mitleidig und schonend gegen Unmündige, Schwache und Alte ist, der die Todten begraben läßt, die Leichname ehrt und zurückgibt, der keine grausame Rache übt, die Hand zur Verzeihung und zum Frieden bietet, der nicht muthwillig be=schädigt und verletzt ꝛc.

Wird ein Volk gewaltsam von seinem alten Besitze vertrie=ben, und hat es noch Vaterlandsliebe, d. h. liebt es noch seine alte Verfassung, seine Freiheit und sein Recht, so wird es sich zusammenhalten und irgendwo einen neuen Wohnsitz suchen. Wird ihm aber in einem Lande, das nicht übervölkert ist und noch hinlänglichen Raum zu seiner Niederlassung hat, Wider=stand geleistet, so darf es diesen mit Waffengewalt erkämpfen, denn es hat einen gerechten Anspruch auf einen Wohnsitz auf Erden. Hier erscheint das verdrängte Volk als der angreifende Theil, allein im Grunde übt es doch nur Nothwehr gegen nei=dische, eifersüchtige und mißtrauische Nachbarvölker. Wie gerecht erscheint uns ein solcher Krieg, in welchem ein Volk für seine Religion, Verfassung und Freiheit einen Erdenwinkel tapfer und mühevoll erkämpft! In diesem Zustande mag ein Volk

eine hohe Begeisterung, einen gerechten Ernst und eine bewun=
derungswürdige Anstrengung und Aufopferung an den Tag
legen; es ist ein wahrhaft heroisches Volk.

Der wahre Heldenmuth zeigt sich nur im gerechten Kampfe
gegen feindliche Angriffe auf den Bestand des Staates, seine
Verfassung und Freiheit, daher sind vorzüglich die Fürsten und
ihre Feldherrn die Helden, die durch Anordnung der Abwehr,
durch kluge Plane, persönliche Theilnahme und Tapferkeit das
Ganze leiten. Um das Staatsoberhaupt und seine Feldherrn
sammeln sich die Staatsbürger willig und muthig, freuen sich
unter Anführung ächter Patrioten dem Feinde ins Gesicht zu
schauen, lieben Zucht und Ordnung, geloben vor Allem strengen
Gehorsam, und gehen, Gott empfohlen, in Kampf und Tod für
die theuern Erdengüter, welche ihnen das Vaterland gewährt.
Der Feldherr wird Allen ein erbauendes und ermuthigendes
Beispiel von Muth, Tapferkeit, Gerechtigkeit und Humanität
geben.

Welche entzückende Freude dann, nicht, daß der Feind ge=
tödtet, sondern daß das Vaterland gerettet ist! Man dankt
Gott in einer feierlichen kirchlichen Versammlung für die Gnade,
die er im Siege verliehen hat. Man zieht triumphirend vom
Schlachtfelde zurück, und errichtet Denkmale zur dankbaren
Erinnerung.

Fassen wir die einzelnen Züge des christlichen Staates in
ein allgemeines Bild zusammen, und wir überzeugen uns,
daß ein wahrhaft christlicher Staat eine erhabene Schönheit ist.
Das menschliche Bedürfniß, in Gesellschaft seines Gleichens zu
leben, im Verein mit Andern Schutz gegen Gewaltthat zu
finden, das Leben und das Eigenthum unverletzt zu behaupten
und Mittel und Gelegenheit zu haben, ein wahrhaft mensch=
liches Leben zu entwickeln, versammelte die Menschen willig um
den, der durch Vorzüge des Verstandes und der Macht sich
über die übrigen erhob, und Gesetze und Ordnungen des gesell=
schaftlichen Lebens bestimmte. Die Peripherie des Einen

Mittelpunktes findet ihre Grenze an einer bestimmten Zahl von Menschen und an einer bestimmten Ausdehnung des Raumes, d. h. es entsteht ein Staat. Die erste Staatenbildung beruht auf einer freiwilligen Uebereinkunft und Unterordnung, die von dem Einen oder Mehreren vorgeschlagenen Gesetze und Ordnungen wurden der Wille der Gesammtheit. Nachdem sich aber die Staaten so gebildet hatten, konnten sie nur unter einem Oberhaupte oder einem Senate fortbestehen, der den gemeinsamen Willen, das Gesetz, zum Schutz der persönlichen Freiheit aufrecht erhielt und gegen Eingriffe anwendete. Mit der Erblichkeit des Thrones wurde aber die ursprüngliche Entstehung und Bestimmung des Staates im Heidenthume verkannt, und der Eine setzte seine Willkür dem Willen Aller gegenüber und sein Wort war Gesetz, es entstanden diejenigen Despotien und Monarchien, in welchen die Unterthanen nur für ihren Herrn da zu seyn und diesem dienen zu müssen schienen. Diese Staatsverfassungen mißkannten ihre höhere Bestimmung, Bedingung eines wahrhaft humanen Lebens der Angehörigen zu seyn, weil die Würde, Freiheit und Bestimmung des Menschen in Vergessenheit kam. Der Freie wurde im weitern oder engern Sinne Sklave, und die Bestimmung seines Daseyns war dem Herrn zu dienen; an die Stelle des freien Gehorsams trat die Furcht und die knechtische Unterthänigkeit, und die Einheit und Ordnung war Werk des Zwanges. Die Vaterlandsliebe war meistens nur Furcht vor noch härterem Joche. Durch die Verbreitung des Christenthums bekamen die Staaten allmählig ein neues und weit edleres Lebensprinzip, durch welches sie, wenn nicht äußerlich, doch innerlich umgestaltet wurden. Im Lichte des christlichen Glaubens erkannte sich der Herrscher als Bruder aller seiner Unterthanen, und liebte diese als Brüder; allen kam ihre Würde, Freiheit und ewige Bestimmung zum klaren Bewußtseyn. Auf der Grundlage des christlichen Glaubens und der Liebe mußte das Verhältniß des Regenten zu den Unterthanen, und dieser zu demselben und unter sich nothwendig ein

anderes werden. Der christliche Staat ist eine große Familie,
in der gegenseitig Achtung, Gehorsam, Dank, Freiheit und Recht
herrscht. Die Unterthanen lieben und ehren das Oberhaupt
der Familie als den, der von Gott gesetzt ist, das Gesetz zu
erhalten und anzuwenden; sie sind ihm getreu und gehorsam
und beten für ihn. Der Regent sorgt für das leibliche und
geistige Wohl der Seinigen, wie ein Vater für seine Familie,
und theilt mit ihnen alle Freuden und Leiden. Im Bewußt=
seyn der menschlichen Würde, Freiheit und Bestimmung hält
jeder Bürger die Freiheit, das Leben, die Ehre und den zeit=
lichen Besitz des andern für heilig und unverletzlich. Ueberall
erblicken wir in einem solchen Staate ein organisches Zusam=
menwirken, um die Bedürfnisse Aller zu befriedigen, überall
eine freie Thätigkeit und Gewerbsamkeit, und so vielfach sich
diese berühren, nirgends Verletzung und Beeinträchtigung. Alle
freuen sich des gesicherten äußern Rechtszustandes, weil sie in
diesem die Bedingungen finden, ein höheres, wahrhaft mensch=
liches Leben zu entwickeln oder ihre höhere Bestimmung erreichen
zu können. Alle setzen willig Gut und Leben ein, wenn dieser
selige Zustand von Außen oder Innen gestört oder vernichtet
werden sollte. Eine wahre und würdige Vaterlandsliebe begei=
stert Alle, wenn die Selbstständigkeit des Staates in Gefahr
kommt. Der christliche Staat ist ein wahrer lebendiger Orga=
nismus und als solcher, weil er von Menschen gelebt wird,
ein Reflex eines höhern Geisterreiches. Wie wir
uns ein Geisterreich nur in Einer Wahrheit und Liebe beste=
hend denken können, so können wir nur denjenigen Staat als
einen wahren erkennen, in dem der Wille Aller sich in einem
Gesetze und die Kraft Aller in einer Gemeinkraft vereinigt.
Als Reflex eines höhern Geisterreiches oder als organisches
Zusammenwirken Aller, um Allen das Leben, die Freiheit,
die Ehre und den zeitlichen Besitz zu sichern und Allen die
Bedingungen zu geben, ein höheres Leben zu entfalten,
erscheint uns der christliche Staat als erhabene Schönheit.

Paffend mag hier die Stelle aus Goethe's Taffo S. 120 ange-
führt werden:

> Es ist kein schön'rer Anblick in der Welt,
> Als einen Fürsten seh'n, der klug regiert;
> Das Reich zu seh'n, wo Jeder stolz gehorcht,
> Wo Jeder sich nur selbst zu dienen glaubt,
> Weil ihm das Rechte nur befohlen wird.

§. 43.
Das Epische im christlichen Sinne.

Nicht das Epos als besonderer Zweig der Poesie, sondern
nur das Epische oder der Stoff des Epos soll hier im Allgemeinen als etwas Schönes bestimmt werden.

Der Staat ist im Sinne des Christenthums eine göttliche
Ordnung und das Leben des Staates göttlicher Wille. Freiheit
und Sicherheit der Person und des Eigenthums, die uns der
Verband mit einem Staate gewährt, werden daher nicht nur
als theure Erdengüter betrachtet, sondern auch als die von Gott
gesetzten Bedingungen, unter welchen wir allein ein rein menschliches Leben entwickeln und höhere Zwecke erstreben können.
Heilig und theuer ist daher jedem Staatsbürger die Selbstständigkeit, Wohlfahrt und der Friede des Staates, dem seine und
des Staates Bestimmung zum klaren Bewußtseyn gekommen
ist. Der Regent und die Staatsbürger entwickeln daher im
Bewußtseyn ihres Rechtes auf die Selbstständigkeit und Unverletzlichkeit ihres Staates und aus voller Freiheit eine ungewöhnliche Kraftanstrengung, wenn Schmach auf ihr Vaterland
fällt, die Ehre des Staates gefährdet wird, oder wenn der
Fortbestand und die Ordnung desselben von Innen oder Außen
in Gefahr kommt, oder wenn sie von roher Gewalt von dem
heimatlichen Boden vertrieben wurden, und nun ihr Vaterland
wieder erobern wollen oder gezwungen sind, für sich einen neuen
Wohnsitz irgendwo zu erkämpfen. In diesen Beziehungen erzeugt die wahre Vaterlandsliebe staunenswürdige Thaten, welche

die Kunst von jeher in freudigem Andenken zu erhalten suchte.
Das Epische bezieht sich daher auf die gesellschaftliche
Ordnung im Staate, auf das Wohl des bürgerlichen Le=
bens, auf Freiheit und Sicherheit der Bürger, auf den Rechts=
zustand des Staates, und tritt in die Erscheinung durch eine
Reihe freier Thaten. Da der Christ die Obrigkeit als von Gott
verordnet erkennt, faßt er auch die Ordnung des Staates als
heiligen Willen Gottes auf, und kämpft er für die Erhaltung
und Freiheit des Staates, so streitet er für die Erfüllung des
göttlichen Willens. Der christliche Held setzt im Bewußtseyn des
Rechtes und aus freier Selbstbestimmung sein Leben aufs Spiel,
wenn die Ruhe und der Friede des Staates von roher hab=
und herrschsüchtiger Gewalt bedroht wird; er erduldet unge=
wöhnliche Strapazen und Gefahren, wenn er sein unterjochtes
Vaterland wieder befreien will, oder wenn er an einem andern
Orte ein neues Vaterland suchen muß. Da jedes Volk ein
göttliches Recht hat, Antheil zu haben an den Wohnsitzen der
Erde, so trägt er kein Bedenken, ein mißtrauisches, neidisches
und böswilliges Nachbarvolk so lange zu bekämpfen und zu
bedrücken, bis es ihm friedliche Niederlassung neben sich gestattet.
Da das göttliche Recht, frei und selbstständig auf Erden zu
wohnen, die Seele des Epischen ist, so können diejenigen Hel=
denthaten keinen Anspruch mehr auf Anerkennung als solcher
machen, welche aus Hab= oder Eroberungssucht, Eifersucht,
Herrschsucht und Vergrößerungslust hervorgegangen sind, weil
sie des sittlichen Gehaltes entbehren. Die Gemeinkraft eines
Volkes concentrirt sich in dem Herrscher oder Heerführer, dem
epischen Helden. Das Epische ist etwas erhaben Schönes, weil
sich in demselben eine Idee durch freie Thätigkeit menschlicher
Persönlichkeit verwirklicht. Die Idee ist die des Rechts, die der
Christ als göttlichen Willen auffaßt. Diese Auffassung gibt
auch dem Helden die höchste und reinste Begeisterung für seine
heilige Sache. Wollen wir das Epische auf einen Ausdruck
bringen, so können wir es etwa folgender Weise bestimmen:

Das Epische ist die Verwirklichung des ewigen Rech=
tes oder des göttlichen Willens in Beziehung auf
die zeitliche Ordnung der Dinge, oder das Wirklich=
werden des Göttlichen durch freie Thätigkeit der
Menschen. Diese Definition finden wir am deutlichsten durch
die Helden des jüdischen Alterthums bestätigt. Die israelitische
Helden stritten immer, um Gottes Willen zu realisiren. Jehova,
der Herr des Himmels und der Erde, hatte den Israeliten
ein Recht auf den Besitz Canaans gegeben, und wollte, daß die
Israeliten dieses Land selbst eroberten, damit sie nach mensch=
licher Weise in Besitz desselben kommen und für die Ausführung
höherer Zwecke vorbereitet werden. Die Israeliten vertrieben
die Bewohner Canaans, weil es Gott so wollte; sie realisirten
somit Gottes Willen oder verwirklichten das Göttliche durch
eigene freie Thätigkeit. Wenn sie Gott verließen und den heid=
nischen Göttern nachwandelten, und gott= und sittenlos wurden,
so strafte sie Gott mit Ueberfall und Bedrückung von Seiten
ihrer Feinde. Wendeten sie sich aber wieder reumüthig zu Gott,
so war es Gottes Wille, daß sie von ihren Bedrückern wieder
befreit wurden; es standen Richter auf, die sich an die Spitze
des Volkes stellten und durch freie Thatkraft den göttlichen
Willen realisirten.

Das Epische im christlichen Sinne entspringt aus dem ab=
soluten Selbstbewußtseyn und dem Gefühle der Frei=
heit und bildet eben dadurch den Unterschied von dem des
Heidenthums. Der christliche Held ist sich bewußt, daß es
Gottes heiliger Wille ist, daß ein Volk einen bestimmten Wohnsitz
und Rechtszustand habe und weiß, daß es seine Aufgabe ist,
aus freier Kraftanstrengung diesen und jenen zu behaupten
oder zu suchen. Er betrachtet die Angriffe auf Selbstständigkeit
und Wohlfahrt des Staates ebenfalls als Werke freier Selbst=
bestimmung von Seite der Feinde und fernerhin als Zulassun=
gen Gottes. Das Epische ist daher auch ein Kampf der
Freiheit um Freiheit. Weil der christliche Held bloß auf

sich steht, aus freier Selbstbestimmung handelt, jedoch nach
christlichem Glauben der Leitung einer weisen Vorsehung Gottes
anheimfällt; so schließt das Epische im christlichen Sinne die
unmittelbare Einwirkung Gottes, das Wunderbare im Sinne
der Alten, die sogenannte Maschinerie, aus. Das Wunderbare im christlichen Epos beschränkt sich auf solche Veränderungen und Fügungen der Umstände und Verhältnisse, die
nicht als Wirkungen menschlicher Kraft, sondern nur als Bestimmungen der Vorsehung Gottes erkannt werden können.
Der Christ erkennt sich selbst als Schöpfer seines Schicksals
und Glückes, insoferne und soweit die Vorsehung Gottes ihn
dieses seyn läßt; sein Leben und Wirken besteht daher in einer
Zusammenwirkung menschlicher und göttlicher Kräfte. Der
christliche Held handelt auch nur soweit und solange, als die
göttliche Vorsehung ihn wirken läßt; er setzt sich daher nicht
ungestüm und wild gegen die unübersteigbaren Hindernisse, die
er als Schranke seiner Wirksamkeit betrachtet, welche von der
Vorsehung ihm gesetzt sind. Im Bewußtseyn des ewigen Rechtes
als heiligen Willen Gottes erkennt der christliche Held seine
Wirksamkeit als eine weit höhere Aufgabe, als diese der Heide
auffassen konnte. Ist das geordnete Staatenleben ein Reflex
einer höhern Geisterordnung und die nothwendige Bedingung,
unter welcher der Mensch seine höhere Zwecke erreichen kann;
so richtet der christliche Held sein Augenmerk nicht bloß auf die
zeitliche Wohlfahrt der Staatsangehörigen, auf Selbstbestand
und Ruhm des Staates, sondern auch und vorzüglich auf den
Willen Gottes, daß der Mensch vermittelst eines gesicherten
Rechtszustandes eines seligen Geisteslebens immer fähiger und
würdiger werde. Das Epische im christlichen Sinne hat daher
den vorherrschenden Charakter der Subjektivität, d. h. die
heroische Thätigkeit geht aus dem absoluten Bewußtseyn und
der freien Selbstbestimmung hervor, ohne jedoch den Erfolg,
der in der Hand der weisen Vorsehung Gottes liegt, absehen
zu können.

Läßt sich unsere Begriffsbestimmung des Epischen auf christ=
lichem Standpunkte auch auf eines der vorzüglichsten Epos, das
auf christlichem Boden entstanden ist, das Niebelungenlied,
anwenden? Das Niebelungenlied entwickelt eine staunenswerthe
freie Thätigkeit, die auf das Staatsleben unmittelbaren Bezug
hat. Der Charakter aber dieser Heldenthaten ist tragisch
oder unbesiegbare Willenskraft unter schweren Leiden. Das
Tragische ist hier, indem es sich in bewunderungswürdigen
Thaten der Könige von Burgund und ihrer Dienstmannen ent=
wickelt, zum Epischen gestaltet. Die Seele dieses tragischen
Epos ist Chriemhild. Weil ihr geliebter Gemahl Siegfried von
Hagnen von Tronege erschlagen wurde, heirathet sie den König
Etzel von Ungarn in der Absicht, Gelegenheit zu bekommen,
an dem Mörder ihres Gemahls Rache nehmen zu können.
In dieser Absicht bittet sie auch ihren neuen Gemahl, ihre
Brüder in Burgund mit ihren Dienstmannen zu sich einzuladen.
Etzel sendet Boten nach Worms und läßt seine Schwäger arglos
zu einem Besuche einladen. Hagnen wittert hierin alsbald die
Arglist und Rachesucht Chriemhilds und mißbilligt den Besuch
seiner Herrn, weil sie um den Mord Siegfrieds wissen und
beziehungsweise mitschuldig sind. Weil die Könige von Bur=
gund sich aber dennoch entschließen, zu den Hunnen zu reisen,
will er nicht feig erscheinen und zurückbleiben. Er reiset mit in
der Ahnung des Unheils, das ihnen allen drohe, welche immer
klarer und bestimmter wird. Obgleich Chriemhild nur an Hag=
nen Rache nehmen will, so können doch die Könige von Burgund
ihren Dienstmann nicht preisgeben; es entwickelt sich hieraus
eine solche Verwirrung und ein solcher Streit, daß Alle erschlagen
werden und selbst Chriemhild ihre wilde Rachelust mit dem
Tode büßt. Die Niebelungen streiten hier im Bewußtseyn des
Rechtes für die Erhaltung ihrer Unterthanen und ihres eigenen
Lebens und sofort für den Bestand ihres Staates, der durch
ihr Geschlecht aufrecht erhalten wurde. Da der Bestand ihres
Staates als göttlicher Wille anerkannt wird, streiten sie für

eine göttliche Sache, unterliegen aber der Gewalt, die Gottes
Vorsehung über sie hereinbrechen ließ. Das Epos hat daher
einen negativen Charakter. Die Nibelungen kämpfen, um das
Göttliche wirklich zu erhalten, allein das Wirkliche löst sich auf
und verschwindet in dem Göttlichen. Die Kraftanstrengung der
Nibelungen geschieht nicht in Folge einer göttlichen Schickung,
sondern in Folge freier Thätigkeit von Seiten Chriemhilds und
aus eigener Selbstbestimmung. Das Epos ist durch und durch
subjektiv gehalten; denn der Dichter hat die Einheit der Hand=
lung durchgängig als aus dem freien Willen stammend und die
Verwicklung als Folge dieser freien Handlungen aufgefaßt und
dargestellt. Auf einem höhern Standpunkte muß aber all dieses
als eine Zulassung der weisen Vorsehung betrachtet werden.

Wenden wir uns nun zu dem Epischen im Sinne des
Alterthums. Das Bewußtseyn der heidnischen Welt bedingt
eine andere Auffassung des Epischen als in der neuern Zeit.
Der Grieche fühlt sich zwar der Natur gegenüber frei, und
sucht durch all sein Handeln seine Freiheit zu behaupten; allein
er ist sich noch nicht einer absoluten geistigen Freiheit bewußt.
Er herrscht über die Natur, allein er kann sich noch nicht von
dem Willen der Götter unabhängig denken. Was die Götter
wollen, muß er thun; daher ist der Wille der Götter eine Be=
schränkung seiner Freiheit und in soferne sprechen wir ihm ab=
solute geistige Freiheit ab. Das Bewußtseyn der von oben
beschränkten Freiheit bringt es nothwendig mit sich, daß er sein
Handeln anders auffaßt als der Christ, der sich einer Freiheit
bewußt ist, die Nichts im Himmel und auf Erden zwingen kann,
wenn sie sich selbst nicht bestimmt. Das epische Handeln der
griechischen Helden wurde daher auch von den Dichtern nicht
als Wirkung freier Selbstbestimmung, sondern immer nur als
Mittel und Werkzeug betrachtet, durch welches die Götter ihren
Willen realisiren. Der epische Held des Alterthums ist als
Werkzeug einer höhern Weltregierung zu betrachten,
der nur in soferne frei handelt, als er den göttlichen Willen zu

dem seinigen macht; daher kämpft er nicht wie der tragische
Held gegen eine höhere Weltordnung, sondern gibt sich willig
und mit aller Kraft der höhern Macht hin und führt durch
seine Thaten nicht so fast seine Plane als die einer höhern Welt
aus. Das Epische im Sinne des Alterthums ist zwar auch als
Verwirklichung des Göttlichen durch menschliche Thatkraft zu
bestimmen, allein diese Verwirklichung geht nicht rein aus dem
absoluten Selbstbewußtseyn und dem Gefühle absoluter Freiheit
hervor, sondern ist bedingt durch die Schicksale, durch welche
die Götter den Willen des Menschen umstricken und nöthigen.
Da nun aber der Wille der griechischen Götter kein gerechter
und heiliger im Sinne des Christenthums, sondern vielmehr
ein von Leidenschaften bestimmter Wille ist, erscheint uns auch
das Epische auf dem Boden des Alterthums nicht in der Rein=
heit und Göttlichkeit, wie das auf dem des Christenthums.
Die menschliche Willenskraft dient den Göttern um Rache zu
üben, zu zerstören, zu wüthen und zu toben. Obgleich Jupiter
als der Beschützer der Staaten und des gesellschaftlichen Lebens
gedacht wird, so vermag er doch nicht die Eintracht unter den
Göttern selbst zu erhalten und durch diese Friede und Einheit
unter den Menschen zu stiften. Da ferner dem Griechen die
wahre Lebensbestimmung noch nicht in klarem Lichte aufgegangen
ist, so hat er auch bei allen seinen epischen Kraftanstrengungen
nicht den letzten Zweck der menschlichen Gesellschaft im Auge.

Aus dem Verhältniß der griechischen Helden zu den Göt=
tern, wie dieses die alten Dichter auffaßten, erhellet auch,
warum die Götter selbst an dem Handeln der Menschen Theil
nehmen. Da es die Götter sind, welche durch die Menschen
ihre Plane auszuführen suchen und diese nicht allein im Stande
sind, das Göttliche aus eigener Kraft zu verwirklichen, so stehen
sie nothwendig den Menschen bei, nehmen Theil an ihren Hand=
lungen und Schicksalen und wirken mit diesen. Weil ferner
die Götter aus bestimmten Interessen sich theilen und einander
entgegentreten, so finden wir im Epos der Alten auf beiden

Seiten der Kämpfenden eine Reihe mitwirkender Gottheiten, die in entgegengesetzter Richtung ihre Interessen vermittelst der Menschen verfolgen. Das Wunderbare, die Erscheinung und Theilnahme der Götter an dem Kampfe der sich entgegengesetzten Partheien, ist daher unzertrennlich von dem Epischen der Alten. Das unmittelbare Eingreifen der Götter in den Gang menschlicher Dinge hat nicht einen moralischen und heiligen Zweck, wie die Wunder im Christenthum, sondern sind Folgen der Selbstsucht und Leidenschaft. Nicht eine weise und heilige Vorsehung setzt hier dem Wirken des Helden Schranken, sondern die Uebermacht einer selbstsüchtigen Gottheit, die über eine andere siegt.

Die Handlung hat hier nicht den Charakter der Subjektivität, wie im christlichen Epos. Der Held handelt zwar mit eigener Kraft, allein seine Thatkraft ist nicht durch seine innerste Freiheit bestimmt, sondern durch die Umstände, in die ihn die Götter gesetzt haben, durch die Verwicklungen und Umstrickungen, von welchen er sich nicht losmachen kann. Die Menschen sind das Mittel, durch welches der göttliche Wille objektiv werden soll; sie haben daher sozusagen keinen eigenen Willen, sondern sind nur der Kanal des Götterwillens.

Betrachten wir die Grundlage, auf der die Ilias Homers ruht, etwas genauer, so werden wir unsere Ansicht von dem Epischen im Sinne des Alterthums bestätigt finden.

Der Krieg, welchen die Griechen bis ins zehnte Jahr mit den Trojanern führten, und die Zerstörung Trojas sind nicht als die Wirkungen eines freien Entschlusses der Griechen anzusehen, sondern die Gründe von all diesen Thaten und Ereignissen sind tiefer und ferner zu suchen. Eine Reihe von Göttern hatte Troja den Untergang geschworen, und so mußte es durch Menschenhand zerstört werden. Apollo und Neptun irrten, als Empörer von Jupiter aus dem Olymp verstoßen, damals auf Erden, als Laomedon die Mauern Trojas erbauen ließ. Weil sie nicht müßig gehen oder ohne Arbeit nicht die Ambrosia

genießen durften, boten sie Laomedon ihren Dienst um einen
bestimmten Lohn an. Neptun half unmittelbar bei dem Bau
der Mauer, und Apollo weidete indessen das Hornvieh des
Königs in den Thälern des Ida. Nach Ablauf der bedungenen
Frist verlangten die Götter den versprochenen Lohn, allein
Laomedon verweigerte diesen nicht nur, sondern jagte beide
fort. Diese Götter wurden Todfeinde des Königs und des
Volkes der Trojaner, und auch Athene, die bisher die Be=
schützerin der Stadt gewesen war, wandte ihren Schutz von ihr
ab. Und so trug Troja den Keim des Verderbens schon bei
seiner Entstehung in sich. Jupiter überließ auch mit stillschwei=
gender Einwilligung diesen Göttern die neue Stadt mit dem
Königsgeschlecht und dem Volke zum Verderben. Als Hekuba
mit Paris schwanger ging und einmal in dunkler Nacht es ihr
war, als gebäre sie einen Fackelbrand, der die ganze Stadt
Troja in Flammen setze und zu Asche verbrenne, ahnete man
den Zorn der Götter und das Verderben Trojas deutlicher.
Paris war so recht als Werkzeug von den feindseligen Göttern
erkoren, das Verderben Trojas vorzubereiten. Weil der neu=
geborne Sohn Paris dem neuen Reiche Troja zum Verderben gerei=
chen sollte, glaubten seine Eltern das Unglück abzuwenden, wenn
sie ihn auf dem Berge Ida aussetzen ließen; allein wie vermag
der Mensch der Götter Willen zu wenden? Der Knecht, der ihn
auf den Berg trug, fand ihn nach fünf Tagen auf eine wun=
derbare Weise noch am Leben; jetzt nahm er ihn und erzog
ihn wie seinen eigenen Sohn. Als er einst als Hirte sich von
seiner Heerde entfernt hatte, führte ihm Merkur die drei
Göttinnen zu, Juno, Pallas und Venus, und forderte ihn auf,
in der Gegenwart dieser zu entscheiden, welcher von diesen der
goldene Apfel mit der Aufschrift: „der Schönsten,“ welchen die
Eris bei dem Hochzeitmahle der Thetis und des Peleus unter
die Gäste warf, gehöre. Da er nun den goldenen Apfel als
Preis der Schönheit nicht der Juno, der Schwester und Ge=
mahlin Jupiters, auch nicht der Pallas, sondern der Aphrodite

zuerkannte, die ihm versprach, das schönste Weib der Erde ihm
als Gemahlin in die Arme zu führen; so wandten sich Juno
und Minerva zürnend von ihm und schwuren die Majestäts=
beleidigung ihrer Gestalt an ihm, an seinem Vater Priamus,
am Volk und Reich der Trojaner zu rächen und alle mit ein=
ander zu verderben. Juno war von nun an die unversöhnlichste
Feindin der Trojaner. Eine Reihe von Gottheiten hatte nun
Troja das Verderben geschworen, aber wie sollte das durch
Menschenhände herbeigeführt werden? Paris mußte ferner als
Mittel und Werkzeug den Göttern dienen. Nachdem er lange
als unbekannter Hirte gelebt hatte, fügte es sich, daß er von
seinen Eltern als ihr Sohn anerkannt wurde. Paris wurde
von seinem Vater Priamus nach Griechenland gesandt, um die
Schwester desselben, Hesione, welche Herakles bei der Erobe=
rung Trojas fortschleppte, und seinem Freunde Telamon schenkte,
zurückzufordern. Paris schiffte mit großer Kriegsmacht nach
Sparta, um mit den Dioskuren Castor und Pollux in Unter=
handlung zu treten. Als er auf Cythere in einem der Venus
und Diana geweiheten Tempel ein Opfer gebracht hatte, trat
die Königin Helena von Sparta in den Tempel, um unter dem
Vorwande eines Opfers den Fremdling und sein kriegerisches
Gefolge zu sehen. Die Schönheit derselben überraschte ihn und
erweckte heftige Liebe in ihm; und auch sie konnte das Bild des
Königssohnes nicht mehr in ihrem Geiste verwischen. Er begab
sich nach Sparta, und Helena nahm ihn in Abwesenheit ihres
Gemahls mit Gastfreundschaft auf. Da bethörte er das Herz
der Königin durch sein Saitenspiel, seine einschmeichelnde Reden
und die Gluth seiner Liebe, und als er ihre Treue wanken sah,
faßte er den Entschluß, den Pallast zu bestürmen, die Schätze
desselben seinen Kriegsleuten zur Beute zu geben und die schöne
Helena mit Gewalt zu entführen. Jetzt ist das Verderben
Trojas durch die Fügung der Götter angebahnt und nahe
bevorstehend; auch das von Aphrodite versprochene Geschenk des
schönsten Weibes mußte Troja's Macht zum Verderben gereichen.

Als Paris mit Helena durch das ägäische Meer fuhr, wurde auch das bevorstehende Verderben von dem uralten Meeresgott Nereus deutlich ausgesprochen, indem er zu Paris sprach: „Unglücksvögel flattern deiner Fahrt voran, verfluchter Räuber! Die Griechen werden kommen mit Heeresmacht, verschworen, deinen Frevelbund und das [alte Reich des Priamus zu zerreißen! Wehe mir, wie viel Rosse, wie viel Männer erblicke ich! Wie viele Leichen verursachst du dem darbanischen Volke! Schon rüstet Pallas ihren Helm, ihren Schild und ihre Wuth! Jahre lang dauert der blutige Kampf, und den Untergang deiner Stadt hält nur der Zorn eines Helden auf. Aber wenn die Zahl der Jahre voll ist, wird griechischer Feuerbrand die Häuser Troja's fressen!"

Die Verletzung des Völkerrechtes und Gastrechtes, welche sich Paris als Gesandter zu Schulden kommen ließ, empörte nicht nur den König Menelaus von Sparta, sondern viele andere Fürsten um so mehr, als diese einst als Freier um Helena ihrem Stiefvater Tyndareus geschworen hatten, dem von ihm erkorenen Bräutigam gegen jeden Andern, der den König um dieser Heirath seiner Tochter willen anfeinden würde, beistehen zu wollen. So wurden nun die Griechen von den feindseligen Göttern als Werkzeuge erkoren, um in ihrem Namen Rache an Troja zu nehmen. Der Krieg der Griechen mit den Trojanern kann daher nicht als ein freier, sondern von den Göttern motivirter Entschluß derselben angesehen werden. Die Griechen erscheinen uns, obgleich sie nur ihre eigene Sache zu verfolgen glauben, als Vollstrecker des göttlichen Willens. Mit der Befriedigung ihrer Rache wird eigentlich die der feindlichen Götter befriedigt. Nicht die Griechen, sondern eigentlich die Götter zerstören Troja, wie dieß Virgil recht passend ausgedrückt hat. Aen. L. II. 601—618. Nicht Helena und nicht Paris, sondern die Ungnade der Götter zerstört dieses Reich, spricht Venus zu ihrem Sohne Aeneas. Der Sterbliche sieht es nicht, wie die Götter selbst, Neptun, Juno, Pallas an der Zerstörung Trojas mit eigener Hand arbeiten, allein ich will die Wolke wegnehmen, die dir diesen Anblick verhüllt, und du wirst selbst sehen, wie Neptun mit seinem Dreizack die Fundamente aufwühlt und die ganze Stadt von Grund aus zerstört; wie Juno das skäische Thor mit Waffen versehen bewacht und die verbündete Schaaren von den Schiffen herbeiruft; wie Pallas mit der wüthenden Gorgo von der hohen Burg herab schimmert; wie Jupiter selbst die Götter gegen die dardanischen Waffen ermuntert."

Weil die Griechen nun die Sache der Götter vertreten, und aus sich nicht allein im Stande sind, dieselbe auszuführen, so läßt sich das Einmischen und die Theilnahme der Götter an dem Kampfe ganz natürlich erklären und muß als eine nothwendige Sache in diesem Epos angesehen werden. Wie vielfach erscheinen die Götter in dem Kampfe der Griechen mit den Trojanern! Je nach ihren eigenen Interessen stellen sie sich entweder auf die eine oder andere Seite oder gewinnen vielmehr diese oder jene Parthie für sich, um ihren Willen unter den Menschen auszuführen. Theilnehmend an dem Kampfe stellen sie sich selbst einander feindselig gegenüber. Jupiter hatte im Olymp eine Götterversammlung berufen, in welcher er den olympischen Göttern gestattete, je nachdem einen die Gesinnung triebe, den Griechen oder Trojanern zu helfen. Nun theilten sich die Götter nach ihren Interessen, und Here, Pallas, Poseidon, Merkur und Vulkan eilten zu den Schiffen der Griechen, Mars dagegen, Phöbus und Diana, beider Mütter Latona, der Flußgott Skamander und Aphrodite stellten sich auf die Seite der Trojaner. Und so stürmten die Götter selbst, unter die Sterblichen gemischt, feindselig gegen einander, während Jupiter, erhaben über den Kampf, mit Herzenswonne von der Spitze des Olymps dem riesenhaften Getümmel der Unsterblichen zusah. Weil die Götter den Menschen so nahe stehen, mit diesen ihre Interesse theilen und dieselben Zwecke verfolgen, oder weil die Sterblichen nur die Werkzeuge zur Ausführung der Plane der Unsterblichen sind, erscheint den Alten die persönliche Theilnahme der Götter an dem Kampfe der Menschen nicht in dem Grade wunderbar, wie wir die unmittelbare Ein= wirkung der Gottheit in den natürlichen Lauf der Dinge an= sehen, sondern als natürlich und nothwendig. Trojas Unter= gang ist Rache und Strafe der Götter für die Treulosigkeit und Beleidigung derselben. Wenn auch von dieser Seite ein ethisches Moment in dem Epischen der Iliade anerkannt wird, so ist dieses doch von sehr untergeordneter Bedeutung, weil Juno aus Eitelkeit und Selbstsucht die unversöhnlichste Feindin des trojanischen Fürstengeschlechtes und Volkes wird. Betrachtet man die Zerstörung Trojas von dem nähern Standpunkte, als Genugthuung für die Verletzung des Völker= und Gastrechtes, welche der Königssohn Paris sich gegen das griechische Volk zu Schulden kommen ließ, so erscheint der Heereszug der Griechen als harte und ungerechte Strafe und Rache, welche sie an dem ganzen Volke der Trojaner nahmen. Von Seiten des ethischen Moments ergibt sich also ein großer Unterschied zwischen dem Epischen der alten Welt und dem der neuern Zeit. Das Epische im christlichen Sinne kann nur dann einen ästhetischen Werth haben, wenn es von reinem, sittlichem Geiste bestimmt ist. Dieses schließt Härte, Grausamkeit, Ungerechtigkeit, Rache 2c. aus und beschränkt sich allein auf die Handhabung und Reali= sirung des göttlichen Rechtes.

§. 44.

b) Das gesellschaftliche Leben im Staate.

In dem Staate, dem Verein von Menschen, die unter dem Gesetze, ihrem Gemeinwillen, die Bedingung der Entwick= lung eines wahrhaft humanen Lebens finden wollen, entfaltet sich ein mannigfaltiges reiches Leben, das nicht eine unmittel= bare Beziehung zu dem Staate hat, sondern in dem Verhält= nisse des Bürgers zum Bürger in die Erscheinung tritt. Die Verhältnisse des Einen zum Andern gestalten sich durch das Zusammenleben nothwendig objektive, d. h. das Zusammenleben

kann nur unter gegenseitiger Beschränkung stattfinden. Das
Zusammenleben mehrerer Menschen in einem Raume, bedingt
nothwendig gewisse Verhältnisse derselben zu einander. Betrach=
ten wir nun die Verhältnisse des gesellschaftlichen Lebens als
nothwendige und objektive, so müssen wir noch einen großen
Unterschied zugeben, in welchem diese Verhältnisse gelebt wer=
den können. Es kommt hier nur auf die Gesinnungen des
Geistes an, mit welchen dieser die gesellschaftlichen Verhältnisse
lebt. Wenn in dem Heidenthum die Idee des strengen Rechtes
und im Hintergrund der Egoismus das Leben dieser Verhält=
nisse bestimmte; so ist es im Christenthum der Glaube und die
Liebe, welche das gesellschaftliche Leben zu einem wahrhaft schö=
nen erheben und gestalten. Der Geist des Christenthums, die
Liebe, schließt alles Harte, Willkürliche, Ungerechte, Schroffe,
Spröde ꝛc. von dem gesellschaftlichen Leben aus, und macht
dieses zu einem wahrhaft humanen. Wie viele Momente zu
schönen Kunstdarstellungen bietet dieses durch den Geist des
Christenthums veredelte gesellschaftliche Leben!

Wahrhaftigkeit ist die Grundlage des gesellschaftlichen
Lebens. Ohne diese Tugend können wir uns kein wahres, gesell=
schaftliches Leben denken. Der Christ ist wahrhaftig, all sein
Denken, Fühlen und Wollen ist dem Wesen seines Geistes
gemäß und in dieser innern Uebereinstimmung mit sich selbst
erscheint er auch nach außen. Denken wir uns eine Gesellschaft
von Menschen, die wahrhaftig sind, die sich als Glieder eines
Ganzen gegenseitig beschränken, die unverfälscht ihr Inneres
Andern mittheilen und von Andern wieder empfangen, die sich
selbst treu ihr Versprechen halten; welch seliger Verkehr von
Menschengeistern!

Nur unter Voraussetzung von Wahrhaftigkeit und
Treue kann eine Annäherung und Verbindung der Geister
stattfinden. Wird die Wahrhaftigkeit von dem Nächsten aner=
kannt, so wird sie mit Glaube erwiedert und die Treue mit
Vertrauen belohnt. — Welch schöne und edle Verbindung der

Geister in Wahrhaftigkeit, Glaube und Vertrauen! Welch
unverkümmerter Austausch der Gesinnungen, Gefühle, Wünsche
und Bestrebungen! Welche edle und rühmliche Handlungen
stammen aus diesen Grundtugenden des gesellschaftlichen Lebens!

Nur auf der Grundlage von Wahrhaftigkeit, Glaube und
Treue kann das zarte und innige Verhältniß der Freund=
schaft gepflegt werden. Auch entfalten sich in der Freundschaft
diese Grundtugenden des gesellschaftlichen Lebens zu den herr=
lichsten Blüthen und tragen die lieblichsten Früchte. Freunde
vereinigen sich, um unter gegenseitiger Hülfeleistung die Auf=
gabe des Lebens zu lösen und die erhabenen Zwecke des Daseyns
zu erreichen. Welch edle und aller Selbstsucht freie Seele ist
diejenige, welche einer andern ganz angehören, in einer andern
ganz leben und sterben will! Welch heiliges Geben und Empfan=
gen von Achtung, Liebe, Trost, Belohnung, Warnung, Mitleid
und Mitfreude! Wahrlich, die Engel des Himmels freuen sich
über eine so schöne Geistesblüthe! Gemeine Menschen, die nicht
frei sind von Eigennuß, Eitelkeit, Herrschsucht, Eigenliebe ꝛc.,
können nie wahre Freunde seyn. Es ist nicht nöthig, hier alle
die edeln Gesinnungen und Gefühle, Wünsche und Bestrebun=
gen aufzuzählen, die aus der wahren Freundschaft stammen
und Stoff edler Kunstdarstellungen werden können. Da die
Liebe der Freundschaft nicht durch äußerliche Schönheit als
Ausdruck der innern oder geistigen Schönheit, wie es bei der
platonischen Liebe der Fall ist, und nicht durch das individuelle
Geschlecht, wie dieß bei der geschlechtlichen Liebe stattfindet,
beschränkt ist, sondern auf der Gemeinschaft des höhern Geistes=
lebens und Strebens beruht, wird sie nicht von zwei Individuen
desselben oder verschiedenen Geschlechts abgeschlossen, sondern
kann sich ins Unendliche erweitern. Die Liebe der Freundschaft
ist die allgemeine christliche Liebe, die sich durch das Gemüths=
leben zweier oder mehrerer Individuen modificirt darstellt.
Welch erhabener Bund, in dem sich Viele zu Einem Geistes=
leben vereint. haben! Ein Freundschaftsbund ist ein erhöhtes

Geistesleben; denn viele Geister find in demſelben Einer. Da
aber jeder ſeine Eigenthümlichkeiten in den Freundſchaftsbund
einlegt, geſtaltet ſich derſelbe zu einem vielfarbigen Regenbogen,
der vielfache Tugenden widerſtrahlen läßt. Der Freundſchafts=
bund nimmt nicht nur an Umfang, ſondern auch an Innigkeit
und Reinheit ins Unendliche zu.

In dem geſellſchaftlichen Leben, welches von dem Geiſte des
Chriſtenthums beſeelt iſt, ſetzen ſich die chriſtlichen Geſinnungen
in äußerliche Handlungen um. Die Achtung und die Liebe,
welche die Chriſten im Herzen tragen, beſtimmen die Verhält=
niſſe des geſellſchaftlichen Lebens.

Die Achtung der Brüder, welche aus dem Glauben ſtammt
und in welcher wir die unverletzliche Würde des Mitmenſchen
erkennen, ſtellt ſich im Verkehr mit Andern dar als ehrende
Anerkennung jeder andern Perſönlichkeit und als Heilighal=
tung der Perſönlichkeit in ihrem leiblichen und irdiſchen
Daſeyn. Da jeder Chriſt ſeine hohe Würde anerkennt, beſtrebt
er ſich auch, ſich ſo darzuſtellen, daß dieſe menſchliche und er=
worbene Würde anerkannt und geachtet werde. Wer ſeine
eigene Würde anerkennt, will auch, daß er von Andern geehrt
werde, weil er ſich nicht ſelbſt geringſchätzend wegwerfen kann;
denn er iſt Glied eines großen Geiſterreiches und der menſch=
lichen Geſellſchaft. Wie der Chriſt ſich ſelbſt als eine unver=
letzliche Perſönlichkeit erkennt, ſo hält er auch jede andere für
heilig und unverletzlich; er ehrt die allgemeine Menſchenwürde,
die erworbene Vollkommenheit und die kirchlichen und bürger=
lichen Dignitäten.

Welch edle Handlungen erzeugt die gegenſeitige Ehre! Es
iſt ein heiliger Verkehr, den die Geiſter in gegenſeitiger Ehre
pflegen. Wie hoch ſteht eine Seele, die lieber das leibliche Le=
ben hingibt, als ohne Ehre unter den Menſchen zu leben!
Wahrlich, der Zuſtand, in welchem man nicht mehr geehrt wird
oder die Menſchenwürde nicht mehr anerkannt wird, iſt ein
Zuſtand des moraliſchen und bürgerlichen Todtſeyns!

Wie der Christ die geistige Persönlichkeit des Nächsten für unverletzlich und heilig hält, so achtet er auch den Mitmenschen in seinem leiblichen Daseyn und Besitz zeitlicher Güter. Jeder gestattet dem Andern leibliche Freiheit, und beschützt ihn darin; er läßt ihn frei sich entwickeln, seine Kräfte gebrauchen und anwenden. Die gegenseitige Rechte Aller auf Daseyn und Gebrauch der leiblichen Kräfte gleichen sich aus durch Gerechtigkeit und Billigkeit. Welche edle Gesinnungen und Handlungen zeigen sich in dem rechtlichen Verkehr der Christen gegeneinander! Billigkeit steht höher als Gerechtigkeit. Jeder läßt dem Andern seinen irdischen Besitz unverkümmert, und stört ihn nicht im Genusse seiner zeitlichen Güter. Erhaben schöne Gesinnungen und Handlungen kommen zur Erscheinung, wenn Einer den Andern mit Aufopferung von Geld und Mühe und unter Lebensgefahr gegen Angriffe auf sein Leben, den Besitz und Genuß seiner Erdengüter beschützt. Welche Großmuth und welchen Edelsinn bewundern wir an Demjenigen, welcher das Leben eines Andern mit eigener Lebensgefahr rettet!

Welch erhabene Anschauung des Geistes, wenn wir uns eine Gemeinde denken, in welcher die Glieder einander achten als unverletzliche Geister, deren jedes die Ansprüche des andern auf Leben, Freiheit und Besitz anerkennt und für heilig hält!

Die Liebe ist die Seele des gesellschaftlichen Lebens. Die Liebe ist offen, vertraulich, leutselig, freundlich, gesprächig, nachsichtig, sanftmüthig, nachgiebig, verträglich, versöhnlich, thätig unterstützend, helfend 2c. Welch herrliches Gemüthsleben entwickelt sich daher bei denen nach außen, welche Liebe im Herzen haben!

Leutseligkeit, Freundlichkeit, Gesprächigkeit offenbaren eine Seele, die frei ist von Hochmuth, Selbstsucht, Neid 2c. und öffnen die Herzen Anderer zum Vertrauen, zur Freude und Heiterkeit. Eine Gesellschaft, aus der die Liebe alles

Vornehmthun, den Stolz, die Kälte, die Theilnahmlosigkeit, Bitterkeit, Empfindlichkeit, Rechthaberei, den Eigensinn, die Unverträglichkeit ꝛc. ausschließt, ist ein recht würdiger und schöner Geisterverein.

Welchen edlen Charakter offenbaren Nachsicht, Schonung, Milde, Sanftmuth, Nachgiebigkeit und Verträglichkeit, und wie sehr versüßen diese Tugenden das Erdenleben!

Das gesellschaftliche Leben in liebevollem Zusammenwirken der Menschen stellt die organische Gestaltung des großen Haushaltes Gottes auf Erden dar. Jeder hat Kräfte und wendet sie an seiner Stelle an; Alle wirken zusammen und unterstützen einander, damit Alle ihren Lebenszweck erreichen.

Das gesellschaftliche Leben ist ein schönes, wenn sich ferner in demselben Gerechtigkeit und Güte aussprechen. Gerechtigkeit und Güte zeigen sich in gegenseitigem Empfangen und Geben, in Geschenken, im Geliehenen, Hinterlegten, im Tausch, Kauf und Verkauf, in Verträgen, in Erbschaften ꝛc.

Der Christ verabscheut den Erwerb, der Gerechtigkeit und Güte verletzt; er schaut bei seinem Gewerbe stets auf Gott und seine Pflicht; daher unterdrückt er keinen Mitgewerbenden, sondern unterstützt ihn und freut sich, wenn seine Mitmenschen auch durch Gewerbe auf rechtliche Weise gewinnen.

Welch schönes Bild von dem gesellschaftlichen Leben, in welchem der Reichthum dieser Erde an Alle ausgetheilt ist, wo Keiner wuchernd Schätze sammelt, sondern das Ueberflüssige durch Güte in den allgemeinen Verkehr setzt; wo Alle gerecht und gütig sind in Kauf, Verkauf und Vertrag; wo kein Handwerksneid stattfindet, wo Alle erwerben und Keiner darbt, wo Keiner verzagt wegen des täglichen Brodes, und Alle dieses mit Genügsamkeit und Dank gegen Gott genießen! Wer zählt all die schönen Handlungen, die aus der Gerechtigkeit und Güte im gesellschaftlichen Leben entspringen und Stoff zu Kunstdarstellungen werden können?

In dem von Glaube und Liebe beseelten gesellschaftlichen Leben entwickelt sich das Naive, das Romantische und Lyrische auf eine eigenthümliche Weise.

§. 45.
Das Naive im christlichen Leben.

Das Wort Naiv wurde zuerst von den Franzosen gebraucht, um das Natürliche, Einfache, Ungekünstelte im Gegensatz des Conventionellen, Ränkevollen und Raffinirten des Lebens zu bezeichnen. Das Wort naiv bezeichnet auch etymologisch das Natürliche oder Angeborene, das Gerade und Aufrichtige in den Reden und Handlungen des Menschen, dem angenommenen feinen Weltton, der conventionellen Sitte und den Zeitansichten gegenüber. Da das Naive in verschiedenen Kunstzweigen als schöne Gemüthsverfassung, die sich in Reden und Handlungen ausspricht, auftritt, muß es hier auch etwas näher bestimmt werden.

Der etymologischen Begriffsbestimmung zufolge erscheint das Naive nur in dem Leben der sich selbstbewußten und freien Menschengeister, weil das Natürliche im Gegensatz mit dem Gekünstelten erscheinen muß, wenn es als solches erkannt und gefühlt werden soll. Das Leben und Wirken der Natur ist zwar in sofern naiv, als diese nie von ihrer Bestimmung oder den in sie gelegten Gesetzen abweicht, sondern sich immer so darstellt, wie sie innerlich und wesentlich beschaffen ist; allein im eigentlichen Sinne des Wortes kann sie nicht naiv genannt werden, weil sie ohne Bewußtseyn und Freiheit wirkt, und somit keinen Gegensatz in sich selbst erzeugen kann. Es steht der bewußtseynlosen und unfreien Natur kein Gegensatz oder keine Unnatur gegenüber. Ebenso verhält es sich mit den Handlungen der Thiere. Diese können auch nicht eigentlich für naiv gehalten werden, weil sie von dem Instinkte bestimmt sind. Nur in sofern als Thiere von den Menschen abgerichtet und an künstliche Handlungen gewöhnt werden, entsteht ein Gegensatz zwischen den frei lebenden und dem Justinkte folgenden und den künstlich erzogenen und abgerichteten Thieren, allein die Kunst der Thiere ist nicht bewußt und frei. Ein Waldvogel, der seine natürliche Weise singt, erscheint allerdings gegen den naiv, der von Menschen eine Arie gelernt hat, allein er ist es im Grunde doch nicht. Weil der Mensch sich mit Bewußtseyn und Freiheit zum Handeln bestimmt, kann er allein von der ihm anerschaffenen Natürlichkeit, Geradheit, Einfachheit und Offenheit abweichen und gegen dieselbe handeln. Die Veran= lassung zu einem solchen, von der Einfachheit und Geradheit der Natur abweichenden Leben, bietet ihm besonders das gesellschaft= liche Leben. Die Entfernung von der äußern Natur und die Vereinigung der Menschen in Städten, erzeugte allmählig eine gewisse Abgeschliffenheit im Benehmen gegen einander, eine Zu= rückhaltung und Verläugnung des Innern, eine gegenseitige Nachahmung des Aeußern, eine stillschweigende Uebereinkunft in Begrüßungen und Redensarten, ein Verheimlichen der Plane und Absichten, leichte Annahme der Ansichten Anderer, eine größere Allgemeinheit in Hauseinrichtungen und Kleidung, be= sondere Gewohnheiten, mit einem Worte, eine erkünstelte und der einfachen Natur und den Bedürfnissen des menschlichen Le= bens widersprechende Lebensweise. Erst nachdem sich ein solcher socialer Zustand gebildet hatte, kam das Naive zur Erscheinung als Gegensatz der gekünstelten Lebensweise. Jede Generation entwickelt diesen Gegensatz in sich selbst, indem das Kind sich dem Manne gegenüberstellt. Das Kind ist in seinem Handeln und Reden naiv, indem es seiner reinen ungekünstelten Natur folgt, in sofern wir dieses dem geprüften und abgeschliffenen, zurückhaltenden und an eine civile Lebensweise gewöhnten Manne gegenüber betrachten. Das Kind folgt ganz seiner Natur, spricht und handelt seiner Natur gemäß; es ist wahrhaftig, in sofern es sich äußerlich so darstellt, wie es innerlich beschaffen ist, und durch diese rückhaltlose Aeußerung der reinen Natur tritt es mit der civilen Welt in einen Gegensatz, die in der Regel nicht

ohne Rückhalt, Umsicht und Vorsicht auch in moralischen und
erlaubten Dingen ist. In den Reden und Handlungen des
Kindes tritt die reine, schuldlose Natur des Geistes hervor, der
keinen Anstoß befürchtet, keine Convenienz zu verletzen glaubt
und keinen Rückhalt für nöthig hält, weil er eine arglose, gerade und aufrichtige Menschenwelt voraussetzt. Das naive Kind
verurtheilt durch sein gerades und offenes Reden und Handeln
die unnatürliche und gekünstelte Lebensweise der Welt, allein
diese Verurtheilung geschieht ohne Bewußtseyn und Absicht. Die
Wahrnehmung des Naiven erzeugt ein besonderes Wohlgefallen, das sich im Lachen oder Lächeln ausspricht. Das Naive,
das Naturgemäße, Gerade, Offene im Reden und Handeln gefällt auch dem unreinen Gemüthe, weil es hierin ein verlorenes
Paradies erkennt, nach dessen Rückkehr sich doch das Herz im
Grunde sehnt. Geradheit, Offenheit, Uebereinstimmung des
Innern und Aeußern, Wahrheit ist gerade das, was so recht
eigentlich des Geistes ist und was er eigentlich sucht. Man
lacht oder lächelt wenigstens über die Erscheinung des Naiven;
es entsteht aber hier für die Bestimmung des Wesens der Naivität die wichtige Frage: Warum und über was lacht
oder lächelt man? Kant löst diese Frage in einer Anmerkung zu der Analytik des Erhabenen in seiner Kritik der ästhetischen Urtheilskraft auf folgende Weise: „Man lacht über die
Einfalt, die es noch nicht versteht, sich zu verstellen, und erfreut
sich doch auch über die Einfalt der Natur, die jener Kunst hier
einen Querstreich spielt." Das Naive, das kindliche Unschuld
und Unerfahrenheit zur Quelle hat, erregt Lachen, und das,
welches sich mit Wissen und Willen des Subjects der Verkünstelung und Verfeinerung entgegenstellt, sanftes Lächeln; allein
das Lachen und Lächeln kann sich nicht eigentlich auf das Naive
beziehen, weil Herzensreinheit und Unschuld, Wahrhaftigkeit
und Geradheit doch gewiß nichts Lächerliches ist. Lachen wir
über die Einfalt eines Kindes, weil es sich noch nicht zu verstellen versteht, so verdammen wir ja gerade die Geradheit und

Aufrichtigkeit des Kindes, während doch das arglose Kind un=
sere Zurückhaltung, Verstellung, Weltklugheit, Verfeinerung
und Unnatürlichkeit verurtheilt. Das Lächerliche des Naiven
muß also einen andern Grund haben, als den man gewöhnlich
dafür hält. Das Naive stellt uns den Kontrast dar, der in
dem gewöhnlichen Leben zwischen der natürlichen Einfalt des
Herzens und der Verschlagenheit desselben stattfindet. Der Kon=
trast, der plötzlich durch die Erscheinung des Naiven auffällt,
und der den Wahn des gewöhnlichen Lebens vernichtet, ist es,
der das Lachen und Lächeln bei dem Naiven erzeugt. Es ver=
hält sich daher bei dem Naiven wie bei dem Lächerlichen. Das
Lächerliche besteht in der Enttäuschung des Wahns, in dem Be=
wußtseyn Anderer; das Naive bewirkt das entgegengesetzte Spiel,
denn es vernichtet augenblicklich den Wahn der Feingebildeten
und Unnatürlichen. Das Lachen bei der Wahrnehmung des
Naiven bezieht sich daher nicht auf dieses selbst, sondern auf
den Kontrast, in dem die gewöhnliche Menschenwelt zum Nai=
ven steht. Durch das Lachen über das Naive lacht man eigent=
lich die verkehrte Welt aus. Dieses Lachen, das ein Wohlge=
fallen ausdrückt, ist auch das erste und unmittelbare Gefühl,
welches das Naive erweckt; daher können wir andern Aestheti=
kern nicht beistimmen, welche annehmen, daß durch das Naive
ein gemischtes Gefühl erzeugt werde. Schiller ist der Ansicht,
daß in dem Gefühl des Naiven fröhlicher Spott, Ehrfurcht und
Wehmuth zusammenfließen und daß dieses also ein dreifach ge=
mischtes Gefühl sey; ich dagegen möchte behaupten, daß es
keines von diesen und ein ganz einfaches sey. Das Naive
erscheint als Gegensatz gegen die verkünstelte Welt und als plötz=
liche Vernichtung des eiteln Wahnes; daher ist das unmittel=
bare Gefühl desselben ein so inniges Wohlgefallen, daß es über
die Vernichtung des Wahnes lacht. Das Gefühl der Ehrfurcht
und Wehmuth sind Gefühle, die erst durch die Reflexion über
diesen Kontrast entstehen; der Kontrast legt aber die Reflexion
so nahe, daß es scheint, die mittelbaren Gefühle des Naiven

Durſch, Aeſthetik.   **17** fließen mit dem unmittelbaren ganz zusammen und bilden ein gemischtes Gefühl.

Die Erscheinung des Naiven beschränkt sich nicht bloß auf die Kinderwelt, oder erscheint nicht bloß ohne Bewußt=seyn und Absicht, sondern kann und soll auch unter Erwach=senen, besonders bei Christen stattfinden. In dieser Beziehung unterscheidet Schiller mit Recht das Naive der Ueberraschung von dem der Gesinnung. Was das Kind ist, und der Christ auch war, soll er wieder werden und seyn, d. h. naiv, oder er soll wieder einfältig, natürlich, gerade, offen, schuldlos, mit einem Wort wahrhaftig werden, und mit Bewußtseyn und Willen seine Wahrhaftigkeit der Verschlagenheit, der Verstel=lung und Falschheit, und seine Natürlichkeit der Verkünstelung und Raffinerie der Welt in Reden und Handlungen entgegen=setzen. Christus fordert daher seine Anhänger auf, wieder zu werden wie die Kinder. Matth. 18, 3. Die Naivität des Chri=sten ist daher eine Folge sittlicher Selbstbeherrschung — ist posi=tive Tugend, während sie bei den Kindern nur in der An=lage erscheint. Daß Naivität sittliche Tugend sey, erhellet besonders daraus, daß sie auf der Wahrhaftigkeit des Geistes beruht. Wie Gott selbst die Wahrheit ist, so schafft er, wenn er ebenbildliche Geister schafft, diese als wahre oder wahrhaf=tige. Wahrhaftigkeit und Geradheit sind daher das ursprüng=liche Wesen des Geistes, seine Natur und Bestimmung. Un=wahrseyn und Lügen zerstört die ursprüngliche Natur des Geistes, und läugnet seinen Ursprung von Gott, dem Wahrhaftigen. Hat der Mensch seine ursprüngliche Wahrhaftigkeit in der Welt eingebüßt, so soll er diese als Christ durch alle ihm zu Gebot stehenden Mittel sich wieder eigen machen, oder zu seiner ur=sprünglichen Natürlichkeit und Wahrheit zurückkehren. Der wahre Christ, der von Glaube und Liebe beseelt oder geistig wieder geboren ist, kann nicht anders als naiv seyn, d. h. er erscheint der verschlagenen, unnatürlichen, raffinirten, irrthüm=lichen Welt gegenüber stets als gerade, offen und natürlich, und verläugnet seine innerste Natur nie, oder gibt sich äuserlich stets so, wie er denkt, fühlt und will. Wahrhaftigkeit ist Natürlichkeit, Unschuld, Reinheit und Einheit des Geistes; daher handelt und spricht der Christ nicht anders, als ihn sein innerstes Wesen dazu antreibt, wenn er auch weiß, daß er dadurch in einen Gegensatz mit der gemeinen Wirklichkeit tritt und sich vielleicht Spott und Verachtung zuzieht. Naiv zu seyn liegt wesentlich in der ganzen Gesinnung des Christen, oder Naivität ist ein wesentlicher Charakterzug des Christen. Wenn wir nun behaupten, die Naivität gründe sich auf die Wahrhaftigkeit oder falle mit dieser zusammen, so meinen wir jedoch nicht, daß das Naive sich darin zeige, daß die Wahrheit der Lüge im engern Sinne in den Weg trete, sondern darin, daß die reine, schuldlose, ungekünstelte Natürlichkeit der Verkünstelung, dem conventionellen Zwange, der falschen Anständigkeit, der Raffinerie sich gegenüberstelle. Wollen wir nun das Naive der Ueberraschung und Gesinnung, wie es Schiller abtheilt, auf einen Ausdruck bringen, so bestimmen wir dasselbe als die Erscheinung der göttlichen Natur in Reden und Handlungen im Gegensatz der Unnatürlichkeit oder Naturwidrigkeit. Unter göttlicher Natur verstehen wir aber die von Gott dem Geiste des Menschen anerschaffene Wahrhaftigkeit, Geradheit und Offenheit, und unter Naturwidrigkeit die Verstellung, Falschheit, Abgeschliffenheit, irrthümliche Zeiten, conventionellen Zwang rc., lauter Dinge, die der ursprünglichen Einfalt des Geistes widerstreben. Die ästhetische Wirkung des Naiven ist sofort die Aufhebung oder Vernichtung der Unnatürlichkeit durch die reine göttliche Natur. Das Naive verhält sich hier wie die Idee zu dem Komischen; denn das Naive ist die reine göttliche Natur und die gemeine Wirklichkeit das Komische, diejenige Wirklichkeit, der die Idee zu Grunde liegt, aber in derselben nicht zur ungetrübten Erscheinung kommt. Wie nun das Komische in dem absoluten Bewußtseyn aufgehoben und in das Gegentheil

desselben umgewandelt wird; so vernichtet das Naive die natur=
widrige Wirklichkeit faktisch und gestaltet sie zu einer naturge=
mäßen in dem absoluten Bewußtseyn des Geistes. Weil daher
die göttliche Natur, die Idee, durch das Naive in die Erschei=
nung tritt, so erscheint uns eine naive Person nicht lächerlich,
sondern ehrfurchtswürdig. Das Naive ist daher etwas subjectiv
Erhabenes. Weil das Christenthum Wahrhaftigkeit, innere und
äußere Wahrheit oder Natürlichkeit fordert, ist Naivität ein
dem Christen eigenthümlicher Charakterzug. Auch jeder wahre
Künstler muß naiv seyn, d. h. er muß ohne Rückhalt und
Rücksicht auf den conventionellen Geschmack seine Ideale dar=
stellen.

Da nun das Christenthum hauptsächlich dahin wirkt, den
Menschengeist zu seiner ursprünglichen Natürlichkeit und Rein=
heit zurückzuführen, müssen wir auch nothwendig annehmen,
daß es die Erscheinung des Naiven befördert. Es entsteht aber
hier die Frage, ob im Alterthum oder in der neuern Zeit das
Naive allgemeiner und vorherrschend sey? Sobald die Sünde
die reine Natürlichkeit des Geistes getrübt und die fortschrei=
tende Kultur die Menschen zu großen Vereinen gesammelt hatte,
konnte es bei dem vorherrschenden Charakter des Egoismus der
alten Zeit nicht fehlen, daß bald Verstellung, Verschlagenheit,
Falschheit ꝛc. sich zeigten. Das, was der Naturwidrigkeit der
alten Welt entgegenwirkte, war immer noch der nähere Um=
gang mit der Natur als in der neuern Zeit, allein die Natur
hat keine Heilandskraft. Da nun trotz des nahen Umganges
mit der einfachen Natur das Gemüth seine krankhafte Richtung
behielt, so behauptete sich auch die Verkehrtheit des Lebens in
hohem Grade. Die neuern Lebensverhältnisse, welche sich in
Folge der zunehmenden Menschenmenge nothwendig gestalteten,
entfernten auch einen sehr großen Theil der menschlichen Gesell=
schaft immer mehr von der Natur, und versetzten denselben in
eine künstliche Lebensweise. Der aus diesen Verhältnissen ent=
springenden unnatürlichen Lebensweise mit allen ihren moralischen

Folgen widersetzte sich weit kräftiger das Christenthum als das Leben in und mit der Natur. Indem der Christ sein natürliches Geistesleben durch eine göttliche Belehrung kennen lernte, und aufgefordert wurde, zu seiner ursprünglichen oder göttlichen Natur zurückzuführen, trat das Naive nur desto bestimmter in dem christlichen Leben hervor und wurde tiefer und bestimmter aufgefaßt.

Das Naive hat ein eigenthümlich Komisches, welches wir das Schalkhafte nennen. Der Schalkhafte ist nicht wahrhaft, sondern nur scheinbar naiv, wie das Komische nicht die Idee, sondern nur der Schein der Idee ist. Der Schalkhafte nimmt nur die Maske der Naivität an, um unter dem Schein naiver Treuherzigkeit zu spotten und die Verkehrtheiten lächerlich zu machen.

§. 46.
Das Romantische.

Das Romantische ist eine historisch=geistige Erscheinung, die zwischen die alte oder heidnische und neuere Zeit fällt und das ganze Mittelalter umfaßt. Weil das, was wir romantisch nennen, sich nicht aus dem Geiste des Alterthums entwickelt hat, müssen wir die Quelle desselben wo anders als in der natürlichen Entwicklung des Völkergeistes suchen. Die historische Erscheinung desselben weiset uns auch wirklich auf ein Lebenselement hin, das die Menschheit nicht in sich fand, das Christenthum. Die Völkerwanderungen, welche in dem fünften Jahrhundert unserer Zeitrechnung stattfanden, entfalteten in Europa ein jugendlich frisches Leben und gestalteten neue politische Verhältnisse. Wenn man die alte Zeit wegen ihres vorherrschenden sinnlichen Charakters das Kindesalter der Menschheit nennen mag, so kann man auch die mittlere Zeit, welche von der Völkerwanderung bis zur Reformation sich erstreckt, in Vergleich mit der alten und neuen Zeit als das Jünglingsalter der Menschheit in Europa ansehen. Das

Charakteristische des körperlich und geistig kräftigen Jünglings, das stolze Gefühl seiner persönlichen Kraft und Freiheit, das trotzige Vertrauen auf Körper= und Geisteskraft, die hohe Reiz= barkeit und Lebensfrohheit des Gemüthes, die Lebhaftigkeit der Phantasie und die innige Begeisterung für hohe Ideen, läßt sich auch wirklich dem jugendlichen Leben der Völker beilegen, die auf den Trümmern des veralteten römischen Reiches neue Staatsverfassungen gründeten. Es mußten sich in dieser Zeit um so mehr neue Staatsverhältnisse und ein neues Staatsleben erzeugen, als die Völker, die sich in das absterbende Römer= reich theilten, dem Einflusse des römischen Geistes und Lebens beinahe ganz fremd geblieben sind. Den bedeutendsten und wichtigsten Einfluß übte die römisch=katholische Kirche auf das Leben und die Staatsverhältnisse dieser Völker. Die Verbin= dung der Kirche mit dem Staate, oder der Einfluß der christ= lichen Religion, wie er durch die christliche Kirche vermittelt wurde, auf das politische Leben und wie jener von diesem auf= genommen wurde, gestaltete das Mittelalter zu der ganz eigen= thümlichen Zeiterscheinung, die wir im weitern Sinne die „romantische" nennen. Wollen wir nun das Romantische, als eine ästhetische Zeiterscheinung, wie sie nie wiederkehrt, etwas näher bestimmen, so müssen wir hier in die beiden Elemente desselben, das politische und kirchliche Leben dieser Völker, etwas tiefer eingehen und ihre eigenthümliche Mischung in dieser Zeit näher untersuchen. Die Völker, welche dem romantischen Zeitalter angehören und dem altrömischen Geiste fremd geblie= ben sind, bilden im Gefühle jugendlicher Kraft und Freiheit, auf einem neuen Boden auf eine eigenthümliche Weise neue Staaten, solche, in welchen sich das jugendliche Leben recht entfalten und die frische Kraft gleichsam austoben kann. Die Bildung der Staaten ging von unten aus, und dehnte sich all= mählig über ein ganzes Volk und Land aus. Durch diese Staatenbildung bewahrte sich am besten und kräftigsten die allgemeine Freiheit. Das eroberte Land gehörte nicht dem

Anführer oder Fürsten oder dem Staate, sondern den Einzelnen, die es frei besaßen und benützten. Jeder Landbesitzer war in seinem bürgerlichen Leben und in der Verwaltung seines Gutes souverain, so daß sich die Einheit des Volkes nur in der Sprache, der freiwilligen Vereinigung der Einzelnen zur Behauptung des Landes, oder Abwehr einer allgemeinen Gefahr zeigte. In der Benützung des Landes stellte sich alsbald das Verhältniß des Herrn zu den Dienern, und sofort der Freien zu den Unfreien oder Vasallen heraus. Es entstand das Lehenwesen und der Staat war ein Complex von lauter kleinen Lehnsstaaten. Jeder Lehnsherr lebte neben dem andern frei und unabhängig, und hatte nur eine schwache Beziehung zu dem ganzen Staatsleben. Die Ordnung dieser Staaten beruhete daher meistens auf dem freien und friedlichen Zusammenleben der Lehnsherrn, ihr gegenseitiges Verhältniß und das zu dem Oberhaupte, war mehr eine Privatübereinkunft als eine staatsrechtliche. Diese Staatsverhältnisse gestatteten der jugendlichen Kraft der Völker Raum genug, sich zu entwickeln und sich auszutoben. Das Gefühl und die Liebe der Freiheit ist der Hauptcharakterzug dieser Völker, und nach diesem gestalteten sich alle Verhältnisse des Staatslebens. Diese Eigenthümlichkeit des Staatslebens bildet nicht allein den romantischen Charakter dieser Zeit, sondern als wesentlicher Bestandtheil kommt hinzu die eigenthümliche Auffassung des durch die Kirche nahegelegten Christenthums. Die Verbreitung des Christenthums ging zu dieser Zeit nicht von einzelnen gottbegeisterten Männern aus, wie in den ersten Zeiten, die aus eigenem Eifer für die Sache Christi wirkten, sondern von der damals schon weit ausgebildeten hierarchischen Kirche. Mit dem Christenthum wurde zugleich die damals herrschende Kirche verbreitet, und mit der Annahme des Christenthums trat man als Glied in eine auf bestimmte Weise gebildete Kirche ein. Kirche und Christenthum fielen zusammen, und das kirchliche Leben galt als das lebendige Christenthum. Von Seite der Kirche wurde das Christenthum in

der Form des kirchlichen Lebens dargeboten und von Seite der
sich zum Christenthum Bekehrenden und darin Lebenden auf
eine eigenthümliche subjektive Weise angenommen und festgehal=
ten. Die Auffassung und Festhaltung des Christenthums wurde
von dem jugendlichen Geiste des Mittelalters modifizirt, und
erhielt einen dieser Zeit eigenen Ausdruck. Die Aneignung des
kirchlichen Lebens war zugleich auch die des christlichen
Lebens, und wenn die Kirche das Christenthum auch lehrte,
so wurde es doch der damaligen Geistesrichtung gemäß auf=
gefaßt und gelebt. Wenn auch das reine und geistige Christen=
thum in beschränktem Maße von dem Völkergeiste aufgenommen
wurde, so kann man doch den wohlthätigsten Einfluß desselben
auf das Geistesleben nicht läugnen, und muß zugeben, daß
der christliche Glaube und die Liebe Herrliches und Bewun=
derungswürdiges in diesen jugendlichen Völkern hervorgebracht
haben. Die jugendliche Kraft dieser Völker ergreift das neue
Lebenselement auch mit jugendlichem Eifer und glühender Be=
geisterung, und die göttliche Liebe verbunden mit dem Gefühle
der Freiheit und Kraft trat in staunenswürdigen Thaten her=
vor, die den Charakter des Rührenden und Heroischen hatten.
Das Große und Gewaltige erschien mit dem Sanften und An=
muthigen gepaart, weil die Kraft und Freiheit von himmlischer
Liebe beseelt und geleitet wurde. Und da das Christenthum
mehr auf eine praktische Weise, durch das kirchliche Leben, in
den Geist der germanischen Völker überging, und mehr von
dem Gemüthe als von dem Verstande aufgenommen und fest=
gehalten wurde, tritt es auch mehr als äußeres Leben, denn
als tiefe Spekulation hervor. Der neue Glaube verband den
Geist mit einer unendlichen überirdischen und unterirdischen
Geisterwelt, erweiterte seinen Gesichtskreis ins Unendliche und
Unbegreifliche; daher trägt diese Zeit den Charakter des Ge=
heimnißvollen, Mystischsymbolischen des Wunderba=
ren und Ahnungsvollen. Mit dem christlichen Glauben öffnete
sich für die Geistesthätigkeit ein unendliches Feld; daher stets die

rege Thätigkeit, das Sehnen und Ringen nach dem Unendlichen.
Auf dem Standpunkte der christlichen Kirche ging auch dem
Geiste eine weit tiefere Ansicht von der Welt und dem Leben
auf, er faßte sich als reine Geistigkeit auf und bezog sein Leben
und Wirken über die Zeit hinaus; daher ging der Geist in sich
und fand sich reich in sich durch den Glauben und die Liebe,
und jemehr das Herz von himmlischer Liebe überströmte, desto
reicher, mannigfaltiger und herrlicher trat sie in menschlichen
Werken in die Erscheinung. Die romantische Zeit stellt uns
daher das Christenthum subjektiv und objektiv als ein leben=
diggewordenes dar. Der Glaube war allgegenwärtig im
Leben, erzeugte die Liebe der Kunst, mäßigte die wilde Kraft
und machte sie wahrhaft human, erweckte den Sinn der Keusch=
heit und die Freude der Armuth, erprobte sich in Gehorsam
und Treue.

Welchen Unterschied finden wir daher dem Gesagten zu Folge
zwischen dem Leben der Griechen und dem der Völker des Mit=
telalters! Dort ist der Sinn stets auf das Sinnliche gerichtet
und durch dieses beschränkt, hier auf das Geistige und ins Un=
endliche erweitert; dort wird Alles objektiv aufgefaßt, hier sub=
jektive und in Beziehung aufs Absolute; dort hat Alles objek=
tive sinnliche Klarheit und Ruhe, hier wird Alles in geheimniß=
voller Weise aufgefaßt und mit dunkler Ahnung verrichtet; dort
herrscht sinnlich klare Weltanschauung, hier eine geistige Welt
und Lebensansicht, dort Handlungen in Beziehung auf sinn=
lichen Genuß und weltlichen Ruhm, hier Entsagen der Welt,
Freude an Armuth und Streben nach geistigem Genuß und
Ruhm bei Gott; dort finden wir Einfachheit im zeitlichen Leben
hier die freieste reichste Mannigfaltigkeit des Sinnens und
Strebens.

Der romantische Zeitgeist, die innigste Durchdringung des
kirchlichen und politischen Lebens, erreichte seine höchste Blüthe
in dem Ritterwesen des Mittelalters. Welch anderer Geist
beseelt die Ritter dieser Zeit als die griechischen Heroen! Wenn

auch die griechischen Helden für die Erhaltung des gesellschaft=
lichen Lebens, für Recht und Ordnung kämpften, so war ihr
Streben doch mehr auf das Sinnliche und Zeitliche, als auf
das Geistige und Ewige gerichtet. Welch andere, weit höhere
Welt= und Lebensansicht war den Rittern des Mittelalters auf=
gegangen! Wie weit edler war ihr Streben, Kämpfen und
Leiden für die höhern Zwecke der Menschheit, für Gottes Sache!
Ihr Gemüth bekam durch den Einfluß des Christenthums eine
ideale Richtung; während die alten Helden die Gegenwart mit
ihrer sinnlichen Beschränktheit suchten, war das Streben der
christlichen Ritter auf die ewige Zukunft und das Ideal gerichtet.
Der christliche Glaube und die Liebe, Ehrfurcht und Gehorsam
gegen die Kirche, Anwendung der Kraft und Freiheit, um Recht
und Gerechtigkeit geltend zu machen, die Unschuld und die Tu=
gend zu beschützen, zur Erhaltung und Verbreitung der christ=
lichen Kirche mitzuwirken, und durch gute Werke der ewigen
Seligkeit würdig zu werden, bezeichnet so recht den Geist des
mittelalterlichen Ritterthums. Der wohlthätige Einfluß des
Christenthums auf die geistige Bildung, Veredlung des Herzens
und Bezähmung roher Kraft zeigt sich recht augenfällig in ihrem
Privat= und öffentlichen Leben. Jeder Ritter war zu jener Zeit
im Bereiche seines Besitzes ein kleiner König oder Kaiser, und
in seiner Burg vereinigte sich Alles, was das menschliche Leben
veredeln und verschönern, und einen würdigern und edleren
Lebensgenuß verschaffen kann; daher erschien der Ritter auf
seiner Burg als die Blüthe der irdischen Macht und Schönheit
seiner Zeit.

Die sinnliche Geschlechtsliebe wurde durch den Einfluß des
Christenthums in eine reine und geistige, in die zarteste
Minne verwandelt, die eine heilige Scheu vor aller Unreinigkeit
erzeugte. Nur durch Treue und Heldenthaten wollte der Ritter
das Wohlgefallen seiner Dame erwerben. Gott und seiner
Dame empfahl er sich, wenn ihn die Kriegstrompete zum Kampfe
foderte. Die holde Schöne war es auch und ihr Wohlgefallen,

die ihn im Kampfe begeisterte und nach Ruhm streben hieß. Da die christliche Religion in ihrer objektiven Erscheinung als christliche Kirche verbreitet und erhalten wurde, zeichnete sich der Ritter durch Gehorsam und Treue gegen die Kirche und durch eine einfache herzliche Frömmigkeit aus. Er beobachtete genau die Vorschriften der Kirche, und stand in steter Verbindung mit der Welt- und Ordensgeistlichkeit. Der Jüngling sucht seine Freiheit zu behaupten und zu erweitern, und erkennt seine Ehre als ein unveräußerliches Gut; so der Ritter in dem Jünglingsalter der europäischen Völker. Die Ehre war ihm das höchste Erdengut, und für dieses setzte er sein Leben aufs Spiel. Die von dem Glauben und der Liebe begeisterte jugendliche Kraft des Ritters suchte Gelegenheit sich in rühmlichen Thaten zu verherrlichen; daher traten die Ritter dieser Zeit auf als Beschützer des schwächern Geschlechtes, der Unschuld und Tugend, und als Rächer des Unrechts und der Gewaltthat. Sie beschränkten ihre Thätigkeit nicht bloß auf ihr Heimathland, sondern zogen für das Kreuz, die Erhaltung und Verbreitung der christlichen Kirche, zur Abwehr und Bekämpfung der Ungläubigen in fremde Länder und verrichteten staunenswürdige Thaten, um Ruhm zu erwerben und der Liebe ihrer Damen sich würdig zu machen. Der wohlthätige Einfluß des Christenthums auf das Ritterwesen zeigte sich besonders auch darin, daß der Ritter im erbittertem Kampfe noch human war, das schwache Geschlecht schonte, und höflich und gerecht sich benahm. Hatte die jugendliche Kraft des Ritterthums keine Abenteuer zu bestehen, so übte sich dieselbe in Ritterspielen, den Turnieren, die sinnreich und unabänderlich geordnet waren. Ruhm und edle Frauenliebe war die Seele der Turniere. Durch alle diese Gesinnungen und Bestrebungen erhielt das Ritterthum des Mittelalters jenes bunte, reiche und farbige Gewand, in welchem es uns so sehr anzieht und gefällt.

Fassen wir nun das Romantische in Einem Ausdrucke zusammen, so können wir es als eine der mittlern Zeit

eigenthümlichen Geisteserscheinung, in welcher sich
das kirchliche Leben mit dem politischen auf das
engste vereinigt und durchdringt, so daß das gesell=
schaftliche Staatsleben von dem Kirchenglauben
ganz durchdrungen und beseelt ist, bestimmen. Das
Romantische ist daher in allgemeiner Bedeutung aufgefaßt die
von dem Geist der christlichen Kirche ausgehende Weihe der
Kraft und Freiheit zur Behauptung des gesellschaftlichen
Lebens, des Rechtes und der Ordnung, der Wahrheit und Tu=
gend und zur Beziehung alles Endlichen und Sichtbaren auf
eine unendliche und unsichtbare Welt. In dem Romantischen
des Mittelalters zeigt sich daher ein von der Subjektivität dieser-
Zeit bedingter Einfluß des kirchlichen Christenthums auf die
Verhältnisse des gesellschaftlichen Lebens. Das Romantische
bewegt sich daher ferner zugleich in der Kirche und dem
Staate, und wurde auch von den Alten als das von der
Kirche in das gesellschaftliche Staatsleben übergegangene kirch=
liche Leben aufgefaßt, oder als die innige Durchdringung des
kirchlichen und bürgerlichen Lebens in der Wirklichkeit angesehen.
Betrachten wir die Abenteuer des ritterlichen Lebens, das in
den Romanzen, Balladen und Romanen besungen wurde, so
finden wir ein von dem kirchlichen Glauben beseeltes und
bestimmtes zeitliches Wirken in Beziehung auf den politischen
Zustand der Zeit. Wir finden in den Sagen von Karl dem
Großen den erwachenden Rittersinn, der die Kirche und den
Staat vor den einbrechenden Arabern, den Ungläubigen und
Feinden zu beschützen strebte; in denen von Artus die Anstren=
gung, um der drohenden Uebermacht des nordischen Helden=
geistes Schranken zu setzen; und in den Amadissen die Spuren
des sich nachher mehr entwickelten abenteuerlichen Ritterslebens,
das sich in einzelnen Unternehmungen in romantischem Geiste
darstellte. Wie viele romantische Abenteuer bietet uns der
lange dauernde Kampf der Spanier mit den Mauren? Die
höchste Blüthe und die vereinte Kraft erlangte der romantische

Geist in den Kreuzzügen. Wer diese romantische Erscheinung nur nach dem kalten Verstand unserer Zeit würdigt, versteht jene Zeit des ritterlichen Lebens nicht. Die Kreuzzüge
gingen von dem kirchlichen Geiste aus, fanden aber an dem
ritterlichen Sinn des eilften Jahrhunderts willige Theilnahme.
Der eigentliche Zweck derselben ist Vertreibung der Ungläubigen
aus dem heiligen Lande, welches als unveräußerliches Eigenthum
der Gläubigen betrachtet wurde und die Verherrlichung der
christlichen Kirche. Weil aber der ritterliche Geist der Zeit das
kirchliche Leben mit dem politischen verschmolz, machte er ohne
Bedenken die Sache der Kirche zu seiner und Gottes Sache,
um so mehr als derselbe hier Stoff und Gelegenheit genug fand,
ritterliche Tugenden zu üben, Waffenruhm zu erlangen, einen
kindlichen Glauben und Ehrfurcht gegen die Kirche zu beweisen,
sich selbst zu beherrschen und durch Heldenthaten die Liebe der
Damen zu verdienen, reine Minne zu pflegen. Nur aus diesem
romantischen Geiste können wir uns die Erscheinungen während
der Kreuzzüge erklären, die ans Wunderbare und Unglaubliche
grenzen. Wie der romantische Geist das Kirchliche mit dem
Politischen zu verbinden strebte, sehen wir namentlich aus den
in Folge der Kreuzzüge entstandenen Ritterorden. Die durch
diese Zeit hin herrschenden und diese bestimmenden zwei Stände,
auf Seite der Kirche das Mönchsthum und auf Seite des
Staates das Ritterthum, fielen in einen zusammen, und ließen
das jedem eigenthümliche Leben in einander über= und aufgehen.
Die Annäherung dazu war schon vorhanden, indem Mönche
etwas Ritterliches und die Ritter etwas Mönchisches hatten.
Durch die Kreuzzüge wurde der ritterliche und romantische Geist
des Einzelnen gebrochen oder gesättigt, und er konnte nur mehr
auf seiner höchsten Culmination, in den Ritterorden, eigentlich
fortwirken, bis er auch da seine Zeit erreicht hatte und erstarb.
Der romantische Geist der Ritterorden zeigte sich nachher, als
ihnen das Feld ihrer eigentlichen Wirksamkeit entrissen war, in
der Verbreitung und Bewahrung der christlichen Kirche.

Da wir nun das Romantische im eigentlichen Sinne als eine historische Erscheinung auffaßten, und das Wesen desselben in die Verbindung des kirchlichen Glaubens und Lebens mit dem politischen oder gesellschaftlichen Staatsleben setzten, oder als den durch die Subjektivität des Mittelalters bedingten Einfluß des kirchlichen Christenthums auf die Verhältnisse des gesellschaftlichen Lebens im Staate bestimmten; so fragt es sich, ob der romantische Geist mit der ihm eigenthümlichen Zeit ganz verschwunden sey und nichts Romantisches mehr zum Vorschein komme. Wenn wir das so eben bestimmte Romantische von allem dem entkleiden, was ihm die Zeit angehängt hat, so bekommen wir auch ein Romantisches von *allgemeiner Bedeutung.* Der eigentliche romantische Geist des Mittelalters ist mit den veränderten Verhältnissen in Kirche und Staat verschwunden, und kann sich nicht mehr in derselben Weise zeigen. Die europäische Menschheit ist mit der neuern Zeit in das Mannesalter getreten, in die Zeit der Besonnenheit, Ruhe, des ernsten Prüfens 2c., ist nicht mehr so beweglich und empfänglich für ideale Beziehungen, wie im Jünglingsalter, richtet die Aufmerksamkeit mehr auf materielle Interessen und lebt in nach Innen und Außen geordneten und abgeschlossenen Staaten. Die jugendliche Begeisterung findet nicht mehr Statt und der romantische Geist hat bei den gesicherten Rechtszuständen keinen Stoff mehr, woran er sich entfalten könnte, wenn er auch noch vorhanden wäre; dessenungeachtet ist der romantische Geist, der eine Wirkung des Christenthums ist, so wenig verschwunden als dieses selbst, nur ist ihm eine andere Erscheinungsweise angewiesen worden, als in der frühern Zeit. In der frühern Zeit erschien er in der Aufnahme des kirchlichen Glaubens und Lebens in die gesellschaftlichen Verhältnisse und wirkte in dem vereinten Leben für Ordnung und Recht, Wahrheit und Tugend, und Alles in der Beziehung für die geheimnißvolle, unsichtbare und unendliche Geisterwelt. Die neuere Zeit der Reflexion hat Christenthum und christliche Kirche, wenn auch immer in nothwendiger Beziehung, doch von einander getrennt aufgefaßt, und noch mehr das bürgerliche Leben von dem kirchlichen geschieden, und dadurch das Wesen des mittelalterlichen Romantischen vernichtet. Das Romantische der neuern Zeit hat daher bei den veränderten Verhältnissen des Staatslebens und der Welt= und Lebensansichten kein anderes Feld mehr als das der Beziehung des wirklichen Lebens auf eine unendliche Geisterwelt, die den Menschen von oben und unten umgibt und das Streben nach dem Unendlichen. Auf dem Standpunkt der neuen Romantik erscheint das menschliche Leben als ein Schweben zwischen Himmel und Hölle, und als ein Ringen, sich dem finstern Reiche immer mehr zu entschlagen und dem Lichtreiche zuzuwenden. Das Romantische hat daher bei den veränderten Verhältnissen eine allgemeinere, aber unbestimmtere Bedeutung bekommen. Jean Paul nennt es das Schöne ohne Begränzung, oder das schöne Unendliche, so wie es ein erhabenes gibt; bestimmt aber diese Definition näher, indem er die Quellen der romantischen Poesie angibt: „Ursprung und Charakter der ganzen neuern Poesie läßt sich so leicht aus dem Christenthume ableiten, daß man die romantische ebensogut die christliche nennen könnte. Das Christenthum vertilgte, wie ein jüngster Tag, die ganze Sinnenwelt mit allen ihren Reizen; sie drückte sie zu einem Grabeshügel, zu einer Himmel=Staffel zusammen, und setzte eine neue Geister=Welt an die Stelle. Die Dämonologie wurde die eigentliche Mythologie der Körperwelt, und Teufel als Verführer zogen in Menschen und Götterstatuen; alle Erdengegenwart war zu Himmel=Zukunft verflüchtigt. Was blieb nun dem poetischen Geiste nach diesem Einsturze der äußern Welt noch übrig? Die, worin sie einstürzte, die innere. Der Geist stieg in sich und seine Nacht und sah Geister. Da aber die Endlichkeit nur an Körpern haftet, und da in Geistern alles unendlich ist oder ungeendigt: so blühte in der Poesie das Reich des Unendlichen über der Brandstätte der Endlichkeit auf. Engel, Teufel, Heilige, Selige und

der Unendliche hatten keine Körper, Formen und Götter=Lei=
ber; dafür öffnete das Ungeheure und Unermeßliche seine Tiefe;
statt der griechischen heiteren Freude erschien entweder unendliche
Sehnsucht oder die unaussprechliche Seligkeit. Die zeit= und
schrankenlose Verdammniß — die Geisterfurcht, welche vor sich
selber schaudert — die schwärmerische beschauliche Liebe — die
gränzenlose Mönch=Entsagung — die platonische und neuplato=
nische Philosophie." Darum führt er auch Schiller unter den
Beispielen der Romantik an, weil dieser Dichter in all seinen
Werken die Beziehung auf ein unendliches Geisterreich über
und unter dem Menschen ahnen läßt. Er sagt daher in Be=
ziehung auf Schiller in seiner Vorschule der Aesthetik: „Wenn
die Romantik Mondschein ist, so wie Philosophie Sonnenlicht:
so wirft dieser Dichter über die beiden Ende des Lebens und
Todes, in die beiden Ewigkeiten, in die Welt vor uns und in
die Welt hinter uns, kurz über die unbeweglichen Pole der
beweglichen Welt seinen dichterischen Schein, indeß er über die
Mitte der Welt mit dem Tageslicht der Reflexion=Poesie steht;
wie die Sonne nur an beiden Polen wechselnd nicht untergeht
und den ganzen Tag als ein Mond dämmert. Daher der
Mondschimmer, z. B. seiner Astrologie, seiner Jungfrau von
Orleans, seines Glockenliedes. Bei letzteren ist schon die Wahl
eines romantischen Aberglaubens romantisch, welcher den Guß
der Glocken, als der heiligsten Werkzeuge, die nur aus dieser
Welt in die andere rufen und uns in der jetzigen immer auf
Herkules Scheidewegen anreden, gewöhnlich von feindseligen
Geistern bekämpft annahm."

Der Roman, der in dem Mittelalter die zweite Stelle in
der Ritterpoesie einnahm, büßte auch mit den veränderten Zeit=
umständen seinen alten Inhalt, das Romantische, ein, und
mußte sich zu einem neuen bequemen. Das romantische Ritter=
leben wurde nämlich entweder episch, im Großen und Ganzen,
im Ritterepos oder das Leben und der Charakter der Helden
wurde als individuelles Leben prosaisch dargestellt; und so schied

sich das romantische Epos von dem Roman. Als die Vorläufer des jetzigen Romans sind daher die Ritterromane zu betrachten, wie sie namentlich in Frankreich und Spanien beliebt waren. Der Roman ist in seiner alten und neuen Gestalt ein poetisches Produkt, das mit der ganzen romantischen Poesie sein Daseyn dem Einflusse des Christenthums auf die socialen Lebensverhältnisse verdankt. Will der Roman seinen Ursprung nicht verläugnen und seiner Bestimmung soweit dienen, als es ihm unter veränderten Lebensverhältnissen und Welt= und Lebensansichten gestattet ist, so muß er sich auf dem christlichen Standpunkte halten, das Romantische sich eigen machen, wie es in den neuern Kirchen= und Staatsverhältnissen erscheint und diesem die höchste und letzte Beziehung auf das Unendliche geben. Die Mißkennung des christlichen Standpunktes, auf dem der Roman ursprünglich entstanden ist und die Verbannung des romantischen Geistes aus demselben, gibt auch Jean Paul volles Recht, sich über die falsche Richtung der Romane zu beklagen, daß die Stilistiker bisher von dem Roman statt des romantischen Geistes, vielmehr den Exorzismus desselben forderten; daß der Roman dem wenigen Romantischen, das etwa noch in der Wirklichkeit glimmt, steuern und wehren soll, daß ferner ihr Roman als ein unversifizirtes Lehrgedicht, ein dickeres Taschenbuch für Theologen, Philosophen, für Hausmütter und der Geist eine angenehme Einkleidung des Leibes wurde. Der Dichter, welcher sich auf den christlichen Standpunkt stellt und mit absolutem Bewußtseyn die Wirklichkeit betrachtet, findet auch, daß diese unter dem Einflusse des christlichen Bewußtseyns und der darauf gegründeten Kunst und Wissenschaft in dem socialen Leben eine eigenthümliche Gestaltung erlange, in welcher sie nicht in sich abgeschlossen, sondern in einer Beziehung zu einer unsichtbaren und unendlichen Geisterwelt steht. Der Romandichter faßt also die Wirklichkeit in der Form eines universellen Charakters auf, und zeigt in der Darstellung eines ganzen Lebensverhältnisses, wie

dieser sich unter den kirchlichen und politischen Verhält=
nissen auf eine universelle Weise gebildet hat. Der In=
halt des Romans ist daher die Erzählung eines wirklichen
Lebensverhältnisses in dem Umfange und der Abgeschlossenheit,
daß sich hierin ein bestimmter allgemein menschlicher Charakter,
wie er sich aus den edelsten Bildungsmitteln der Menschheit
entwickelt, und von selbst darstellt. Der Charakter, das indi=
viduelle Leben eines allgemeinen Geistes, bestimmt auch das
Schicksal des Charakterisirten. Der Roman erzählt somit ein
ganzes Lebensverhältniß, die besondere Bildungsgeschichte, das
besondere Leben und die eigenen Schicksale eines Individuums
in der Wirklichkeit oder Umgebung von andern Menschen von
der Zeit an, wo der Charakter sich zu gestalten begann, bis
zu seiner Vollendung. Der Charakter wird in dem Roman
stets als das Prinzip der Wirklichkeit oder des besondern
Lebens aufgefaßt; daher eignen sich auch vorzüglich diejenigen
menschlichen Schicksale zum Inhalt des Romans, welche sich
aus der subjektiven Eigenthümlichkeit einer Person erklären
lassen. Weil die Liebe der mächtigste Hebel menschlicher Schick=
sale ist, so kann diese nicht von dem Roman ausgeschlossen
werden. Der Charakter des Romanhelden entwickelt sich in dem
socialen Leben unter den allgemeinen Bildungsmitteln, unter
dem Einflusse der Kirche und des Staates zu einem wahrhaft
humanen, d. h. die Wirklichkeit wird nach ihrer idealen Be=
ziehung frei individualisirt; daher bekommt der Charakter in
dem Roman eine allgemeine Bedeutung, oder er ist die Blüthe
des menschlichen Lebens unter einem höhern Sonnenschein. Der
Charakter kann daher kein zufälliger, bloß von äußern Umstän=
den bestimmter seyn, sondern er muß als die individuelle Er=
scheinung eines allgemeinen Geistes aufgefaßt werden können;
daher sagt Jean Paul treffend: „Jeder Roman muß einen
allgemeinen Geist beherbergen, der das historische Ganze ohne
Abbruch der freien Bewegung, wie ein Geist der freien Mensch=
heit, heimlich zu Einem Ziele verknüpfe und ziehe, so wie nach

Boyle jedes rechte Gebäude einen gewissen Ton antworten muß; ein bloß geschichtlicher Roman ist nur eine Erzählung." Die ästhetische Wirkung des Romans besteht nun darin, daß uns in demselben ein allgemeines veredeltes Menschenleben oder daß der Charakter als Repräsentant der menschlichen Individualität erscheine, ferner daß der rein menschliche Charakter sich unter höhern Einflüssen entwickele und eine stete Beziehung zum ewigen Seyn habe und daher durch und während seiner Entwicklung die Idee hinter sich zurücklasse. Der Roman ist ein Blumengarten der Wirklichkeit, indem man durch die ideale Auffassung menschlicher Lebensverhältnisse, in denen sich eben der Charakter als ein bestimmter darstellt, lustwandelt. Herder vergleicht daher den Roman mit einem Traume.

Aus dem Bemerkten erhellet auch, daß der Roman nicht nur ein Produkt der christlichen Poesie, sondern auch, daß der neuere Roman ein Erzeugniß des philosophischen Geistes der neuern Zeit ist. Erst nachdem man zum klaren Bewußtseyn kam, welchen Einfluß das christliche Lebensprinzip auf die Subjektivität eines jeden Einzelnen habe, wie dieses alle Lebensverhältnisse durchdringe und veredele, die neuere Staatsverfassungen bestimme, und Künste und Wissenschaften erneue, oder wie es in allen Beziehungen eine geistige Wiedergeburt, eine ideale Beziehung schaffe, konnte man' das menschliche Leben und Wirken in einer allgemeinen Bedeutung auffassen, begreifen, wie das Leben des Einzelnen sich aus höhern Prinzipien entwickle und wie das Allgemeine, die Idee, in der besondern Individualität sich zu einem bestimmten Charakter von allgemein menschlicher Bedeutung gestalte, und das Wirkliche und Beschränkte auf das Künftige und Absolute beziehe. Faßt der Romandichter, wie der thut, welcher sich auf den christlichen Standpunkt gestellt hat, das menschliche Leben, wie es sich zu und in Charakteren entwickelt, nicht als ein in der Zeit abgeschlossenes und für sich bestehendes, sondern als ein von einem höhern Lebensprinzip bedingtes, zwischen Himmel und Hölle schwebendes und zu einem unendlichen Geisterreiche in Beziehung stehendes; so erhält auch der Roman den ihm eigenthümlichen romantischen Geist wieder, der von denjenigen Dichtern ausgetrieben wurde, die sich rein an die Verschönerung oder vielmehr Verhäßlichung der Wirklichkeit gehalten, und keinen Blick in jene unsichtbare Welt geworfen haben, der das geistige Leben und Wirken angehört. Diese Auffassung des menschlichen Lebens wird auch dem Dichter zu einer reichlichen, nie versiegbaren Quelle werden, aus der er Erhabenes, Bewunderungswürdiges, ja Wunderbares und Geheimnißvolles im beffern Sinne schöpfen kann. Steht der Dichter auf diesem Standpunkte, so ist er selbst von der Idee des Guten und Schönen innigst beseelt, er kann das höhere Lebensprinzip in seiner geheimen Einwirkung auf die naturgemäße Bildung und Vollendung menschlicher Charaktere verfolgen, mit Klarheit und Durchsichtigkeit das äußere Leben, das Schicksal, sich aus dem innern entwickeln lassen und allen Erscheinungen des Lebens eine ideale Beziehung geben. Der Dichter steht daher über dem menschlichen Leben, läßt es sich vor seinem absoluten Bewußtseyn zu einem bestimmten Charakter entwickeln, allein immer bleibt dieser noch hinter der Idee zurück; daher hat auch der wahre Roman immer etwas Humoristisches und Ironisches.

Wird die Entwicklung des menschlichen Charakters nicht unter dem höhern Einflusse geistiger Lebenselemente dargestellt, sondern nur erzählt, wie ein Charakter sich durch Umstände und Verhältnisse des gesellschaftlichen Lebens entwickelt und entfaltet, so entsteht die Novelle und die Erzählung. Der Inhalt der Novelle sind allgemein menschliche Begebenheiten, und der der Erzählung Situationen, die den Charakter bestimmen. Das ästhetische Interesse an Novelle und Erzählung besteht aber darin, daß durch Begebenheiten oder Situationen ein bestimmter Charakter gebildet werde, der als Grundlage eines höhern Geisteslebens erscheint.

§. 47.
Das Lyrische des socialen Lebens.

Das menschliche Gemüth ist das Vermögen der Liebe, welche Geister mit Geistern verbindet; daher ist das Gemüth dasjenige Vermögen, vermittelst welches der Geist für sich lebt, sich selbst angehört und sich selbst genießt, weil aber die Liebe der Gegensatz von Selbstsucht ist, auch dasjenige, in welchem der Geist mit andern Geistern ein gemeinschaftliches Leben führt, nicht nur sich, sondern allen Geistern angehört. Das liebevolle Gemüth verbindet den Christen nicht nur mit den Christen, sondern mit allen mitlebenden Brüdern. Die christliche Liebe gestaltet also die socialen Verhältnisse zu den humansten und edelsten, und das gemüthliche Leben im Sinne des Christenthums ist das der Wirklichkeit. Das liebevolle Gemüth öffnet sich der Freundschaft und Geselligkeit, ist theilnehmend an den Leiden und Freuden Anderer, erheitert, theilt mit, ist gesprächig und freundlich, erfreuet und segnet, empfängt und gibt. Die Gefühle sind daher so vielfach, als die Beziehungen, in die das menschliche Gemüth mit andern liebevollen Geistern und der äußern Natur tritt, und alle die Gefühle, die das gemüthliche Leben erweckt, bilden miteinander das Lyrische in Betreff des socialen Lebens im Christenthum. Wir können daher die Lyrik in dieser Beziehung den Erguß der Gefühle der Liebe nennen. Diese Lyrik beruht auf einer innigen Geistergemeinschaft, die hier als ein Mikrokosmus des jenseitigen unendlichen Geisterreiches betrachtet wird. Im Lyrischen tritt dem Gesagten zu Folge eine subjektive Geistergemeinschaft oder ein gemeinsames Gemüthsleben objektiv hervor, und hierin besteht auch der ästhetische Werth der lyrischen Poesie. Das Objektivwerden des subjektiven Gemüthslebens, wird aber durch die Wirklichkeit, gegenwärtige Begebenheiten und Situationen, vermittelt. Weil aber der Dichter nicht die Begebenheiten, sondern die Gemüthszustände mit den entsprechenden Gefühlen darstellt, tritt seine eigene Subjektivität, welche Form er auch hier wähle, hervor. Die Gefühle aber, die er ausspricht, sind zwar seine eigene, aber so allgemein menschliche, daß sie Jeder, der Liebe im Herzen trägt, nachempfinden kann. Der Dichter ist daher in dieser Beziehung Repräsentant der ganzen Menschheit. Weil aber der Mensch außer der Musik zu wenige Zeichen hat, um seine Gefühle unmittelbar auszudrücken, muß er sich nothwendig in der Poesie der Sprache bedienen, und da das Sprechen nur in dem Ausdruck von Gedanken stattfinden kann, muß nothwendig der lyrische Dichter seine Gefühle an Gedanken oder Reflexionen anknüpfen. Die lyrische Reflexion beschränkt sich nur auf Zustände des Gemüthslebens, kann jedoch Vergangenheit und Zukunft in die Gegenwart hereinziehen, und dient nur als Mittel, die reinen gemüthlichen Zustände zu bezeichnen und die entsprechende Gefühle auszudrücken. In Beziehung auf Vergangenheit und Zukunft sind es wieder die Erinnerung und die Sehnsucht, wie im geistlichen Liede, welche auch hier der lyrischen Reflexion zu Grunde liegen. Außer der Gegenwart können nämlich in Liebe erlebte Verhältnisse oder für die Zukunft erwünschte gemüthliche Situationen durch Erinnerung oder Sehnsucht die Lyra zum Gesange stimmen. Die Lyrik umfaßt daher alle Zeit in dem gesellschaftlichen Gemüthsleben.

Besonders ist es hier das Lied, welches das ganze Gemüthsleben in socialer Beziehung umfaßt. Das Lied ist der Erguß der Gefühle, welche aus den Gemüthsstimmungen in den verschiedenen Gesellschaftsverhältnissen entspringen. Das Lied aus dem christlichen Standpunkte betrachtet, kann aber nur solche Gemüthsstimmungen und Gefühle ausdrücken, welche von der christlichen Liebe zu edeln oder wahrhaft humanen erhoben sind und muß alle unwürdigen, lieblosen und leidenschaftlichen Gefühle ausschließen. Das Lied im christlichen Sinne erhält dadurch einen hohen ästhetischen Werth, daß es ein Echo jener subjektiven Liebegemeinschaft der Geister ist, die sich durch das Himmelreich hindurch zieht. Das christliche Lied erscheint als ein Triumphgesang der Liebe über den Egoismus; es ist das Lied der geistigen Freiheit oder auch der Sehnsucht nach derselben. Die Aesthetiker geben sich vergebliche Mühe, auch hier Allgemeines und Besonderes, Idee und Erscheinung zu trennen und auf einander zu beziehen, um dem Lyrischen und sofort auch dem Liede den Charakter des Schönen zu vindiciren, oder dieses unter die allgemeine Begriffsbestimmung des Schönen zu bringen. Während sie das Gemüth zum Allgemeinen machen, stelle ich die Liebe als das Allgemeine, oder die Idee auf und fasse das Gemüth als das Besondere auf, in welchem die Liebe eine individuelle Gestalt gewinnt. Dem Lyrischen kommt der Charakter der Schönheit zu, weil dasselbe das Gemüthsleben in einer der Natur des Geistes entsprechenden Weise, dem höhern Lebensprinzipe der Liebe, gemäß darstellt.

Das Lied zieht auch das gemüthliche Verhältniß zu der Natur in ihre Sphäre, weil dem Geiste dieselbe nicht als eine todte und starre Materie, sondern als ein von dem Schöpfergeiste in gewissem Grade belebtes Wesen erscheint. Es waltet in der Natur ein Geist der Erhaltung, Ordnung und Einheit; sie ist die Versinnlichung des unendlichen Reichthums ihres Schöpfers und ewiger Wahrheiten; Ausdruck der unendlichen Schönheit Gottes, das Werkzeug, mit welchem der Schöpfer die Menschen erzieht und segnet. Das Gemüth sympathisirt aus diesem Grunde mit der Natur, das Leben, Wirken und Schaffen zieht es an, es freut sich der Freundlichkeit Gottes, die ihm überall begegnet. Das christliche Gemüth liebt in der Natur den Schöpfer.

In dem Maße als das Christenthum das menschliche Gemüth reinigt und heiligt, und die christliche Liebe die Selbstsucht ertödtet, ist die christliche Lyrik reiner und tiefer. Das ist eben die herrliche Blüthe des Christenthums, daß es die Scheidewand zwischen Einzelnen und ganzen Nationen niederreißt, und Alle in Liebe vereinigt; daher ist auch die neuere Lyrik ein ächtes Kind der christlichen Liebe. Die

Vereinigung der Menschengeister in Liebe begründet ein so viel=
faches, inniges und reiches Gemüthsleben, daß der Unterschied
der alten und neuen Welt von selbst einleuchtet. Die Alten
hatten nicht einmal einen bestimmten Ausdruck für die Art von
Lyrik, unter welcher wir das Lied verstehen. Die lyrischen Ge=
dichte, welche unserm Liede nahe kommen, drücken einzelne
Empfindungen· oder Richtungen des Gemüthes auf das Mannig=
faltige aus, worin sich das ganze Bewußtseyn des Dichters er=
schöpft. In den Liebesliedern herrscht große Leidenschaftlichkeit,
sinnliche Lust und Schwärmerei, selbst Raserei. Die neuere
Lyrik hat eine weit allgemeinere, edlere und tiefere Bedeutung
als die alte, denn diese stellt nur einzelne Richtungen des Ge=
müthes dar, das nie ganz frei von sinnlicher und gemeiner Liebe
ist, und bezeichnet dieselben oberflächlich scharf.

§. 48.

III. Das christliche Familienleben.

Das Christenthum zeichnet sich vor allen andern Religionen
darin aus, daß es Geistesreligion ist, und als solche nicht zu=
nächst auf das Aeußere des Menschen und seine Lebensverhält=
nisse wirkt und diese umgestaltet und zu rein humanen veredelt,
sondern den innern Menschen, den Geist ergreift, aus der sinn=
lichen Richtung losreißt und mit einem neuen höhern Lebens=
prinzip erfüllt. Nimmt der Geist das Christenthum im Glauben
in sich auf, so geht ihm ein höheres Leben auf, das er auch
wirklich in der Liebe lebt. Geistige Wiedergeburt, Erneuerung
des Geistes, Freiseyn von Selbstsucht und Erfüllung des Ge=
müthes mit heiliger Liebe sind die erhabenen Wirkungen der
christlichen Religion und Erlösungsanstalt. Im Glauben und
der Liebe lebt der Geist ein neues Leben, das sich nicht bloß
auf die Gegenwart beschränkt, sondern in die Ewigkeit sich er=
streckt. Das Christenthum wurde daher auch in Beziehung auf
seine subjektive Wirkung von dem göttlichen Stifter desselben
sehr bezeichnend mit dem Sauerteig verglichen, der als kleines

Quantum eine große Maſſe Mehl durchſäuert. Wirkt einmal der göttliche Sauerteig im Geiſte des Menſchen, ſo bewirkt er auch eine gänzliche Umwandlung des Geiſtes, zieht ihn ab von dem Sinnlichen und Nichtigen, und gibt ihm eine entſchiedene Richtung auf das Geiſtige und Abſolute. Der wiedergeborne Geiſt geſtattet nicht nur in ſich ein neues Leben, ſondern ordnet auch ſeine äußere Lebensverhältniſſe nach der neuen Richtung, die er eingeſchlagen hat. Glaube und Liebe durchdringen alle dieſe Lebensverhältniſſe und machen ſie zu wahrhaft humanen und ſchönen.

Das Familienleben, die Verhältniſſe der Gatten, der Eltern zu den Kindern, der Kinder zu den Eltern und unter einander, der Familie zu den Dienſtboten und umgekehrt, er⸗ hält auf der Grundlage des Glaubens und der Liebe eine weit höhere und edlere Geſtalt, als im Alterthum. In der Familie vereinigt ſich im Kleinen das kirchliche und poli⸗ tiſche Leben zu einem erhabenen Ausdrucke. Alle chriſtlichen Tugenden, welche ſich im öffentlichen Leben, in den Verhält⸗ niſſen zur Kirche und dem Staate, zeigen, concentriren ſich hier zu einer Totalanſchauung. In der chriſtlichen Familie entfaltet ſich ein herrliches Geiſtesleben, denn in ihr herrſcht Achtung, Glaube und Vertrauen, Gehorſam, Dankbarkeit, Genügſamkeit und Ordnung. Welch erhabenen Anblick gewährt alſo der Anblick einer chriſtlichen Familie, die ein wahrhaft humanes Leben in allen ihren Verhältniſſen aus ſich entwickelt! Die Familie gründet ſich auf die Ehe und dieſe auf die Liebe der Geſchlechter.

§. 49.
Die Liebe der Geſchlechter.

Die Liebe der Geſchlechter, veredelt und geheiligt durch die chriſtliche Liebe, iſt die geiſtige Seite jenes Naturtriebes, der zwei Individuen entgegengeſetzten Geſchlechtes zur ſinnlichen Vereinigung und phyſiſchen Erzeugung neuer Individuen treibt.

Diese Liebe beherrscht das ganze geistige und sittliche Leben
zweier Individuen verschiedenen Geschlechts und veredelt und
heiligt die Naturnothwendigkeit. Die natürliche Wirklichkeit
wird auch durch dieses geistige Element zu einer schönen erhoben.
Die Liebe der Geschlechter ist und soll keine andere seyn, als
die der Freundschaft mit dem Unterschiede, daß diese sich ins
Unendliche erweiteren, unzählige Individuen umschließen kann,
während jene sich nur auf zwei Individuen entgegengesetzten
Geschlechtes beschränkt. Die geschlechtliche Liebe nimmt daher
die concreteste und bestimmteste Erscheinung an; denn sie wird
nur von zwei gleichgesinnten und gleich gemüthlichen Individuen
empfunden und erwiedert. Obgleich diese Liebe auf dem Unterschied der Geschlechter ruhet, ist sie doch nicht rein sinnliche
Liebe, weil sie als solche bloß sinnliches Verlangen und sofort
häßlich wäre. Die Geschlechtsliebe ist so innig und einzig, daß
sie, wenn sie ächter Art ist, auch nur die successive Wiederholung derselben in Einer Person gestattet; es gibt nur Eine
Geschlechtsliebe. Polygamie widerstreitet daher der Natur dieser
Liebe. Diese Liebe begründet auch die engste und innigste
Geistesverbindung, und offenbart sich in rein menschlichen, edeln
und schönen Gesinnungen und Handlungen. Kein Gegenstand
wurde mehr zu Kunstdarstellungen benützt, als die Liebe der
Geschlechter, aber auch keiner ist mehr mißbraucht, schief und
falsch behandelt worden, als dieser. Diese Liebe, wenn sie natürlich und rein ist, ist eine erhabene Verklärung der
natürlichen Wirklichkeit und Gegenstand edler Kunstwerke.

Der Jüngling, der sich seines Geschlechtes bewußt geworden, fühlt sich durch einen natürlichen Trieb zu einer Jungfrau
hingezogen, zu einer Seele, mit der er seinen Glauben und
seine Liebe theilen, sein großes und bedeutungsvolles Tagwerk
vollenden, Kinder erzeugen und für das himmlische Leben erziehen, die Schicksale des Lebens ertragen und für ein höheres
Geistesleben heranreifen möchte. Der Hinblick auf ein bestimmtes
Tagewerk, das er mit einer Gattin vollenden möchte, treibt ihn

an, Alles zu erlernen und zu erwerben, womit er ein glückliches Hauswesen gründen könnte. Wie rein und würdig ist daher die Sehnsucht eines Jünglings, einer jungfräulichen Seele zu begegnen, die sich aufschließt zur innigsten Theilnahme an den Schicksalen und Zwecken seines Lebens! Er fühlt sich glücklich und beseligt in einer leiblichen Schönheit und Blüthe der Gesundheit eine gesunde und reine Seele zu finden, in deren Verbindung er sich der Erreichung seiner Lebenszwecke gewiß denkt!

Ist eine Jungfrau ihrer Bestimmung inne geworden, so wünscht und sehnt sie sich, einen frommen, weisen und liebenden Jüngling zu finden, und ihm allein anzugehören, mit ihm die höhern Zwecke des Lebens zu erreichen. Sie bestrebt sich, wenn ihr Sehnen zum Bewußtseyn gekommen ist, Alles zu erlernen und sich anzueignen, was sie einst des liebenden und schützenden Mannes würdig macht, und wodurch sie das Glück des häuslichen Lebens gründen kann. Hat sie ihr Lebensziel recht aufgefaßt, so wird sie nicht von körperlicher Schönheit, Reichthum und Ehrenstellen bestochen, sondern harret ruhig, bis Der ihr begegnet und um sie wirbt, mit dem sie eines Sinnes und Strebens ist, und mit dem sie glauben, lieben, hoffen, sich freuen und dulden kann.

Der Jüngling, der eine Gefährtin des Lebens sucht, harret geduldig, bis er ein gleich gesinntes Herz findet, er übereilt sich nicht, prüft ruhig, ist arbeitsam, sittsam und führt einen tadellosen Wandel. Die Jungfrau, die unzertrennlich einem Mann anzugehören wünscht, verhält sich harmlos, bis Der kommt, der ihr Herz ersehnt, lebt einfach, züchtig, fromm, bescheiden, arbeitsam, freundlich ꝛc.

Hat ein Jüngling eine Jungfrau liebend erkannt als eine solche künftige Gattin, welche mit ihm alle Zwecke des Lebens zu erreichen körperlich und geistig geeignet ist, und hat die Jungfrau Den in Liebe gefunden, der ihr ein frommer, schützender Gatte, ein weiser Vater und Erzieher der Kinder, ein arbeitsamer Ernährer der Familie seyn wird; so entsteht die innigste und seligste Vereinigung der Herzen in Liebe, und es entwickelt sich ein edles und schönes Verhältniß der Liebenden und Verlobten. Die Geschlechtsliebe wird um so inniger empfunden, als sie jede dritte Person ausschließt, und sich in dem seligsten Austausch der Gesinnungen, Gefühle und Bestrebungen nur zweier Individuen von entgegengesetztem Geschlechte bewegt. Welch edles und schönes Verhältniß, wenn die Verlobten sich nah und ferne mit liebender Sehnsucht suchen, die aufrichtigste Aufmerksamkeit widmen und sich bestreben, durch Reinheit des Herzens und Wandels einander zu gefallen, sich zu beherrschen, weniger edle und würdige Gewohnheiten abzulegen! wenn sie abwesend für einander beten, und auch in der Ferne so wandeln, als lebte Eines in den Augen des Andern. Die reine Liebe der Verlobten ist eine so entzückende Begeisterung, daß diese alles unerlaubte Sehnen und Verlangen ausschließt; sie ist schamhaft, keusch und voll ehrerbietiger Achtung gegen einander.

Das Christenthum, welches den Menschen über seine sinnliche Natur zu erheben und ihn von allem Selbstischen immer freier zu machen sucht, brachte eine Tugend zur Erscheinung, von der das Heidenthum nichts wußte, die Keuschheit des Herzens und des Wandels. Die Keuschheit des Herzens ist ein kostbarer und beseligender Besitz, eine himmlische Seligkeit, und ihre Früchte sind köstlich. Diese Tugend erhält eine heitere Ruhe des Gemüthes, ein hoffnungsvolles Vertrauen auf Gott, einen innern Frieden und eine selige Weihe, versüßt jeden Genuß und prägt sich aus durch eine offene und heitere Miene, und bewahrt vor Siechthum und Verhäßlichung des Leibes. Dieses kostbare Besitzthum haben seit der Verbreitung des Christenthums manche Jünglinge und Jungfrauen, die in religiöser Begeisterung für himmlische Dinge und in Unschuld des Herzens herangewachsen sind, dem zeitlichen Glücke der Ehe vorgezogen, und in ihrer seraphischen Liebe nur Gott und Christus allein angehören und allein dienen wollen. Wenn auch die Ehe

eine rein menſchliche Sache und göttliche Anordnung iſt, ſo kann ſie dennoch nicht das Höchſte ſeyn, was die Menſchen erreichen können und ſollen; daher ſagt Chriſtus: „Bei der Auferſtehung werden ſie weder zur Ehe nehmen, noch genommen werden; ſondern ſie werden wie Engel Gottes im Himmel ſeyn." Matth. 22, 30. Die Verſchnittenen um des Himmelreiches willen, d. h. die aus höherer Liebe und höherm Streben die Keuſchheit oder Virginität der geſchlechtlichen Liebe vorziehen, genießen ſchon hier theilweiſe das Leben, von welchem Chriſtus ſagt, daß man dort weder zur Ehe gibt, noch nimmt. Wer daran zweifelt, daß es ſolche Engelſeelen unter den Menſchen zu allen Zeiten gegeben hat und gibt, muß ſelbſt an der Wahrheit des Aus= ſpruches Chriſti zweifeln, daß es Verſchnittene um des Him= melreiches willen gebe. Welche erhabene und liebenswürdige Seele, die ungetheilt von der höchſten und würdigſten Liebe be= ſeelt iſt, die ſich über den Naturtrieb erhebt und in Engelrein= heit Gott dient! Welche Heiterkeit, Reinheit, Hoheit und ſelige Harmonie, welche Holdſeligkeit leuchtet auf dem Angeſichte Deſſen, der reines Herzens und keuſches Wandels iſt! Ein ſolch himm= liſch verklärtes Angeſicht iſt ein unbeſchreiblich ſchöner Anblick und geſtattet einen Blick in die Engelnatur.

§. 50.
Das eheliche Leben in chriſtlichem Sinne.

Die geſchlechtliche Liebe, geläutert und geheiligt durch die chriſtliche Liebe, wird ein wirkliches Liebeleben in der chriſt= lichen Ehe; ſie wird wirkliche Gemeinſchaft des Geiſtes und des Leibes. Das Zuſammenleben und Wirken der Gatten iſt daher die fortwährende Entwickelung der Liebe, und in ſofern alle Verhältniſſe der Gatten von reiner Liebe beſtimmt werden, haben alle den Charakter der Schönheit. Durch die Liebe werden zwei Individuen verſchiedenen Geſchlechtes auf das Innigſte verbun= den; ſie werden vereinigt in ihrem religiöſen Glauben und Hoffen, in ihrem Streben nach dem Einen Ziele und in ihren

und seligste Vereinigung der Herzen in Liebe, und es entwickelt sich ein edles und schönes Verhältniß der Liebenden und Verlobten. Die Geschlechtsliebe wird um so inniger empfunden, als sie jede dritte Person ausschließt, und sich in dem seligsten Austausch der Gesinnungen, Gefühle und Bestrebungen nur zweier Individuen von entgegengesetztem Geschlechte bewegt. Welch edles und schönes Verhältniß, wenn die Verlobten sich nah und ferne mit liebender Sehnsucht suchen, die aufrichtigste Aufmerksamkeit widmen und sich bestreben, durch Reinheit des Herzens und Wandels einander zu gefallen, sich zu beherrschen, weniger edle und würdige Gewohnheiten abzulegen! wenn sie abwesend für einander beten, und auch in der Ferne so wandeln, als lebte Eines in den Augen des Andern. Die reine Liebe der Verlobten ist eine so entzückende Begeisterung, daß diese alles unerlaubte Sehnen und Verlangen ausschließt; sie ist schamhaft, keusch und voll ehrerbietiger Achtung gegen einander.

Das Christenthum, welches den Menschen über seine sinnliche Natur zu erheben und ihn von allem Selbstischen immer freier zu machen sucht, brachte eine Tugend zur Erscheinung, von der das Heidenthum nichts wußte, die Keuschheit des Herzens und des Wandels. Die Keuschheit des Herzens ist ein kostbarer und beseligender Besitz, eine himmlische Seligkeit, und ihre Früchte sind köstlich. Diese Tugend erhält eine heitere Ruhe des Gemüthes, ein hoffnungsvolles Vertrauen auf Gott, einen innern Frieden und eine selige Weihe, versüßt jeden Genuß und prägt sich aus durch eine offene und heitere Miene, und bewahrt vor Siechthum und Verhäßlichung des Leibes. Dieses kostbare Besitzthum haben seit der Verbreitung des Christenthums manche Jünglinge und Jungfrauen, die in religiöser Begeisterung für himmlische Dinge und in Unschuld des Herzens herangewachsen sind, dem zeitlichen Glücke der Ehe vorgezogen, und in ihrer seraphischen Liebe nur Gott und Christus allein angehören und allein dienen wollen. Wenn auch die Ehe

eine rein menschliche Sache und göttliche Anordnung ist, so kann sie dennoch nicht das Höchste seyn, was die Menschen erreichen können und sollen; daher sagt Christus: „Bei der Auferstehung werden sie weder zur Ehe nehmen, noch genommen werden; sondern sie werden wie Engel Gottes im Himmel seyn." Matth. 22, 30. Die Verschnittenen um des Himmelreiches willen, d. h. die aus höherer Liebe und höherm Streben die Keuschheit oder Virginität der geschlechtlichen Liebe vorziehen, genießen schon hier theilweise das Leben, von welchem Christus sagt, daß man dort weder zur Ehe gibt, noch nimmt. Wer daran zweifelt, daß es solche Engelseelen unter den Menschen zu allen Zeiten gegeben hat und gibt, muß selbst an der Wahrheit des Aus= spruches Christi zweifeln, daß es Verschnittene um des Him= melreiches willen gebe. Welche erhabene und liebenswürdige Seele, die ungetheilt von der höchsten und würdigsten Liebe be= seelt ist, die sich über den Naturtrieb erhebt und in Engelrein= heit Gott dient! Welche Heiterkeit, Reinheit, Hoheit und selige Harmonie, welche Holdseligkeit leuchtet auf dem Angesichte Dessen, der reines Herzens und keusches Wandels ist! Ein solch himm= lisch verklärtes Angesicht ist ein unbeschreiblich schöner Anblick und gestattet einen Blick in die Engelnatur.

§. 50.
Das eheliche Leben in christlichem Sinne.

Die geschlechtliche Liebe, geläutert und geheiligt durch die christliche Liebe, wird ein wirkliches Liebeleben in der christ= lichen Ehe; sie wird wirkliche Gemeinschaft des Geistes und des Leibes. Das Zusammenleben und Wirken der Gatten ist daher die fortwährende Entwickelung der Liebe, und in sofern alle Verhältnisse der Gatten von reiner Liebe bestimmt werden, haben alle den Charakter der Schönheit. Durch die Liebe werden zwei Individuen verschiedenen Geschlechtes auf das Innigste verbun= den; sie werden vereinigt in ihrem religiösen Glauben und Hoffen, in ihrem Streben nach dem Einen Ziele und in ihren

und seligste Vereinigung der Herzen in Liebe, und es entwickelt
sich ein edles und schönes Verhältniß der Liebenden
und Verlobten. Die Geschlechtsliebe wird um so inniger
empfunden, als sie jede dritte Person ausschließt, und sich in
dem seligsten Austausch der Gesinnungen, Gefühle und Bestrebungen nur zweier Individuen von entgegengesetztem Geschlechte
bewegt. Welch edles und schönes Verhältniß, wenn die Verlobten sich nah und ferne mit liebender Sehnsucht suchen, die
aufrichtigste Aufmerksamkeit widmen und sich bestreben, durch
Reinheit des Herzens und Wandels einander zu gefallen, sich
zu beherrschen, weniger edle und würdige Gewohnheiten abzulegen! wenn sie abwesend für einander beten, und auch in der
Ferne so wandeln, als lebte Eines in den Augen des Andern.
Die reine Liebe der Verlobten ist eine so entzückende Begeisterung, daß diese alles unerlaubte Sehnen und Verlangen ausschließt; sie ist schamhaft, keusch und voll ehrerbietiger Achtung
gegen einander.

Das Christenthum, welches den Menschen über seine sinnliche Natur zu erheben und ihn von allem Selbstischen immer
freier zu machen sucht, brachte eine Tugend zur Erscheinung,
von der das Heidenthum nichts wußte, die Keuschheit des
Herzens und des Wandels. Die Keuschheit des Herzens
ist ein kostbarer und beseligender Besitz, eine himmlische Seligkeit, und ihre Früchte sind köstlich. Diese Tugend erhält eine
heitere Ruhe des Gemüthes, ein hoffnungsvolles Vertrauen auf
Gott, einen innern Frieden und eine selige Weihe, versüßt jeden
Genuß und prägt sich aus durch eine offene und heitere Miene,
und bewahrt vor Siechthum und Verhäßlichung des Leibes.
Dieses kostbare Besitzthum haben seit der Verbreitung des Christenthums manche Jünglinge und Jungfrauen, die in religiöser
Begeisterung für himmlische Dinge und in Unschuld des Herzens herangewachsen sind, dem zeitlichen Glücke der Ehe vorgezogen, und in ihrer seraphischen Liebe nur Gott und Christus
allein angehören und allein dienen wollen. Wenn auch die Ehe

eine rein menschliche Sache und göttliche Anordnung ist, so kann sie dennoch nicht das Höchste seyn, was die Menschen erreichen können und sollen; daher sagt Christus: „Bei der Auferstehung werden sie weder zur Ehe nehmen, noch genommen werden; sondern sie werden wie Engel Gottes im Himmel seyn." Matth. 22, 30. Die Verschnittenen um des Himmelreiches willen, d. h. die aus höherer Liebe und höherm Streben die Keuschheit oder Virginität der geschlechtlichen Liebe vorziehen, genießen schon hier theilweise das Leben, von welchem Christus sagt, daß man dort weder zur Ehe gibt, noch nimmt. Wer daran zweifelt, daß es solche Engelseelen unter den Menschen zu allen Zeiten gegeben hat und gibt, muß selbst an der Wahrheit des Aus= spruches Christi zweifeln, daß es Verschnittene um des Him= melreiches willen gebe. Welche erhabene und liebenswürdige Seele, die ungetheilt von der höchsten und würdigsten Liebe be= seelt ist, die sich über den Naturtrieb erhebt und in Engelrein= heit Gott dient! Welche Heiterkeit, Reinheit, Hoheit und selige Harmonie, welche Holdseligkeit leuchtet auf dem Angesichte Dessen, der reines Herzens und keusches Wandels ist! Ein solch himm= lisch verklärtes Angesicht ist ein unbeschreiblich schöner Anblick und gestattet einen Blick in die Engelnatur.

§. 50.
Das eheliche Leben in christlichem Sinne.

Die geschlechtliche Liebe, geläutert und geheiligt durch die christliche Liebe, wird ein wirkliches Liebeleben in der christ= lichen Ehe; sie wird wirkliche Gemeinschaft des Geistes und des Leibes. Das Zusammenleben und Wirken der Gatten ist daher die fortwährende Entwickelung der Liebe, und in sofern alle Verhältnisse der Gatten von reiner Liebe bestimmt werden, haben alle den Charakter der Schönheit. Durch die Liebe werden zwei Individuen verschiedenen Geschlechtes auf das Innigste verbun= den; sie werden vereinigt in ihrem religiösen Glauben und Hoffen, in ihrem Streben nach dem Einen Ziele und in ihren

zeitlichen Geschäften. Die freundschaftliche Liebe erscheint hier auf ihrem höchsten Höhepunkt, in ihrer schönsten Blüthe; denn sie ist ein ungetheiltes Hingeben und Hinnehmen zwischen zwei Personen verschiedenen Geschlechtes. Welche Seligkeit ruht daher in diesem liebevollen Verhältnisse der Gatten zu einander, und welche selige Früchte trägt die Liebe in diesem Stande!

Die Liebe gleicht hier die geistigen und physischen Eigenthümlichkeiten des Mannes und Weibes aus, und verbindet die verschiedenen Elemente zur erhabenen Schönheit. Im Manne herrscht die Intelligenz und die Willens- und Thatkraft vor; er ist daher das Haupt des Hauses. Das Weib ist der an Intelligenz und Willenskraft schwächere Theil; daher unterwirft es sich dem Manne. Die Liebe zieht den Mann herab zum Weibe und erhebt dieses zu jenem. Dieses organische Verhältniß wird durch die Liebe ein seliges. Welche gegenseitige Achtung, Schonung, Sorgfalt, Nachsicht, Verträglichkeit ꝛc. herrscht hier! Der Mann ist billig und gerecht, er herrscht über das Weib, wie Christus über die Kirche. Das Weib freut sich dankbar des milden Schutzes ihres Mannes, und sucht seine Liebe sich zu erhalten durch Frömmigkeit, Sittsamkeit, Reinheit des Leibes und der Seele, Demuth, Bescheidenheit und Schweigsamkeit, durch natürliche Anmuth und Milde, reinen naiven Sinn für alles Gute und Schöne. Das geistige Verhältniß des Mannes zum Weibe wird ein organisches, indem des Mannes durchdringender Verstand durch des Weibes reinen Takt und feines Gefühl gemäßigt und geleitet wird. Der Mann faßt Alles im Großen und Ganzen auf, die Frau dagegen bemerkt das schöne Detail; die Frau mildert des Mannes Strenge und Hitze durch Besorgnisse, Milde, Nachsicht und Schonung. Der Mann erwirbt, die Frau spart.

Wie die geistigen Eigenschaften des Mannes und Weibes sich in der Ehe zu einer schönen Harmonie ausgleichen, so findet auch hier ein physischer Austausch in der Ergänzung der Geschlechter statt. Wie die geschlechtliche Liebe der Freundschaft gerade darin entgegengesetzt ist, daß sie sich nicht über zwei Individuen verschiedenen Geschlechtes ausdehnt, und keinen Dritten in Bund aufnimmt, so zieht sie sich in dem physischen Austausch von der Gegenwart Aller zurück. Die reine Geschlechtsliebe fordert nothwendig das Fürsichseyn im strengsten Sinne und macht den höchsten Akt des Naturlebens zum Mysterium; daher ist das Hervortreten dieses Naturlebens dem Wesen dieser Liebe entgegen, und erscheint als Profanation derselben. Obgleich dieser Akt des Naturlebens nicht an sich häßlich ist, so wird er es doch dadurch, daß er seinem Wesen zuwider in die Aeußerlichkeit tritt. Jedes Kunstwerk, in welchem diese Sinnlichkeit absichtlich hervortritt oder durchschimmert, verliert seinen ästhetischen Werth; denn dieses Naturleben ist das strengste In= und Füreinanderseyn und daher die Zurückgezogenheit von der Oeffentlichkeit.

Dieses mit Freiheit eingegangene und mit Freudigkeit fortbestehende Verhältniß der Ehe hebt nur der Tod auf, allein es dauert seinem Wesen nach fort bis in die Ewigkeit, denn die geschlechtliche Liebe schlägt in die innigste Freundschaftsliebe um.

Die Geschlechtsliebe bekommt einen objektiven Ausdruck in den Kindern und erweitert sich durch diese zur Familienliebe. Die Familie ist ein Baum, der in voller Pracht dastehet; er treibt herrliche Blüthen und trägt kostbare Früchte. Die Kinder sind die Aeste des Stammes — der Ehe, und erhalten von diesem ihre leibliche und geistige Nahrung. Ist der Glaube und die Liebe die Seele des Familienlebens, so entwickeln sich aus diesen die zartesten und schönsten Verhältnisse des menschlichen Lebens. Die Eltern freuen sich über die Geburt eines Kindes, indem sie es als die Frucht ihrer Liebe und als ein Geschenk Gottes betrachten, das sie zur Verherrlichung Gottes pflegen und erziehen sollen. - Wie schön und würdig ist die Sorgfalt der Mutter für ihr neugebornes Kind! Siehe, sie lauscht auf den Athem, sitzt Nächte lang neben ihm, erräth was und wo es ihm fehlt, und pflegt es mit der zärtlichsten Liebe. Die Mutter

ist die erste Erzieherin des Kindes. Das Kind, durch einen gehei=
men Naturtrieb mit der Mutter verbunden, erkennt schon in
dem liebevollen Auge die Mutter und versteht sie, ehe es das Wort
versteht. Welch schöner Anblick, wenn das liebestrahlende Auge
der Mutter auf dem Kinde ruht und dieses sehnsuchtsvoll ihrem
Blick begegnet! Welch freundliches Lächeln! Es erscheint selbst
in der zerstörenden Thätigkeit des Kindes eine unschuldige Na=
türlichkeit. Die Mutter spielt mit dem Kinde und gewöhnt es
spielend an Ordnung, Reinlichkeit, Recht und Sittsamkeit.
Welch hehrer Anblick, wenn das junge Kind nach Anleitung der
Mutter die Hände faltet, zum Himmel aufblickt, und die Worte
stammelt: Unser Vater! Weil kleine Kinder die Convenienz,
die Zurückhaltung und das Unanständige der Zeitansichten nicht
kennen, überraschen sie uns oft sehr angenehm durch ihr naives
Betragen und Reden. Welche Natürlichkeit, Geradheit und
Offenheit, Wahrhaftigkeit erscheint uns in einer kindlichen Seele!
Ein solcher Seelenzustand erinnert uns an ein verlorenes Para=
dies und erfüllt uns mit Sehnsucht nach den glücklichen Kinder=
jahren; daher verweilen wir so gerne bei Kindern und werden
von ihrer Naivität gerührt. Wir stimmen in dieser Beziehung
Schiller bei, der in seiner Abhandlung über naive und senti=
mentalische Dichtung sagt: „Nicht weil wir von der Höhe un=
serer Kraft und Vollkommenheit auf das Kind herabsehen, son=
dern weil wir aus der Beschränktheit unsers Zustandes, welche
von der Bestimmung, die wir einmal verlangt haben, unzer=
trennlich ist, zu der gränzenlosen Bestimmbarkeit in dem Kinde
und zu seiner reinen Unschuld hinaufsehen, gerathen wir in
Rührung und unser Gefühl in einem solchen Augenblick ist zu
sichtbar mit einer gewissen Wehmuth gemischt, als daß sich diese
Quelle desselben verkennen ließe: In dem Kinde ist die Anlage
und Bestimmung, in uns ist die Erfüllung dargestellt, welche
immer unendlich viel hinter jener zurückbleibt. Das Kind ist
uns daher eine Vergegenwärtigung des Ideals, nicht zwar des
erfüllten, aber des aufgegebenen, und es ist also keineswegs

die Vorstellung seiner Bedürftigkeit und Schranken, es ist ganz im Gegentheil die Vorstellung seiner reinen und freien Kraft, seiner Integrität, seiner Unendlichkeit, was uns rührt. Dem Menschen von Sittlichkeit und Empfindung wird ein Kind des= wegen ein heiliger Gegenstand seyn, ein Gegenstand nämlich, der durch die Größe einer Idee jede Größe der Erfahrung ver= nichtet; und der, was er auch in der Beurtheilung verlieren mag, in der Beurtheilung der Vernunft wieder in reichem Maße gewinnt."

Allmählig schenkt auch der Vater dem Kinde eine ernstere Aufmerksamkeit, er lehrt es das Rechte und Gute und gewöhnt es an Tugend. Die Eltern sind es daher, an deren Glauben und Liebe, Ernst und Tugend, Verstand und Wille die Kinder zu freien Gliedern einer höheren Gesellschaft heranreifen. Die reifere Menschheit setzt sich immer ab an die unmündige. Es gewährt unstreitig einen schönen Anblick, wenn mehrere Kinder mit den Eltern zu Tische sitzen, bescheiden, genügsam und dank= bar die Speisen genießen, die ihnen die Eltern zutheilen, und dafür Gott in einem gemeinschaftlichen Gebete danken. Der Psalmist, der das Glück des Frommen schildert, sagt auch: „Dein Weib ist ein fruchtbarer Weinstock im Innern deines Hauses; deine Söhne die Oelbaum=Pflanzen, rings um deinen Tisch." (Psalm 128.) Die Eltern werden durch einen natür= lichen Zug, besonders aber durch die christliche Liebe bestimmt, für die Kinder zu sorgen, daß sie tüchtige Glieder des Staates und würdige Bürger des Himmelreiches werden. Sie überwachen das Betragen derselben, schicken sie in die Schule und Kirche, ermahnen sie durch Lehre und Beispiel zur Thätigkeit, Sittsamkeit, Frömmigkeit ꝛc., arbeiten, sparen und entbehren, um soviel zu erübrigen, um ihre Kinder Etwas lernen zu lassen und ihnen zu geben, womit sie auch ein glückliches Hauswesen gründen können.

Ebenso ist das Verhältniß der Kinder zu den El= tern ein schönes, wenn auch dieses von dem Glauben und der Liebe bestimmt wird.

Die Kinder fühlen sich durch einen natürlichen Zug an die Eltern gebunden, wie die Aeste und Zweige mit dem Stamme verbunden sind. Die Kinder richten sich in geistigen und leiblichen Bedürfnissen vertrauensvoll an die Eltern. Natürliche Liebe ist der erste Zug, der die Kinder an die Eltern anschließt. Welch rohes Gemüth der Kinder, wenn sie nicht mit Liebe den Eltern zugethan sind! Selbst die Heiden haben die Elternliebe als eine der schönsten Tugenden angesehen und diese wurde den Juden als heiliges Gesetz Gottes dargestellt. Die Liebe zu den Eltern erzeugt alle die schönen und edeln Gesinnungen, Gefühle und Handlungen, die Kinder gegen Eltern äußern und verrichten. Diese Liebe ist die einzig wahre und würdige Erwiederung oder Gegenleistung für die Liebe, Sorgfalt, Mühe, welche die Eltern für die Kinder gehabt haben; denn aus dieser Liebe entspringen die schönsten kindlichen Tugenden, Wahrhaftigkeit, Offenheit, Vertrauen, Ehrerbietung, Gehorsam, Treue, Dankbarkeit ꝛc. Die Kinder, welche ihre rechte Stelle einnehmen, schauen auf zu den Eltern und bilden sich im Hinblick und durch die Nachahmung der Aelteren, Weisern und Bessern. Der Sohn achtet auf die Lehre des Vaters, lernt unter seiner Aufsicht und arbeitet mit ihm; und die Tochter steht unter der Pflege der Mutter, läßt sich willig unterweisen und ist sittsam und arbeitsam. Die Kinder sind die Freude der Eltern. Wie rührend ist der Anblick, wenn die Kinder die kranken, schwachen und betagten Eltern mit Liebe pflegen und unterstützen! wenn die Tochter den blinden Vater führt und der Sohn arbeitet und spart, um die arme und alte Mutter zu nähren! wenn die Kinder die Schwachheiten, Gewohnheiten und Gebrechen der Eltern mit Schonung und Nachsicht ertragen!

Welch erhabenen Anblick gewährt daher eine von Glaube und Liebe beseelte Familie in Glück und Unglück! Siehe, die Eltern freuen sich der Geburt der Kinder, sie ernähren und pflegen dieselben und erziehen sie zu allem Guten. Die Kinder sammeln sich um die Eltern als den gemeinschaftlichen Mittelpunkt und Stamm, schauen auf zu diesen als den Weisern und Bessern, sind ihnen in Liebe zugethan, offen, vertrauensvoll, gehorsam, dankbar, und strengen unverdrossen ihre geistigen und körperlichen Kräfte an, um mit den Eltern zu arbeiten und das Hauswesen zu befördern. Welche Seligkeit herrscht in einer solchen Familie! Der Anblick einer Familie wird unbeschreiblich schön, wenn sich alle Glieder derselben zum Gebete vor Gott versammeln; wenn sie gemeinschaftlich Betrachtungen über göttliche Dinge anstellen. Siehe hier die Gemeinde Gottes im Kleinen! Alle sind von Glaube und Liebe beseelt, erheben dankbar ihre Herzen zu Gott, der Quelle alles Guten und Segens, bitten, hoffen, preisen Gottes Macht und Güte und beten für einander.

Wie das Verhältniß der Kinder zu den Eltern, so wird auch das derselben unter einander durch die Liebe zu einem schönen gestaltet. Die Kinder betrachten sich als Kinder derselben Eltern, vor diesen und unter sich als gleich, sie haben Alles gemeinschaftlich mit einander, denn die Liebe schließt Habsucht, Neid, Mißgunst ?c. aus, sie sind friedfertig und verträglich, gegenseitig besorgt, theilen Freud und Leid mit einander, erbauen sich gegenseitig, wetteifern in der Liebe und dem Gehorsam gegen die Eltern unter einander, jedes benützt sein Talent zur Vermehrung des Wohlstandes der Familie und zur Abwehr von Mangel, Schande und Unglück. Welch schöne organische Einheit stellt sich also in einer christlichen Familie dar!

§. 51.

Das Verhältniß der Dienstboten zu der Familie.

Durch die Lehre des Christenthums, nach welcher alle Menschen vor Gott und unter sich gleich, ebenbürtig und frei sind, gestaltete sich auch das Verhältniß der Dienstboten zu der Familie zu einem schönen. Das christliche Leben erhält durch dieses Verhältniß eine eigenthümliche Erscheinung. Das

Sklavenverhältniß bei den Heiden kann nicht schön genannt wer=
den, weil es sich mit der Würde des Menschen nicht verträgt.
Die Dienstboten schließen sich an eine Familie an, weil sie zur
Zeit oder vielleicht niemals ein eigenes Hauswesen gründen
können, und werden dadurch Glieder einer fremden Familie.
Der christliche Glaube, dieses höhere Lebenselement, und das
Bedürfniß, Glieder einer Familie zu seyn, bestimmen das Ver=
hältniß der Dienstboten zu dem Herrn und machen dieses zu
einem rein humanen. Als Glieder einer Familie treten sie in
die Stelle der Kinder ein, und thun und sind Alles, was die
Kinder in einer Familie sind. Weil sie Glieder einer Familie
sind und alle die Vortheile dieser genießen, sind sie gehorsam,
treu und redlich, dankbar, offen, vertrauensvoll und dienen
unverdrossen. Die Dienstboten dienen ihrem Herrn, wie Christo,
wie ihrem Vater und Bruder.

Der christliche Hausvater betrachtet dagegen auch seinen
Knecht als einen Freien, als seinen Bruder und die Magd
als seine Schwester. Er sorgt für die geistigen Bedürfnisse der=
selben, überwacht ihr sittliches Betragen, belehrt, erinnert,
bittet, mahnet und straft sie wie seine Kinder und gibt ihnen
ein erbauliches Beispiel. Er bestimmt mit denselben einen Lohn
oder Antheil an dem Erwerb, und gibt diesen treu und gerecht;
ihren Fleiß und ihre Treue belohnt er besonders durch Güte,
Freundlichkeit und Geschenke. Besonders schön erscheint aber die
liebevolle Sorgfalt, mit welcher der Hausvater seinen kranken
und schwachen Dienstboten, als Glied seines Hauses und als
seinen Nächsten pflegt und nicht verstoßt oder die leiblichen Be=
dürfnisse dessen, der in seinem Dienst unglücklich, schwach und
alt geworden ist, befriedigt. Ehrwürdig sind die Dienstboten,
welche bei Einem Herrn in Treue und Anhänglichkeit grau
geworden, die Kinder miterzogen und alle Leiden und Freuden
mit der Einen Familie getheilt haben. Sollte diese die Familie
nicht lieben, wie Glieder derselben und sie besonders im Alter
ehren und unterstützen? Welch weit schöneres und würdigeres

Verhältniß der christlichen Dienstboten zu ihren Herrn als das der Sklaven zu den heidnischen Familien!

Wie die Kinder vor ihren Eltern gleich, verträglich und friedfertig sind, einander nicht beneiden und alles Gute gönnen, wetteifern, den Willen der Eltern zu vollziehen und diese zu erfreuen, für das Wohl der Familie gleichmäßig wirken; so wird das Verhältniß der Dienstboten zu einander ein schönes, durch die gemeinschaftliche Sorgfalt für das Wohl der Familie, durch Verträglichkeit, gegenseitige liebevolle Unterstützung, durch Aufrichtigkeit, Uneigennützigkeit, durch gegenseitige Ermunterung und ein gutes Beispiel. Welch schöner Anblick, wenn die Dienst= boten sich mit den Kindern des Hauses um die Eltern zu gemeinschaftlichem Gebete und Genusse versammeln!

§. 52.
Die häuslichen Tugenden.

Die Familie bildet ein Haus und in diesem entwickelt sich ein eigenthümliches christliches Leben, das sich in den häuslichen Tugenden entfaltet.

Das Haus ist der Ort, wo die erworbenen Erdengüter genossen werden, allein in dem christlichen Haushalte wird der Genuß geheiligt durch den Hinblick auf Gott, durch Dank= sagung und Lobpreisung; er wird geheiligt durch Mittheilung an den Bruder, durch Berufstreue und durch die Beziehung desselben auf die Erhöhung der sittlichen Freiheit. Die christ= liche Familie dankt und bittet vor und nach der Mahlzeit; sie will mit Andern in Liebe und Vertraulichkeit genießen und Andern Freude machen; sie genießt nicht bloß, um sinnliche Be= dürfnisse zu befriedigen, sondern auch, um gestärkt zur Arbeit zurückzukehren; sie erlaubt sich keinen unwürdigen und die sitt= liche Freiheit gefährdenden Genuß. Hieraus folgt von selbst Mäßigkeit, Genügsamkeit und Sparsamkeit.

Segnet Gott den ausgestreuten Samen, so wird der Er= trag mit Dank hingenommen und zweckmäßig benützt. Der christliche Hausvater betrachtet den Erntesegen als eine Gabe Gottes und läßt ihn die Seinigen nur mit Mäßigkeit genießen. Wie sehr gedeihet eine Familie, welche die Gaben Gottes nur mit Mäßigkeit genießt! Wie kräftig und blühend sind die Glieder dieses Hauses und wie heiter und offen ist ihr Gemüth! Die christliche Familie ist nicht ängstlich bekümmert um das tägliche Brod, sondern vertrauet auf Gott und ist genügsam; sie tröstet sich, daß es bei redlicher eigener Kraftanstrengung nicht an den nöthigen Lebensmitteln fehlen werde; sie begnügt sich auch mit einem minder ergiebigen Ertrag und dankt Gott dafür. Welches Gottvertrauen, welche Ruhe und Heiterkeit herrscht in einer solchen Familie!

Da der Besitz der irdischen Güter ein Geschenk Gottes ist, oft mit saurem Schweiße errungen wird und dazu dient, um die edelsten Zwecke der Menschheit damit zu erreichen: so ist der Christ sparsam, d. h. er läßt kein Erdengut aus Leichtsinn oder Sorglosigkeit zu Grunde gehen, sondern sucht sie zu bewahren und zu eigener und fremder leiblicher und. geistiger Wohlfahrt anzuwenden.

Das Haus ist auch gewöhnlich der Ort, wo die Gewerbe getrieben werden. Die Gewerbsthätigkeit ist eine schöne, wenn sie mit Gerechtigkeit, Güte, Mäßigung, Genügsamkeit und Frömmigkeit geschieht, oder wenn sie von Glaube und Liebe bestimmt wird. Die rege Gewerbsamkeit ist Wille Gottes, denn der Mensch ist zum Herrscher über die Erde gesetzt, daß er ihr ihre Güter in der Fülle und Schönheit abgewinne, in der sie dieselben zu geben vermag. Und alle die Güter, die der Fleiß und die Mühe aus der Erde zieht, sind Mittel, mit welchen die Menschheit höhere Zwecke erreichen soll. Der Reichthum an zeitlichen Gütern setzt oft eine Familie in den Stand auch bei Gott reich zu werden.

Die christliche Familie, welche auf gerechte Weise erwirbt, bewahrt den Ueberfluß als ein von Gott anvertrautes Gut und verwendet ihn zu seiner Zeit nach dem Willen Gottes. Der

Leichtsinnige und der Verschwender vergeudet sein Gut, der christlich gesinnte Reiche aber, der es rechtlich von ihm erworben hat, bewahrt es für ihn, um ihn in der Noth zu unterstützen.

Der christliche Hausvater ist nicht nur gerecht, sondern auch billig und gütig in Verträgen, Kauf und Verkauf; er ist ruhig, mäßig und genügsam im Erwerben und mit ihm alle Glieder seiner Familie. Alle sehen bei dem Erwerben auf Gott, damit sie an ihrer Seele keinen Schaden leiden, wenn sie neue Güter erwerben. Schön ist der Anblick einer Familie, in welcher alle Glieder thätig sind, gerecht und liebevoll erwerben, und den Werth und die Bedeutung der irdischen Güter nicht aus dem Auge verlieren. Welch edle Seele zeigt Derjenige, welcher die Mitgewerbenden nicht nur nicht unterdrückt, sondern wohlwollend unterstützt! Hier beherrscht die Frömmigkeit das Gewerbetreiben.

Das Familienleben setzt den Menschen in einen nahen Verkehr mit der äußern Natur und den Thieren, und auch in diesen Beziehungen entwickelt sich ein schönes Geistesleben, wenn es von Glaube und Liebe beseelt und bestimmt wird.

Der Mensch ist von Gott zum Herrscher über die sinnliche Welt, die Natur und die Thiere, gesetzt. Die Thiere, welche den Menschen nähren, kleiden und mit ihm arbeiten, stehen in einer Art Vertrauen, Zuneigung und Dankbarkeit zu ihm, sie dienen ihm, als könnten sie ihn lieben. Der Christ betrachtet die Thiere als ein liebevolles Geschenk Gottes, welches sein Leben erleichtern, ernähren und verschönern soll; er behandelt daher die Thiere schonend, sorgt gewissenhaft für eine gesunde Nahrung, er spart ihnen gerne Druck und Schmerz und bereitet ihnen willig Freude und Lust, hat Geduld mit ihnen, und tödtet er sie, so thut er es auf eine humane Weise. So wie er die Thiere recht schätzt, so überschätzt er sie auch nicht. Es ist oft die Lust und Freude an einem schönen Thiere edel, wenn sie nicht soweit geht, daß sie das angeborene Liebesbedürfniß befriedigt.

In dem Umgange mit den Thieren verwildert der Christ nicht, sondern wird nur humaner; denn diese beschämen oft den unmäßigen und leidenschaftlichen Menschen. Nicht nur über die Thiere, sondern auch über die Natur ist der Mensch als Herrscher gesetzt. Die Natur erscheint dem Christen als das Werk und die Offenbarung Gottes. Die Erde, die er bearbeitet, betrachtet er als seine Ernährerin, die seine vielfachen Bedürfnisse befriedigt und ihn vielfach erfreut. Er zerstört hier nicht muthwillig, was Gottes Güte erschaffen hat, sondern sucht es zu erhalten, denn er erkennt ja hierin die Freundlichkeit Gottes, und sieht die Thätigkeit der Natur als Mittel an, durch welches Gott die Menschen erzieht und segnet. Die Natur ist dem Christen Offenbarung ewiger Wahrheiten, die Realisirung des Schöpfergedankens Gottes; ihre rastlose Thätigkeit, ihre Ordnung und Einheit, ihr Reichthum und ihre Sparsamkeit, ihre Anspruchlosigkeit und Unverletzlichkeit sind lauter Erscheinungen, die nicht ohne bildenden Einfluß auf das christliche Herz sind. Der Christ huldigt seinem Schöpfer bei der Betrachtung seiner Naturwerke.

§. 53.
Das Idyllische.

Weil die fortschreitende Kultur, die Vereinigung der Menschen in Städten, und die Entfernung von der einfachen Natur einen gekünstelten und verfeinerten socialen Zustand nach sich zog, glaubte man das einfache, naturgemäße, harmlose, von aller Verfeinerung freie Leben nur in der Entfernung von dem Städteleben, bei dem Hirtenstande, finden zu können. Die Idyllendichter haben daher seit Theokrit, obgleich sie alle den Menschen in seinem naturgemäßen Zustande, in dem er von Schuld, Verfeinerung und dem Verderben des socialen Lebens der Zeit frei ist und mit sich und der Natur in Friede und Eintracht lebt, darzustellen suchten, sich bloß auf Hirten beschränkt. Der Idee von dem schuldlosen, einfachen, reinmenschlichen Leben ist dadurch ein zu enger Erscheinungskreis angewiesen worden. Der Beschränkung dieser Idee auf den Hirtenstand lag die Vorstellung zu Grunde, daß sich ein ein= faches, schuldloses, harmloses und naives Leben nicht mit der socialen Kultur vertrage. Man suchte daher meistens das idyllische Leben über den Anfang der Kultur hinaus, in die Periode der einfachen Natürlichkeit und ihrer geringen Bedürf= nisse, in den Zustand der kindlichen Unschuld zu versetzen, weil man das sittliche Verderben, die naturwidrige Verfeinerung und Verkünstelung nur als eine Folge der Civilisation ansah. Dadurch wurde aber gerade das Verdammungsurtheil über die menschliche Kultur ausgesprochen und das wichtigste Lebens= element, die christliche Religion in ihrem Einflusse auf die Zu= rückführung der Menschheit zur wahren Natur oder reinsten Humanität verkannt. Wohin anders soll alle Kultur führen, als dahin, daß der Mensch zur einfachen und schuldlosen Natür= lichkeit zurückkehre, wieder in den Zustand der Unschuld, des Friedens und der Einheit mit sich, der Natur und Gott zurück= trete. Haben wir die Ueberzeugung, daß das Christenthum die Kraft habe, den Geist, der eine irrthümliche und verkehrte, somit unnatürliche Richtung genommen hat, zu seiner natür= lichen und ewigen Bestimmung zurückzuführen, ihn in den Zu= stand der Schuldlosigkeit, der Harmonie und des Friedens mit sich und nach außen zu versetzen, so können wir dem Idyllischen nicht mehr die engen Gränzen anweisen, in welchen es die Dichter gewöhnlich erscheinen lassen. Wenn wir auch das All= gemeine, was die Idyllendichter im Auge hatten, die Darstel= lung einer unschuldigen und glücklichen Menschheit, beibehalten und diese Darstellung immer als die Aufgabe dieser Dichter ansehen, so können wir doch diese auf dem Standpunkte des Christenthums nicht bloß auf den Hirtenstand beschränken, son= dern müssen annehmen, daß das Idyllische das ganze Familien= leben, wo der Mensch am reinsten für sich und am glücklichsten lebt, umfasse. Das Familienleben ist gerade auch dasjenige,

in welchem der Mensch in der Regel der Natur noch am näch=
sten steht. Es liegt auch in dem Wesen einer jeden christlichen
Familie ein wahrhaft idyllisches Leben aus sich zu entwickeln;
und dieses Leben ist um so edler und schöner, als es sich mit
Bewußtseyn und Freiheit auf der Grundlage des christlichen
Glaubens entfaltet. Das Leben der Hirten, welche außerhalb
eines großen socialen Zustandes stehen, und gewöhnlich der
Gegenstand der Idylle sind, ist mehr ein negatives als positives.
Hirten führen ein einfaches, unschuldiges, naturgemäßes Leben,
weil sie in der Umgebung der reinen Natur und ferne von der
Ausbildung des Verstandes und der Verfeinerung der Sitten in
dem großen socialen Zustande der Menschen leben, die Welt mit
ihren vielerlei Bedürfnissen nicht kennen, eine geringe Ausbildung
des Verstandes erlangen, wenige Bedürfnisse haben, und Mit=
tel genug finden, diese zumal in einem milden und fruchtbaren
Klima zu befriedigen. Diese Hirten sind einfach, naiv, schuld=
los, natürlich wie die Kinder, denen der Gegensatz des sittlichen
Lebens noch nicht zum Bewußtseyn gekommen ist; sie führen
daher bloß ein Naturleben, weil ihnen der Gegensatz dessel=
ben noch nicht aufgegangen ist. Die Idylle ist auch meistens
nichts Anderes als die Uebertragung der glücklichen Kinderjahre
des Dichters auf einen idealen Stand der Menschheit außerhalb
der großen socialen Welt. Anders verhält es sich mit dem christ=
lichen Familienleben, das auch mitten in der Welt der Verschmitzt=
heit und Verschlagenheit, der Raffinirtheit und des Luxus mit
Bewußtseyn und Freiheit den idyllischen Charakter bewahrt. Der
Glaube und die Liebe sind die Seele eines christlichen Familien=
lebens und bewahren dieses vor aller Unnatürlichkeit, allem
Luxus, aller Verfeinerung und sittlicher Entartung. Die christ=
liche Familie ist sich ihres Daseyns und ihrer Bestimmung
bewußt, und sucht die Idee eines wahrhaft humanen Familien=
lebens mit Freiheit zu realisiren. Das Idyllische im christlichen
Leben bekommt daher eine höhere Weihe, denn es ist das Leben
des Glaubens und der Liebe in der Familie. Die Liebe der

Geschlechter erscheint hier nicht bloß als ein reiner Naturtrieb
und bleibt in dem natürlichen Geleise, weil sie die Entartung
nicht kennt, sondern bekommt die höchste Weihe und die humanste
Entfaltung dadurch, daß sie mit einer göttlichen Liebe verbun=
den wird. Die Geschlechtsliebe bleibt rein und natürlich, weil
sie das göttliche oder absolute Bewußtseyn des Geistes vor aller
Ausartung bewahrt. Die natürliche Liebe, die im Christenthum
ein höheres Lebensprinzip erhält, stiftet die Ehe. Die Ehe
bleibt ein natürliches Leben der Geschlechter, ein rein humaner
Austausch und eine Ergänzung der geistigen und physischen
Eigenthümlichkeiten der Gatten. Das höhere Lebensprinzip
bewahrt die Ehe vor aller Unnatur und dem rein thierischen
Leben, und das Sinnliche wird zum Geistigen verklärt. Die
Liebe gestaltet das Familienleben zum edelsten und würdigsten,
indem sie die Verhältnisse der Eltern zu den Kindern und diesen
zu jenen bestimmt. Das christliche Familienleben ist ein ein=
faches, schuldloses, natürliches und glückliches, denn es herrscht
da allgemeine Thätigkeit, Sparsamkeit, Genügsamkeit, Einfach=
heit, Zufriedenheit und Heiterkeit, Offenheit und Geradheit.
Das Wesen und Leben der christlichen Familie schließt die Ver=
weichlichung, die Verstellung, die Verfeinerung, den Luxus,
die Ueppigkeit, die erkünstelten Bedürfnisse aus, und bewegt
sich in der Einfachheit und Naturgemäßheit, in Unschuld und
Geradheit. Besonders sind es die ländlichen Familien, welche
auch im Verhältniß zu der nahen Natur und den Thieren ein
schönes Leben entwickeln. In diesem Zustande bewahren sie
auch leichter das einfache und ungekünstelte Leben, in dem sie
sich mehr abschließen und an den Boden halten, der ihnen die
Nahrung gewährt, leichter bei den frommen Sitten der Väter
bleiben, der Mode fremd bleiben und Frömmigkeit üben. Die
alt hergebrachten Einrichtungen und Gebräuche sind ein Damm
gegen die einbrechenden Neuerungen, die Mode und den Luxus.
Die Jugend wird leichter bewahrt vor falschen Grundsätzen,
bösen Beispielen und Verführung.

Der christliche Standpunkt erweitert daher den Kreis des Idyllischen, indem er das einfache, natürliche, schuldlose und glückliche Leben nicht bloß bei dem Hirtenstande findet, sondern in jeder christlichen Familie. Der Dichter auf dem christlichen Standpunkte geht nicht, wie die gewöhnlichen Idyllendichter, von der Erfahrung aus, sondern von der Idee des christlichen Familienlebens und entwickelt dieses zu einer idealen Anschauung. Das Christenthum hat die Aufgabe, die schönste und edelste Menschenbildung zu bewirken, die Menschen von ihrer Verkehrtheit, Verfeinerung ꝛc. zu wahren, Natur oder reinen Humanität zurückzuführen; entspricht aber die Erfahrung dem Zwecke des Christenthums nicht, so trägt nicht dieses die Schuld, sondern der freie Menschengeist. Wenn der Dichter auch weniger Stoff zu Idyllen in der Wirklichkeit findet, so gibt ihm doch das Christenthum die Idee des edelsten Familienlebens und die Aufgabe, diese Idee in einer idealen Anschauung zu realisiren. Es ist ja überhaupt nicht die Aufgabe des Dichters, die Wirklichkeit des menschlichen Lebens, insofern sich hier das Schöne darstellt, zu beschreiben, sondern die Wirklichkeit mit der höchsten Idee zur durchdringen und zu sättigen, oder die Wirklichkeit in der Idee untergehen zu lassen. Der wahre Dichter ist, insofern er das menschliche Leben in seiner reinsten und höchsten Blüthe auffaßt und darstellt, Lehrer des schönsten Lebens. Fassen wir das Idyllische, das wir bisher inkonkreto betrachtet haben, in einem abstrakten Begriffe zusammen, so erkennen wir dieses als die Verwirklichung der Idee des menschlichen Lebens in der Sphäre des Familienlebens, oder die Wirklichkeit des häuslichen Lebens, insoferne die Idee sich in dasselbe ganz aufgelöst hat. Die Idylle stellt uns daher ein häusliches oder familiäres Leben dar, in dem der Mensch mit sich, der Natur und der Gottheit in seliger Einheit und Harmonie steht, wo die sinnliche Natur nicht gegen die Vernunft und den göttlichen Willen nach Unerlaubtem gelüstet, sondern in williger Unterordnung verharret, und in welchem die reine, schuldlose und glückliche Natur des Menschen erscheint. Es ist ein Leben, dem heftige Leidenschaften, Hoffahrt, Eitelkeit, Ehrsucht, Neid, Ränkesucht, Heuchelei, Lüsternheit, raffinirte Sinnlichkeit ꝛc. unbekannt sind, und das sich in Ruhe, Heiterkeit, Arglosigkeit, Zufriedenheit und Offenheit bewegt. Es ist das rein menschliche Leben ohne Schminke im Gegensatz gegen das gekünstelte, luxuriöse und bedürfnißvolle. Das Leben der Idylle muß daher nothwendig ein sittliches seyn, mit dem Unterschiede, daß es auf dem gemeinen Standpunkte als ein solches ohne bewußte Freiheit, auf dem christlichen Standpunkt als ein bewußtes und freies erscheint. Schiller forderte auch von dem sentimentalen Dichter, daß er die Idylle über die Hirtenwelt ausdehne und die Hirtenunschuld nicht nur vor dem Anfang der Kultur, sondern auch mitten in derselben darstelle, in dem er in seiner Abhandlung über naive und sentimentalische Dichtung sagt: Treibt ihn (den Modernen) hingegen der sentimentalische Dichtungstrieb zum Ideale, so verfolge er auch dieses ganz, in völliger Reinheit, und stehe nicht eher als bei dem Höchsten stille, ohne hinter sich zu schauen, ob auch die Wirklichkeit ihm nachkommen möchte. Er verschmähe den unwürdigen Ausweg, den Gehalt des Ideals zu verschlechtern, um es der menschlichen Bedürftigkeit anzupassen, und den Geist auszuschließen, um mit dem Herzen ein leichteres Spiel zu haben. Er führe uns nicht rückwärts in unsere Kindheit, um uns mit den kostbarsten Erwerbungen unseres Verstandes eine Ruhe erkaufen zu lassen, die nicht länger dauern kann, als der Schlaf unserer Geisteskräfte; sondern führe uns vorwärts zu unserer Mündigkeit, um uns die höhere Harmonie zu empfinden zu geben, die den Kämpfer belohnt, die den Ueberwinder beglückt. Er mache sich die Aufgabe einer Idylle, welche jene Hirtenunschuld auch in Subjekten der Kultur und unter allen Bedingungen des rüstigsten, feurigsten Lebens, des ausgebreitetsten Denkens, der raffinirtesten Kunst, der höchsten gesellschaftlichen

Verfeinerung ausführt, welche, mit einem Wort, den Menschen, der nun einmal nicht mehr nach Arkadien zurück kann, bis nach Elysium führt." Auch fordert er als Grundlage des Idyllischen sittliche Charaktere, in dem er den Begriff der Idylle als den einer freien Vereinigung der Neigungen mit dem Gesetze, einer zur höchsten sittlichen Würde hinaufgeläuterten Natur bestimmt; indem er aber kurz den Begriff der Idylle als das Ideal der Schönheit auf das wirkliche Leben angewendet angibt, ist diese Begriffsbestimmung nach unserer Ansicht zu weit, indem wir unter dem Idyllischen nicht das schöne Leben überhaupt, sondern nur und vorzugsweise das Familienleben darunter verstehen können.

Der Unterschied des Idyllischen auf dem Standpunkte des Heidenthums und Christenthums besteht dem Gesagten zu Folge darin, daß dort dasjenige Leben idyllisch erscheint, welches ferne von der künstlichen Kultur des Städtelebens sich rein natürlich entwickelt, darum sich einfach, offen und gerade bewegt, weil es den Gegensatz nicht kennt, darum so wenige und leicht zu befriedigende Bedürfnisse hat, weil die Sinnlichkeit durch raffinirte Kunst noch nicht gereizt und darum so heiter und froh ist, weil es kein Verbrechen zu begehen weiß. Dieses Leben ist somit mehr ein negatives, mehr ein reines Naturleben, als ein vom freien, sich selbst bewußten Geiste bestimmtes und geregeltes. Dieses Leben kann auch nicht, da es einzeln außerhalb der menschlichen Kultur steht, als das höchste, vollkommenste und glücklichste angesehen werden. Das Leben kann sich auch ferner, da es von Haus aus krankhaft ist, nicht mehr zu einem wahrhaft schönen gestalten, wenn es nicht ein höheres Element erhält; es fehlt daher der Auffassung des Idyllischen im heidnischen Sinne die erste und nothwendige Bedingung eines höhern Geisteslebens. Weil man aber bei dem Idyllischen mehr auf die Natürlichkeit Rücksicht nahm, vergaß man beinahe, daß das wahrhaft schöne Leben nur von den Ideen eines freien und sich selbstbewußten Geistes gestaltet wird.

Das Idyllische im christlichen Sinne ist ein Leben, das sich nicht so von selbst in der Entfernung von der großen Societät und in der Nähe der einfachen Natur entwickelt, sondern es ist dasjenige, welches der seiner ewigen Bestimmung bewußte Geist durch den Sieg über die Sinnlichkeit errungen hat und lebt. Weil das Idyllische im Sinne des Christenthums nicht bloß die von der Natur geleitete Lebensentwicklung in der Familie ist, sondern diejenige, welche von dem christlichen Geiste bestimmt wird, läßt sich dasselbe nicht mehr ausschließend auf die Unschuld und Sitteneinfalt der Hirtenwelt beschränken, sondern es umfaßt alle naturgemäßen Entwickelungen des Familienlebens, die durch den christlichen Glauben die höchste Weihe oder den Charakter reiner Humanität erhalten haben.

Der ästhetische Eindruck des Idyllischen besteht daher darin, daß wir in demselben die Aufhebung des Gegensatzes der Wirklichkeit mit der Idee erblicken, einen Zustand des menschlichen Lebens, in welchem der Kampf der Sinnlichkeit mit der Vernunft aufgehört hat und die Ruhe der Vollendung eingetreten ist, in welcher das Familienleben immer schöner und herrlicher sich entwickelt. Es ist nicht eigentlich das wahre Naturleben, welches uns in dem Idyllischen so wohlgefällt, sondern das wahrhaft menschliche Leben im Kreise der Familie, das von einem sich selbstbewußten und freien Geiste geschaffen und gestaltet wird.

Zweiter Abschnitt.

Das Häßliche.

Das subjektive Häßliche als Gegensatz des subjektiv Schönen.

§. 54.
Ableitung und Begriffsbestimmung des Häßlichen.

Das Schöne ist nach unserer Begriffsbestimmung das Seyn in einer dem Wesen des Seyns entsprechenden organischen Form oder Gestalt. Das Seyn als solches erkannt ist Wahrheit, Nichtseyn als Seyn erkannt ist Irrthum, Unwahrheit; das Seyn in angemeßer organischer Gestalt erkannt, ist Schönheit, das Seyn dagegen in nicht entsprechender Form oder in einer Gestalt, die als dem Wesen und der Bestimmung desselben zuwider erkannt wird, ist Häßlichkeit. Weil das Gute eben als das Seyn in entsprechender Form zu bestimmten Zwecken erkannt wird, ist auch das Gute schön und das Böse häßlich. Das Böse besteht in einer der individuellen naturwiderstrebenden Thätigkeit; daher findet das eigentliche Böse nur unter der Voraussetzung eines freien Willens Statt. Im eigentlichen Sinne können nur Engel und Menschengeister böse seyn, weil nur diese ihre Freiheit mißbrauchen, oder ihrer Natur und Bestimmung zuwider handeln können. Die Dinge oder Organisationen der unfreien Natur sind passiv gut, insofern sie ihrer Natur und Bestimmung getreu thätig seyn müssen. Eine Pflanze ist gut,

weil sie ihrer Natur und Bestimmung gemäß wächst, blüht und
Frucht trägt, oder weil ihre Thätigkeit ihrer Natur gemäß und
getreu ist. Thiere sind gut, insofern sie ihrer Natur folgend
das sind, was sie seyn sollen; nur im Umgange und durch Mißbrauch der Menschen lernen sie naturwidrig zu handeln.
Man sagt oft von Thieren, daß sie bös seyen, aber nur insofern sie dem Menschen oft schädlich und gefährlich sind. Der
Begriff von Bös wird daher nur relative genommen. Der
Tiger, die Hyäne rc. werden böse Thiere genannt, insoferne sie
dem Menschen gefährlich sind, obgleich sie als Geschöpfe Gottes
bestimmt zu gewissen Zwecken und als solche, die ihrer Natur
gemäß leben und wirken, nicht bös erscheinen können.

Das Häßliche ist zweifach: es ist nämlich das Seyn in
naturwidriger Erscheinung oder das Seyn in naturwidriger
Thätigkeit. Das Häßliche erscheint daher im Gebiete der Natur und des Menschengeistes. Das Häßliche im Gebiete des
Geistes ist die Richtung und Thätigkeit desselben auf das, was
seiner Natur und Bestimmung widerstrebt; die Erscheinung
des Geistes in naturwidrigen Gesinnungen und Bestrebungen.
Der Geist im Irrthum befangen, nur sinnliche und unedle
Gefühle nährend, und auf das Selbstische und Sinnliche gerichtet,
ist die subjektive Häßlichkeit. Wie er in sich selbst häßlich ist,
so tragen auch alle seine Handlungen nach außen das Gepräge
der Häßlichkeit. Auf Seiten des freien Geistes ist auch das
größte Gebiet des Häßlichen.

In dem Gebiete der unfreien Natur erscheint das Häßliche
auch in einem der Natur eines organischen Wesens widerstre-
tenden Zustande, in der Verstümmelung, Zerstörung, Verzerrung, naturwidrigen Umgestaltung, in Tod und Verwesung.
Den Begriff des Häßlichen muß man aber im Gebiete der
bewußtseyn- und freiheitlosen Natur in dem Sinne nehmen,
wie man den des Guten hier aufgefaßt hat. Die Häßlichkeit
ist hier eine unfreie oder passive. Häßlich z. B. ist hier, wenn
man eine hochaufstrebende Pflanze, in deren Natur es also

liegt, hoch und schlank zu wachsen, durch Kunst oder Anwendung verschiedener Mittel zwingt, eine niedrige und dicke Gestalt anzunehmen. Häßlich ist es, wenn man Thiere verstümmelt, einiger Glieder oder Organe beraubt, oder wenn sie durch Zufall solche verlieren. Häßlich wäre z. B. ein Hirsch, wenn er dicke und plumpe oder krumme, auswärts oder einwärts gebogene Füße hätte ꝛc. Häßlich ist ebenfalls alles Aas, Todte und Verwesende; denn in diesen Fällen hört ein organisches Wesen auf in seiner vollen naturgemäßen Gestalt zu erscheinen, oder es fängt an, solche zu verlieren.

Fassen wir das Gesagte abstrakt zusammen, so ergibt sich folgendes Resultat. Die Idee der Schönheit ist die realgewordene Idee der Wahrheit oder die Idee der Wahrheit in endlicher beschränkter Gestalt gedacht. Die Wahrheit geht, wenn sie Schönheit wird, in ihr Gegentheil, in das Endliche und Beschränkte über, ohne jedoch, daß sie aufhört wahr zu seyn; nur verändert sie ihr abstraktes Seyn mit einem konkreten. Das Schöne ist daher die Erscheinung des Wahren in individueller Gestalt, oder schön ist, was in einer seinem Wesen angemessenen und individuellen Gestalt erscheint. Die Idee der Häßlichkeit ist daher einerseits die Auffassung des Schönen, nicht als individuell erscheinend oder des unmittelbaren Daseyns der Schönheit, weil die absolute Wahrheit nicht als absolute Einzelheit erscheinen kann, und andererseits ist sie die Erscheinung des Nichtwahren in individueller Gestalt. Im ersten Falle ist Häßlichkeit nur Schein der Schönheit und im zweiten ist sie Lüge.

Vergleichen wir hier auch unsere obengegebene Begriffsbestimmung des Häßlichen mit der in dem System der Aesthetik als Wissenschaft von der Idee der Schönheit des Chr. H. Weiße (Leipz. 1830), dem das Verdienst gebührt, den Gegensatz des Schönen, das Häßliche, durch wissenschaftliche Behandlung in sein System mit aufgenommen zu haben.

„Das unmittelbare Daseyn der Schönheit," sagt Weiße, „als Totalität ihrer Momente und Verneinung der Negation, die in dem Begriffe der Erhabenheit die unmittelbare Wirklichkeit des Schönen aufhebt und eine Vermittlung durch jenseits dieses unmittelbaren Daseyns liegende Begriffe fordert, ist Häßlichkeit."

Nach Weißes System ist die unmittelbar daseyende Schönheit nur das Ideal oder die aufgehobene Wahrheit; die Erhabenheit ist das Bewußtseyn des Allgemeinen, welches der Phantasie inwohnt, und die schaffende und individualisirende Thätigkeit derselben begränzt; daher kann nicht die zeitliche Erscheinung für sich und ohne Gegensatz zur Idee aufgefaßt das Schöne seyn; eine schöne Erscheinung, die nicht als die Negation des Ideals angesehen wird, lügt ein Daseyn, ist nur Schein, d. h. eine Gestalt ohne ein Seyn, und die Form ohne Seyn ist nicht die aufgehobene Wahrheit, ist häßlich. Daher sagt er ferner: „Die Wahrheit, die in der Schönheit aufgehoben ist, wird in der Häßlichkeit nothwendig zur Unwahrheit und Lüge, nämlich zur erlogenen Existenz der Allgemeinheit des absolut Geistigen in der besondern Erscheinung, welche Erscheinung durch diese Lüge die Wahrheit ihres natürlich begränzten Daseyns aufgibt, ohne doch unmittelbar in die Gemeinschaft des Weltalls einzutreten."

Die Häßlichkeit wird die auf den Kopf gestellte oder die verkehrte Schönheit genannt; denn weil nur das Schöne das Wahre aufhebt, muß das Häßliche als sein Gegensatz die Wahrheit zerstören und vernichten. Das Häßliche ist daher die Erscheinung, oder das Daseyn, das sich von der Idee oder dem Seyn losgerissen hat; es ist erlogenes Daseyn oder erlogene Erscheinung der Wahrheit. Das Häßliche ist scheinbar schön, kann sich aber nicht als solches geltend machen, weil es der Wahrheit ermangelt. Es ist doppelte Lüge, es läugnet nämlich, daß es eine ewige und absolute Wahrheit gebe, und will von sich geltend machen, daß es anstatt des allgemeinen Wahren und Ewigen da sey. Da wir die Schönheit in eine dem Seyn, der Idee, dem Allgemeinen, oder wie man es nennen mag, entsprechende Gestalt setzen, so muß auch alles Das als häßlich erkannt werden, was als Daseyn das Seyn oder die Idee lügt.

Das Daseyn, welches Wahrheit lügt, ist kein natürliches Daseyn, weil es auf keinem absolut Geistigen beruht, oder es ist häßlich. Nur ein reales Ding ist schön, weil es aufgehobene Wahrheit ist, und bleibt schön, so lange in ihm die Wahrheit zum Daseyn in besonderer Erscheinung gesteigert und erhoben ist. Wenn die Häßlichkeit eine auf den Kopf gestellte oder umgekehrte Schönheit genannt wird, so meinen wir jedoch nicht, daß sich die Häßlichkeit verhalte wie das Böse, das einige Philosophen nicht schlechthin das Nichtgute, sondern nur als das abgefallene, verkehrte und auf den Kopf gestellte Gute bezeichneten. Das Häßliche ist wesentlich etwas Anderes als das Schöne, wie das Böse wesentlich von dem Guten verschieden ist. Die wesentliche Verschiedenheit des Häßlichen von dem Schönen besteht darin, daß dasselbe der Idee ermangelt und für sich allein da ist, daß es nur Erscheinung ohne Geist ist und diesen lügt, während das Schöne die individuelle Erscheinung ist, die von der Idee erfüllt und belebt. Das Gute ist das naturgemäße Daseyn, die Thätigkeit der Idee oder des Seyns, das Böse dagegen die Losreißung von der Idee und das für sich selbst Seyn. Es herrscht allerdings bei dem Häßlichen und Bösen eine Verkehrung des Schönen und Guten, allein diese auf den Kopf Stellung macht einen wesentlichen Unterschied; denn das Häßliche ist nicht Mangel oder ein niederer Grad der Schönheit und das Böse nicht das verminderte Gute, sondern absoluter Gegensatz oder absolut anderes Wesen. In dieser Beziehung sagt Solger: „So kann der menschliche Geist in der gemeinen Erscheinung etwas Wesentliches finden, worin die Erscheinung, von der Idee abgefallen, für sich besteht. Dieses setzt sich als Prinzip für sich der Schönheit entgegen, und die gemeine Erscheinung wird so das gerade Gegentheil der Idee. Darin besteht das Prinzip des Häßlichen, welches nicht in Mangelhaftigkeit den Naturgesetzen gegenüber seinen Grund hat. Wenn die Idee in der That fehlt, und die bloße Erscheinung sich für das Wesentliche ausgibt, dann erscheint das Häßliche.“

Weiße sagt ferner von dem Häßlichen: „Das Umschlagen des Begriffes der Schönheit in den Begriff der Häßlichkeit muß, da die Wahrheit dieser Begriffe nicht bloß eine abgezogene, logische oder metaphysische, sondern eine konkrete und zeitliche ist, innerhalb des Reiches der geschichtlichen Wirklichkeit als zeitliche Begebenheit auftreten. Nicht jedoch als eine nur einmal geschehene, der Vergangenheit angehörende Begebenheit, — sondern als eine unablässig sich wiederholende; weil die Wirklichkeit jener Begriffe nicht eine endliche oder historische, sondern eine absolut geistige und ewige ist. Diese Forderung zeigt sich dadurch erfüllt, daß jene ungebildete Phantasie, welche das unmittelbare Daseyn der Schönheit ist, — in allen individuellen sowohl, als auch in allen Völkergeistern, in denen sie lebendig ist, wie zunächst ein Paradies des Lichts und der Seligkeit, so neben und nach diesem Paradiese einen Abgrund der Finsterniß und der Verdammniß aufschließt. Die Gestalten dieses Abgrunds sind die Gespenster, die ein selbstständiges oder objektives und ein von der Subjektivität der Phantasie losgetrenntes Daseyn lügen, und durch diese Lüge die endlichen Geister, denen sie, jedem einzelnen zur unendlichen Particularität entfaltet, erscheinen, in denselben Abgrund der Verworfenheit herabzureißen drohen.“

Weil sich Weiße auf rein dialektische Weise nur innerhalb der Begriffsdurchwickelung bewegt, findet er das Umschlagen des Begriffes der erhabenen Schönheit in den Begriff der Häßlichkeit nothwendig, und gibt mit und in der Definition der Erhabenheit auch schon die der Häßlichkeit, indem er die erhabene Schönheit in die Einheit der Extreme des Endlichen und Göttlichen setzt, sofern jene die Vermittlerin beider ist, und selbst durch diese vermittelt wird. Da aber Nichts Vermittlung, sondern Alles unmittelbar gegenwärtiges Daseyn an ihr seyn soll, versinkt sie unaufhaltsam in das Gegentheil ihrer selbst, in die Häßlichkeit. Je mehr also die Schönheit nicht die Vermittlerin und das Vermittelte jener Extreme, sondern selbst die unmittelbare

Schönheit seyn will, desto mehr reißt sie sich von der Idee los und lügt ein Daseyn derselben. So trefflich dialektisch auch diese Ableitung des Häßlichen ist, so gelangen wir doch nicht dadurch zu dem rechten Begriffe der Häßlichkeit; denn das Häßliche läßt sich sowenig aus dem Schönen ableiten, als das Böse aus dem Guten. Die Häßlichkeit hat auch nicht durch die Dialektik eine Existenz erlangt, sowenig als die Schönheit, das Böse und das Gute. Diese dialektische Ableitung scheint auch den wesentlichen Unterschied des Schönen und Häßlichen aufzuheben. Das Häßliche ist nicht bloß eine subjektiv historische, sondern eine objektive Wirklichkeit; es zeigt sich in den freien Menschengeistern von Anfang an bis auf diese Zeit, indem diese von der ihnen anerschaffenen Wahrhaftigkeit abweichen und ihr entgegenhandeln. Auf dem christlichen Standpunkte können wir das Häßliche nicht als die Ausgeburt der ungebildeten Phantasie der einzelnen und Völkergeister anerkennen, die neben einem Paradiese des Lichts und der Seligkeit einen Abgrund der Finsterniß und der Verdammniß setzt. Die evangelische Wahrheit stellt uns ein wirkliches, objektive existirendes Reich der Finsterniß dar, welchem nicht Gespenster, welche ein von der Subjektivität der Phantasie losgetrenntes Daseyn lügen, sondern wirklich lebende Geister angehören, die sich von dem Lichte, der Liebe und dem Guten aus freier Selbstbestimmung zu der Finsterniß, dem Hasse und dem Bösen gewendet haben und darin verharren. Nicht Gespenster der Phantasie suchen die endlichen Geister in den Abgrund der Verworfenheit hinabzustürzen, sondern der wirkliche böse Geist. Das Häßliche hat daher für den Christen nicht seinen Grund in der ungebildeten Phantasie, sondern es ist ihm etwas Konkretes oder Wirkliches.

Der Eindruck des Häßlichen ist Unlust des Geistes, ja Empörung und Abscheu gegen dasselbe. Dem gesunden Geiste begegnet in dem Häßlichen Etwas, was seinem Wesen und Leben ganz zuwider ist, und dessen Anblick sein Leben nicht befördert und erhöhet; daher wendet er sich von demselben mit Schrecken und Abscheu. Der Grund hievon liegt darin, daß das Häßliche gerade die Vernichtung des Geistes ist, gegen welche sich dieser empört.

Wozu dient hier der Gegensatz des Schönen? Die Wissenschaft fordert auch den Gegensatz. Je mehr nämlich eine Sache als eine bestimmte erkannt wird, desto mehr wird sie auch von andern unterschieden, und je mehr wir sie unterscheiden können, desto tiefer sind wir auch in das Wesen derselben eingedrungen. Um das Schöne im Geisterreiche und in der physischen Natur desto tiefer zu erfassen und zu begreifen, stehe auch hier das Gegentheil desselben in den beiden Gebieten des Schönen. Der Gegensatz dient auch dazu, die Gränzlinien des Schönen und Häßlichen genauer zu bestimmen und Mißgriffe zu vermeiden.

§. 55.

A. Das transscendente Häßliche.

Das Häßliche erstreckt sich im Geisterreiche nicht so hoch und soweit wie das Schöne, denn es kann sich nicht über die erschaffenen Geister ausdehnen. Gott ist die absolute Wahrheit, Schönheit und Freiheit, oder er ist das absolute, ewig sich selbst gleiche und an sich haltende Seyn. In Gott ist der Gedanke das Gewollte und das Gewollte das Gedachte; daher ist er der absolut Freie — frei von aller Disharmonie oder Entzweiung in sich selbst, frei von aller Unseligkeit und Häßlichkeit. In Gottes Wesen ist nichts Häßliches gedenkbar. Das Häßliche ist nur denkbar in erschaffenen Geistern und besteht in dem Abfall des Geistes von seiner Urquelle, von der Urwahrheit, Urschönheit und Urfreiheit und somit in dem Abfall des Geistes von sich selbst oder von seiner Natur und Bestimmung. Die Folge dieses Abfalles ist Finsterniß, Irrthum, Sinnlichkeit, Selbstsucht, Entzweiung mit sich selbst, Zersplitterung der Kräfte und Richtung derselben auf Unwürdiges, mit einem Worte Unnatur.

Das Häßliche ist wirklich geworden durch den Satan und sein Reich. Der erhaben schöne Geist, der seine Stelle nicht behauptete, ist dadurch der häßlichste geworden, daß er seinem Seyn und seiner Thätigkeit eine seiner Natur widersprechende Richtung und Erscheinung gab. Seine Natur ist Licht, Liebe und Kraft, allein er hat sich frei und selbstwillig abgewendet von dem Lichte, das aus Gott, der Geistersonne, ausstrahlt, hat sich losgerissen von den Segnungen der Urliebe und ist in sich selbst erstarret und in Selbstsucht verknöchert, und hat seinem Willen andere Zwecke als die Zwecke Gottes gesetzt. Das Licht ist in ihm Finsterniß geworden, die Liebe Haß, und der gute Wille Ingrimm gegen das Gute. Der Satan ist daher Widersacher der Wahrheit, Hasser der Liebe und Verhöhner des göttlichen Willens. Welche Verunstaltung und Verzerrung seines ursprünglichen Seyns! Er hat sich in den traurigsten und unseligsten Zustand versetzt. Denken wir uns seinen Geistes=zustand, wie er von ewigem Hasse der Wahrheit, von Selbst=sucht, Hochmuth, Neid und Haß verzehrt wird, und wie er in diesem Zustande nur das wollen und wirken muß, wozu ihn Haß und Neid treiben. Er ist ohne Licht, Friede, Freude und Seligkeit. Welch scheußliche Umwandlung der Engelsnatur! Er ist der Häßlichste von allen Häßlichen. Weil der Satan von Gott und sich selbst abgefallen ist, und eine Richtung in seinem Leben und Wirken genommen hat, die dem Reiche Gottes ent=gegengesetzt ist, so sagt die heil. Schrift von ihm: „Von Anfang an war er ein Menschenmörder, er bestand nicht in der Wahr=heit; denn in ihm ist keine Wahrheit. Wenn er lügt, so spricht er, was ihm recht eigen ist, denn er ist ein Lügner und Vater desselben." Joh. 8, 44. Er streuet den Samen der Lüge in die Saat der Wahrheit; weil er nur das Böse will, sucht er Irr=thum und Laster zu verbreiten und die Guten zu verführen. Durch ihn hat daher das Reich des Bösen und Häßlichen im Geisterreiche Eingang gefunden und Bestand gewonnen.

Wie der Häßliche beschaffen ist, so ist sein Reich; dieses ist nothwendig das Reich der Häßlichkeit. Der Satan herrscht in seinem Reiche, wie er ist, so sind seine Diener, und die

Zwecke, die er verfolgt, verfolgen auch seine Diener. Das Böse herrscht in diesem Reiche und das Böse ist der Zweck des Reiches und der Gegenstand des Willens. Alle Geister, die diesem verfallen sind, sind Feinde der Wahrheit, Hasser der Liebe und Verhöhner der Heiligkeit, selbstsüchtige, hochmüthige, ingrimmige Geister, Lügner, Verführer, Mörder, Schadenfrohe, Scham= und Gefühllose und höchst Unselige. In dem satanischen Reiche finden wir daher nur Finsterniß, Thorheit, Unglaube, Lüge, böses Gewissen, Hartherzigkeit, Schamlosigkeit, Knechtschaft, Gottlosigkeit, Empörung, Gesetzesübertretung, Ungerechtigkeit, geistigen Tod, höchste Unglückseligkeit. Welch schreckliches Geisterreich!

Das transscendente Häßliche besteht daher in dem Satan, den mit ihm abgefallenen höhern Geistern und den ihm zugefallenen Menschengeistern.

§. 56.

B. Das diesseitige Häßliche.

Weil der Satan durch die Sünde seinem Reiche auf Erden Eingang und Fortbestand verschaffte, so hat er auch das jenseitige Häßliche in das Erdenleben herübergespielt. Das Häßliche diesseits ist der böse Menschengeist und seine Häßlichkeit offenbart sich in seinen Gesinnungen, Gefühlen und Bestrebungen. Wenn der Menschengeist vom Bösen ergriffen und mit seiner freien Einwilligung von demselben bestimmt wird, erscheint er in seiner Widernatur, er lebt ein Leben, das seiner Natur und Bestimmung widerstreitet oder ist und lebt häßlich. Sowohl der ganze böse Geist als seine einzelnen Aeußerungen sind häßlich.

Der Menschengeist ist Ebenbild Gottes, dazu von der unendlichen Liebe geschaffen, in dem Geisterreiche eine Stelle einzunehmen und das Pensum seines Lebens mit Intelligenz, Freiheit und Liebe zu vollbringen. Er war in seinem ursprünglichen Zustande in Glaube und Liebe seinem Schöpfer zugethan und

Gottes Wille war die einzige Richtschnur seines Lebens, die unverletzliche Richtung seines Lebens, allein durch des bösen Geistes Neid kam die Sünde in die Welt. Der böse Geist ent=kräftigte den Glauben und die Liebe zu Gott, erweckte sinnliche Gelüste und öffnete das Menschenherz zu allem Bösen. Die böse Lust wurde That, und mit und durch diese wurden die Stammeltern an Leib und Seele verschlimmert. Wie die Eltern, so die Kinder, wie der Same, so die Frucht. Das Böse, die Verhäßlichung des Geistes und des Leibes, wurde wirklich und verbreitete sich in verschiedenen Graden durch das Menschen=geschlecht. Die Bestimmung des Menschen ist auch nach dem Sündenfalle noch dieselbe, nur kostet es denselben mehr Mühe, mit der Gnade Gottes, dieselbe zu erfüllen. Nur durch die Zusammenwirkung menschlicher und göttlicher Kräfte wird es ihm möglich, in den ursprünglichen Geisteszustand zurückzukeh=ren, wieder kindlich gläubig, wahrhaftig zu werden, den Willen der fremdartigen Gewalt zu entziehen und unwiderstehlich der Wahrheit zu unterwerfen und das Gemüth von dem Unreinen und Unwürdigen zu reinigen. Strebt der Geist ernstlich und redlich nach Wahrheit, Freiheit und Seligkeit, so wächst er stets an Reinheit und Schönheit; gibt er sich dagegen den Ge=lüsten hin, dem Bösen, so sinkt er immer tiefer herab von der Urquelle der Schönheit, er stirbt der Wahrheit, Liebe und Tu=gend immer mehr ab, versinkt und erstarret in sich selbst, oder er wird immer häßlicher. In der Sünde bekommt der Geist eine wesentlich andere Richtung und Thätigkeit als im Guten, das Böse ist eine innerliche Umkehrung des Geistes; daher kann man das Häßliche nicht bloß Mangel der Schönheit, einen geringern Grad derselben, eine Folie 2c. nennen.

Weil das Häßliche dem Wesen des Geistes widerstreitet, ist die Erscheinung desselben schauerhaft, abstoßend, mit Wider=willen und Ekel erfüllend, abscheulich. Die ideale Anschauung eines wahrhaft oder wesenhaft bösen Geistes ist schauderhaft und schrecklich. Er ist ein Geist, der sich freiwillig dem Bösen zugewendet hat, er ist voll Unwissenheit und Irrthum, er sucht den Irrthum geltend zu machen und zu verbreiten, er wird von Hochmuth und Haß beherrscht, ist aller edeln und rein menschlichen Gefühle leer, sein Sinnen und Streben bezieht sich nur auf das Sinnliche, Gemeine und Niedrige. Welche Finsterniß umhüllt einen solchen Geist! welcher Ingrimm verzehrt ihn! welche teuflische Lust quält ihn, wie zerrissen, verwirrt, zerstört ist er in sich selbst und wie unglückselig! Welchen Gegensatz finden wir in einem solchen Geiste gegen die reine selige Engelnatur! Dieser Geist ist ein häßlicher.

Das Wesen des Häßlichen ist nur Eines, es ist der böse Geist selbst; wenn aber der Geist gleichsam aus sich heraustritt, in Gedanke und Wille verschiedene Richtungen nach außen oder auf sich selbst nimmt und sein eigenthümliches Leben recht eigentlich im Gemüth lebt: so geht auch das Eine Häßliche aus dem bösen Geiste hervor und tritt auseinander in bösen Gedanken, Gefühlen und Bestrebungen. Das Eine Häßliche in dem Menschengeiste erscheint daher auf verschiedene Weise und bildet in all seinen Beziehungen die Gegensätze zu dem geistig Schönen.

§. 57.
Das Häßliche in seiner Richtung auf Gott.

Gott ist die erhabenste, die absolute Schönheit, denn er ist das Licht, die Wahrheit, Freiheit und die Liebe und in und durch all dieses die ewige Seligkeit. Fällt der Geist von Gott ab, so wendet er sich der Verhäßlichung zu, und seine Häßlichkeit tritt hervor als Unglaube, Selbstvergötterung, Hoffahrt, thierische Lust und Habsucht, Haß, Neid und Unseligkeit. Die Selbstigkeit, Thierheit und Materialität sind der Inhalt dieses geistigen Lebens. Wenn sich der Geist von seiner Lebensquelle trennt, so erstirbt er, wie die Pflanze, die dem Lichte und der Luft entzogen wird. Gott ist die Wahrheit; der Abfall von Gott ist daher der Abfall von der Wahrheit. Die Folge dieses

Abfalls ist Unglaube, Atheismus, der Glaube an die Materie. In dem Unglauben oder dem Materialismus verkümmert die Seele, gibt sich selbst auf, indem sie ihre Geistigkeit und Unsterblichkeit läugnet. Ist der Geist wirklicher Geist, wenn er von der Materie stammt und mit dieser vergeht? Wie tief gesunken ist also ein Geist, der sich selbst nicht mehr als einen solchen erkennt und fühlt, seine höhere Abkunft und Bestimmung verkennt? Der böse Geist läugnet zuerst seine Geistigkeit, und dann erst das Daseyn Gottes. Wie kann dieses aber anders geschehen, als daß der Geist sich zuerst in die Materie verliert, in dieser lebt, sich durch sinnliche Genüsse erschöpft und sich gleichsam vernichtet? Häßlich ist daher gewiß der Geist, der sich von seiner Lebensquelle losgerissen hat und in dem sinnlichen Genusse, der Materie, erstirbt. Der Atheismus hat daher für den unbefangenen natürlichen und gläubigen Menschen etwas Schreckliches und Schauderhaftes, denn der unverdorbene, natürliche Mensch glaubt so gewiß an Gottes Daseyn, als an seine eigene Existenz. In dieser Beziehung sagt auch Cicero in Quaest. Tusc. I. 13: Multi de Diis prava sentiunt, id enim vitioso more effici solet.

Die Häßlichkeit des Geistes äußert sich daher in Beziehung auf Gott als gänzlicher Mangel an Achtung und Ehrfurcht gegen Gott, als Spott und Hohn des Gläubigen, der Gott anbetet, ihn fürchtet und bewundert.

Der böse Geist, der sich selbst vergöttert, und in seinem Egoismus erstarrt, wendet seine Liebe von der Urliebe ab und auf sich selbst; er will nichts von göttlichen Dingen hören und sehen, schließt sich selbst aus von der Gemeinschaft der Gläubigen, sucht immer Zweifel gegen Gottes Wort, reißt sein Herz los von der Wurzel des Lebens und handelt Gottes Gedanken und Wille entgegen.

Der Geist, in dem die Liebe erstorben ist, hat kein Vertrauen zu Gott und gibt sich der Verzweiflung hin. Welch häßlicher Geist, der die Gnade Gottes verschmäht, unmächtig der Sünde verfallen ift, ſich ganz von Gott losgeriſſen hat, und ſich, weil ihm das Daſeyn verhaßt und troſtlos ift, ſelbſt entleibt! Der Geiſt, dem der Glaube an Gott nicht aufgegangen iſt, iſt in Leiden ungeduldig, erträgt entweder die Leiden, weil er ſie nicht abwenden kann, oder ſeufzet und jammert verzweiflungsvoll.

Die Lieblofigkeit oder Häßlichkeit des Menſchengeiſtes zeigt ſich beſonders auch in der Undankbarkeit gegen Gott. In der Undankbarkeit gegen Gott zeigt ſich ein Geiſt, der ſich ſelbſt genug iſt, und Alles, was er hat und iſt, nicht als ein freies Geſchenk und Werk der Liebe Gottes betrachtet. Er offenbart Rohheit und Leichtſinn, zeigt, daß er ſich ſelbſt und ſeine wahre Bedürfniſſe nicht kennt; er iſt hochmüthig, denn er fühlt ſeine Abhängigkeit nicht, und glaubt ſich ſelbſt Alles verdanken zu haben; er erniedrigt ſich zu den vernunftloſen Thieren herab, indem er ſich ſättigt und lebt, ohne des Schöpfers und Gebers mit Liebe zu gedenken; er mißbraucht die Gaben Gottes, wenvet ſie nicht an zur Veredlung des Herzens und zur Verherrlichung Gottes.

Der Geiſt, der von Gott abgefallen iſt, hat darum auch keinen Eifer für Gott und göttliche Dinge; er iſt lau, träg und erſtorben für das Höhere und Edlere. Ein ſolcher verunehrt den göttlichen Namen durch Wort und That. Er iſt gleichgültig, wenn er Unwiſſenheit in göttlichen Dingen, Rohheit und Gottloſigkeit wahrnimmt und Zeuge iſt, wie Gott entehrt wird.

Welche Ueberſchwänglichkeit, Lieblichkeit und Schönheit begegnet uns in einer betenden Seele! Weit entfernt, daß ſich der böſe Geiſt mit Vertrauen, Hoffnung, Bewunderung und Ehrfurcht Gott nahet, ſpottet er der frommen Beter! Welch ſchauderhafte Seele!

Dieſes ſind nun die Züge des häßlichen Geiſtes in Beziehung ſeiner Richtung auf Gott. Dieſe wenige Züge zeigen, daß ein ſolcher Geiſt ſein Licht, ſeine Kraft und Liebe von der Urquelle des Lebens ab und auf ſich ſelbſt wende, und daß daher ſeine

Intelligenz, sein Wille und sein Gemüth eine naturwidrige Richtung und Thätigkeit angenommen haben. Und das ist gerade die Häßlichkeit des Geistes, daß er Unnatur geworden ist.

§. 58.

Die Häßlichkeit des Geistes in Gesinnung, Gemüth und Wille in der Richtung auf sich selbst und die Mitgeister.

Der Geist hat ein Gemüth und der Inhalt dieses Vermögens ist die Liebe. Gott schuf Geister und machte zum Inhalt ihres Lebens die Liebe. In dem Gemüthe lebt und fühlt der Geist sich als sich selbst angehörend, für sich selbst bestehend, sich selbst genießend. Er ist sich im Gemüthe seiner Würde und seines Selbstwerthes bewußt, allein da er neben sich andere Persönlichkeiten wahrnimmt, ist er nicht allein, der sich selbstbewußte Geist, sondern nur Glied eines Geisterreiches; daher hat er in dem Gemüthe das Vermögen, mit andern Geistern zu leben, diese zu schätzen, zu ehren und ihr Leben zu dem seinigen zu machen. Die Liebe, der Inhalt des Gemüthes, unterscheidet also jede Persönlichkeit von der andern, verbindet aber auch jede mit der andern. Das Gemüth setzt den Geist in den Stand, nicht nur für sich, sondern auch mit andern Geistern zu leben, und ein Glied des unermeßlichen Geisterreiches zu seyn.

In der Liebe entfaltet der Geist sein inhaltreichstes und blühendstes Leben; in der Liebe lebend ist er erhaben schön; erstirbt die Liebe in ihm, erstarret er in sich und verschließt er sein Herz dem gemeinsamen Leben der Geister, so wird er häßlich. Das Leben und Wirken des Geistes ist Häßlichkeit; denn es ist ein dem Wesen des Geistes entgegengesetztes Leben.

Ist die Liebe erstorben oder hat sich der Geist losgerissen aus der Verbindung mit den andern Geistern, so liebt und schätzt er nur sich selbst und die Mitgeister nicht mehr. Die Folgen dieses verkehrten Gemüthszustandes sind: Eitelkeit, Verachtung, Anmaßung, Dünkel, Hochmuth, Hoffahrt, Ehrgeiz,

Ruhmsucht, falsche Demuth, Härte, Unbarmherzigkeit, Kälte, Ungerechtigkeit.

Welch häßliche Seele zeigt sich, wenn Einer die Würde des Nächsten, seine Verdienste, seine Tugend nicht anerkennt? Wie vielfach sind die Aeußerungen einer solchen Seele! Welch verkehrter Gemüthszustand!

Wenn die wahre Selbstliebe gewichen ist, die darin besteht, daß der Geist sich Alles zuwendet, was sein wahres Leben und seine Seligkeit befördert, und sich theilt in der Liebe gegen Gott und die Brüder; so kehrt sich der Geist bloß gegen sich selbst und die edle Selbstliebe wird Eigenliebe. Wer nur sein Selbst liebt, verschließt sein Herz der Liebe Gottes und der Brüder; er gehört weder Gott noch den Mitgeistern an, sondern nur sich selbst, und wendet sich nur allein das zu, was die Liebe Andern gönnt und gibt. In der Eigenliebe erscheint eine häßliche Seele, aber eine noch häßlichere in dem Selbsthaß. Durch die Selbstsucht wird die Gemüthsanlage so sehr verkehrt, und die Liebe so sehr vernichtet, daß der Geist sich selbst feindlich haßt. Welche schreckliche Erscheinung ist daher der Selbsthaß, der sich absichtlich in naturwidrige Leidenschaften und Lüste stürzt.

Ist die Selbstliebe an die Stelle der wahren natürlichen Liebe zu sich selbst getreten, so ist auch die Liebe zu den Mitmenschen erloschen. Welche häßliche Seele, die der Liebe zu den Nächsten ganz ledig ist! Welche häßliche Gesinnungen und Bestrebungen offenbaren ein solches liebeleeres Herz! Wenn die Liebe erstorben ist, so ist auch das Herz für das Mitgefühl nicht mehr empfänglich. Häßlich ist der Geist, der bei dem Wohl und Weh des Nächsten gleichgültig bleibt. Welcher Stumpfsinn und welche Kälte! Noch häßlicher erscheint der Geist, wenn er statt zu segnen und zu gönnen, dem Nächsten übel will. Diese Gemüthsstimmung ist wahrhaft dämonisch. Der Uebelwollende wird bei dem Glücke Anderer neidisch und mißgünstig und bei dem Unglücke des Nächsten hat er Schadenfreude.

Welche häßliche Gesinnungen und Absichten entstehen wieder aus
Neid, Mißgunst und Schadenfreude?

Das liebevolle Gemüth ist nachsichtig und versöhnlich gegen
den Feind, es hat keinen Argwohn gegen den Gefallenen und
ist nicht gleichgültig gegen das Laster. In dem liebeleeren Gemüthe finden wir dagegen die häßlichen Gefühle der Rachsucht,
des Argwohns und der Gleichgültigkeit.

Es liegt in der Natur des Gemüthes das Verlangen, von
den Mitgeistern wieder geliebt zu werden. Welche schreckliche
Verkehrtheit des Gemüthes muß daher vorausgesetzt werden,
wenn der Geist sich nicht mehr nach Gegenliebe sehnt oder
wenn er gleichgültig ist, wie die Andern gegen ihn gesinnt seyen!
Ein solcher Geist ist stolz, in sich selbst verschlossen, und wird
auch in sich erstarren.

Wer also von Andern Nichts will und sich selbst genügt, ist
auch nicht dankbar gegen Andere. Welches grobe Laster der
Undank! Der Undankbare erkennt nicht, was Andere sind, und
welches Wohlwollen sie hegen, denn ihm mangelt alle Nächstenliebe. Die hochmüthige Seele kann es nicht ertragen, daß sie
Andern verpflichtet ist.

Der Eigenliebige hat keine Freude, wenn die Menschen sich
gegenseitig lieben; er ist scheelsüchtig, wenn sich Andere anstren-
gen, die Liebe zu befördern und sucht gerade das Gegentheil zu
bewirken, Freunde zu entzweien, Feindschaft, Neid, Rache,
Schadenfreude ꝛc. zu erregen.

Diese Züge zeigen uns, wie aus einer schönen Seele eine
häßliche wird, welches die Gesinnungen, Gefühle und Bestrebungen oder der subjektive Zustand eines häßlichen Geistes
sind, und wie sich das subjektive Reich des Häßlichen gestaltet.
Während der erhaben schöne Geist sich in Glaube und Liebe
Gott und den Mitgeistern zuwendet, sein natürliches Verhältniß zu Gott und den Geistern lebt, tritt der böse oder häßliche
Geist aus seinem natürlichen Verhältniß heraus, verliert den
Sinn für das Göttliche, erkennt sich nicht mehr als ein Geschöpf

Gottes, ehrt und liebt ihn nicht mehr; und ist der erhabenen Gesinnungen und Gefühle nicht mehr fähig. Losgerissen von der Wurzel alles wahren Lebens verfinstert sich der Geist und erstarret in sich selbst; seine natürliche Selbstliebe wird Eigenliebe, engherzige Selbstsucht, das Herz verknöchert und es ist nicht mehr für die Liebe zu den Mitgeistern und all der edeln rein menschlicher Gefühle empfänglich, die nothwendig die Liebe erzeugt. Ein solcher Geist schließt sich in sich selbst ab und ein, verschließt sich dem Lichte und der Kraft von oben und der Liebe zu und von den Mitgeistern, und in einem solchen vereinzelten und verkehrten Geiste entsteht Dunkelheit, Finsterniß, Unglaube, Selbstvergötterung, Selbstdienst, Hochmuth und Haß und alles Das, was des Hasses und Hochmuthes ist. Das Wesen und Leben eines solchen Geistes ist häßlich, weil es Unnatur ist.

§. 59.
Die geistige Häßlichkeit in ihrer objektiven Erscheinung.

Wie wir gesehen haben, daß das Schöne und Gute nicht im Geiste verborgen bleibe, sondern in Reden und Handlungen hervortrete, und objektive Erscheinung bekomme, so verhält es sich auch mit dem Häßlichen, der Verkehrtheit des Geistes, seine naturwidrige Gesinnung und Stimmung tritt in die Erscheinung und offenbart sich in Reden und Handlungen. Wie der Glaube und die Liebe alle Bestrebungen und Verhältnisse des guten Geistes nach außen bestimmen und ordnen, ebenso ist in dem bösen Geiste der Unglaube und die Lieblosigkeit die Triebfeder aller Gesinnungen und Handlungen.

Mannichfaltig wird sich daher das häßliche Geistesleben nach außen darstellen. In denselben Beziehungen, in welchen sich das sittlich=gute Geistesleben offenbart, wird auch das häßliche in die Erscheinung treten. Wie das Geistesleben sich nach außen in Beziehung auf Kirche, Staat und Familie als ein sittlich=religiöses darstellt, so bemerken wir auch in dieser dreifachen

Richtung die Wirkungen des häßlichen Geistes. Ist der Geist durch seine naturwidrige Bewegung und Richtung häßlich geworden, so tragen auch alle seine Handlungen das Gepräge der Häßlichkeit.

Ist der Glaube und die Liebe erloschen, oder nie erwacht in einem Geiste, so ist ihm das kirchliche Leben und Wirken unverständlich und zuwider, er handelt daher diesem entgegen. Der glaube= und liebeleere Geist achtet die Kirche nicht, nimmt keinen Antheil an dem gemeinsamen Glaubensbekenntniß oder dem Gottesdienste, schließt sich selbst von der Kirchengemeinschaft aus, wird ein Spötter und Verächter des Religiösen und Heiligen, greift die Wahrheit, die die Kirche lehrt, an, sucht sie zu vernichten, macht kirchliche Gebräuche und Einrichtungen lächerlich, um die kirchliche Einheit und Erbauung zu stören, spricht frivol von den natürlichen religiösen Bedürfnissen, verunehrt heilige Dinge, Personen und Orte.

§. 60.

Das Häßliche in dem Staats= oder bürgerlichen Leben.

Der schöne oder häßliche Geist zeigt sich in allen den Lebensverhältnissen, in welchen jeder lebt. Jeder lebt aber außer dem Verhältniß zu der Kirche auch ein Verhältniß zu dem Staate, ist Glied der großen menschlichen Gesellschaft und einer Familie. Wenn die Schönheit des Staates darin besteht, daß alle ihm Angehörigen sich in Glaube und Liebe dahin vereinigen, daß die Persönlichkeit, Freiheit, Ehre, Eigenthum eines jeden Einzelnen heilig gehalten und gesichert werde, so erscheint die Häßlichkeit des Staatslebens darin, daß das Oberhaupt, die Beamten oder die Unterthanen diese natürliche und nothwendige Ordnung und Bedingung eines wahrhaft humanen Lebens stören und vernichten wollen.

Das Verhältniß des Oberhauptes zu dem Unterthanen wird ein naturwidriges und daher häßliches, wenn es seine

wahre Stellung mißkennt, und die Würde der Menschen nicht
achtet, sich als den Staat betrachtet, als diejenige einzige
Person, um derenwillen alle andere nur zu dem Zwecke da sind,
um demselben zu dienen, ihm Mittel zu einem sinnlichen Leben
und zur Hoffahrt zu verschaffen und seine selbstsüchtigen Zwecke
zu befördern. Ein solcher Regent ist nicht Vater seiner Unterthanen, sondern ein willkürlicher, ungerechter und grausamer
Despot. Es ist nicht die Liebe, welche das Volk mit ihm verbindet, sondern die Furcht, welche die Unterthanen zu Sklaven
macht. Ein solcher selbstsüchtiger Herrscher will nicht das Wohl,
die geistige und politische Entwicklung und Bildung seiner Staatsangehörigen, sondern nur seinen physischen und zeitlichen Vortheil. Wird ein solcher Regent für die Sicherheit und Wohlfahrt
seiner Unterthanen sein Leben aufs Spiel setzen, worin sich
gerade die edelste und erhabenste Herrscherseele zeigt? So sehr
also das wahre Staatsleben durch einen guten Regenten befördert werden kann, so sehr kann es durch einen bösen gestört
werden.

Wie durch die Regenten, so kann auch das natürliche Staatsleben durch die Beamten mehr oder weniger gehemmt und
verkehrt werden. Die Wirksamkeit der Staatsbeamten ist der
Natur und Bestimmung des Staates zuwider und darum häßlich, wenn dieselben sich nicht dazu berufen erkennen, die Freiheit und Sicherheit der Person und des Eigenthums zu beschützen,
um dadurch die Bedingungen zu erhalten, unter welchen die
Staatsbürger die höhern Lebenszwecke erreichen können. Jeder
Beamte nimmt in der Oekonomie des Staates eine Stelle ein
im Namen der Regierung oder des Oberhauptes, und wirkt im
Namen desselben, um die Harmonie des Ganzen und aller seiner Theile zu erhalten. Alle die Gesinnungen und Bestrebungen des Staatsbeamten sind daher häßlich, durch welche das
Staatsleben gehemmt oder gestört wird. Der Verrath des
Vaterlandes an auswärtige Feinde oder an innere Unzufrie-
dene und Ruhestörer steht hier oben an. Häßlich ist die Untreue

und der Betrug am Staate, und das Vornehmthun, der Hoch=
muth, die Partheilichkeit und Ungerechtigkeit.

Da die Schönheit des Staates darin besteht, daß er die
Vereinigung Aller zu gegenseitiger Achtung und Heilighaltung
der Person und des Eigenthums darstellt, und Alle unter dem
Gesetze die Bedingung finden, ein wahrhaft humanes Leben zu
entfalten, daß er ein organisches Ganzes ist, so ist es nicht
nothwendig, hier alle die Gesinnungen und Bestrebungen dar=
zustellen, in welchen das Häßliche in Betreff des Staatslebens
erscheint.

Das Staatsleben wird erhalten und befördert durch die
freie Unterwerfung der Unterthanen unter das Gesetz als den
Gemeinwillen, durch die gesetzliche Entwicklung und Anwendung
physischer und geistiger Kräfte, den gesetzlichen Gebrauch und
Erwerb zeitlicher Güter und durch die Bereitwilligkeit, alle
Gefahren, die dem Fortbestand des Staates drohen, im Noth=
falle mit Gut und Leben abzuwehren. Das Häßliche von dieser
Seite erscheint daher, wenn die Staatsbürger das Gesetz und
die Obrigkeit verachten, ihren Vorstand dem Gemeinwillen nicht
unterwerfen, aus selbstsüchtigen Absichten die Gesetze übertreten,
die Mitbürger im Gewerbe beeinträchtigen, das Recht ver=
drehen, Wittwen und Waisen bedrücken und dem Vaterlande
in Gefahr nicht beistehen. Das Häßliche besteht hier in der
Aufwiegelung der Mitbürger oder in dem Bestreben, den
Staatsorganismus zu zerstören. Welch häßliche Seele, die nur
für sich Vortheil oder eiteln Ruhm sucht, die ruhigen und zu=
friedenen Bürger mit Mißtrauen und Unzufriedenheit erfüllt,
die Achtung und den Gehorsam gegen das Gesetz und die Obrig=
keit zerstört, und zu blutigen Bürgerkriegen entflammt, um
Thron und Altar zu stürzen! Welch häßlichen Anblick gibt uns
ein Staat, dessen Leben und Bestand durch Aufruhr und Um=
wälzung gerade zerstört wird, in dem die blinde Wuth zu den
Waffen greift und Unschuldige mordet! Ich erinnere hier an
Schillers Lied von der Glocke:

Gefährlich ist's den Leu zu wecken,
Verderblich ist des Tigers Zahn,
Jedoch der schrecklichste der Schrecken,
Das ist der Mensch in seinem Wahn.

Ebenso häßlich zeigt sich eine Seele im Verrath des Vaterlandes an die Feinde und in dem feigen Verlassen der Sache
des Staates.

§. 61.
Das Häßliche im gesellschaftlichen Leben.

Da alle Verhältnisse des Gesellschaftslebens auf der Wahrhaftigkeit und Treue, auf Glaube und Vertrauen beruhen,
sinnt und strebt der böswillige Mensch den Grundlagen dieser
Lebensverhältnisse entgegen, offenbart ein häßliches Leben und
alle seine Handlungen tragen das Gepräge der Häßlichkeit.

Der gute Menschengeist, der stets von Glaube und Liebe
bestimmt wird, ist wahrhaftig; das böswillige Herz dagegen ist
nicht wahrhaftig, es lügt. Welche Häßlichkeit ist die Lüge, die
da ist Abfall von der ewigen Wahrheit, Folge der Entzweiung
des Menschengeistes mit sich selbst, Auflösung des Bandes,
welches Wahrhaftigkeit und Glaube unter den Menschen knüpfen,
und Quelle vielfacher Unglückseligkeit! Es zeigt sich eine häßliche Seele, die absichtlich durch Lügen täuscht, irre leitet und
entzweit. Wer von der Wahrheit abgefallen ist und krumme
Wege wandelt, ist aller Verbrechen und Laster fähig; daher die
Richtigkeit des Sprüchwortes: „Wer lügt, der stiehlt." Der
Satan wird daher in der heiligen Schrift ein Lügner und Vater
desselben genannt.

Das Häßliche erscheint in dieser Beziehung ferner als
Wortbruch und Treulosigkeit, als Leichtgläubigkeit
und Argwohn. Die lügenhafte Seele hält das gegebene Wort
nicht, erfüllt das Versprechen nicht, das sie gegeben, bleibt bei
dem Vertrage nicht stehen, den sie gemacht hat, glaubt gerne
das Falsche und Böse und vermuthet überall nur Schlechtes.

Die größte Häßlichkeit einer lügenhaften Seele zeigt sich im Meineid und Eidbruch. Die Häßlichkeit des Meineides und Eidbruches erhellet aus dem Wesen des Eides; dieser ist näm= lich eine feierliche Anrufung Gottes als Zeugen, daß man die Wahrheit sage, und ein Versprechen erfüllen wolle. Welche häßliche Lüge ist daher der Meineid und der Eidbruch! Man nimmt Gott, den allgegenwärtigen, allwissenden, wahrhaftigen, den gerechten Richter und Rächer zum Zeugen in der Absicht, einer falschen Aussage oder einem falschen Versprechen Glaube und Treue zu verschaffen. Da sich der Meineid und Eidbruch nicht auf geringe und unbedeutende Dinge bezieht, sondern auf die wichtigsten und heiligsten Angelegenheiten des Menschen, so erkennt man hieraus die schauderhafte Verkehrtheit, die Unnatur einer Seele, die einen falschen Eid schwört. Der Eidbrüchige verhöhnt Gott selbst.

Auf der Grundlage von Wahrhaftigkeit und Treue, Glaube und Vertrauen beruht das selige Leben der menschlichen Ge= sellschaft. In diesem seligen Verkehr der Menschengeister herrscht Achtung und Liebe. Man ehrt sich gegenseitig, indem man jede Persönlichkeit heilig hält, man erweiset Achtung mit Wor= ten und Zeichen, und nimmt diese in Demuth an, man sucht die Ehre zu schätzen und zu befördern; die Liebe bestimmt alle Verhältnisse des geselligen Verkehrs, man ist leutselig, freund= lich, herzlich, heiter, anspruchlos, mild, nachsichtig, verträglich 2c. Wie äußert sich aber eine Seele, die keinen Glauben und keine Liebe hat? Alle Aeußerungen und Handlungen derselben sind Beweise der Nichtachtung und Lieblosigkeit und daher häßlich. Wenn die Selbstachtung und die Achtung der Mit= persönlichkeiten mangelt, herrscht Gleichgültigkeit, und das Stre= ben nach Ehre erhält eine falsche Richtung. Wer sich selbst nicht achtet, ist gleichgültig, ob man ihn lobe oder table; ein Solcher ist schamlos und thut Alles, was ihm Unehre und Schande bringt. Will man aber dennoch Ehre erwerben, so sucht man sich durch Dinge auszuzeichnen, die keine wahre Ehre verschaffen können, z. B. durch Aufwand, kostbare Kleider, Mahlzeiten, Sonderbarkeiten ꝛc. Die Ehrlosigkeit des Geistes zeigt sich gegen den Nächsten als Verläumdung, Ehrabschnei= dung, freventliches Urtheil, Beschimpfung, Schmeichelei ꝛc. Die Nichtachtung anderer Persönlichkeiten zeigt sich in allen Arten von Ungerechtigkeit und Unbilligkeit.

Durch die Liebe wird das gesellschaftliche Leben ein seliges, durch die Lieblosigkeit dagegen ein höchst unseliges. Die Wir= kungen des häßlichen Geistes sind in dieser Beziehung Händel= stiftung, Empfindlichkeit, Rechthaberei, Unverträglichkeit, Eigen= sinn, Zanksucht, Unversöhnlichkeit ꝛc. Das gemeinschaftliche Leben leidet und wird zerstört durch Müßiggang, Faulheit, Weichlichkeit, Unbarmherzigkeit, Hartherzigkeit, Versagung der Hülfe, Unzufriedenheit mit dem Empfangenen, Vergeudung desselben.

§. 62.
Das Häßliche in Beziehung auf das Familienleben.

Das Familienleben ist ein schönes, wenn es auf der natür= lichen Einheit der Familienglieder beruht. Die natürliche Ein= heit der Familie gründet sich aber auf Achtung, Liebe, Vertrauen, Gehorsam, Dankbarkeit, Genügsamkeit und Ordnung. Das Familienleben gewährt daher keinen schönen Anblick, wenn un= ter den Gliedern derselben keine Achtung herrscht, wenn sich diese hassen, keines dem andern untergeordnet seyn will, keine dankbare Anerkennung gegenseitiger Hülfeleistung stattfindet, jedes nur sinnlichen Genuß sucht und keine Ordnung beobachtet wird. Eine Familie, wo Glaube und Liebe nicht herrschen, er= füllt die Bestimmung des Familienlebens nicht, sondern handelt der Natur dieses Verhältnisses entgegen und gewährt den An= blick des Häßlichen.

Das Familienleben hat zu seinem Ursprung und seiner Grundlage die Geschlechtsliebe und wie diese, rein und heilig, schöne Lebensverhältnisse erzeugt, so zeigt sich das Häßliche in dieser Beziehung, wenn diese unrein und unheilig, bloß auf das Körperliche und den physischen Genuß gerichtet ist. Der natürliche Zug der geschlechtlichen Liebe bestimmt den Jüngling, seine in Glaube und Liebe verwandte Seele zu suchen, und mit dieser vereint alle Lebensverhältnisse zu theilen, und durch das zeitliche Leben das ewige zu gewinnen; wenn aber die höhere Ansicht des Lebens noch nicht aufgegangen ist und das Thierische vorherrscht, so nimmt der natürliche Zug der geschlechtlichen Liebe eine falsche Richtung, er ist nicht mehr Liebe, sondern Naturtrieb, der nur auf den Leib und das Fleisch, nicht aber auf die Person gerichtet ist. Das Verhältniß des Jünglings und der Jungfrau ist daher ein häßliches, wenn es der reinen Liebe ganz ermangelt, und der Natur und Bestimmung der geschlechtlichen Liebe zuwider ist. Der rein sinnliche Jüngling erkennt in der Jungfrau nicht eine liebenswürdige Seele, die geeignet wäre, mit ihm das Erdenleben zu theilen, und ihm eine Lebensgefährtin zu seyn, sondern nur den Gegenstand sinnlicher Wünsche und sinnlicher Befriedigung. Wenn der Naturtrieb die geschlechtliche Liebe erstickt, verschwindet auch die Schamhaftigkeit und mit dieser die Keuschheit. Wie häßlich bloß geschlechtliche Befriedigung ohne Liebe, daß sie rein thierischer Genuß sey, zeigt sich oft in den Folgen der Unkeuschheit. Welche Frechheit und Unverschämtheit erscheinen oft in den Gesichtszügen, welche Verunstaltung und Verzerrung, welche bleichen und eingefallenen Wangen, welche tiefliegenden, matten, glanzlosen Augen! Das Freundliche, Offene, und Heitere, der Liebreiz des keuschen Angesichtes, ist verschwunden. Welche häßliche Krankheiten und welch schreckliches Lebensende sind oft die Folgen der Wollust!

So natürlich auch die geschlechtliche Liebe dem Herzen des Menschen ist, so unwürdig ist die Darstellung dieser Liebe, wenn die reine keusche Liebe in Hintergrund tritt, und das geschlechtliche Verhältniß, das Verlangen des Fleisches, hervortritt. So nothwendig dieses Folge der wahren Liebe ist, so darf es doch nicht vorherrschen, weil es der Natur der Sache nach etwas Untergeordnetes seyn soll. Keuschheit des Herzens und des Wandels ist eine Zierde des Jünglings und der Jungfrau, und weil die geschlechtliche Liebe zuerst nur ein Suchen der verwandten Seele ist, kann die geschlechtliche Ausgleichuug nur nach dem Finden und wirklichen Vereinigen dieser Seele in der Ehe stattfinden. Geschlechtliche Liebe ist ihrem Wesen nach die allgemeine reine Menschenliebe, die sich auf zwei Individuen entgegengesetzten Geschlechtes beschränkt, daher schließt sie alles Unreine und Unkeusche aus.

Die reine und heilige Geschlechtsliebe stiftet eine Lebensgemeinschaft zwischen einem Jüngling und einer Jungfrau oder die Ehe. Die Ehe ist eine Lebensgemeinschaft der Seele und des Leibes. In dem Grade, in dem diese doppelte Lebensgemeinschaft, der gegenseitige Austausch der geistigen und physischen Geschlechtseigenthümlichkeiten in Glaube und Liebe etwas Schönes ist, in demselben Maße wird es häßlich, wenn es gestört wird oder eine falsche Richtung bekommt, wenn statt Liebe nur Sinnlichkeit herrscht. Weil jeder Mensch einem Geschlechte angehört, und sein volles menschliches Leben nur in geistiger und leiblicher Verbindung mit einem Individuum des andern Geschlechtes lebt, erscheint das eheliche Leben als ein naturgemäßes und als eine organische Einheit des Lebens zweier Geschlechter. Alles, was daher diese organische Einheit stört oder aufhebt, macht das eheliche Leben zu einem häßlichen.

Die Gatten sollen in der Ehe ihre geistigen und physischen Eigenthümlichkeiten austauschen, wie die Glieder eines Organismus einander dienen, unterstützen und ergänzen; wo nun dieses natürliche Verhältniß gestört oder aufgehoben wird, erhält das eheliche Leben eine naturwidrige, häßliche Erscheinung. Wenn der Mann den schwächern Theil nicht schont, belehrt, ermahnt, sondern mißhandelt, ungeduldig, aufbrausend ist, oder die Frau keine Geduld hat, keine Unterwürfigkeit und Gelehrigkeit zeigt, wenn keine gegenseitige Milde und Nachsicht, gegenseitiges

Erbauen, Trösten und Stärken stattfindet, sondern unvernünf=
tige Strenge, Unversöhnlichkeit und Lieblosigkeit und kein Theil
den andern erbaut, so ist das naturgemäße Lebensverhältniß,
das Wesen der Ehe gestört und das organische Verhältniß
aufgelöst. Eine solche Ehe gleicht einem verwesenden Organis=
mus, einem Körper, der in Fäulniß übergeht.

Die Lebensgemeinschaft der Ehe ist nicht nur ein geistiger,
sondern auch ein physischer Austausch der Geschlechtseigenthüm=
lichkeiten. Dieser letztere Austausch wird häßlich, wenn er na=
turwidriger, bloß sinnlicher, schamloser und unmäßiger Genuß
ist. Eine Ehe erscheint daher häßlich, wenn in ihr der sinnliche
Trieb nicht vom Heiligen überkleidet ist, sondern für sich ohne
Liebe hervortritt. Die größte Häßlichkeit des ehelichen Lebens
erscheint im Ehebruch, in der Blutschande, Nothzucht, Hurerei,
rein sinnlichen Handlungen, welche das Wesen der Ehe
zerstören.

Das Familienleben stellt sich dar als ein häßliches, wenn das
natürliche und somit organische Verhältniß der Eltern zu den
Kindern, und der Herren zu den Dienstboten verkehrt und zer=
stört wird. Fehlt die wahre Liebe zwischen den Ehegatten, so
wird auch der Mangel an Liebe in dem Verhältnisse zu den
Kindern sich bemerklich machen. Das gläubige und liebevolle
Mutterherz erkennt in dem Kinde ein Geschenk Gottes, anver=
traut zur Erziehung für das Himmelreich. Wo also der Glaube
und die Liebe nicht herrschen, sieht man die Kinder nicht als
einen Segen Gottes an, sondern nur wie Junge, die man füt=
tert, und wie Unkraut heranwachsen läßt. Die Mutter thut
nicht mehr, als nothwendig ist, und der Vater bekümmert sich
gar nicht um seine Kinder. Den höchsten Grad von Häßlich=
keit bemerken wir an einer Mutter, die ihr Kind mordet, oder
so vernachlässigt, daß es allmählig stirbt oder es allmählig tödtet.

Ebenso häßlich erscheint das Familienleben, wenn die Ehe=
gatten das von ihren Eltern ererbte Vermögen leichtsinnig ver=
gruben, um der Hoffahrt, sinnlichen Gelüsten, der Trägheit 2c.

zu fröhnen, ohne Rücksicht auf ihre eigenen Kinder, die also das ihnen für ihre Kinder anvertraute Gut verprassen und diesen nicht soviel hinterlassen, womit sie ein eigenes Hauswesen gründen könnten oder diese Nichts lernen lassen, so daß diese ihr Auskommen nicht finden.

Das Familienleben wird ferner häßlich, wenn das natürliche Verhältniß der Kinder zu den Eltern nicht erscheint, wenn statt Liebe, Gehorsam, Vertrauen, Offenheit, Ehrerbietung ꝛc., Haß, Widerspenstigkeit, Verschlagenheit ꝛc. herrscht. Welche Unnatur, wenn das Kind die Eltern haßt, diese beschimpft, mißhandelt, oder sogar tödtet!

An die Familie schließen sich die Dienstboten an, und das Verhältniß dieser zu derselben ist ein schönes, wenn es natürlich und christlich ist. Durch die Verkehrung aber dieses natürlichen Verhältnisses wird die Familie Erscheinung des Häßlichen. Wenn der Hausvater Dienstboten aufnimmt und behandelt wie Sklaven; wenn er ihnen ungemessene, ihre Kräfte übersteigende Lasten aufbürdet; wenn er hart ist, keinen Antheil an dem Erworbenen gönnt, den Lohn schmälert, die kranken und schwachen verstößt; und wenn er auf das zeitliche und ewige Wohl derselben und ihren Einfluß auf seine Kinder keine Rücksicht nimmt: so wird das natürliche Verhältniß des Herrn zu den Dienstboten aufgehoben. Ebenso wird das Familienleben gehemmt und zerstört, wenn die Dienstboten nicht in der Absicht Dienst nehmen, um Glieder der Familie zu werden, wenn sie bloß den Lohn ansehen, oder Gelegenheit suchen, ungehindert zu leben; wenn sie kein Interesse an dem zeitlichen Wohl der Familie nehmen; wenn sie träg, nachlässig, saumselig sind, die Arbeit nur halb verrichten, ungetreu und unredlich sind; wenn sie nur so viel thun, als sie glauben, daß sie bezahlt werden; wenn sie sich nicht in die Ordnung des Hauses fügen, ein ausschweifendes zügelloses Leben führen und den Kindern des Hauses ein schlechtes Beispiel geben, zur Sünde verführen und mißbrauchen.

Das organische Verhältniß des Familienlebens wird ferner auch gestört, wenn die Dienstboten aus dem natürlichen und christlichen Verhältniß zu einander heraustreten; wenn sie sich gegenseitig nicht achten, nicht unterstützen, einander beneiden, verkleinern, Argwohn auf einander werfen; wenn sie sich gegen das Interesse der Familie verständigen, einander zur Sünde verführen und in Sünde gemeinschaftlich leben, und einander zur Unzufriedenheit aufreizen 2c.

Da das Haus der Ort ist, wo die Familie die erworbenen Güter genießt und bewahrt, und in heil. Genusse, Mäßigkeit und Sparsamkeit schöne christliche Tugenden entwickelt, kann es auch der Ort seyn, wo uns ein unnatürliches, häßliches Leben in dieser Beziehung begegnet, wenn statt der genannten Tugenden die entgegengesetzten Fehler und Laster herrschen. Der Anblick des Familienlebens wird häßlich, wenn man ohne Dank und Bitte zu Gott, ohne Rücksicht auf den Geber alles Guten, Speis und Trank genießt; wenn man genießt wie die Thiere ohne Erkenntlichkeit; wenn man Andern von den Gaben Gottes Nichts mittheilt und keine Freude macht; wenn man ungenügsam und unmäßig ist, und die Gaben Gottes leichtsinnig zu Grunde gehen läßt. Wie sehr wird das zeitliche und geistige Wohl einer Familie gehemmt, wenn z. B. der Hausvater oder die Hausmutter, die Kinder oder Dienstboten der Trunkenheit ergeben sind! Welche häßliche Auftritte veranlaßt oft Betrunkenheit in einer Familie!

Die Thiere, besonders die Hausthiere stehen in einem nahen Verhältniß zu dem Hauswesen, sie nähren, kleiden, beschützen den Menschen und arbeiten mit ihm; sie nähern sich mit einer Art Vertrauen, und schauen hin auf ihn als ihren Ernährer und Beschützer. Wie unverständig, gefühllos und roh zeigt sich daher der Mensch, der die Thiere nicht als ein Geschenk Gottes betrachtet, der ihren Nutzen und Dienst nicht anerkennt, diese quält, über Gebühr Lasten auflegt, sie hungern und dürsten läßt, sie langsam martert, um einen pikanteren

Genuß zu haben, oder auf grausame Weise tödtet! Sehr treffend ist das Sprüchwort: Der Gerechte kennt das Leben seines Viehes, das Herz der Gottlosen ist grausam. Sprüchw. 12, 10.

Ebenfalls zeigt sich ein rohes, gedankenloses, leichtsinniges Herz, wenn Jemand in der äußern Natur die Güte und Freund= lichkeit Gottes nicht erkennt, muthwillig die schönen Gebilde der Natur zerstört, ohne Nutzen zu ziehen. Thut dieses der Herr der Schöpfung, der Repräsentant Gottes auf Erden? Vertritt er durch Zerstörung, Verstümmelung und Verunstaltung der Dinge die Stelle der erhaltenden und segnenden Liebe des Schöpfers auf Erden?

§. 63.

Der Gegensatz des Schönen und Häßlichen für die Kunst.

Das Reich des Schönen auf Erden dreht sich hauptsächlich um den Menschen. Wie das rein menschliche Wesen, die wahre Natur des Menschen, hohe Schönheit ist, weil hier das Seyn, der Geist oder die Wahrheit, in der vollkommensten organischen Gestalt erscheint; so ist das menschliche Leben nichts Anderes, als die Auswicklung desselben schönen menschlichen Wesens, oder die Wiederholung des wahren menschlichen Seyns in den viel= fachen Beziehungen. Wie wir jedes organische Wesen als einen Mikrokosmus, als eine Wiederholung des großen Schöpfungs= Ganzen im Kleinen ansehen, so können wir auch das mensch= liche Leben, das in einzelnen Handlungen zum Vorschein kommt, als eine Auseinanderlegung desselben menschlichen Wesens be= trachten. In jeder Handlung tritt der ganze Geist, wie er ist, in die Erscheinung. Es ist daher ein wesentlicher Unterschied, ob der Geist gut oder böse ist; ist er gut oder ist er seiner Na= tur und Bestimmung gemäß in sich thätig, so entfaltet er ein blühendes, kraftvolles und herrliches Leben nach Außen; ist er aber mit sich selbst entzweit, hat er durch die böse Lust seine innere Einheit gestört, und sich in eine seinem Wesen und Le= ben widerstrebende Thätigkeit gesetzt, so ist sein ganzes Leben

nach Außen nur eine Auswirkung seines verkehrten und gestör=
ten Seyns. Das schöne Menschenwesen und Leben ist aufge=
hobene, oder realgewordene Wahrheit; das verkehrte, böse oder
häßliche Menschenleben dagegen Unwahrheit, Naturwidrigkeit.
Der gute Geist ist in allen seinen Werken wahrhaftig, der
böse oder häßliche Geist dagegen in Allem ein Lügner.

Da nun die Kunst in Beziehung auf das geistig Schöne
besonders die Aufgabe hat, das menschliche Wesen und Leben
als ein wahrhaft schönes darzustellen, und hier das größte Ge=
biet des Schönen findet, so fragt es sich, woher nimmt die
Kunst den Maßstab, mit dem sie die Wirklichkeit des menschlichen
Lebens mißt, oder woher bekommt sie das Ideal des rein
menschlichen Lebens? Die Künstler selbst haben noch keine
Antwort auf diese Frage gegeben, weil sie in der Regel nicht
nach Theorie, sondern durch Begeisterung wirken. Die Aesthe=
tiker suchen die Antwort hiefür in der menschlichen Vernunft
oder in dem Selbstbewußtseyn des Menschen, weil sie ein höheres
Licht, das unvermerkt ihre Vernunft und ihr Selbstbewußt=
seyn erleuchtet hat, nicht anerkennen wollen. Die Kunst kann
sich nicht begnügen, wenn sie erhabene Werke schaffen will, bloß
die Gegenwart oder das wirkliche Leben zu copiren, weil dieses
in der Regel nicht vollständig von der Idee durchdrungen und
gestaltet ist, sondern sie muß das menschliche Leben, wenn es
als rein menschliches oder schönes erscheinen soll, nach der Idee
und dem dieser entsprechenden Ideale als ein wirkliches dar=
stellen. Will die Kunst rein menschliche Lebensverhältnisse dar=
stellen, das Leben in der Reinheit und Vollkommenheit, wie es
sich gewöhnlich nicht als wirkliches zeigt, so muß ihr die Idee
des menschlichen Lebens klar und vollständig zum Bewußtseyn
gekommen seyn. Wenn wir nun das Leben der Griechen als
ein natürliches, harmonisches, einfaches und heiteres anerken=
nen, entsteht die Frage: können wir das griechische Naturleben
als das höchste und schönste betrachten, oder gibt es ein noch
edleres, würdigeres und vollkommmeres? Auf dem Standpunkte

des Christenthums nehmen wir keinen Anstand zu behaupten, daß das christliche Leben weit höher stehe, als das heidnische im allgemeinen und auch das häufig gepriesene griechische. Das heidnische Leben, wenn es noch so rein menschlich schien, hat sich doch nicht aus einem höhern Prinzip entwickelt, das durch ein volles Selbstbewußtseyn den ganzen Geist beherrschte und bestimmte, sondern es bildete sich nach der freundlichen und milden Natur und ist daher nichts Anderes als ein schönes Naturleben. Mäßigung der Leidenschaften, äußere Gerechtigkeit, ein heiteres, offenes Daseyn, Hingabe an die Natur und Furcht vor der Macht der Götter sind die Grundzüge dieses Lebens. Der Geist dieses Lebens ist daher noch kein allgemeiner, sondern ein selbstsüchtiger, der mehr von dem Negativen als Positiven ausging, d. h. der mehr dahin strebte, das menschliche Leben von allem Unangenehmen, Störenden und Feindseligen zu befreien, als es in seiner Wurzel umzugestalten, zu veredeln und ihm den lieblichsten Ausdruck zu geben. Alle Beobachter des menschlichen Lebens haben von jeher anerkannt, daß dasselbe an einem innern Siechthum leidet, und weit hinter dem Naturleben zurückbleibt, daß das Gemüth eine vorherrschende Neigung zu Dem hat, was des Lebens schönste Entwicklung hemmt und den Geist mit Trauer und Unglückseligkeit erfüllt. Wer und was war je im Stande, die kranke Seite des menschlichen Lebens zu heilen und es zur vollen Blüthe und Reife zu bringen, wie die übrigen organischen Wesen der Natur sich darstellen? Das wirkliche Leben der Menschen erkannte seine Unvollkommenheit und Versunkenheit stets als eigene Schuld, konnte sich aber nicht mehr aus eigener Kraftanstrengung erheben und zur vollen Blüthe entfalten. Das Leben sehnte sich nach einer Erlösung, nach Licht und Kraft, wie die Pflanze nach Licht und Luft, um sich zum vollen seligen Daseyn zu entfalten. Die Erlösung des Lebens ist das Christenthum, denn es ist nicht nur Licht oder Aufschluß über die wichtigsten Gegenstände des menschlichen Denkens und Forschens, derjenigen,

nach Außen nur eine Auswirkung seines verkehrten und gestör-
ten Seyns. Das schöne Menschenwesen und Leben ist aufgehobene, oder realgewordene Wahrheit; das verkehrte, böse oder
häßliche Menschenleben dagegen Unwahrheit, Naturwidrigkeit.
Der gute Geist ist in allen seinen Werken wahrhaftig, der
böse oder häßliche Geist dagegen in Allem ein Lügner.

Da nun die Kunst in Beziehung auf das geistig Schöne
besonders die Aufgabe hat, das menschliche Wesen und Leben
als ein wahrhaft schönes darzustellen, und hier das größte Gebiet des Schönen findet, so fragt es sich, woher nimmt die
Kunst den Maßstab, mit dem sie die Wirklichkeit des menschlichen
Lebens mißt, oder woher bekommt sie das Ideal des rein
menschlichen Lebens? Die Künstler selbst haben noch keine
Antwort auf diese Frage gegeben, weil sie in der Regel nicht
nach Theorie, sondern durch Begeisterung wirken. Die Aesthetiker suchen die Antwort hiefür in der menschlichen Vernunft
oder in dem Selbstbewußtseyn des Menschen, weil sie ein höheres
Licht, das unvermerkt ihre Vernunft und ihr Selbstbewußtseyn erleuchtet hat, nicht anerkennen wollen. Die Kunst kann
sich nicht begnügen, wenn sie erhabene Werke schaffen will, bloß
die Gegenwart oder das wirkliche Leben zu copiren, weil dieses
in der Regel nicht vollständig von der Idee durchdrungen und
gestaltet ist, sondern sie muß das menschliche Leben, wenn es
als rein menschliches oder schönes erscheinen soll, nach der Idee
und dem dieser entsprechenden Ideale als ein wirkliches darstellen. Will die Kunst rein menschliche Lebensverhältnisse darstellen, das Leben in der Reinheit und Vollkommenheit, wie es
sich gewöhnlich nicht als wirkliches zeigt, so muß ihr die Idee
des menschlichen Lebens klar und vollständig zum Bewußtseyn
gekommen seyn. Wenn wir nun das Leben der Griechen als
ein natürliches, harmonisches, einfaches und heiteres anerkennen, entsteht die Frage: können wir das griechische Naturleben
als das höchste und schönste betrachten, oder gibt es ein noch
edleres, würdigeres und vollkommneres? Auf dem Standpunkte

des Christenthums nehmen wir keinen Anstand zu behaupten, daß das christliche Leben weit höher stehe, als das heidnische im allgemeinen und auch das häufig gepriesene griechische. Das heidnische Leben, wenn es noch so rein menschlich schien, hat sich doch nicht aus einem höhern Prinzip entwickelt, das durch ein volles Selbstbewußtseyn den ganzen Geist beherrschte und bestimmte, sondern es bildete sich nach der freundlichen und milden Natur und ist daher nichts Anderes als ein schönes Naturleben. Mäßigung der Leidenschaften, äußere Gerechtigkeit, ein heiteres, offenes Daseyn, Hingabe an die Natur und Furcht vor der Macht der Götter sind die Grundzüge dieses Lebens. Der Geist dieses Lebens ist daher noch kein allgemeiner, sondern ein selbstsüchtiger, der mehr von dem Negativen als Positiven ausging, d. h. der mehr dahin strebte, das menschliche Leben von allem Unangenehmen, Störenden und Feindseligen zu befreien, als es in seiner Wurzel umzugestalten, zu veredeln und ihm den lieblichsten Ausdruck zu geben. Alle Beobachter des menschlichen Lebens haben von jeher anerkannt, daß dasselbe an einem innern Siechthum leidet, und weit hinter dem Naturleben zurückbleibt, daß das Gemüth eine vorherrschende Neigung zu Dem hat, was des Lebens schönste Entwicklung hemmt und den Geist mit Trauer und Unglückseligkeit erfüllt. Wer und was war je im Stande, die kranke Seite des menschlichen Lebens zu heilen und es zur vollen Blüthe und Reife zu bringen, wie die übrigen organischen Wesen der Natur sich darstellen? Das wirkliche Leben der Menschen erkannte seine Unvollkommenheit und Versunkenheit stets als eigene Schuld, konnte sich aber nicht mehr aus eigener Kraftanstrengung erheben und zur vollen Blüthe entfalten. Das Leben sehnte sich nach einer Erlösung, nach Licht und Kraft, wie die Pflanze nach Licht und Luft, um sich zum vollen seligen Daseyn zu entfalten. Die Erlösung des Lebens ist das Christenthum, denn es ist nicht nur Licht oder Aufschluß über die wichtigsten Gegenstände des menschlichen Denkens und Forschens, derjenigen,

welche der alten Welt immer ein dunkles Räthsel blieben, son-
dern es ist und gibt auch dem Geiste die Kraft, sich aus den
Banden der umstrickenden finstern Sinnlichkeit loszureißen; dem
Lichte und der Freiheit ungetheilt sich zuzuwenden und ein neues
herrliches Leben aus sich zu entwickeln. Der Glaube an das
Christenthum ist die Quelle eines neuen Lebens, des Lebens
der Liebe, das sich dem des Egoismus, der der Charakter des
Alterthums im Allgemeinen ist, entgegengesetzt. Der christliche
Glaube ist ein göttliches Lebensprinzip, das das Selbstbewußtseyn des Geistes erfüllt und erhöht. Das von dem Glauben
erfüllte Bewußtseyn ist auf einmal ein anderes, weit tieferes
und klareres, als das der alten Welt. Der Geist erkannte auf
einmal in einem höhern Lichte seine absolute Geistigkeit, seine
wahre Natur und Bestimmung, einen unendlich liebevollen
Schöpfergeist über sich und die Welt als Werk und Offenbarung
des Einen Vatergeistes und fühlte in sich die Kraft, sich von
der Sünde frei zu machen und sich zum Unendlichen zu erheben.
Die Wiedergeburt des Geistes, die Erneuerung und Umgestaltung
des Lebens wurde nicht bloß durch eine abstrakte Idee des wahrhaft
menschlichen Lebens, die nun dem Geiste aufgegangen ist, sondern
hauptsächlich und vorzüglich durch die realgewordene Idee des
wahrhaft menschlichen Lebens, durch das Vorbild Christi, bewirkt. Nur Leben erzeugt wieder Leben. Das christliche Leben
ist daher nichts Anderes, als die Auswicklung des durch den
Glauben empfangenen höhern oder göttlichen Lebensprinzips
nach allen Richtungen der Bedürfnisse des Geistes. Es ist dasjenige, welches von Einer und heiliger Idee ausgeht und in
allen seinen Verzweigungen von der Einen Idee bestimmt und
geleitet wird oder dasjenige, in welchem das absolute Selbstbewußtseyn die innere und äußere Sphäre des Daseyns beherrscht
und ordnet. Das christliche Leben ist daher ein sich klar bewußtes, von der Sünde freies, heiliges und seliges, oder mit andern Worten, es ist ein wahrhaft humanes. Das wahrhaft
humane Leben ist auch ein ganz natürliches, d. h. ein Leben,

das der Natur und den Bedürfnissen des Geistes entspricht, des Geistes Leben befördert und erhöhet, ein von der höchsten Idee stets beseeltes und geleitetes, ein wahrhaft edles und schönes. Woher kann nun die Kunst das höchste Ideal des menschlichen Lebens nehmen, um dieses in seiner schönsten Blüthe darzustellen? Gewiß nur aus dem christlichen Selbstbewußtseyn, aus dem vollen und klaren Bewußtseyn des Geistes von seiner Natur und Bestimmung. Hätte er dieses tiefe und klare Bewußtseyn, wenn ihm Christus als wirklicher Menschensohn nicht erschienen wäre? Oder findet er dieses Bewußtseyn bei den Weisesten der alten Welt?

Das göttliche Lebensprinzip, das der Geist durch den Glauben in sich aufnimmt, gestaltet das menschliche Leben zu einem religiössittlichen oder heiligen. Das Leben bekommt durch die Liebe eine wirkliche Beziehung auf das Göttliche und Heilige, und bewahrt sich durch dieselbe vor allem Unreinen und Unheiligen. Mit dem Glauben ist auch dem Geiste die höchste Bedeutung der Sittlichkeit aufgegangen und Heiligkeit ist ihm als das höchste Ziel des menschlichen Lebens und Wirkens klar geworden. Da nun das wahrhaft christliche Leben ein rein religiössittliches ist, das sich unter einem höhern Einflusse als ein solches gestaltet, fragt es sich, kann und darf die Kunst ein religiössittliches Leben darstellen, wenn sie sich nur in ihrem Gebiete bewegen und ihre Unabhängigkeit von der Religion, ihren Selbstzweck behaupten will? Wir machen an die Kunst die Anforderung, daß sie das Schöne darstelle und in Beziehung auf das menschliche Leben die reine Humanität, oder rein menschliche Lebensverhältnisse, die uns als schöne gefallen und stellen ihr nicht die Aufgabe, die Beziehung des Lebens zur Religion und Sittlichkeit hervorzuheben und zu würdigen. Wenn die Kunst nun die Aufgabe hat, das rein menschliche Leben nach der Idee desselben darzustellen, wo findet sie ein reineres und würdigeres, wahrhaft humanes Leben, als das durch den Geist des Christenthums veredelte und geheiligte?

Dursch, Aesthetik.   22

Oder ist das religiössittliche kein wahrhaft humanes oder
naturgemäßes, einfaches und liebliches, und hat eine durch das
höhere Lebensprinzip veredelte Lebenserscheinung nicht eine all=
gemeine Bedeutung? Muß nicht selbst der Ungläubige,
wenn er das Leben Christi bloß als ein menschliches betrachtet,
dieses als ein wahrhaft edles und würdiges, als ein rein
humanes bewundern? Hat denn das Christenthum eine an=
dere Aufgabe, als das Menschenleben zu heilen, zur schönsten
Blüthe und Reife zu bringen? Fordert es ein übernatür=
liches Leben von den Menschen? Will es die Natur des Men=
schen aufheben und ihm eine ganz andere geben? Läßt es den
äußern Menschen nicht wie er ist, und will bloß die natürlichen
Triebe desselben auf das Höchste und Würdigste richten? Wenn
nun das wahre menschliche Leben sich nur auf der Grundlage
des Glaubens und der Liebe entwickelt, muß es nothwendig
zugleich ein religiöses seyn. Nur in der Liebe, dem Leben des
Glaubens, entfaltet sich ein rein menschliches oder schönes Leben.
Das Schöne und Sittliche ist im Leben nicht zu trennen, wenn
auch die Künstler nicht die Aufgabe haben, die schöne Lebens=
entfaltung als die Offenbarung des sittlichen Prinzips darzustellen.
Ist das edle Leben als eine Blüthe und Frucht des Christen=
thums zu betrachten, so darf der Künstler wohl keinen Anstand
nehmen, es in der veredelten Erscheinung darzustellen, um ein
allgemeines Lebensbild zu geben. Das christliche Leben als rein
menschliches hat ja einen allgemeinen Charakter; denn als
Frucht einer reinen naturgemäßen Geistesentwicklung gefällt es
auch den Nichtchristen. Auf welchem andern Standpunkte kann
der Künstler ein allgemeineres Lebensbild geben, als auf dem
ihm die höchste Bedeutung des Lebens klar geworden ist?

An dem realgewordenen Ideal der Menschheit, an Christus,
hat er den untrüglichen Maßstab des rein Sittlichen und
Schönen. So scharf und tief das christliche Bewußtseyn das
Sittliche und Unsittliche zu unterscheiden weiß, so richtig trennt
es auch das Schöne von dem Häßlichen. Alles, was aus reiner

Liebe stammt und eine höhere Richtung nimmt, ist gut und schön im Leben, Alles dagegen, was der Liebe ermangelt und sich auf das rein Sinnliche bezieht, wenn auch versteckt, bös und häßlich. Das tiefe Bewußtseyn des Schönen und Häßlichen, das wir im Leben nicht von dem Sittlichen und Unsittlichen zu trennen vermögen, bewahrt den Künstler vor Mißverständ= nissen und Irrungen. Wie oft und gerne täuscht man sich, rein sinnliche Verhältnisse als wahrhaft humane und würdige anzusehen, die dem christlichen Bewußtseyn nicht als solche er= scheinen? Sieht man nur den Menschen an, wie er im gemei= nen Leben erscheint und vergißt man darüber seine höhere Bestimmung und schildert man das Leben nur, wie es sich in seiner mangelhaften Weise entwickelt, so hält man Vieles für rein menschlich und schön, was vor der Idee des wahrhaft menschlichen Lebens nicht bestehen kann. Es ist daher von wesentlichem Nutzen für die Kunst, daß der Künstler sich des Schönen und Häßlichen recht klar bewußt werde oder daß ihm die Idee des menschlichen Lebens recht tief und bestimmt zum Bewußtseyn komme und daß er selbst einen sittlichen Charakter und Ernst habe. Woher anders mag es kommen, daß so viele Kunstwerke, namentlich der Poesie, einen schiefen Charakter und eine sinnliche Richtung haben, als weil die Künstler das Leben nicht in seiner wahren Idee auffaßten und mit reinem Gemüthe darstellten? Wie viel Häßliches im strengern Sinne finden wir in Romanen, Komödien, Liedern 2c.? Vermag auch ein unsittliches, unreines Gemüth, das Lust und Freude am rein Sinnlichen hat, wirklich etwas wahrhaft Schönes zu erzeu= gen? Werden nicht alle seine Werke von demselben unreinen Geiste durchdrungen seyn und nur einen verwandten Geist an= sprechen? Was sichert daher wohl Anderes einem Kunstwerke einen bleibenden ästhetischen Werth und die Bewunderung und Zuneigung des beschauenden Geistes, als der reine Geist, der in demselben herrscht? Wird nicht selbst der sinnliche Mensch von einem solchen Werke angezogen, sein Geist befriedigt und

seine Sinnlichkeit zurückgedrängt? Bewahrt dadurch die
Kunst, daß sie der Sinnlichkeit dient, ihre Selbstständigkeit?
Um sie ja nicht der Religion dienen zu lassen, gibt man sie
lieber in einen ihr ganz fremden Dienst. Die Entgegensetzung
des Schönen und Häßlichen im Leben möge also dazu dienen,
in das Wesen des Schönen tiefer einzudringen, eine bestimm=
tere Lebensansicht zu bekommen und bei Kunstbildungen sich
nicht in ein fremdes Gebiet zu verlieren.

Zweiter Theil.

Das objectiv Schöne oder Naturschöne.

Erster Abschnitt.

Das Schöne im Gebiete der Natur.

---

§. 64.

Begriffsbestimmung des Naturschönen.

Das Ich erkennt sich im Selbstbewußtseyn nicht nur sich selbst als ein organisches Seyn oder als die tiefste Einheit aller seiner Kräfte, sondern es erkennt auch das Nichtich als ein organisch gestaltetes oder als etwas Schönes. Wie das Ich sich selbst als Erscheinung auffaßt, so findet es alle Dinge als Erscheinungen, d. h. als Geschöpfe, die den Grund ihres Seyns und Bestehens nicht in sich selbst tragen. Die Vernunft wird daher durch das Selbstbewußtseyn bestimmt, nicht nur den Geist, sondern auch die sinnliche Welt oder das ganze Universum auf den letzten Grund zurückzuführen. Obgleich die Vernunft durch diese Zurückführung nur den letzten Grund findet, so muß sie doch dieser causa efficiens nach der Idee Gottes und ihrem eigenen Wesen Vernünftigkeit, Weisheit, Freiheit ꝛc. beilegen. In dem christlichen Glauben erkennen wir Gott auch wirklich als die höchste Harmonie, Freiheit und Seligkeit.

Da nun alle Erscheinungen, Himmel und Erde, keinen andern Grund haben als das göttliche Wesen, und dieses die erhabenste Schönheit ist, so muß auch das Universum als Ganzes betrachtet, den Charakter der Schönheit an sich tragen. Das Universum ist Aus= und Abdruck der ewigen Wahrheit in entsprechender Organisation, daher ist die Welt, der Inhalt aller realen Dinge, erhabene Schönheit. „Die Vorstellungen," sagt Oken, „erscheinen aber nur oder kommen zur Realität durch das Aussprechen. Die Welt ist daher die Sprache Gottes; die Weltschöpfung ist das Sprechen Gottes. Gott sprach, und es ward. Es heißt nicht bloß: Gott dachte, und es ward. Der Gedanke gehört bloß dem Geiste an, insofern er aber erscheint, ist er Wort und die Summe aller erscheinenden Gedanken ist die Sprache. Diese ist das erschaffene reale Gedankensystem. Der Gedanke ist nur die Idee der Welt, die Sprache ist aber die wirkliche." So wahr nun Gottes Gedanken sind, so wahr ist auch seine Sprache; da nun diese die wirkliche Welt ist, ist sie die Erscheinung der Wahrheit, oder nach der neuern Ausdrucksweise der Philosophen die aufgehobene Wahrheit, d. h. die reale Welt. Die beiden Theile es Universums, die Geister- und materielle Welt, sind also Erscheinungen der absoluten Wahrheit und tragen daher an sich das Gepräge der Schönheit.

Außer Gott ist Nichts, wenn er daher schafft, so schafft er aus Nichts, d. h. er gestaltet nicht nur nichts Vorhandenes, sondern da Nichts war und ist, schafft er Etwas. Alles, was ist, ist aus Gott; die Geister und die realen Dinge sind Gedanken und Worte Gottes — realgewordene Gedanken Gottes. Alles, was ist, ist daher aus dem Wesen Gottes hervorgegangen, und trägt Gottes Gedanken oder Gesetze in sich; Alles, was ist, ist göttlich, oder Alles, was ist, ist ursprünglich Gottes Gedanke oder die Wahrheit in realer Erscheinung; d. h. Alles, was ist, ist, insofern als es seiner Natur und Bestimmung getreu bleibt, schön. „Die göttliche Gesetze sind auch die Gesetze der Welt; diese ist daher nach ewigen und unveränderlichen Gesetzen erschaffen und wird auch nach solchen regiert." (S. Okens Naturphilos.) Der physische Theil des Universums bleibt seiner ursprünglichen Bestimmung nothwendig getreu, weil ihm keine Freiheit verliehen wurde.

Das Universum zerfällt daher in zwei große Hälften — die Geisterwelt und die materielle Organisation.

Da Gott aus Nichts schafft, so nimmt er aus seinem Wesen und schafft Geister, und in diesen legt er sein ganzes Wesen nach ihrer individuellen Gestaltung nieder. Die Geister sind daher göttlichen Geschlechtes und insofern sie Gottes Wesen in sich tragen, sind sie Ebenbilder Gottes. Die Geister sind daher nach ihrer unendlichen Zahl und Abstufung Licht — von dem Urlichte, Kraft von der Urkraft, und Liebe von der Urliebe. Licht, Kraft und Liebe sind ihr Wesen und die tiefste Einheit und Seligkeit ihres Wesens. Jeder einzelne Geist ist daher wie die Allheit der Geister erhabene Schönheit. Wie nun die Geister= welt einerseits die Allgemeinheit in der Einzelheit ist, Gottes= wesen in unzähligen individuellen Geister entäußert; so ist die Natur oder das physische Weltall Offenbarung Gottes nach seiner Wahrheit und Schönheit. Insofern nämlich alle Dinge Gottes Gedanken oder die Sprache Gottes sind, trägt auch das physische Weltall etwas Ebenbildliches von Gott in sich. Das physische Weltall ist der äußerste Reflex Gottes oder die äußerste Aeußerlichkeit Gottes, die Sichselbst= beschränkung Gottes.

Alles, was ist, ist aus Gott. Da nun die Dinge die real= gewordenen Gedanken Gottes — das erstarrte Licht — sind, sind sie insofern Wahrheit, als sie auf Gottes Gedanken be= ruhen; und da alle Dinge aus der freien Schöpfungskraft Gottes hervorgegangen sind, haben sie noch Kraft in sich, weil Gott seine Kraft oder seine Gesetze in sie gelegt hat. Da aber die sichtbare Welt eine Sichselbstbeschränkung Gottes in seiner Schöpferkraft ist, ist die Freiheit in den sichtbaren Din= gen die erstarrte Kraft oder das Naturgesetz. Gottes Wesen ist Liebe, ist die absolute Allgemeinheit oder die unendliche Selbst= entäußerung seines Wesens an unendliche Geschöpfe. Gottes Gedanken und Worte sind Offenbarungen der Liebe, und was er schafft, oder was ist, trägt den Charakter der Liebe an sich. Alle Dinge sind durch die Liebe Gottes geworden, oder die Liebe Gottes ist der tiefste Grund ihres Daseyns. Die sichtbaren Dinge sind daher die äußerste Offenbarung der Liebe Gottes. Die Liebe ist aber hier nicht mehr eine freie und sich selbst bewußte, sondern besteht nur mehr in dem Dienste des einen Dinges für ein anderes. Die Liebe der Dinge ist erstarret, und besteht nur mehr in ihrer Zweckmäßigkeit, Nützlichkeit und der Freude, die sie den Menschen machen.

Insofern nun die sichtbare Welt mit dem unendlichen Inhalte einzelner Wesen der ausgesprochene Gedanke Gottes ist, oder die freie Kraft Gottes in nothwendigen Gesetzen sich selbst beschränkt hat, und alle Dinge durch die Liebe Gottes nützlich, zweckmäßig und erfreulich sind; so ist das ganze Universum die sich selbst beschränkende Selbstposition Gottes — die äußerste Gränze seines Schaffens und Wirkens, und deßwegen die äußerste oder letzte Offenbarung Gottes. Weil der Menschengeist Ebenbild Gottes ist, so trägt auch die ganze materielle Welt etwas Ebenbildliches oder eine geistige Aehnlichkeit mit dem Menschengeiste an sich; es sind ja beide, die physische Welt und das Geisterreich, Gedanken Gottes. Was im Geisterreiche Licht, d. h. Erkenntniß ist, ist in der materiellen Welt das verkörperte Licht, die Gestalt im Lichte; was dort freie Kraft ist, stellt sich hier als Trieb, Gesetz und Ordnung dar; und was dort die Liebe ist und schafft, erscheint hier als gegenseitige Dienstbarkeit, Nützlichkeit und Erfreulichkeit.

Da nun die ganze Schöpfung der sich selbst entäußerte Geist ist, trägt sie die Schönheit des Geistes nach ihrer Art in sich. Das Universum, das der Erfahrung unerreichbar ist, ist erhaben schön, weil in ihm des unendlichen Geistes Licht, Kraft und Liebe sich in unendlichen Gebilden und Ordnungen zur starren Erscheinung ausgeprägt hat. Das Weltall ist der höchste und vollkommenste physische Organismus und die ewige Einheit in sich selbst; es ist daher auch als Selbstposition Gottes die erhabenste Schönheit auf dieser Seite. Licht, Kraft und Liebe sind das tiefste Wesen Gottes, das sich in dem Universum gleich= sam verkörpert und einen realen Ausdruck erlangt hat, und wie jene in Gott die tiefste Einheit seines Wesens ausmachen, so erscheinen sie wieder in der realen Gestaltung als tiefste Ein= heit und Ordnung des Alls.

§. 65.
Die heidnische Weltansicht.

Die philosophische Weltansicht, die ursprünglich eine reli= giöse war, verlor sich unter den Völkern, weil das Gottes= bewußtseyn durch die Sünde immer mehr verdunkelt wurde. Wie der Mensch Gott in sich selbst nicht mehr suchte, so fand er ihn auch nicht mehr in der Welt. Die Idee Gottes löste sich in viele Naturgötter auf, und die Natur wurde nicht mehr als Offenbarung des unendlichen, des absoluten Geistes anerkannt; die Auffassung der höhern Schönheit der Natur verschwand mit der Zersplitterung der Idee Gottes. Wenn das Schöne in der innigen Durchdringung der Materie von dem Geiste, des Endlichen von dem Unendlichen, oder des Gesetzes von der Freiheit besteht; so konnte das Weltall dem Heiden nicht mehr als eine höhere Schönheit erscheinen, weil der eine Faktor des Schönen, der ablosute Geist, der sich darin offen= bart, nicht mehr von ihm anerkannt wurde. Die ästhetische Weltansicht der Griechen war daher eine einseitige und von der religiös=philosophischen verschiedene.

Das wahrhaft Schöne ist und bleibt schön, wenn es auch nicht anerkannt und gefühlt wird, wie das Wahre wahr ist, wenn es auch nicht bemerkt und begriffen wird. Die Natur ist schön, weil sie die äußerste Selbstoffenbarung Gottes, die Form oder das Ebenbild des Geistigen ist; allein sie konnte von dem Heiden nicht mehr als eine Durchdringung und Einigung des Geistigen mit dem Materiellen anerkannt und gefühlt werden, weil ihm die Idee Gottes als Schöpfers, Erhalters und

Regierers der Welt verschwunden war. Dem Heiden erschien
die Welt nicht mehr als das äußerste Ebenbild Gottes, als
letzter Reflex des Urlichts, der Urkraft und der Urliebe, son=
dern sie stand für ihn für sich und in sich abgeschlossen da,
ohne eine höhere Beziehung. Nachdem sich das Gottesbewußt=
seyn in das Naturbewußtseyn aufgelöst hatte, war die Welt
dem Heiden selbst Gott. Die Naturanschauung der Heiden
war daher eine ganz andere als die des Christen.

Die Natur bleibt ewig schön, weil sie die Selbstentäußerung
des absoluten Geistes ist, von diesem belebt und getragen wird;
daher spricht sie durch ihre Mannigfaltigkeit und Einheit, durch
die Einzelheit und Allheit ihrer Formen und Gestalten auch den=
jenigen an, der ihre höhere Beziehung und Bedeutung nicht
kennt. Der Grieche findet die Natur schön, allein die Natur=
schönheit erscheint ihm nur in der Freundlichkeit, Heiterkeit
und Einfachheit, in der Proportion, dem Maße, dem Verhält=
niß, Gesetze und der Ordnung der natürlichen Dinge. Wie der
Ungebildete das Schöne eines Kunstwerkes nur in dem Aeußern,
in dem Verhältnisse der Masse und der Theile sucht und den
geistigen Ausdruck, die Seele desselben nicht erkennt, und deß=
wegen nur eine einseitige Erkenntniß und nur einen einseitigen
Genuß von demselben hat; so erkannte der Grieche die Natur=
schönheit nur von einer und dieser untergeordneten Seite; ihm
war nämlich die Welt nur materiell schön, eine geistlose, so
zu sagen tobte Schönheit; daher hing er nicht mit solcher In=
nigkeit, Wärme und süßen Wehmuth an ihr, wie die Neuern;
denn er erkannte in ihr nicht das Wirken und Schaffen eines
allmächtigen, höchst weisen und gütigen Gottes. Die Gesetze und
Wirkungen der Natur erscheinen ihm als reine Wirkungen der
ewigen Materie, das Wirken und Walten der Götter in der=
selben ist ja ihr eigenes Wirken; daher sind für ihn alle Er=
scheinungen in der Natur ein Wunder und ein Räthsel.

Ist das Gottesbewußtseyn in dem Selbstbewußtseyn des
Menschengeistes verschwunden, so erkennt und fühlt er sich in

den Naturlauf verflochten, und unter das Geſetz der Nothwen=
digkeit geſtellt. In dem Selbſtbewußtſeyn iſt auch das Gottes=
bewußtſeyn enthalten, und iſt Bedürfniß des Geiſtes; daher
ſucht dieſer dieſes Bedürfniß zu befriedigen; allein da er durch
die Sünde die Idee Gottes verloren hat, findet er außer ſich
Nichts mehr als die Natur. Das Naturbewußtſeyn tritt an
die Stelle des Gottesbewußtſeyns im Selbſtbewußtſeyn des Gei=
ſtes; daraus folgt, daß der Geiſt ſeinen Gott in die Natur
ſetzt, die einzelnen Dinge, die Elemente ꝛc., von welcher er
abhängig iſt, ſein Leben und Wirken befördert oder gehemmt
wird, und in dieſen Wirkungen höherer Weſen erkennt, die er
fürchtet, liebt und ehrt. Der Geiſt erhebt daher auf dieſer
Stufe der Bildung des Gottesbewußtſeyns die Naturkräfte zu
perſönlichen höhern Weſen, zu Göttern, während der Geiſt im
chriſtlichen Bewußtſeyn die Naturkräfte als Geſetze und Wirkun=
gen des höchſt weiſen Geiſtes erkennt. Die Erhebung der Na=
turkräfte zu göttlichen Weſen iſt ein Beweis von dem geiſtigen
Bedürfniß, ein höheres Weſen zu ſuchen und anzuerkennen,
deſſen Wirkung die Welt iſt und iſt ein ſtilles Seufzen aus der
Naturnothwendigkeit befreit zu werden, und eine unbewußte
Sehnſucht in der Natur eine höhere Schönheit zu erkennen.

Das Bedürfniß, Gott zu ſuchen und ſeiner inne zu wer=
den, kann aber nicht bei der Steigerung der Naturkräfte zu
Göttern ſtehen bleiben, denn der wahre Gott iſt noch nicht ge=
funden. Die Erfahrung erweitert ſich, man erkennt in dem
Weltall einen Zuſammenhang, eine Einheit und ein organiſches
Zuſammenwirken aller Dinge, und ſchließt hieraus auf eine
Alles erfüllende und leitende Kraft oder wenigſtens auf eine
Harmonie erhaltender und zuſammenwirkender Kräfte; der
Polytheismus ſchreitet zum Monotheismus fort. Die Natur=
und Geiſteskräfte werden allerdings zu Göttern geſteigert; allein
wie die Elemente der Natur, wenn auch im fürchterlichen Kampfe,
zur ewigen Ordnung und Einheit der Dinge zuſammenwirken,
ſo werden die Götter in Verhältniß zu einander geſtellt; es wird

eine Oekonomie derselben eingeführt, in welcher jedem sein Wirkungskreis oder sein Reich angewiesen wird. Auf diesem Standpunkte der polytheistischen Weltansicht erscheint die Natur, Himmel und Erde, als der Wirkungskreis verschiedener Götter, die sich in die Regierung derselben getheilt haben; daher belebt, regiert und erhalten durch persönliche Wesen von höherer Intelligenz und Macht. Allein die Götter werden noch nicht ganz frei von der Naturnothwendigkeit gedacht, und die Summe der Götter erschöpft die Idee des Geistgottes nicht. Die Natur, belebt und beseelt von so vielen und verschiedenen Göttern und Göttinnen, hat zwar einen besondern poetischen Reiz; allein so gedacht befriedigt sie das höhere Selbstbewußtseyn nicht.

Der Polytheismus war der Glaube des großen Haufens, denn nur die Weisen des Alterthums konnten sich zu dem Monotheismus erheben. Daher sagt Plato: „Es ist schwer, den Vater des Alls zu finden, und noch schwerer, wenn man ihn gefunden hat, Allen bekannt zu machen." In dem Monotheismus erreichte das Gottesbewußtseyn des Alterthums den höchsten Grad von Klarheit und Bestimmtheit, und nach diesem Bewußtseyn, in dem das Göttliche von dem Sinnlichen bestimmter getrennt, dieses jenem untergeordnet wird, gestaltete sich auch die ästhetische Weltansicht. Die Weisen des Alterthums schlossen wohl richtig nach der Forderung der Vernunft von dem Aeußern auf das Innere, von der Wirkung auf die Ursache, von der Erscheinung auf das Wesen und den Zweck desselben, und consequenter Weise von der Erscheinung des Weltalls auf ein höchstes Wesen als Grund der Erscheinungen; allein der letzte Grund, causa mundi, war immer noch etwas Unbestimmtes und Unklares. Der kosmologische, teleologische und physikotheologische Beweis von Gottes Daseyn, welche die Alten schon gebrauchten, führen alle nur auf ein Ens à se, eine Aseitas, die Vernunft erst erhebt diese Aseitas oder causa mundi zur Idee Gottes, welche jedoch nur das Christenthum

mit dem würdigsten und erhabensten Inhalt erfüllte. Dem
Monotheismus der Weisen des Alterthums zu Folge ist die
Welt die Wirkung der höchsten Ursache, und die letzte Ur=
sache wird als ein vernünftiges, weises und gütiges Wesen
gedacht; daher erscheint das Universum auf diesem Standpunkte
als das Werk und der Ausdruck eines Einzigen höchsten Wesens,
als eine Duplicität von Geist und Materie, Freiheit und Noth=
wendigkeit. Der Weg aber, die Welt als hohe Schönheit zu
erkennen, den der Heide ging, ist dem christlichen entgegen=
gesetzt. Der Heide schließt nämlich aus der Erscheinung der
Welt auf die Ursache, aus dem Zufälligen auf das Nothwen=
dige, aus der Ordnung und Zweckmäßigkeit auf Vernunft und
Weisheit. Der Heide, der das wahre Gottesbewußtseyn ein=
gebüßt hatte, führt das Sinnliche auf das Uebersinnliche zurück,
während der Christ voll klaren Gottesbewußtseyns aus der wür=
digsten Idee Gottes alle Erscheinungen ableitet und hervorgehen
läßt; er sucht Gottes Vernunft, Gedanken, Willen und Liebe
in seinen Werken nach und setzt diese in eine innige Verbindung
mit Gott. Die heidnische Weltansicht unterscheidet sich daher
in Beziehung auf die Entstehung derselben von der christlichen
dadurch, daß der Heide folgerte: Weil die Welt ist, ist Gott,
und der Christ umgekehrt: Weil Gott ist, ist auch die
Welt. Der Heide setzte Gott als etwas zur Welt Hinzukom=
mendes und diese Ergänzendes, der Christ dagegen die Welt
als etwas zu Gott Hinzugekommenes und nichts Ergänzendes.
Die Welt ist zwar dem heidnischen Monotheisten auch die Wir=
kung und Ordnung Gottes und insoferne schön; allein Gott
steht so über die Welt, daß er sie dem einmal gegebenen Stoße
überläßt und nach dem gegebenen Gesetz der Nothwendigkeit
gehen läßt; dem christlichen Bewußtseyn dagegen ist Gott
Schöpfer, Erhalter und Regierer der Welt, und diese geht
nicht nach einem ewigen Schicksal, sondern dient Gottes weisen
Planen. Die Welt wird nach dem heidnischen Monotheismus
nicht als eine weise und liebevolle Einrichtung Gottes zu höhern

ober moralifchen Zwecken gedacht, fondern nur als eine einma=
lige Schöpfung eines höhern Willens; auf dem Standpunkte
des chriftlichen Monotheismus dagegen ift fie Abglanz des Gött=
lichen, Ebenbild Gottes und des Menfchen auf der äußerften
ober niederften Stufe der Offenbarung, von Gott dazu gefchaf=
fen und beftimmt, die Menfchen zu fegnen und zu erhalten,
überhaupt auch hier noch Liebe zu offenbaren. Obgleich die
Weifen des Alterthums von dem Dafeyn der Welt, der Ord=
nung und Harmonie der Dinge auf Ein höchftes Wefen fchloffen,
fo konnten fie fich doch keinen fo würdigen Begriff von Gott
machen, wie die chriftliche Offenbarung uns gibt. Cicero fagt
felbft, daß er in derfelben Verlegenheit fey, in der Simonides
war, als ihn Hiero fragte, was und wie Gott fey, je län=
ger er über das Wefen Gottes nachdenke, defto dunkler er=
fcheine es ihm.

Aus einigen Beifpielen erfehen wir am beften, wie die heid=
nifchen Monotheiften zur Idee des Welturhebers gelangten und
in welchem Verhältniß fie fich die Welt zur Gottheit dachten.
Sokrates führt den Ariftodem durch Betrachtung der phyfifchen
und geiftigen Eigenfchaften des Menfchen zur Anerkennung
eines Weltfchöpfers. Die Einrichtung und der organifche Zu=
fammenhang der menfchlichen Glieder zeigt, daß diefer ein
Werk des Verftandes und nicht des Zufalls ift. Befonders läßt
er den Ariftodem das Dafeyn Gottes aus der menfchlichen
Seele erkennen, indem er zu ihm fagt: Du glaubft, daß du
etwas Vernünftiges in dir habeft, meinft aber, nirgends fey
etwas Vernünftiges vorhanden? Du weißt, daß du von der
großen Erde nur einen kleinen Theil an deinem Leibe haft, und
daß nur aus Wenigem von der großen Maffe von Flüffigkeit
und fo aus einem kleinen Theil der andern vielen vorhandenen
Dinge dein Körper gebildet ift, den Verftand aber, der fonft
nirgends außer dir vorhanden ift, glaubft du glücklicher Weife
allein an dich geriffen zu haben und meinft, diefe unendlich großen
und zahllofen Dinge feyen durch keinen Verftand in diefe Ordnung

gebracht worden? Sokrates sagt daher ferner auch, daß der Mensch allein sich von dem Daseyn Gottes überzeugen, und zu der Idee Gottes erheben und allein die Götter verehren könne: denn welches andere beseelte Wesen hat von den Göttern, die das Größte und Schönste ordnen, wahrgenommen, daß sie existiren? Welches andere Geschlecht als die Menschen verehren die Götter? Sokrates erkannte aus der reichen und zweckmäßigen Welteinrichtung, daß Ein höchstes Wesen sey, das Alles so geordnet habe und daher aus seinen Werken erkennbar sey. Seneka schließt von der Einfachheit der Materie auf die Einfachheit der höchsten Ursache der Welt: Sed nos nunc primam et generalem causam quaerimus. Haec simplex esse debet; nam et materia simplex est. Quaerimus, quid sit causa? Ratio faciens, id est Deus. Ita enim, quae nunc retuli, non sunt multae et singulae causae, sed ex una pendent, ex ea, quae facit. Senec. ad Luc. Wie tief steht die ratio faciens unter der christlichen Idee von Gott? Cicero geht gerne von der Einheit, Ordnung und Zweckmäßigkeit der Welt aus, und schließt auf das Daseyn und die Eigenschaften Gottes. Natur. Deor. 2, 27. sagt er z. B.: Quis enim hunc Nominem dixerit, qui cum tam certos coeli motus, tam ratos astrorum ordines, tamque omnia inter se connexa et apta viderit, neget his ullam inesse rationem eaque casu fieri dicat, quae quanto consilia gerantur, nullo consilio assequi possumus! Cum autem impetum coeli admirabili cum celeritate moveri vertique videamus, constantissime conficientem vicissitudines anniversarias, cum summa salute et conservatione rerum omnium: dubitamus, quin ea non solum ratione fiant, sed etiam excellenti quadam divinaque ratione? Vrgl. Nat. Deor. 2, 6. Er faßt auch Gott als ein geistiges Wesen auf. Nec vero Deus ipse, qui intelligitur a nobis, alio modo intelligi potest, nisi mens absoluta quaedam et libera, segregata ab omni concretione mortali, omniaque sentiens et movens, ipsaque praedita motu sempiterno. Tusc. Quaest. I. 27. Cicero setzt auch die Vorsehung Gottes darin, daß die Welt

zum Fortbestand stets geeignet sey, und in ihr eine vorzügliche
Schönheit und aller Schmuck erkannt werde. Providentia haec
potissimum providet, et in his maxime est occupata, primum
ut mundus quam aptissimus sit ad permanendum deinde ut
nulla re egeat, maxime autem, ut in eo eximia pulchritudo sit
atque omnis ornatus.

Die heidnische Weltansicht auf dem Standpunkte des Poly=
theismus hat durch Platos Philosophie die höchste Ausbildung
erlangt. Plato geht auch, wie die andern Philosophen, von der
Zweckmäßigkeit, Harmonie und Schönheit der Welt aus und
schließt auf das Daseyn eines intelligenten Welturhebers. Die
Weltanschauung bedingt seine Idee von Gott und diese hinwie=
derum seine Weltansicht. Besonders hat er seine Weltansicht
in dem Dialog „Timäus" niedergelegt. Die Welt ist der In=
begriff aller körperlichen oder sichtbaren Dinge, die entstehen
und vergehen. Weil die Welt eine Erscheinung ist, muß sie
auch einmal entstanden seyn und einen Schöpfer oder Urheber
haben; allein es ist schwer diesen zu finden, und den gefundenen
allgemein bekannt zu machen. Nehmen wir an, die Welt sey
geschaffen worden, so fragt es sich, ob der Schöpfer sie nach
einem ewigen und unvergänglichen Musterbilde oder Ideale oder
nach einem entstandenen und erzeugten geschaffen habe. Aus
der Schönheit, beständigen Ordnung, der Beständigkeit bei
allem Wechsel, aus des Schöpfers Vorzüglichkeit erhellet leicht,
daß dem Weltschöpfer das vollkommenste Vorbild einer
Welt vorgeschwebt habe, das keiner Veränderung unterworfen
ist. Daher ist diese sichtbare Welt ein Abbild einer ewigen und
unsichtbaren. Gott wurde durch keinen andern Beweggrund
zur Schöpfung dieser Welt bestimmt, die weit die schönste ist,
als durch seine Güte. Weil Gott gut, ohne allen Neid ist, hat
er nur Gutes schaffen und die Welt so viel möglich sich selbst
ähnlich machen wollen. Um nur Gutes zu schaffen hat er die
ungestaltete und ungeordnete Materie in Ordnung gebracht.
Damit die Welt nicht hinter denjenigen Wesen zurückstehe, welche

eine Seele oder einen Geist haben, hat er auch den Weltkörper mit
einer Seele und einem Geiste verbunden, oder die Welt zu einem
beseelten Wesen gemacht, das mit Verstand begabt ist. Wenn
die Welt nun so beschaffen ist, muß sie Gott nach dem schönsten
und vollkommensten Vorbilde, das alle belebten Wesen in sich
begreift, geschaffen haben. Wie nun Gott diese Welt nach
jenem Vorbild schuf, so muß jenes nur Eines gewesen seyn,
und es muß nur Eine Welt geben. Zur Schöpfung der Welt
hat Gott alle Materie verwendet, daher ist sie auch körperlich,
sichtbar und berührbar. Erde und Feuer hat der Schöpfer durch
Luft und Wasser so miteinander verbunden, daß sie unauflös=
lich zusammenhalten. Weil keine Materie mehr außerhalb der
Welt ist, ist sie sicher vor der Gefahr der Zerstörung und des
Alters. Da die Welt alle Arten von belebten Wesen und alle
Gestalten in sich fassen sollte, so muß ihre Gestalt die voll=
kommenste geworden seyn. Die vollkommenste Gestalt ist die
Sphäre. Die Welt hat daher auch eine Kreisbewegung, weil
diese die vollkommenste ist, und der Vernunft am meisten zu=
sagt. Gott legte auch eine Seele mitten in die Welt, dehnte
und goß sie in alle ihre Theile aus, so daß diese dieselbe auch
von außen umgibt. Daher wird die Welt in allen Beziehun=
gen für vollkommen, mangellos, ja für einen seligen Gott
gehalten, dem Nichts mangelt. Die Welt besteht aus einer
Seele, Körpern und belebten Wesen. Die Weltseele hat zwei
Bestandtheile, der eine ist mit der Geister= oder Ideenwelt ver=
wandt, fortdauernd, ewig, beständig, der andere entsteht aus
der ursprünglichen Materie der Körper und ist daher veränder=
lich und theilbar. Gott hat beide Elemente wesentlich mit ein=
ander verbunden, daß gleichsam ein Drittes hinzukam. Aus
dieser Mischung der Elemente der Weltseele, die den ganzen
Weltkörper durchdringt, lassen sich auch alle Bewegungen in
der Welt, die physischen und geistigen erklären. Die Gesetz=
mäßigkeit, Ordnung und Einheit der Welt und des Lebens ist
die Wirkung dieser Seele. Als Gott die Welt als das lebendige

Abbild der ewigen Götter betrachtete, freute er sich seines Werkes und gedachte dieses jenem ewigen Vorbild noch ähnlicher zu machen. Deßwegen schuf er die Zeit, das bewegliche Bild der Ewigkeit, die jedoch zugleich mit dem Himmel, mit der Schöpfung der Sonne, des Mondes und der fünf Planeten entstand. Nachdem die Weltseele geschaffen und ihre Bewegungen bestimmt waren, waren noch keine lebendige Wesen; daher hat Gott beschlossen, nach dem Vorbild der Ideenwelt vier Gattungen derselben zu erschaffen. Diese vier Gattungen wurden nach den vier Elementen gebildet; die erste Gattung ist die der himmlischen Götter, die zweite die der beflügelten Wesen, die dritte die der Wafferthiere und die vierte die der auf dem Lande lebenden Wesen. Die himmlischen Götter wurden von Gott als unsterbliche Wesen erschaffen, die Schöpfung aber der übrigen drei Gattungen von belebten Wesen hat er den Göttern übertragen, damit diese nicht auch unsterblich würden, wenn er sie selbst erschuf.

Die wirkliche materielle Welt ist nach Platos Ansicht die Bildung und Gestaltung der ewigen Materie, die vor der Weltschöpfung in einem chaotischen Zustande war, und deren Kräfte regellos wirkten, zu einem harmonischen und zweckmäßigen Daseyn und Wirken. Die Materie war vor der Weltschöpfung etwas unbestimmt Unendliches, ohne Form, eine bloße Vielheit und Mannigfaltigkeit, ohne Qualitäten, verschiedene Stoffe in beständiger Bewegung ohne Regel und Zweck, sie erfüllte den Raum, war ohne Anfang und Ende. Als Gott die Welt schuf, theilte und sonderte er die Materie und gestaltete daraus die verschiedenen Körper, bestimmte jedem seine Form, oder machte das Unendliche zu einem Endlichen oder Begränzten, gab den Bewegungen eine bestimmte Richtung oder brachte Einheit, Ordnung und Zweckmäßigkeit in das chaotische Wirken. Die sichtbare Körperwelt ist daher in Betreff ihrer Form oder Erscheinung das Werk der höchsten Vernunft. Da nun die Welt nach dem vollkommensten Musterbilde oder Ideale gebildet wurde, ist sie die schönste und vollkommenste, außer welcher es keine andere gibt; sie ist ein beseeltes Wesen, das alle mög= liche Formen von sterblichen und unsterblichen Wesen in sich begreift. In allen Dingen bemerkt man eine zweckmäßige Thä= tigkeit, eine Harmonie und Einheit; daher kann man die Welt nur als das Werk der höchsten Intelligenz erkennen. Wenn auch Gott nicht unmittelbar die Materie zu dieser Form von Welt gestaltete, so ist er doch der Urheber der Welt nach ihrer Form, Vollkommenheit und Schönheit, insofern er dieselbe durch untergeordnete Götter nach seiner eigenen Idee ausführen ließ. Jene Göttersöhne sind nichts anderes als die ewigen Ideen, nach welchen und durch welche Gott die Welt gebildet hat. Die Welt ist Erscheinung der Schönheit, weil ihrem Daseyn die Ideenwelt zu Grunde liegt, und sie nichts Anderes ist als das Werden der ewigen Ideen. Die Welt ist eine Wissenschaft, wie die Wissenschaft eine Welt ist; denn wie die Wissenschaft das System der Begriffe ist, so ist die Welt eine werkthätige Wissenschaft, in welcher unfehlbar alle möglichen Kräfte und Wirkungen, alles Sichtbare und Unsichtbare sich zu einer Ein= heit und Harmonie zusammenfügen. Weil in der Welt ein entsprechendes oder richtiges Verhältniß zwischen Stoff, Form und Geist oder eine vollkommene Uebereinstimmung wahrgenom= men wird, muß die Welt als schön erkannt werden. Die reinste Darstellung des Schönen, in wiefern dieses in der Welt zum Bewußtseyn des Menschen kommt, ist nach Platos Ansicht die Musik. Denn die Musik ist gleichsam die aus dem Natur= leben hervorquellende Harmonie, welche in ihrer bestimmten Tonfolge dem Geiste jenen ewigen Einklang und Rhythmus kund gibt, der den Weltbau ungeschwächt durchhallt und in welchem sich die Gestirne tönend bewegen. Musik ist daher der künstliche Nachklang jener ewigen Harmonie, in welche die Materie durch den Schöpfer gesetzt wurde und hat daher, wie die Philosophie, die Bestimmung, das menschliche Leben zu jener Uebereinstimmung, jenem reinen Ausdruck des Schönen zu erheben, der durch das Weltall hinherrscht.

§. 66.

Die chriftliche Weltanficht.

Da die Idee der Welt stets auf die Idee Gottes bezogen wird, gestaltet sich auch immer die Weltansicht nach der Idee Gottes. Nach dem Christenthum ist Gott Geist, das Leben in und aus sich selbst, er ist Licht, Kraft und Liebe und als solcher die Urquelle alles Seyns und Lebens. Der Grund alles Seyns und Lebens ist die Liebe; er ist liebevoller Schöpfer und Vater. Weil nun alles Seyn und Leben seinen letzten Grund in Gott hat, bildet Alles, was ist und lebt, ein Reich Gottes. Das Reich Gottes ist daher ein Geisterreich und physisches Weltall. Da Nichts außer Gott ist, nimmt er aus dem Reichthum seines Wesens und legt es in einer Schöpfung nieder, und diese ist daher Offenbarung Gottes, so weit eine geschaffene Welt Bild und Abglanz eines unerschaffenen Geistes seyn kann.

Das ganze Universum ist ein Gedanke Gottes, der durch das Wort Gottes real geworden ist. Alles, was real geworden ist, ist Gottes Gedanke, Wille und Liebe; die Welt als der Inhalt von allen real gewordenen Gedanken Gottes, offenbart daher Gottes Willen und Liebe. Das Universum erscheint somit als das größte und erhabenste Kunstwerk, wenn wir jedes Kunstprodukt in die organische Vereinigung des Geistigen und Materiellen oder in den realen Ausdruck der Idee setzen. Gottes unendlicher Gedanke hat sich in dem Universum ausgeprägt und dieses zum Abglanz seiner Herrlichkeit gemacht; so wie aber das Materielle das Geistige nicht ganz zu fassen und zu erschöpfen vermag, oder wie durch kein Kunstwerk die Idee an sich oder vollkommen hervortritt; so verhält es sich auch mit dem Universum; die Endlichkeit kann auch in ihrer Unermeßlichkeit die Unendlichkeit des Schöpfergeistes nicht erschöpfen. Kein endliches Geschöpf, selbst das All der Geschöpfe vermag nicht die unendliche Liebe in ihrer Tiefe und Unendlichkeit zu offenbaren. Das Universum ist daher nach der Definition des Schönen von einigen Aesthetikern die Einheit der Allgemeinheit und Einzelheit; es ist der unendliche Geist in unermeßlicher Einzelheit.

Auf dem christlichen Standpunkte erscheint das Weltall als das Werk Eines höchsten, Alles schaffenden und beherrschenden Geistes, der über dem Ganzen als Herr und liebevoller Herr-scher steht. Die Idee der Welt ist daher auszudrücken: „Die Welt ist ein unermeßliches von Gott, dem Vatergeiste, geschaf-fenes Ganzes von Geschöpfen, Erscheinungen und Veränderun-gen, in welchem die verschiedensten Kräfte nach bestimmten Gesetzen zur schönsten Einheit und Ordnung zusammen-wirken."

Das Hauptmoment der christlichen Weltansicht ist, daß das Weltall Offenbarung des Schöpfers- und Vatergeistes ist. Der Apostel Paulus fordert auch in seinem Briefe an die Römer C. 1, 19. 20. auf, die Natur von dieser Seite zu betrachten: „Was von Gott erkennbar ist, das ist ihnen (den Heiden) vor die Sinne gelegt; Gott hat es ihnen versichtbaret; denn das Unsichtbare von ihm, nämlich seine ewige Macht und Gottheit, ist seit der Schöpfung der Welt durch die Betrachtung seiner Werke so erkennbar, daß sie nicht zu entschuldigen sind." Nach dieser Ansicht, daß das ganze Universum Gottes Wesenheit offenbart, gestaltet sich auch die ästhetische Weltanschauung. Ist die Welt Offenbarung Gottes, so ist sie auch eine erhabene Schönheit. Was Gott schafft und wodurch er sich offenbart, ist Abglanz der unendlichen Schönheit Gottes. Auf diesem Standpunkte bekommen wir auch eine bestimmte ästhetische Weltansicht, in der die Welt hohe Bedeutung und Bestimmung hat. Wir betrachten die Welt nicht bloß von ihrer Außenseite, finden nicht mehr bloß ein buntes Spiel von Kräften und Er-scheinungen, eine bloß formelle oder einseitige Schönheit, erheben die Naturkräfte nicht mehr zu göttlichen Wesen, und schreiben die Ordnung und Harmonie des Ganzen dem Zusammenwirken einer Götterökonomie zu, sondern erkennen in dem Einzelnen und Ganzen die Wirkung oder das Hervortreten Eines absoluten

Geistes, schauen in der Welt zugleich Gott, wie in dem Kunstwerk zugleich die Idee.

Gott hat die Welt aus Nichts geschaffen, d. h. er hat sie nicht aus vorhandenen Stoffen gebildet, sondern durch die Aussprache seines Gedankens ins Daseyn gerufen. Da nun die Welt aus Gott ist, offenbart sie Gottes tiefe Wesenheit, denn sie ist die letzte Brechung und Zurückstrahlung von Gottes Wahrheit, Freiheit und Liebe. Das ganze Weltall ist der realgewordene Schöpfergedanke Gottes; die absolute Wahrheit hat sich gleichsam in unzählige Dinge, Gesetze und Erscheinungen zersplittert. Wir erkennen daher die Wahrheit in dem Universum in der fortdauernden Ordnung und Einheit der zeitlichen Dinge. Die verschiedensten Kräfte sind durch bestimmte und dauernde Gesetze zur schönen Harmonie vereinigt. Wie wir in unserm Sonnensystem eine Einheit und Ordnung erkennen, so schließen wir mit Recht auf dieselbe Ordnung und Harmonie aller andern Sonnensysteme in dem unendlichen Raume, und glauben, daß alle die unzähligen Systeme sich in schönster Harmonie unter sich in dem unendlichen Raume bewegen. In dieser dauernden Ordnung erkennen wir die realgewordene Wahrheit. Wie alle Himmelskörper nach unabänderlichen Gesetzen sich bewegen, so herrschen bestimmte Gesetze durch die Naturreiche unserer Erde, überall ist Ordnung und Uebereinstimmung. Das Weltall ist wahr, insoferne es Gottes Schöpfergedanken manifestirt.

Gott ist absolute Kraft oder Freiheit, daher ist die Welt die Wirkung des göttlichen Willens und sein realgewordener Wille. Gott wollte seinen Schöpfungsgedanken, d. h. er führte ihn durch die wirkliche Schöpfung aus. Die unermeßliche Mannichfaltigkeit und Einheit aller Dinge, alle die Gesetze und Ordnungen, der unendliche Reichthum der Schöpfung ist Gottes heiliger Wille. Wie Gottes Wille den Geistern als unverletzliche Norm ihres Lebens aufgeprägt ist, so trägt die ganze Schöpfung Gottes Willen an ihrer Stirne. Der allmächtige Wille Gottes hat sich in den Geistern zu einem persönlichen oder individuellen Willen beschränkt, und sich durch Vernunft und Gewissen als Inhalt in den menschlichen Willen niedergelegt. In der Natur oder Welt ist der allmächtige Wille Gottes zu unabänderlichen Gesetzen und Ordnungen erstarret oder die absolute Freiheit hat die Form der Gesetzmäßigkeit und Stetigkeit angenommen.

Gott ist die Liebe, daher ist das Universum objective Dar=stellung der Liebe Gottes. Die Liebe besteht darin, daß Gott von der Fülle, dem Reichthum und der Seligkeit seines Wesens an unzählige Geister entäußert hat. Wenn Gott schafft, so schafft er nur aus Liebe, d. h. er nimmt aus dem Reichthum seines Wesens und legt dieses in zahllosen Geschöpfen und Bil=dungen nieder. Die Geister sind Geschöpfe der Liebe, sie tragen Gottes Wesen in sich; Licht von seinem Lichte, Kraft von seiner Kraft und Liebe von seiner Liebe, bilden das Wesen der Geister in ihrer unendlichen Abstufung von Vollkommenheit und Em=pfänglichkeit. Die Liebe Gottes offenbart sich einerseits in dem Universum durch die zahllosen Geschöpfe, die des Genusses, des Wohlseyns und der Freude empfänglich sind, andererseits durch die unermeßlichen Dinge, die den Genuß befriedigen, das Wohl=seyn fördern und die Freude erhöhen. Das Universum ist ein All des Lebens und Genießens. In der Genießbarkeit, Dien=lichkeit, Nützlichkeit und Erfreulichkeit der Dinge hat die Liebe Gottes ihren äußersten Ausdruck erlangt.

Wie Licht, Kraft und Liebe in Gott aufs innigste verbunden sind und sein tiefstes Wesen ausmachen, so stellt auch das Uni=versum allzumal Gottes Wesen, Wahrheit, Freiheit und Liebe, in dieser dreifachen tiefsten Einheit dar. Das Weltall ist die Selbstentäußerung des Urgeistes, und darum die erhabenste Schönheit.

Die Welt ist aber nicht nur einmalige Offenbarung des Göttlichen nach christlicher Ansicht, sondern sich wiederholende oder fortdauernde, d. h. derselbe Schöpfergeist, der sich einmal durch die Schöpfung geoffenbart hat, erhält diese Offenbarung unveränderlich, oder er ist Erhalter und Lenker der Welt. Die

Vorsehung Gottes erstreckt sich nicht nur auf die Geisterwelt, sondern umfaßt auch die materielle Welt; sie erhält und regiert die Welt so, daß sie eine fortdauernde Offenbarung seiner unendlichen Weisheit, Schönheit und Güte bleibt. Nach der christlichen Ansicht erkennen wir daher überall in der Natur die Nähe Gottes, ein ewiges Walten der allmächtigen Gottheit. Man nennt daher mit Recht die Natur ein unerschöpfliches Buch von göttlichen Offenbarungen. Die Ansichten und Gefühle, welche wir von der Natur haben und von dieser in uns erweckt werden, sind daher sehr verschieden von denen, welche auch die gebildetsten Heiden hatten.

Der Christ schließt sich daher freudig und innig an die Natur an, ohne sich mit ihr zu vermischen oder unter ihr Gesetz zu stellen, sondern im vollen Bewußtseyn seines Unterschiedes von ihr. Er sucht nicht das Göttliche in der Natur, als etwas in und mit ihr Daseyendes und Verschmolzenes, sondern nur insoferne es aus ihr spricht und sich offenbart. Er betrachtet die ganze Welt und die ihn umgebende Natur als Vermittlerin des Göttlichen und Menschlichen. Wie er in dem Ganzen die Sprache Gottes vernimmt, so im Einzelnen; Alles ist für ihn Symbol des Göttlichen. Christus selbst berechtigt uns, die Natur als Sprache oder Ausdruck des Göttlichen zu betrachten; wenn er selbst Gleichnisse und Sinnbilder des Göttlichen aus der Natur nimmt, muß sie auch Sinnbild des Göttlichen seyn. Haben ja selbst die frommen Israeliten die Natur von dieser Seite betrachtet; erinnern wir uns nur an Psalm 103. Weil der Christ die Nähe, das Walten und Wirken Gottes in der Natur erkennt, erfüllt ihn der Anblick des Weltalls mit Bewunderung, Ehrfurcht, Freude und Wonne. Die Natur spricht zu dem Geiste des frommen Beschauers und erweckt in ihm die Ideen von Macht, Größe, Reichthum, Wohlwollen, Thätigkeit, Zusammenwirken, Sparsamkeit, Vorsicht, Gesetzmäßigkeit, Geräuschloßigkeit, unverletzlicher Ordnung, Rache für ihre Verletzung ꝛc. Die Betrachtung der Natur erweckt daher den Sinn fürs Schöne und erzeugt entsprechende Gefühle, und wirkt sofort auch sittlich auf den Menschengeist; sie beruhigt, erheitert, mahnt, tröstet, ermuthigt, beschämt, erweitert die Brust und erfüllt mit unaussprechlichen Ahnungen und mit zarten, liebevollen Gefühlen.

Der Christ tritt auch mit der Natur in ein ästhetisches und sittliches Verhältniß, weil ihn Gott zum Herrn der sichtbaren Schöpfung gemacht hat. Dieses Verhältniß bietet auch manches Moment zu schönen Kunstdarstellungen. Der Christ erkennt sich als Herrn der Natur oder als Repräsentanten Gottes, zu herrschen über sie im Geiste des Schöpfers. Das Verhältniß des Menschen zur Natur ist ein schönes und sittliches; denn der Christ erkennt in der Natur Gottes ewigen Schöpfergedanken und Willen; daher erscheint sie ihm nicht als eine todte Masse, sondern als die Versinnbildung des Unsichtbaren und Ewigen. Er findet in allen Erscheinungen und Erzeugnissen der Natur Mittel, seine Wünsche und Bedürfnisse zu befriedigen und seine sittliche Freiheit oder Vollkommenheit zu befördern; er herrscht über die Natur, d. h. er benützt Alles in der Natur nach dem Willen Gottes zu seiner leiblichen Nothdurft und seiner geistigen Bildung. Wie ganz anders betrachtet daher der Christ die Natur als der Heide, sie ist ihm im Lichte der Offenbarung Mittel zur Erreichung höherer Lebenszwecke geworden. In der Natur herrscht Ordnung, Zusammenwirken und Einheit; der Christ herrscht über sie, d. h. er befördert die Ordnung, Einheit und Nützlichkeit der Dinge; er zerstört nicht muthwillig, was Gottes Hand so schön geordnet hat. In welch schönem Verhältniß erscheint der Mensch zur Natur, wenn er ihre Schönheit und Ordnung durch Fleiß und Anstrengung erhöhet, wenn er dunkle Wälder lüftet, Sümpfe austrocknet, Dämme anlegt und das unfruchtbare Land fruchtbar macht, die Gewächse vertheilt und zusammenstellt? Er wird ein zweiter Schöpfer der Erde, er verwandelt die üppig wuchernde Erde in einen lieblichen und fruchtbaren Garten, ein Paradies; denn überall trägt sie die Spuren des menschlichen Verstandes und Fleißes. Die Natur ist Offenbarung der Liebe und Freundlichkeit Gottes. Welcher Reichthum von Geschöpfen, Gewächsen, Früchten, Ge= stalten 2c. findet sich in der Natur! Wie Gott den Menschen dadurch erfreut und segnet, so thut der Repräsentant Gottes auf Erden. Er genießt die Gaben Gottes mit Dank und Liebe, und segnet und erfreuet damit seine Mitmenschen; auch vergißt er der Thiere nicht, die mit ihm arbeiten, ihm Nahrung, Klei= dung und Bequemlichkeit verschaffen, er läßt ihnen auch nach Bedürfniß von den Gaben Gottes zukommen. Weil der Christ in der Natur die Liebe und Freundlichkeit Gottes erkennt, sympathisirt er mit der Natur. Die; Fülle, der Reichthum, die Pracht und Mannigfaltigkeit der Dinge spricht ihn wohl= thuend an.

§. 67.

Die Schönheit des Weltalls in der Sonderung des Ganzen.

Wie das Weltall äußerste Offenbarung des Göttlichen ist und durch seine Unermeßlichkeit die Idee Gottes versinnlicht, und deswegen eine erhabene Schönheit ist, so trägt jedes Ein= zelne, was den unermeßlichen Reichthum dieses Weltalls aus= macht, nach seiner Art das Gepräge der Schönheit an sich. Wie jeder Theil wohl gleiches Wesens ist mit dem Ganzen, aber nicht mehr das Ganze ist, so ist jeder einzelne Gegenstand als Bruch des Ganzen schön, aber nicht mehr der erhabene Ausdruck des Ganzen. Wir unterscheiden daher wohl mit Recht eine unermeßliche Abstufung der Erscheinungen des Schönen in dem Universum, denn die absolute Schönheit hat sich auf die mannichfaltigste und reichhaltigste — ja unendliche Weise geoffen= bart. Schelling sagt daher in seiner Rede über das Verhältniß der bildenden Künste zu der Natur. „Ist Schönheit gleich überall verbreitet, so gibt es doch verschiedene Grade der Erschei= nung und Entfaltung des Wesens und damit der Schönheit." Erkennen wir in dem Universum die Erscheinung der göttlichen

Schönheit, so muß Alles schön seyn, was die Welt einschließt, solange es noch in seinem naturgemäßen Seyn erscheint. Kein Geschöpf oder Gebilde kann daher, solange es seiner Natur und Bestimmung gemäß ist, häßlich genannt werden; nur muß man zugeben, daß, da eine unendliche Abstufung der Erscheinungen des Schönen stattfindet, es sinnliche Gegenstände gibt, denen Schönheit nur in geringem Grade zu Theil geworden ist. Die heilige Schrift nennt das Weltall Himmel und Erde, und nach dieser Trennung des Ganzen wollen wir sehen, was Einzelnes am Himmel und auf der Erde schön genannt werden mag.

§. 68.
Der Himmel.

Der Anblick des Himmels, des sogenannten Himmelsgewölbes, gewährt den Eindruck einer erhabenen Schönheit. Der Himmel ist der unendliche Raum, von dessen Ausdehnung weder die Erfahrung noch die Vernunft eine Gränze weiß. Der endlose Raum als solcher ist die negativste Offenbarung Gottes; denn in diesem erkennen wir Gottes Unendlichkeit und Ewigkeit. Wer kann daher wohl die Unendlichkeit und Ewigkeit Gottes mit dem Verstande fassen, wenn wir uns das reale Abbild derselben — den gränzenlosen Raum nicht vorstellen können? Wie vermag der durch Gesetze eingeschränkte Verstand das Unendliche, das keinem Gesetze unterliegt, zu begreifen? Das Unendliche kann von dem Endlichen nicht mehr begriffen werden. Die Unendlichkeit des Himmelsraumes kann daher den denkenden Beobachter mit religiösen und ästhetischen Gefühlen erfüllen. Was ist der Mensch, daß du seiner gedenkest, o Gott, der du über dem Himmel, diesem unermeßlichen Raume, thronest? Das unermeßliche Himmelsgewölbe, wie man es gerne nennt, ist Offenbarung einer unendlichen und ewigen Gottheit; daher nennen die Aesthetiker die Unermeßlichkeit des Himmels ein mathematisch Erhabenes oder die räumliche erhabene Schönheit.

Insofern aber die Unendlichkeit des Himmelsraumes nur
eine Abstraktion des Verstandes ist oder insofern es keinen lee=
ren Raum in der Wirklichkeit gibt, verbindet sich stets mit der
mathematischen Größe die dynamische. Der gränzenlose
Himmelsraum ist, so weit unsere Erfahrung reicht, angefüllt
mit körperlichen Massen, mit den sogenannten Himmelskörpern,
die an Quantität und Qualität von einander verschieden sind.
Die Himmelskörper offenbaren durch ihre Masse und Bewegung
große staunenswürdige Kräfte. So weit der Raum reicht, und
dieser ist unendlich, wirken Kräfte auf einander und gegen ein=
ander; der Himmel ist daher auch Offenbarung einer unend=
lichen Kraftwirkung oder etwas Dynamischerhabenes.

Wie unser bekanntes Sonnensystem, so mögen an Quan=
tität und Qualität verschiedene zahllose Sonnensysteme den
endlosen Raum erfüllen und in unveränderlicher Ordnung und
Bewegung das ewige Leben des unendlichen Schöpfergeistes ver=
sinnlichen. Welche erhabene, zwar nur denkbare Schönheit ist
daher das Himmelsgewölbe, an dem zahllose Sterne in glanz=
vollem Lichte und in ewiger Ordnung sich bewegen! Gäbe es
für uns einen Standpunkt, auf dem wir das unermeßliche
Himmelsgewölbe überschauen, das ewige Spiel, die Ordnung
und Harmonie der Sonnen und Planeten, die kreisförmige
Bewegung des ganzen Himmels selbst wahrnehmen könnten,
welches Entzücken müßten wir da empfinden? Wie nicht nur
die Planeten sich um unsere Sonne bewegen, sondern unser
ganzes Sonnensystem auch eine große elliptische Bahn in dem
Himmelsraume durchlauft, so bewegen sich alle Sonnensysteme
um andere, und so ist der unendliche Raum Erscheinung einer
ewigen harmonischen Bewegung. Die Bewegung des unendlichen
Raumes ist die Zeit und das Bild der Ewigkeit; daher sagt
Plato, daß der Schöpfer, als er sich seines Werkes freute, ge=
dachte, dieses dem ewigen Vorbilde, nach welchem er die Welt
schuf, noch ähnlicher zu machen und daß er deswegen die Zeit schuf.
Da die Ewigkeit des Vorbildes, die sich immer gleich bleibt und

keinen Wechsel der Dinge zuläßt, auf das, was erzeugt und ent:
standen ist, die Dinge im Raume nicht anwendbar ist, so schuf er
das bewegliche Bild der Ewigkeit, die Zeit. Plato konnte auch die
Ordnung und Harmonie des Weltalls mit nichts trefflicher ver:
gleichen als mit der Musik, die in ihrer geordneten und harmoni:
schen Tonfolge der schönste Ausdruck des Einklanges und Rhyth:
mus ist, der den Weltraum durchhallt. Durch nichts konnte daher
auch die ewige harmonische Bewegung der Himmelskörper passen:
der vorgestellt werden, als durch den Ausdruck „Sphärenmusik."

Nur die Nacht läßt uns die Pracht des Sternenhim:
mels schauen. Die sich stets um ihre Axe drehende Erde ent:
zieht uns das Sonnenlicht und entschädigt uns dafür durch den
Anblick des Mondes und der Sterne. Schon mit dem bloßen
Auge erkennen wir die Verschiedenheit, Entfernung und Un:
zählbarkeit der Sterne. Wie erhaben ist das Gefühl, das die
Betrachtung des Sternenhimmels in uns erweckt! Der Ster:
nenhimmel wölbt sich über uns zu dem erhabensten Dome, der
durch Millionen und abermal Millionen Kerzen erleuchtet ist,
und in dem ernste und feierliche Stille herrscht. Die Erde ist
der Fußschemel, auf dem der Betende kniet. Die erhabene
Pracht und Feierlichkeit des Sternenhimmels erhebt das mensch:
liche Herz über den Schlamm der Erde, reißt es los von der
Anhänglichkeit an ihr und dem Wühlen in ihr und macht es
empfänglich für die erhabene Schönheit, fürs Himmlische und
Göttliche. Unter dem Dache dieses glänzenden Himmelgewölbes
fühlt der Mensch seine Niedrigkeit und Armuth, aber auch seine
Hoheit und Würde; hier wird das Sehnen des menschlichen
Herzens ein unendliches. Hat die erhabene Pracht und Feier:
lichkeit des Sternenhimmels nicht von jeher einen ästhetischen
Einfluß auf die Völker gehabt? Da der Sternenhimmel etwas
mathematisch und dynamisch unendlich Großes ist, kann er nicht
mehr Gegenstand den andern Kunstdarstellungen seyn, nur die
Poesie kann der Anblick des gefühlvollen Herzens und die ästhe:
tischen und religiösen Gefühle dieses Anblickes schildern.

Unter den Sternen unterscheiden wir solche, deren Bewe=
gung oder Kreislauf wir kennen, von denen, welche sich nicht
zu bewegen scheinen. Die Astronomie hat uns gelehrt, daß sich
bestimmte Himmelskörper um unsere Sonne bewegen, und hat
die Zeit und Art ihrer Bewegung und ihre Entfernung erforscht.
In unserm Sonnensystem bemerken wir eine geordnete Oeko=
nomie, eine Art Organismus; es bewegen sich nämlich mehrere
Planeten um sich, unter sich und um die Sonne in steter Ord=
nung. Es herrscht hier eine unabänderliche Ordnung und Einheit,
und da Gott der Schöpfer dieses Systems ist, drückt diese or=
ganische Ordnung Gottes heiligen Willen aus. Die Kenntniß
von diesem geregelten Sonnensystem berechtigt uns auch, es als
eine erhabene Schönheit zu betrachten.

Unter den Planeten unseres Sonnensystems muß der
Mond hier besonders erwähnt werden. Der Mond, der in
einem besondern Verhältniß zu unserer Erde steht, hat auch
durch seine Eigenthümlichkeit einen besondern Einfluß auf unsere
Gefühle; er ist in seinem Verhältniß zum menschlichen Leben
etwas recht Schönes. Die Stille und Dunkelheit der Nacht
wird von dem Monde recht angenehm, wie das dunkle Zimmer
von einer Lampe erhellet; sein sanftes Licht verursacht in der
schweigenden Nacht eine stille Feierlichkeit. Gerne richtet sich das
von Kummer und Schmerz oder auch von warmer Liebe erfüllte
Herz zu ihm auf und nimmt ihn zum Zeugen des stillen
Schmerzes und Kummers. Das ruhige stille Fortschreiten des
Mondes ist ein anschauliches Bild des stillen und geordneten
Wirkens der Natur. Auch seine Veränderungen haben einen
besondern Einfluß auf das gefühlvolle Herz; der aufgehende
Vollmond ist die Erscheinung einer großen Pracht und Feierlichkeit;
seine Abnahme und sein Untergang erfüllt mit stiller Wehmuth. In
wie vielen Beziehungen ist der Mond von jeher zu den Geistes=
und Herzenszuständen von den Dichtern benutzt worden?

Wie der Mond bei Nacht stille Pracht verbreitet, so ver=
breitet die majestätische Sonne bei Tag Licht, Wärme und

Leben. Von ihrem Aufgange bis zu ihrem Untergange bietet sie Momente des erhabenen Naturschönen. Der Uebergang der Nacht in den Tag, welchen die Aurora bildet, ist eine Erscheinung, welche die Seele mit sanften Gefühlen belebt. Die dunkle Nacht ist das Bild des Todes, und erfüllt die Seele mit Schauer und mit dem Verlangen nach Licht, Wärme und Leben. Siehe, die Morgenröthe bricht an, der dunkeln Nacht entsteigt ein sanftes gelbröthliches Licht, breitet sich immer weiter aus und verkündigt das Ende der Nacht und die Auferstehung des Lebens. Die schwarze Farbe ist das Bild des Todes, des Mangels an Licht und Leben. Weiß und Gelb ist der Anfang des Lebens und Roth ist die volle Blüthe des Lebens. Der Anbruch der Morgenröthe erfüllt daher das gefühlvolle Herz mit stiller Wonne; denn die Morgenröthe verkündigt durch ihr weißes, gelbes und röthliches Licht, daß die Nacht, das Bild des Todes weiche, und daß Licht, Wärme und Leben wieder zurückkehren. Aurora ist die Vorläuferin und Heroldin jenes herrlichen Schauspiels, des Sonnenaufganges. Aus dem halben Lichte und der noch unentschiedenen Farbe der Morgenröthe entwickelt sich allmählig das herrliche Tageslicht. Daß die Morgenröthe von jeher einen ästhetischen Eindruck gemacht hatte, beweiset die griechische Mythe von der Aurora; sie wird da die Botin der Sonne genannt und es wird ihr ein röthlich glänzendes Angesicht und rosenfarbige Finger beigelegt. Sie fährt auf einem goldenen Wagen, der mit zwei beflügelten weißen Rossen bespannt ist. Hier finden wir auch wieder die weißliche, gelbliche und röthliche Farbe, welche die Ankunft des Lichtes, der Wärme und des Lebens verkündigt. Wie gerne wird daher die Morgenröthe von christlichen Dichtern als das Bild des einst anbrechenden herrlichen Morgens, der Auferstehung, gebraucht? Sie ist das Bild des Ueberganges aus dem dunkelfarbigen Leben zum himmlischen Lichte oder der ewigen Herrlichkeit.

Die mit Sehnsucht erwartete Sonne geht auf und zeigt sich durch den dichten Dunstkreis der Erde gesehen als eine große feurige Kugel. Welch erhebendes und die Brust erweiterndes Gefühl erweckt der majestätische Aufgang der Sonne, der Bürge des Lichtes, der Wärme und des Lebens! Das Leben siegt stets über den Tod, der Tod ist ja nicht Anderes als der Ueber= gang zum neuen Leben! Mit Recht gebraucht man daher den Aufgang der Sonne auch als Bild der Auferstehung und des Uebergangs zum ewigen Leben. Jeder Sonnenaufgang verkün= digt uns die Entstehung des Lebens aus der Verwesung oder dem Tode des Lichtes aus der Nacht, unsere eigene Auferste= hung aus dem Grabe. Still und geräuschlos steigt die Sonne nach unserer gewöhnlichen Anschauungsweise am Himmel em= por, entfaltet eine herrliche Pracht, wirkt segnend und erhal= tend; sie ist deswegen das Bild der schaffenden und erhaltenden Naturkraft, die Königin des Lebens und Offenbarung der Güte und Herrlichkeit Gottes. Wie natürlich haben daher die Gott suchenden Völker des Alterthums zum Lichte und Glanze der Sonne emporgeschaut und in ihr den Gott des Lebens, der Freude und des Segens gefunden! Die Sonne ist ja die Quelle des Lichtes, des Lebens und der Freude. Oken sagt daher: „Wärme mit Licht ist Feuer. Das Feuer ist die Allheit des Aethers, ist der erscheinende Gott in seiner Allheit." Es gibt kein höheres und vollkommneres Symbol der Gottheit als das Feuer. Steigt die Sonne höher, so wird ihr Licht immer weißer, reiner und stärker, die Sphäre derselben scheinbar kleiner, weil sie nicht mehr durch die Schichten des niedern dicken Dunstkreises, son= dern durch eine Luftsäule, die von der Erde aufwärts immer weniger Dunst hat, gesehen wird. Sie wandelt während des Tages über die Erde hin, wird Zeuge von Allem was geschieht, erfreut die Menschen durch ihr Licht, ihre Wärme und ihre schaffende und belebende Kraft. Gegen das Ende des Tages neigt sie sich am Horizont dem Untergange zu; sie entzieht sich unserm Anblick hinter einem Berge oder Walde. Vor ihrem Scheiden läßt sie uns noch einmal ungefährlich in ihr Antlitz schauen, gleichsam um die Mutter des Lebens noch einmal begrüßen zu können. Wie die aufgehende Sonne die Rückkehr des Lebens verkündigt, und unser Herz mit sanfter Freude erfüllt, und uns neu belebt; so erfüllt uns die untergehende Sonne mit sanfter Wehmuth, indem sie uns an den ewigen Wechsel der Dinge mahnt und uns erinnert, daß Alles dem Tode zueilt, aus dem Tode aber Leben entsteht. Das scheidende Licht, das Element des physischen und geistigen Lebens, stimmt unser Herz wehmuthsvoll, weil die Nacht der Feind des Lebens ist. Die Abenddämmerung ist die umgekehrte Morgenröthe; ist nämlich die Sonne untergegangen, so ist das Sonnenlicht nicht ganz verschwunden, das röthliche Licht wird nach und nach gelblichweiß, bis es die dunkle Nacht vollends verschlungen hat. Die Abenddämmerung oder das Zurückfallen der Farbe in das Farbenlose, ist der letzte Strahl der Hoffnung. Wie die Auflösung der Farben in das Dunkle oder Schwarze nur successive. geschieht, so alle Auflösung in den Tod. Die Morgenröthe ist das Bild alles Werdens, der erste Bildungstrieb, die Abenddämmerung hingegen das Bild alles Vergehens und Auflösens.

Die Nacht ist Mangel des Lichtes, das Bild der Erstarrung und des Todes oder die Kehrseite des Lebens, daher hat die dunkle Nacht etwas Schauerliches. Die dunkle Nacht ist der Abgrund, der alle sinnlichen Gegenstände mit ihrer Farbenpracht verschlungen hat, oder das offene Grab der Welt. Weil die Nacht die bunte Wirklichkeit dem wachen Auge entzieht, beschränkt sie den Geist auf sich, erweckt besonders die Thätigkeit der Einbildungskraft, und indem sie den Menschen in dem offenen Grab der Erde wandeln läßt, erfüllt sie ihn mit Schauer. Die Einbildungskraft von dem Eindruck der Sinne nicht mehr zurückgedrängt, schafft Geschöpfe der Nacht und Nichtwirklichkeit, läßt an der Stelle der Lebenden Gespenster erscheinen und setzt sich besonders mit dem finstern Reiche der Geister in Verbindung. Während das Licht die höhern Vermögen des Geistes für das Lichtreich erschließt, setzt die Nacht die niedern Vermögen desselben in Thätigkeit.

Die Griechen haben auch die majestätische Pracht der Sonne anerkannt und sie deswegen zu einer Gottheit erhoben. Die Erscheinung der Sonne wurde unter einem mythischen Gewande dargestellt.

Außer der Sonne bemerken wir bei Tag am Himmel entweder das tiefe Blau, das azurne Himmelsgewölbe oder Wolken und Gewitter. Der wolkenlose Himmel, der Azur, macht einen angenehmen Eindruck auf den Geist, denn er ist das Bild des reinen fleckenlosen Herzens, der schuldlosen Heiterkeit. Wie das körperliche Leben durch die reine Luft gefördert wird, so erweitert sich das gefühlvolle Herz beim Anblick des azurnen Himmels und wird zu stiller Freude gestimmt. Welch heitere Stimmung erzeugt der Anblick des azurnen Himmels, wenn mehrere trübe Tage vorangegangen sind? Wie heiter und froh fühlt man sich an einem schönen Sommermorgen in der Natur? der blaue Himmel wölbt sich wie ein krystallener Dom über dem Haupte des sinnigen und gefühlvollen Naturfreundes.

Wie sich in dem blauen unermeßlichen Himmelsgewölbe eine mathematische Größe und Schönheit darstellt, so offenbart sich durch das Gewitter eine dynamische Größe und Schönheit. Es steigen Dünste auf, diese sammeln sich und bilden Wolken und gestalten sich an dem blauen Himmel zu einer schönen Mannigfaltigkeit in Betreff ihrer Größe, Farbe, Gestalt und Bewegung. Welch schönes Schauspiel gewähren uns oft die Wolken beim Auf= und Untergang der Sonne! Die Wolken empfangen entweder zuerst das aufgehende Licht der Sonne, oder behalten es noch, wenn die Sonne unserm Auge schon entschwunden ist und lassen es, wie aus einem Feuersee widerstrahlen. Zuweilen häufen sich die Wolken über einander, wie große Gebirgsmassen, und zuweilen verflachen sie sich am Horizont. Zu Zeiten eilen die Wolken schnell über unser Haupt hin, ein anderes Mal bleiben sie lange an einer Stelle und behaupten ihre Gestalt. Angenehm wird zuweilen der Azur von Wolken unterbrochen. Welche grotesken Figuren bilden oft zufällig die Wolkenmassen?

Sammeln sich die Wolken zu einem Gewitter, so entsteht eine schwüle Stille und ein dumpfes Erwarten. Menschen und Thiere sind niedergeschlagen und voll banger Erwartung dessen, was da kommt. Aller Augen sind auf die Erscheinung gerichtet, in welcher Gott zu den Menschen spricht, wie vom Berge Sinai. Man vernimmt von ferne ein tiefes und dumpfes Tosen, es folgen kurze Zuckungen des Blitzes, und es donnert stärker und näher; mit jedem Augenblick wird man gespannter und sorgsamer. Stärkere Blitze zerreißen die Dunkelheit der Gewitternacht, und zeigen die von dem Gewitter unzerstörbare Erde, es folgen heftige Donnerschläge, die Erde zittert, der Wind sauset, die Wolken brechen und stürzen Ströme herab. Mit dem Geräusch des Regens verbinden sich noch stärkere Blitze und heftigere Donnerschläge. Es stürmt, es tobt, es heult, es blitzt und donnert wieder und wieder. Es herrscht hier ein wilder Kampf der Elemente, und darum ist das Gewitter eine schauerliche Erscheinung. Das herannahende Gewitter kehrt den Geist anfangs in sich, es entsteht ein dumpfes und banges Gefühl; mit dem nahenden und stürmenden Gewitter erweitert sich aber das Herz, es erkennt in demselben ein höheres Walten und Herrschen, und erhebt sich vertrauensvoll zu dem Herrn der Schöpfung, der in demselben nahe zu seyn scheint. Furchtbar ist aber diese Nähe Gottes. Je mehr sich der Sturm der Elemente legt, desto leichter wird es dem bangen Herzen, froh und heiter schaut es mit Bewunderung und Ehrfurcht dem verschwindenden Gewitter nach; es stimmt ein Loblied auf den Schöpfer Himmels und der Erde an. So drückend und hemmend die dumpfe und schwüle Luft von dem Gewitter auf die lebenden Geschöpfe wirkte, so sehr erquickt die gereinigte und abgekühlte Luft nach dem Gewitter. Die Erquickung der gereinigten und kühleren Luft ist aber nicht ohne Einfluß auf die geistige Stimmung des Menschen. Wie vielfach sind daher die

Gefühle, welche das Nahen, der Erguß und die Entfernung desselben erzeugen! Da der Christ in dem Gewitter ein Wirken und Walten Gottes erkennt, so sind alle diese Gefühle religiöser Art. Das Gewitter ist ein mächtiger Kampf der Naturkräfte und eine herrliche Ausgleichung dieses Kampfes. Es ist ein Vorbild des menschlichen Ringens und Kämpfes um einen ewigen Frieden. Da die Naturkräfte, ihr Kampf und ihre Ausgleichung zur Einheit und Ordnung der Wille Gottes ist, so ist das Gewitter auch eine Wiederholung der bildenden und gestaltenden Weltschöpfung. Welch große Bedeutung hat das Gewitter in der hebräischen Poesie! Das Gewitter ist dem frommen Israeliten das Nahen Gottes und die Offenbarung seiner Herrlichkeit. Ein israelitischer Dichter läßt Ps. 18 Jehova dem um Hülfe flehenden Bedrückten in einem Gewitter zu seiner Rettung erscheinen:

In meiner Bedrängniß rief ich Jehova,
Und zu meinem Gott schrie ich,
Er vernahm aus seinem Pallast meine Stimme,
Und mein Geschrei kam vor ihn in seine Ohren:
Da wankt' und bebte die Erde,
Und die Grundfesten der Berge erzitterten,
Und schwankten, weil er zürnete.
Es stieg Rauch aus seiner Nase,
Und Feuer aus seinem Munde, fressend,
Kohlen brannten aus ihm.
Und er neigte den Himmel und fuhr hernieder,
Dunkel unter seinen Füßen.
Und er fuhr auf dem Cherub und flog,
Und schwebt' auf des Windes Fittigen.
Er machte Dunkel zu seiner Hülle, um sich her zu seinem Zelt,
Regen-Nacht, dichtes Gewölk.
Aus dem Glanze vor ihm her
Brannten Feuer-Kohlen.
Und Jehova donnerte im Himmel,
Und der Höchste ließ seine Stimm' erschallen
Unter Hagel und Feuer-Kohlen.
Er schoß seine Pfeil' und zerstreute sie,

Und der Blitze viel, er trieb sie in Flucht.
Und es zeigten sich die Thäler des Meeres,
Und enthüllten sich die Grundvesten der Welt
Vor deinem Schelten, Jehova,
Vor dem Schnauben deiner Nase.
Er streckte (seine Hand) von der Höh, und faßte mich,
Zog mich hervor aus großem Gewässer.

Hat sich der wilde Sturm gelegt, und kehrt die sanfte Ruhe der Natur wieder, so zeigt sich oft bei Tag eine Erscheinung an dem Himmel, die von jeher einen ästhetischen Reiz hatte, der Regenbogen. Es bildet sich der Sonne gegenüber ein bunt= farbiger Bogen am Himmelsgewölbe, der den sanften Frieden der Natur verkündigt. „Der Regenbogen," sagt Oken, „ist ein Ring um die Sonne von unendlichen Positionen der Son= nenbilder in der Finsterniß." Der Regenbogen ist die Sieges= krone der Harmonie der Elemente, denn wenn diese noch so sehr in Kampf gerathen, so gleichen sie sich doch wieder zu einer friedlichen Verträglichkeit aus. Wie lieblich ist die Erscheinung der Iris nach einem schwarzen und stürmischen Gewitter! We= gen der lieblichen Erscheinung hat die Phantasie der Griechen den Regenbogen zur Iris, einer wirklichen Gottheit gemacht, und dem Dienste der Juno beigesellt. Sie wird von Juno als Bötin gebraucht, wie Merkur von Jupiter als Bote, und steigt auf dem Regenbogen zur Erde nieder oder fliegt herab, indem sie tausend verschiedene Farben bei gegenüberstehender Sonne nach sich zieht. S. Virg. Aen. 4, 200 flg. In religiöser Be= ziehung hat der Regenbogen eine schöne Bedeutung. Nachdem Jehova das sündhafte Menschengeschlecht mit Ausnahme Noahs und seiner Familie durch eine Fluth vertilgt hatte, schloß er einen Bund mit Noah und sprach: „Das ist das Zeichen des Bundes, den ich schließe zwischen mir und zwischen euch, und zwischen allen belebten Wesen, welche um euch sind, für die fernsten Geschlechter. Meinen Bund habe ich gestellt an die Wolken, der soll seyn zum Zeichen des Bundes zwischen mir und der Erde. Und es soll geschehen, wenn ich Wolken ziehen lasse über die Erde, und der Bogen gesehen wird in den Wol=ken: so will ich gedenken meines Bundes, der zwischen mir und euch besteht, und zwischen allen lebendigen Wesen in allem Fleische, und nie soll wieder das Wasser zu solcher Fluth wer=den, die alles Fleisch vertilge." 1 Mos. 9, 11—16. Wie der Regenbogen in religiöser Beziehung die Bürgschaft ist, daß nie mehr alles Lebendige durch eine Wasserfluth vertilgt werde, so verkündigt er uns nach dem Gewitter wieder Ruhe und Frieden, die Aussöhnung der Elemente. Er ist Bürge, daß sich die Naturelemente nicht selbst zerstören, sondern aus dem heftigsten Kampfe zur Eintracht zurückkehren. Der Regenbogen steht als ein freundlicher und erfreulicher Zeuge an dem Himmelsgewölbe, daß die Natur mit dem Menschen Frieden geschlossen hat oder daß das allgemeine Leben nicht mehr durch den Kampf der Elemente gefährdet werde.

§. 69.
Das Naturerhabene.

Da wir hier das Naturerhabene genauer bestimmen und auf einen Ausdruck bringen wollen, müssen wir zu dem Begriff des Erhabenen überhaupt zurückkehren, und darnach das Erha=bene in der Natur bestimmen. Das Erhabene ist im Gebiete des Geistes diejenige Schönheit, in welcher die Idee oder der Geist in individueller Erscheinung den höchst=möglichen Ausdruck bekommt. Das Erhabene und Schöne sind wesentlich eins, nur werden sie gewöhnlich graduell unterschieden. Das Schöne wird nur im Gegensatz gegen das Komische, der unvollkom=menen Erscheinung der Idee oder der gemeinen Wirklichkeit erhaben genannt. Erhaben ist daher nur ein relativer Ausdruck des Schönen. Das Tragische wird z. B. erhabene Schönheit genannt, weil sich die tragische Person durch ihre unbesiegbare Willenskraft über die gemeine Wirklichkeit erhebt. Das Erha=bene in der Natur wird daher auf ähnliche Weise aufgefaßt und bestimmt werden müssen. Erhaben wird gewöhnlich ein Gegenstand der Natur genannt, insofern er mit andern verglichen wird, und diese an Größe und Kraft übertrifft. Man nennt z. B. den Sternenhimmel, das brausende Meer, ein Gewitter, einen feuerspeienden Berg ꝛc. erhaben, weil dieses Erscheinungen sind, in welchen sich die Naturkräfte in einem weit größern Felde und mit größerer Anstrengung entfalten als in andern. Das Naturerhabene ist daher ein Naturschönes in höchstem Grade. Da nun aber die Naturschönheit darin besteht, daß sich das allgemeine Leben in einem individuellen Organismus beschränkt und bewegt oder daß der Begriff oder das Wesen einer organischen Individualität in vollständige reale Erscheinung trete; so können wir zunächst das Naturerhabene in alle diejenigen Erscheinungen setzen, in welchem das elementarische Naturleben im Großen hervortritt. Das Naturerhabene tritt daher besonders da hervor, wo die elementarische Kräfte noch nicht in einzelnen Gebilden sich ausgeglichen und zur ruhigen und zweckmäßigen Thätigkeit vereinigt haben. Die Erscheinungen des Naturerhabenen sind daher gewöhnlich furchtbar, weil sie von einer solchen intensiven und extensiven Kraft begleitet sind, daß der Mensch sich schwach und klein gegen dieselbe fühlt. Indem wir nun dem schwankenden und oft zu weit ausgedehnten Begriffe des Naturerhabenen ein bestimmtes und begränztes Gebiet anweisen möchten, beschränken wir dasselbe auf alle die Naturerscheinungen, in welchen bloß die elementarischen Naturkräfte hervortreten und schließen dadurch alle Erscheinungen der organischen Natur aus. Weil eben in diesen Erscheinungen das elementare Naturleben hervortritt, ist dieses weit auffallender und ergreifender als die Erscheinungen im Gebiete des organischen Lebens, wo dieselben Kräfte sich zur stillen Thätigkeit ausgeglichen haben. Betrachten wir alle die Gegenstände etwas genauer, die man gewöhnlich unter das Naturerhabene stellt, den Sternenhimmel, das Gewitter, Erdbeben, das stürmische oder ruhige Meer, den Sonnenaufgang,

einen feuerspeienden Berg ꝛc., so finden wir bloß die elemen=
tären Naturkräfte wirken. So frappant daher z. B. die Er=
scheinung eines Vesuv ist, so ist doch eine einfache Blume oder
Pflanze eigentlich schöner als ein feuerspeiender Berg, weil sich
dort die elementarischen Kräfte zu einem organischen Zusammen=
wirken beschränkt haben.

Das Naturerhabene, als Erscheinung des elementarischen
Naturlebens, ist etwas Objektives, weil aber das Schöne
desselben schwer zu bestimmen war, nahm man Zuflucht zu dem
Subjekte, auf das dasselbe einen Eindruck macht und setzte das
Schöne desselben in einen Zustand des Fassungsvermögens, wie
Kant und Schiller gethan haben. Ersterer nannte einen solchen
Gegenstand der Natur erhaben, der über unsere Combination
soweit hinaus liegt, daß keine Beziehung auf Zweckmäßigkeit
möglich ist. Das Erhabene muß aber dennoch auf Ideen bezo=
gen werden, es ist doch nicht zweckwidrig, weil es vernunft=
widrig wäre, sondern weil es über unser Beurtheilungsvermögen
hinausgeht. Es bezieht sich unmittelbar auf den formalen
Vernunftbegriff, den unser Beurtheilungsvermögen nicht zu
fassen vermag. Nach dieser Ansicht ist nicht die äußere Erschei=
nung das Erhabene, sondern das Bewußtseyn unserer Ver=
nunftkraft und damit verbundene angenehme Gefühl. Wie
kann aber eine Erscheinung dieses Bewußtseyn und Gefühl er=
wecken, wenn sie nicht selbst so beschaffen ist oder eben dadurch
von andern verschieden und darum erhaben ist? Liegt das Er=
habene nicht selbst in der Erscheinung, so ist es eigentlich nur
Täuschung. Die Erfahrung spricht auch gegen die Behauptung
Kants, daß das angenehme Gefühl, welches das Erhabene in
uns weckt, in dem Gefühl unserer Vernunft oder dem Bewußt=
seyn unserer Vernunftkraft bestehe, weil der Mensch den Er=
scheinungen des Erhabenen, des elementarischen Lebens gegen=
über, sich immer klein und schwach fühlt. Mit dem Gefühle der
Schwäche verbindet sich gewöhnlich das religiöse der Abhängig=
keit, Demuth und Ehrfurcht.

Auf ähnliche Weise hat Schiller das Naturerhabene zu bestimmen gesucht, er sagt nämlich: „Wenn ich eine Größe logisch schätze, so beziehe ich sie immer auf mein Erkenntnißvermögen; wenn ich sie ästhetisch schätze, so beziehe ich sie auf mein Empfindungsvermögen. Dort erfahre ich etwas von dem Gegenstand, hier hingegen erfahre ich bloß an mir selbst etwas, auf Veranlassung der vorgestellten Größe des Gegenstandes. Dort erblicke ich etwas außer mir; hier etwas in mir. Ich messe also auch eigentlich nicht mehr, ich schätze keine Größe mehr, sondern ich selbst werde mir augenblicklich zu einer Größe und zwar zu einer unendlichen. Derjenige Gegenstand, der mich selbst zu einer unendlichen Größe macht, heißt erhaben." Zerst. Betr. über versch. ästh. Gegenstände. Es erhellet von selbst aus dieser Stelle, daß sich Schiller bei der Bestimmung des Erhabenen auf den kantischen Standpunkt des Subjektivismus oder Idealismus gestellt hat, darin aber von Kant abweicht, daß er das Erhabene bloß in das Gefühl der absoluten Geistigkeit des Geistes der Naturerscheinung gegenüber setzt. Er sieht das Erhabene der Größe nicht als eine objektive Eigenschaft des Gegenstandes an, dem es beigelegt wird, sondern bloß als die Wirkung unseres eigenen Subjekts auf Veranlassung jenes Gegenstandes. Das Erhabene, wenn es auch von einem äußern Gegenstand veranlaßt wird, entsteht doch eigentlich nur im Subjekte durch ein bestimmtes Verhältniß zwischen der Vernunft und Einbildungskraft, einerseits durch das vorgestellte Unvermögen der Einbildungskraft, die, von der Vernunft, als Forderung aufgestellte Totalität in Darstellung der Größe zu erreichen, andererseits durch das vorgestellte Vermögen der Vernunft, eine solche Forderung aufstellen zu können. Schiller fühlte selbst das Ungenügende dieser Erklärung und strebte über diesen Subjektivismus hinauszukommen; allein während er sich über denselben erheben will, fällt er doch immer wieder dahin zurück. Er sucht das Erhabene auch in dem Objekte, allein er findet in diesem nur die Veranlassung zu dem Erhabenen, welches erst

in dem Subjekte erzeugt wird, und meint, wenn wir auch dem
Gegenstand das Prädikat des Erhabenen beilegen, so müsse doch
in unserm Subjekte ein nothwendiger Grund enthalten seyn,
warum wir von einer gewissen Klasse von Gegenständen gerade
diesen und keinen andern Gebrauch machen. Da aber der Geist
der Spiegel ist, in dem die äußere Welt sich reflektirt, oder zum
Bewußtseyn und Gefühl kommt, so kann das Subjekt die äußere
Gegenständen nicht zu andern machen, als sie wirklich sind.
Schiller trennte nicht streng das Bewußtseyn und Gefühl des
Geistes von dem objektiven Gegenstand, und wenn er auch die=
sen als die Veranlassung des Erhabenen anerkennt, so läßt er
doch demselben nicht den Charakter des Erhabenen, sondern
setzt dieses bloß in eine Wirkung unsers eigenen Subjekts.
Konsequenter Weise müßte er denn auch allen andern Gegen=
ständen der Natur und Kunst, die wir schön nennen, den ob=
jektiven Charakter des Schönen absprechen und dieses nur in
einer Wirkung des Subjekts suchen. Es ist allerdings wahr,
daß das Schöne nur für Den schön ist, der es als solches schaut
und empfindet, und daß der Genuß des Schönen in einer sub=
jektiven Geistesthätigkeit besteht, allein daraus folgt eben, daß
das Schöne objektive da ist oder daß die Idee eine individuelle
Erscheinung erlangt hat. Wenn Einer das Schöne an und in
einem Gegenstande erkennt und schaut, während der Andere
dasselbe nicht findet und empfindet, so kann man doch nicht an=
nehmen, daß der Erstere den Gegenstand durch die Wirkung
seines Subjekts erst zu einem schönen mache, oder daß das
Schöne bloß subjektiv sey oder nur in einer Wirkung des Sub=
jekts bestehe. Wenn Schiller selbst sagt: „Daher die stupide
Unempfindlichkeit, mit der der Wilde im Schoos der erhaben=
sten Natur und mitten unter den Symbolen des Unendlichen
wohnen kann, ohne dadurch aus seinem thierischen Schlummer
geweckt zu werden, oder auch nur von Weitem den großen Na=
turgeist zu ahnen, der aus dem Sinnlichunermeßlichen zu einer
fühlenden Seele spricht;" so gibt er ja selbst zu, daß außerhalb

des Subjekts das Erhabene in Gegenständen bestehe, daß hier die Symbole des Unendlichen zu finden seyen, wenn diese der Wilde auch nicht erkenne und fühle, und unterscheidet, aber gleichsam unbewußt, die Wirkung des Erhabenen auf das Subjekt von dem wirklichen erhabenen Gegenstand.

Kant hat das Naturerhabene in ein mathematisches und dynamisches eingetheilt, das Erhabene des Raumes von dem der Kraft geschieden, jenes auf unsere Erkenntniß, dieses auf unser Begehrungsvermögen bezogen; beiden aber auch nur einen subjektiven Charakter beigelegt, indem beide durch den Gegensatz und Widerspruch gegen die Schranken nur unsere Vernunft wecken, welche durch den Widerspruch nur desto mehr ihre Kraft fühlt. Schiller bestimmt das mathematisch Erhabene als das, was unsere Fassungskraft übersteigt, und das dynamische als das, was unserer Lebenskraft droht. Jean Paul, der das Erhabene als das angewandte Unendliche definirt, macht eine zweifache Eintheilung des Naturerhabenen, indem er das auf das Auge angewandte das mathematische oder optische, das auf das Ohr das dynamische oder akustische nennt.

Indem wir das Naturerhabene als die Erscheinung oder Wirksamkeit der elementarischen Naturkräfte definiren, haben diese Eintheilungen für uns keinen Werth. Diese Definition schließt das mathematisch oder optisch Erhabene und das der Zeit aus und beschränkt sich bloß auf das dynamische. Da das Erhabene bloß durch Wirksamkeit oder Leben in der Bewegung oder Ruhe in die Erscheinung tritt, so kann es eigentlich kein mathematisch Erhabenes geben, oder da die Natur lauter Leben, gleichsam ewiges Leben ist, muß das mathematisch Erhabene zugleich ein dynamisches seyn. So wenig es in der Natur leeren Raum gibt, so wenig kann es ein Erhabenes des leeren Raumes oder einer großen Leere geben. Raum und Zeit sind Abstraktionen des menschlichen Verstandes und existiren nicht als solche an sich; abstrakte Begriffe können aber nicht den Charakter der Schönheit haben, weil sie nicht ein Seyn in

entsprechender Form sind. Der unendliche Raum ohne Erfül=
lung, die Höhe, Tiefe und Ausdehnung, die Zeit als unend=
liches Einerlei der Aufeinanderfolge ist nichts Reelles an sich
betrachtet. Nennen wir den unermeßlichen Sternenhimmel eine
erhabene Naturschönheit, so erscheint er uns als solche nicht,
weil er für das Auge unermeßlich ist, sondern weil der unend=
liche Raum mit Licht und unzähligen Körpern erfüllt ist, die
in ihrer ewigen Bewegung das elementarische Leben des Wil=
lens darstellen. Der Himmelsraum ist von lauterem elemen=
tarischem Leben erfüllt, wenn wir die ewigen Bewegungen der
Himmelskörper Leben nennen wollen. Das stürmische und
ruhige Meer ist etwas Erhabenes, weil in dem ersten Falle
das elementarische Leben in großer Bewegung, in anderm Falle
in der Ruhe erscheint. Die Ruhe des Lebens ist aber nicht
Tod. Die unabsehbare Meeresfläche kann nicht darum erhaben
genannt werden, weil sich unserm Auge ein unermeßlicher Raum
darstellt, sondern weil dieser Raum mit elementarischem Leben
erfüllt ist. Wir nehmen gewiß Anstand, eine unabsehbare
Sandwüste etwas Erhabenes zu nennen, und mit Recht, weil
hier alles Leben erstorben ist. Wir können daher Burke nicht
beistimmen, der auch negative Dinge erhaben nennt, wohl
können wir aber den Zustand eines Dinges als einen erhabenen
ansehen, in dem sich die Kraft sammelt oder concentrirt, um
sich zu einer neuen Erscheinung zu entwickeln. Weil wir das
mathematisch Erhabene ausschließen und nur das dynamische
als solches anerkennen, stimmen wir Solger bei: „Große Mas=
sen können nicht an sich, sondern nur, sofern sie eine Totalität
von Kraft enthalten, erhaben seyn. Daher wirken große Na=
turgegenstände als erhaben auf uns, weil wir die ganze Na=
turkraft darin concentrirt finden." Große Gebirgsketten z. B.
können uns nicht an sich, als aufgethürmte Masse, erhaben
erscheinen, sondern nur weil sie das Produkt einer außerordent=
lichen Kraft sind und diese Kraft noch in der Ruhe in
sich enthalten.

Wir kommen hier nun auf das zurück, was wir oben an=
gedeutet haben, als von dem Erhabenen des Geistes die Rede
war, daß nämlich namentlich das Naturerhabene nicht in der
neuen Proportion der Elemente des Schönen bestehen könne,
die sich der des einfach Schönen entgegensetzt. Das Wesen des
Erhabenen wird von einigen Aesthetikern nämlich so aufgefaßt,
daß dieses dadurch zur Erscheinung komme, wenn die ruhige
Gleichheit der Elemente des Schönen gestört werde und die Idee
oder das Unendliche, die Form oder das Endliche überwältige
und sich in seiner allem Endlichen überlegenen Größe uns zeige.
Weil aber die meisten Aesthetiker den Begriff des Schönen nur
von der gemeinen Wirklichkeit abstrahirten und diese nicht in
ihrer vollen Idee auffaßten, konnte ihnen der wahre Unterschied
des Erhabenen und Schönen nicht recht klar werden. Das Er=
habene ist das Schöne und das Schöne das Erhabene, jedoch
mit dem Unterschiede, daß das erhaben Schöne eigentlich nur
im Gebiete des sich bewußten und freien Geisteslebens, das
eigentlich Schöne nur im Gebiete der bewußtlosen und noth=
wendigen Natur in die Erscheinung tritt. Das wahrhaft mensch=
liche Leben, wie wir dieses in der Idee auffassen, ist ein erhaben
schönes, weil es die Auswirkung und Entfaltung ewiger Ideen
ist, oder weil hier alle Erscheinungen das deutliche und spre=
chende Gepräge eines sich selbstbewußten und sich selbst bestim=
menden Geistes an sich tragen. Das Geistesleben in der Zeit=
lichkeit oder Endlichkeit ist dießseits allein erhabene Schönheit;
denn hier tritt die Idee in ihrer alles Einzelne im Leben be=
herrschenden Macht hervor. Das Schöne im eigentlichen Sinne
hat seinen Erscheinungskreis im Reiche der organischen Natur,
wo das Selbstbewußtseyn und die Freiheit des Geistes in die
nothwendige Gesetzmäßigkeit umgeschlagen hat. In den organi=
schen Gebilden der Erde haben sich die Prozesse der Elemente
zum Frieden und zur Einheit ausgeglichen, und das organische
Leben ist Realität einer Idee oder eines ewigen Begriffes.
Woher kann man sich anders die unendliche Mannigfaltigkeit

und Verschiedenheit der organischen Gebilde und die wesentliche Fortdauer derselben erklären, als aus der Annahme, es liegt allen ein bildender Geist oder ein ewiger Begriff zu Grunde? Wenn wir nicht in Abrede stellen können, daß alles Organische aus einem dreifachen Lebensprozeß, dem gestaltenden, chemisirenden und elektrisirenden, entstehe, so läßt sich doch aus diesem dreifachen nothwendigen Lebensprozeß noch nicht erklären, warum gerade die Urmaterie, der Schleim, zu dieser bekannten organischen Welt von Thieren und Pflanzen gestaltet wurde und in dieser Erscheinung erhalten wird. Die Erscheinung der organischen Welt nöthigt uns bis zu einem Geistigen in der Materie fortzuschreiten, um uns das Daseyn derselben erklären zu können. Ohne ein Geistiges oder einen inwohnenden bildenden Begriff ist die Natur todt, wie unser Körper todt ist, wenn sich der Geist ihm entzieht. Insoferne nun jedem einzelnen Organismus ein ewiger Begriff inwohnt, und sich dieser in demselben realisirt hat, ist jedes organische Wesen wahre Schönheit. Es ist jedoch schon bemerkt worden, daß die Erscheinung des Schönen Grade oder Abstufungen habe. Im Gebiete also des organischen Lebens stehen die zwei Faktoren des Schönen, die Idee, der Begriff, das Geistige, oder wie man den einen Faktor nennen mag, und die Form, Gestalt, der Organismus, in harmonischem Gleichgewicht, denn hier ist die Idee oder der Begriff ganz in die Wirklichkeit aufgegangen. Im Gebiete der Natur kann daher auch nicht die Rede von einem Erhabenen in dem Sinne seyn, daß das Erhabene durch das Ueberragen oder Hinauswachsen der Idee über die sinnliche Form in die Erscheinung trete, so daß sich Unendliches und Endliches nicht mehr decken. Die organische Welt ist so ganz recht, was sie seyn kann und muß, oder wie Plato sagt, die Welt ist die schönste und vollkommenste. Da der Begriff in dem organischen Gebilde ganz aufgegangen ist, kann er nicht mehr stärker hervortreten, als er nun einmal erschienen ist; dazu kommt noch, daß sich die Realisirung des Begriffes an nothwendige Gesetze

gebunden hat, in welchen die Realität des Begriffes auch verharret. Da wir nun das Erhabene aus dem Gebiete der organischen Welt hinausweisen und es allein dem Geistesleben in
der Zeitlichkeit vindiciren, können wir dieses nur auf einem
höhern Standpunkte als auf dem der meisten Naturphilosophen
dem ganzen Weltall, und einigen großen Erscheinungen
in demselben beilegen, weil wir auf diesem das Weltall als die
unendliche Erscheinung des unendlichen Geistes erkennen. Das
Weltall ist ein unendliches Kunstwerk, denn es ist die Realwerdung des unendlichen Schöpfergedankens. Insofern nun der
Schöpfergedanke ein unendlicher ist, ist auch das Weltall ein
unendliches und muß als die volle Realisirung des Schöpfergedankens erkannt werden. Nicht, weil hier der Schöpfergedanke über das Weltall hinausragt und in seiner allem
Endlichen überlegenen Größe vor uns steht, Welt und Schöpfergedanke müssen ja sich decken oder in einander aufgegangen seyn,
wenn Gott seinen Gedanken wirklich realisirte, sondern weil
dieses Kunstwerk über Alles erhaben ist, ist es eine unendliche
Erhabenheit.

Da wir außer dem Weltall auch den großen Erscheinungen
des elementarischen Lebens, wie wir dieß genannt haben, das
Prädikat des Erhabenen zukommen ließen, so wollen wir hier
nun sehen, wie wir dieselben auf unserm Standpunkt zu betrachten haben, um ihnen den Charakter des Erhabenen zu
retten. Außer dem ganzen Weltall, dem wir erhabene Schönheit zuerkennen müssen, obgleich es nicht ein Gegenstand unserer
Erfahrung seyn kann, geben wir zunächst dem Sternenhimmel
das Prädikat des Erhabenen, weil dieser uns den deutlichsten
Blick in das Universum gestattet. Der Sternenhimmel ist für
uns ein unabsehbarer Raum, der mit Licht und unzähligen
Körpern erfüllt ist, die sich in dem ewigen Lichtmeer in Einheit
und Harmonie bewegen. So weit unser Auge reicht, ist der
Himmel nur ein Theil des unendlichen Weltalls, das als der
realisirte Schöpfergedanke Gottes von uns erkannt wird. Wie

nun das unendliche Weltall eine erhabene Schönheit ist, so ist es auch der unermeßliche Theil desselben, den wir im Sternen= himmel erblicken. Wenn wir auch in dem unermeßlichen Hori= zont nur todte Massen erblicken, die in unabänderlicher Ord= nung und Einheit sich bewegen und durch diese Bewegung ein gewisses Leben offenbaren, so erfüllt uns doch der Anblick dessel= ben mit Bewunderung, Staunen und Ehrfurcht, weil wir hier die Realität des ewigen Schöpfergedankens Gottes erkennen. Der Schöpfergedanke, den wir in dem Sternenhimmel realisirt sehen, ist Gottes Gedanke und der Gedanke ist der aus sich selbst hervorgetretene Geist Gottes; Gottes Geist ist daher ver= mittelst des Gedankens im Universum real oder daseyend. Ebenso verhält es sich mit den andern großartigen Erscheinungen der Naturkräfte. Die Naturkräfte sind der realgewordene Wille Gottes. Beziehen wir diese Erscheinungen nicht auf ein höheres Geistiges, das darin waltet und sich offenbart, so haben sie auch keine ästhetische Bedeutung mehr. Daher müssen wir besonders auf unserem Standpunkte Solger, wenn ihn auch die rein dialektischen Aesthetiker einen theosophischen nennen, Recht geben, der sagt: „Ueberall aber ist etwas Wirkendes, Thätiges, ein Einwirken des Göttlichen in die wirkliche Welt nöthig, um das Erhabene hervor zu bringen. Und nicht bloß im Göttlichen, sondern ebensogut auch im Irdischen erscheint das Erhabene unter denselben Bedingungen." Im Gewitter kommen gewal= tige Naturkräfte zur Erscheinung, die durch Entleerung zur Ruhe und zum Frieden zurückkehren, durch Kampf sich in Harmonie auflösen; insofern nun die Naturkräfte und ihre Wirkungen Gottes Wille sind, erscheint uns im Gewitter Got= tes Nahen und Wirken. Insofern wir nun alles Leben und Wirken in der Natur auf Gottes Gedanken und Willen zurück= führen, erkennen wir auch in der Natur Gottes Walten und Wirken, und bestimmen das Naturerhabene als diejenigen großartigen und feierlichen Erscheinungen des elementarischen Lebens, welche uns Gottes Daseyn und Walten in der

Natur auffallender darstellen, als das organische Leben und Wirken, welches unsere Erde umfaßt. Auf ähnliche Weise haben auch die frommen Israeliten diese Naturerscheinungen betrachtet. Ich erinnere hier nur an das 38ste Kapitel des Buches Hiob, das Gottes unergründliche Weisheit in den Wundern der Natur darstellt.

Aus dem Gesagten erhellet auch, daß die Heiden, weil sie die Welt nicht als die Wirkung Eines absoluten Willens betrachteten, das Naturerhabene nicht in dem Sinne auffassen konnten, in welchem wir es auffassen.

§. 70.

Die Erde oder die irdische Schönheit.

Die Erde, die wir bewohnen, ist der Schauplatz und Wirkungskreis der verschiedensten Kräfte und Wesen. Wie die Erde selbst die vollkommenste Gestalt, die sphärische, angenommen hat, so herrscht durch alle Wesen und Kräfte, die ihr angehören, die größte Mannichfaltigkeit, Ordnung und Einheit. Die Störungen der irdischen Harmonie, der Kampf der Elemente, die physischen Uebel ꝛc. sind nur als Uebergänge und Ausgleichungen zu betrachten. Insofern die Erde die Realität des weisesten Schöpfergedankens ist, ist sie die vollkommenste und in ihr selbst ist kein wahres Uebel oder etwas Böses. Da auch die Erde, wie das Universum, nach dem vollkommensten Ideal geschaffen wurde, wie sich Plato ausdrückt, so ist sie auch vollkommen und schön, und es ist nichts Böses in ihr. Die Erde ist, auf dem christlichen Standpunkt betrachtet, der Wohnort des Menschen, und Alles, was da ist, ist für ihn und in Bezug auf ihn, er ist der Herr der sichtbaren Schöpfung, lebend und wirkend in ihr im Geiste des Schöpfers. Die Erde ist das Werk des allmächtigen Willens, und als solches Offenbarung von Gottes Allmacht, Weisheit, Güte, Gerechtigkeit ꝛc. Die Erde, oder wie wir sie so oft auch nennen, die Natur, ist daher für den Christen nicht eine todte Masse, sondern der äußerste oder

letzte Ausdruck der Liebe Gottes. Der Christ erkennt in dem
Daseyn und Leben der Gesammtheit der Erdengeschöpfe Gottes
Gedanken und Willen, er huldigt daher nicht der Natur, son=
dern dem Schöpfergeiste Gottes in der Natur. In der Natur
erkennen wir, wie im ganzen Universum, denn sie ist ja nur
die Wiederholung desselben, der Mikrokosmus im Verhältniß
zum Weltall, Gottes realgewordenen Schöpfergedanken
oder die Wahrheit in dem Seyn, der Mannichfaltigkeit und
den Verhältnissen der Dinge zu einander, Gottes realgewor=
denen Willen in der Ordnung, Harmonie und Zweckmäßigkeit,
und Gottes realgewordene Liebe in der Nützlichkeit, Dienlich=
keit und Genießbarkeit der mannichfaltigsten Dinge. Als Rea=
lität des Gedankens, des Willens und der Liebe Gottes ist die
Erde mit ihren mannichfaltigen Wesen und Kräften eine hohe
Schönheit; denn so betrachtet ist die Erde oder die Natur der
sich selbst entäußernde Geist, oder der Gegensatz der Allgemein=
heit des Begriffes und der Besonderheit des Daseyns. Oken
nennt die Naturschönheit die bewußtlose Gestaltung der Welt=
gesetze, die Weltgesetze aber göttliche Gesetze. „Es gibt auch
eine Naturschönheit — bewußtlose Gestaltung der Weltgesetze."
Die göttlichen Gesetze sind auch die Gesetze der Welt; diese ist
daher nach ewigen und unveränderlichen Gesetzen erschaffen und
wird auch nach solchen regiert." Naturphil. 3715 und 54.

Die Natur wird gemeiniglich theoretisch in drei Reiche
getheilt, die daher den Inbegriff der ganzen Natur bilden.
Diese drei Reiche stehen aber in einem engen Zusammenhange;
in dem Mineralreiche beginnen die elementarischen Stoffe eine
Gestaltung anzunehmen, in dem Pflanzenreiche erhebt sich die
Materie zum Lichte und wird belebt von diesem, und im Thier=
reiche ist die Materie von der Erde frei und empfindend gewor=
den. Das Mineralreich stellt in Beziehung auf den Schöpfer
mehr die Wahrheit, das erstarrte Licht dar, das Pflanzenreich
mehr die Schönheit, Fülle und Mannichfaltigkeit und das Thier=
reich mehr die Güte und Liebe dar.

Wie die Gesammtheit dieser drei Reiche eine erhabene Idee realiter darstellen, und mit einander die Naturschönheit ausmachen; so stellt jedes Reich für sich, jedoch jedes in höherm oder niederem Grade, eine erhabene Idee dar, und ist für sich Naturschönheit. Da wir die einzelne Schönheit immer als Aehnlichkeit oder Offenbarung der absoluten Schönheit oder als Mikrokosmus der unendlichen Schönheit des Weltalls aufsuchen, und von dem absolut Schönen ausgehend, das Schöne in den besondern Erscheinungen abwärts bis zum letzten oder äußersten Ausdruck verfolgen, so müssen wir hier mit dem vollkommnern oder höher stehenden Naturreich, dem Thierreich, den Anfang machen, und bis zum niedersten, der äußersten Grenze der Erscheinung des Schönen in der Natur herabsteigen.

§. 71.
Das Thierreich.

Das Thierreich ist die fortwährende Entwicklung einer großen Idee, die in den mannichfaltigsten frei sich bewegenden Organismen in die Erscheinung tritt. Wie das Thierreich von dem Pflanzenreich verschieden ist, so ist auch die Idee eine andere, die ersterem zu Grunde liegt, oder sollte man annehmen, daß das durch das Weltall herrschende Lebensprinzip sich durch blinden Zufall der Materie bemeistert, und diese zu unendlich vielen und mannichfaltigen sich frei bewegenden Individuen gestaltet habe? Woher kommt es denn, daß die Thiergattungen ihrem Urtypus stets getreu bleiben, wenn auch mit klimatischen Unterschieden doch wesentlich dieselben sind? Das ganze Thierreich ist in beinahe unendlicher Abstufung die Realität der Idee von dem frei sich bewegenden Leben oder des Schöpfergedankens Gottes in Betreff dieses Lebens. Das Thierreich ist in seiner Gesammtheit die höchste oder vollkommenste Gestaltung der Materie zum freien Leben. Alle Elemente, Erde, Wasser, Luft und Feuer sind in dem Thierreiche zur individuellen Entwicklung, Ausgleichung und Einheit gekommen; das einzelne

Thier ist daher die Wiederholung des Universums, Mikrokosmus die höchste Organisation der Materie oder die lebendige Materie. Oken sagt in Beziehung auf die Thiere,
indem er sie mit den Pflanzen vergleicht, sehr treffend: „Die
Pflanze ist ein durch die Finsterniß verspätetes Thier; das Thier
eine durch das Licht unmittelbar ohne Wurzel blühende Pflanze.
Das Thier ein Planetenganzes, unmittelbar vom Lichte aufgenommen; die Pflanze ein Planetenganzes in sich verstockt." „Das Thier
ist ein ganzes Sonnensystem, die Pflanze nur ein Planet; jenes
Mikrokosmus, dieses Hemikosmus." Naturphilos. 1782 ff.

Weil die Idee des freien (sich frei bewegenden) Lebens sich
in dem Thierreiche durch die verschiedensten Gestalten darstellt,
ist dieses Naturschönheit. Wie das Ganze schön genannt
wird, so sind es auch die einzelnen individuellen Gestalten, aus
welchen das Thierreich besteht. Da wir aber in diesem eine
unzählige Abstufung von der vollkommensten thierischen Organisation, von dem höchsten Grad des thierischen Lebens bis zu
einem Minimum des beweglichen Lebens, den Uebergang des
Thierreiches in das Pflanzenreich wahrnehmen, so müssen wir
auch verschiedene Grade annehmen, in welchen das Naturschöne
vermittelst des Thierreiches wirklich wird. Insofern nun jedes
einzelne Thier ein Organismus oder eine zur Erschöpfung oder
Verwicklung der unendlichen Lebensidee bestimmte Form oder
individuelle Gestalt ist, kommt ihm das Prädikat schön zu; es
ist schön, weil es auf seiner Stufe und in seiner Art das ganze
Thierreich, und nicht nur dieses, sondern das ganze Universum
in einer Einheit darstellt, oder weil es Miniatur des Thierreiches und des Universums ist.

§. 72.
Der Mensch oder die körperliche Organisation
des Menschen.

Die Organisation des menschlichen Körpers ist nach unserer
Erfahrung die höchste und v o l l e n d e t s t e auf Erden; der

menschliche Körper steht daher an der Spitze der thierischen Organisationen und ist im Gebiete des animalischen Lebens die **höchste Naturschönheit.** Weil alle organischen Bildungen sich in dem menschlichen Körper wiederholen und den höchsten Grad erreichen; so sagt Oken sehr treffend: „Die höchste Naturschönheit ist das universale Stück der Natur, der Mensch. Der Mensch drückt das letzte Ziel des Willens der Natur aus. Im Menschengeschlecht ist die Welt individual geworden. Der Mensch ist das Ebenbild der Welt. Seine Sprache ist der Geist der Welt. Alle Verrichtungen der Thiere sind im Menschen zur Einheit, zum Selbstbewußtseyn gekommen."

Die Schönheit der menschlichen Gestalt ist auch von der Art, daß wir uns kein harmonischeres, edleres und vollkommneres Gebilde der thierischen Organisation denken können. Zuerst fällt uns die **aufrechte Stellung** des menschlichen Körpers in die Augen, denn nur in dieser Stellung bemerken wir recht die Proportion seines Baues. Das Thierreich ist der Sieg des Lebens, der freien Bewegung über die Gebundheit an die Erde; daher sagt Oken: „das Thier ist eine durch das Licht unmittelbar ohne Wurzel blühende Pflanze." Die Pflanze strebt nach dem Lichte empor und erreicht ihre höchste Vollendung in der Blüthe; wird die Blüthe von dem Stamme und der Wurzel los, so entsteht das Thier. Die zum Vollkommeneren aufwärts steigende Organisation der Thiere ist immer ein größerer Sieg des Lebens über die Materie, das Leben reißt sich immer mehr von der Erde los und will Licht werden; keine thierische Organisation erreicht aber diesen Zweck vollkommener als die menschliche; sie bewegt sich frei auf der Erde und schaut zum Lichte auf. Das Haupt des Menschen ist die höchste Blüthe.

In der aufrechten Stellung kann sich der Mensch leicht und ungezwungen nach allen Richtungen wenden; daher kann nur er tanzen oder sich rhythmisch bewegen. Während die Thiere auf vier Füßen gehen, der Erde sich zuneigen, und die Augen auf der Seite des Kopfes haben, ist der Mensch, vermöge seiner Gestalt und der Zusammenfügung seiner Glieder fähig, dem ganzen Leibe eine nach oben gekehrte Richtung zu geben. Sokrates sagt von dieser aufrechten Stellung, daß sie den Menschen in Stand setze, weiter als die Thiere sehen, und das, was über ihm ist, besser betrachten zu können und weniger Schaden zu leiden. Da der menschliche Körper nur mit zwei Füßen am Boden steht, ist der obere Leib ganz frei und unabhängig, und kann die verschiedensten Verrichtungen vornehmen.

Die Proportion der Glieder erhebt auch den menschlichen Körper zu dem schönsten Erdengeschöpfe. Der Kopf hat zum Rumpf, die Hände und Füße zu dem ganzen Körper das gefälligste Ebenmaß. Die Arme und Hände sind geeignet, die edelsten und kunstreichsten Verrichtungen vorzunehmen. Die Arme sind frei von der Erde, am Ende des Rumpfes angebracht, gerundet und der freiesten Bewegung fähig; die schöne weiße Hand ist mit den beweglichen und kunstfähigen Fingern versehen. Die Fettigkeit oder Magerkeit ist über den ganzen Körper verhältnißmäßig vertheilt. Diese wohlgefällige Proportion finden wir bei den Thieren nicht; obgleich nämlich der thierische Körper nicht ohne Proportion, Harmonie und Ebenmaß ist, so ist er doch nicht in dem Grade vollkommen, wie der menschliche Körper.

An dem menschlichen Körper bemerken wir am deutlichsten, daß alle Organisation nach der Erreichung der vollkommensten Form, der Sphärengestalt, strebt; und weil die Menschengestalt die höchste thierische Organisation ist, tritt auch die Sphärengestalt in den einzelnen Theilen deutlicher hervor als bei den Thieren. Der menschliche Körper ist daher eine höhere Naturschönheit als die des thierischen Körpers. Die innern Organe haben auch wirklich, die einen mehr, die andern weniger, die sphärische Gestalt. „Alles Organische ist sphärisch, das Unorganische eckig," sagt Oken. Die äußere Menschengestalt scheint eine Zusammensetzung von lauter Sphären zu seyn,

welche sich durch reiche und sanfte Uebergänge und Verbindun=
gen zu diesem ganzen Leibe vereinigen.

Der Kopf des Menschen ist sphärisch, so weit die Natur=
bildung die Sphärengestalt erreichen konnte. Die größere und
gewölbtere Stirne mit dem gerundeten Hinterhaupte und dem
einwärtsstehenden Munde und Kinn, die ganze, mehr abgerun=
dete Form des Kopfes bildet den äußern Unterschied des mensch=
lichen Hauptes von dem thierischen Kopfe, der eine mehr läng=
lichte Form hat. An dem Haupte des Menschen verbinden sich
mehrere Sphären, die Stirne mit dem Hinterhaupte, die Wan=
gen mit dem Munde und Kinn zu einem wohlgefälligen, schönen
Ganzen. Selbst die Zähne stehen mehr in einem Kreise, und
sind geordneter und verhältnißmäßiger gestellt, als bei den
Thieren. Die Brust stellt auch eine vollkommenere Sphären=
gestalt dar, als die der Thiere. Die menschliche Brust, beson=
ders die Brüste, bilden einen großen Unterschied des Menschen
von den Thieren. Auch der Bauch des menschlichen Körpers
nähert sich mehr der sphärischen Gestalt als der der Thiere,
denn dieser ist länglichter. Daß die Organisation des mensch=
lichen Körpers nach der Sphärengestalt strebte, zeigt sich ferner
noch an den Hinterbacken und den stark gerundeten Waden,
welche den Thieren mangeln. In allen Muskeln ist das Stre=
ben der Natur, sphärische Gestalt anzunehmen, erkennbar.
Auch die Rückseite des menschlichen Körpers, welche weniger
vollkommen ausgebildet zu seyn scheint, als die Vorderseite,
welche gleichsam dem Lichte zugekehrt ist, ermangelt des Aus=
druckes der sphärischen Bildung nicht; wir bemerken dieses
Streben der Naturbildung an den Schultern, Hinterbacken und
Waden. Durch diese scheint die Natur eine Ausgleichung be=
wirkt zu haben.

Zu all diesem, was dem menschlichen Körper eine höhere
Schönheit verleihet, kommt die Haut und Farbe desselben als
Unterschied von den Thieren. Während die Haut der Thiere
entweder ganz mit Haaren oder Federn bedeckt ist, sind am

menschlichen Körper die Haare zur Zierde und zum Schutze
vertheilt. Das Gesicht der Thiere ist ganz mit Haaren bedeckt
und daher nicht geeignet zu einem höhern Ausdrucke. Nur der
obere Theil des menschlichen Hauptes ist mit langen Haaren
bedeckt, welche dem Haupte zum Schutze und zur Zierde dienen,
und nur an den Kinnbacken und über dem Munde des Menschen wächst langes Haar. Die Augbrauen sind, wie Sokrates
sagt, gleichsam ein Seihetuch für den Schweiß, der vom Haupte
herabfließt. Das weibliche Angesicht ist bartlos, und zu weichem,
sanftem Ausdruck daher geeigneter als das männliche. Wie
weit schöner steht dem Manne das Haupthaar und der Bart
als dem Löwen die Mähne. Die ausdrucksvollsten Theile des
Gesichtes, die Stirne, die Augen, die Wangen, Lippen und
Nase sind frei von Haar und Bart. Wie häßlich erscheint daher
der Affe, dessen Gesicht und Leib ganz mit Haaren bedeckt ist,
gegen den menschlichen Körper! Weil die Haut des Menschen
nicht mit dichten und langen Haaren besetzt ist, kommt der
schöne Gliederbau und die Fleischfarbe mehr zum Vorschein.
Und weil das Haupt des menschlichen Körpers sich weit über
die Erde erhebt und sich dem Lichte zuwendet, erscheinen an
demselben die edelsten Farben, Roth und Weiß. Welch lieblichen Ausdruck hat daher das menschliche Angesicht vor dem
des Thieres! Das Rosenroth der Wangen verliert sich sanft
in die röthlich weiße Fleischfarbe. Rubinen sind die Lippen,
wie die arabischen Dichter sie nennen. Wenn auch Thiere bunte
Haare, schöne Flecken und Zeichnungen, schöne und glänzende
Federn oder schimmernde Flügel haben, so können sie doch nicht
mit dem menschlichen Körperbau und der Fleischfarbe verglichen
werden.

Erkennen wir den menschlichen Körper als die höchste und
vollkommenste animalische Organisation, so muß auch dieser
Naturbildung ein höherer Begriff zu Grunde liegen. Der
menschliche Körper ist nicht nur äußerlich der vollkommenste
animalische Körper, sondern ist auch innerlich durch und durch

edler und vollkommener organisirt als die thierischen Körper;
es muß daher ein anderes und höheres bildendes Prinzip in
ihm liegen als in den Thieren. Betrachten wir den menschlichen Körper zunächst nur in Betreff seiner organischen Vollkommenheit und geben wir zu, daß sich derselbe nicht von selbst
baue oder durch Zufall so gestalte, so müssen wir mit Aristoteles annehmen, daß der Leib eine Vielheit von Organen ist,
welche alle zusammen einen immanenten Zweck haben, oder
daß er ein System von Organen ist, daß aber der immanente
Zweck, durch welchen die Theile zu Gliedern der Organen, der
bloße Körper zu einem Leibe, die verschiedenen Organe zu einem
Organismus wird, die Seele sey. Die Seele ist daher der
immanente Zweck des Leibes oder die Bestimmung des Organismus, die Entelechie des Leibes oder das, wozu der Leib
angelegt ist; daher ist der Leib nicht ohne Seele, und beide
stehen in einer so engen Verbindung und Beziehung zu einander.

Fassen wir den Leib nach der Aristotelischen Ansicht nur als
die Realität der Seele auf, und diese als den Zweck des Leibes,
oder nach dem Spinozistischen Ausdruck die Seele als die Idee
des Leibes, den Gedanken, welcher der Schöpfung des Leibes
zu Grunde liegt; so erscheint in dem menschlichen Wesen einerseits die Seele als die einfache Allgemeinheit, welche alle die
vielen einzelnen Organe zu einer Totalität oder einem Organismus verbindet, andererseits der Leib als die Verwirklichung
der Seele oder der Idee des menschlichen Wesens. Vereinigt
das menschliche Wesen eine Idee mit einer individuellen Erscheinung, das Allgemeine mit einem Besondern, so können wir
keinen Anstand nehmen, das Daseyn des Menschen eine hohe
Naturschönheit zu nennen.

§. 73.
Der sinnlich geistige Mensch.

Das menschliche Wesen kann wohl als die Verwirklichung
der Seele in der leiblichen Organisation angesehen werden,

allein hiemit ist das Wesen des Menschen noch nicht erschöpft. Die Seele des Menschen ist nicht nur eine Lebensseele oder eine Idee, die dem körperlichen Daseyn zu Grunde liegt, die Ente= lechie des Leibes, wie wir diese bei allen lebenden Wesen, den Thieren, finden, sondern in der menschlichen Seele wohnt selbst wieder ein höheres Lebensprinzip, das sich selbstbewußte, sich selbstbestimmende und sich selbstfühlende Ich oder der Geist. Betrachten wir das menschliche Daseyn von dieser Seite, wie sein leibliches Daseyn und Leben von dem Bewußtseyn beherrscht und bestimmt ist, wie sein leibliches Leben Ausdruck des Geistes ist, so erscheint uns der Mensch nicht mehr als bloße Natur= schönheit, sondern als erhabene Schönheit. Wird das Be= wußtseyn des Geistes endlich durch ein höheres Licht erleuchtet und das Gemüth von reiner Liebe erfüllt, und vereinigt sich ein wiedergeborner Geist mit einem vollkommenen leiblichen Or= ganismus, so erblicken wir das leibliche Leben von himmlischem Lichte und hehrem Glanze verklärt. Gratior et pulchro veniens in corpore virtus. Aen. V. 343.

Der Geist gibt sich in seiner bleibenden und vorübergehen= den Stimmung kund durch die Gesichtszüge, Mienen, Gebärden, Bewegungen, die Stimme ꝛc., obgleich diese nicht ein nothwendiger Ausdruck des Geisteszustandes sind, weil der Mensch vermöge seiner Freiheit sich verstellen kann. Die innere Wahrhaftigkeit, Einheit und Ruhe, die Gewißheit der Erkenntniß, die feste Kraft des Willens und die Liebe des Her= zens, wie die innere Entzweiung, Unruhe und das Zerwürfniß, der Kampf des Willens mit der Vernunft und der Pflicht, das von Leidenschaften bewegte Gemüth, erhalten einen physiogno= mischen Ausdruck, bilden stehende Gesichtszüge, wiederkehrende Mienen und Bewegungen oder Gebärden. Der gute oder böse Geist wird das bildende Prinzip des leiblichen Lebens nach Außen. Oken sagt daher in Betracht des Menschen: „Der Mensch ist eine Idee Gottes, aber diejenige, in der sich Gott ganz, in allen einzelnen Akten, zum Objekt wird. Der Mensch ist Gott vorgestellt vor Gott in der Unendlichkeit der Zeit. Gott ist ein Mensch vorstellend Gott, in einem Selbstbewußtseyns-Akt, ohne Zeit."

Als Ausdruck des Geistes steht das Auge oben an; es ist die unmittelbarste und vollständigste Offenbarung des Innern. Die unstete Beweglichkeit des Auges offenbart die nie ruhende Thätigkeit des Geistes. Das helle glänzende Auge ist der Spiegel, in dem die tiefe und reine Gemüthlichkeit, die frohe Heiterkeit, die Liebe, das Wohlwollen, das Vertrauen und der Dank sich reflektiren. Wie schön ist der Blick des verklärten Auges, wenn es sich voll Vertrauen, Liebe und Dankbarkeit zum Himmel richtet! Wie schön der Blick, den die liebevolle Mutter auf ihren Säugling wirft!

Die Stirne ist das Firmament des Hauptes, denn sie drückt die ernste, strenge, entrüstete und drohende Stimmung des Geistes, das herannahende und ausbrechende Geistesgewitter aus, aber auch die stille, heitere und zufriedene Stimmung desselben. Die willkührliche Bewegung der Muskeln, das Falten oder Entfalten derselben, und das Zusammenziehen und Ausdehnen der Augbrauen vermag so Vieles auszudrücken.

Mit der Bewegung der Stirnmuskeln verbindet sich die Haltung und Stellung des Mundes oder der Lippen und der angränzenden Muskeln. Um den Mund drückt sich Milde und Sanftmuth, fromme Resignation, Anmuth und Holdseligkeit aus, aber auch das Gegentheil. Wie schön gestaltet sich der Mund beim sanften, wohlwollenden Lächeln, aber wie ganz anders bei dem bittern Hohngelächter, bei dem Sarkasmus!

Die Rundung der Wangen hängt mit der heitern, friedlichen, wohlwollenden Geistesstimmung zusammen, und die Ausdehnung und Verlängerung derselben mit Mißmuth, Unzufriedenheit, Verdruß 2c. Welche hohe Schönheit stellt sich daher auf dem Gesichte des gläubigen und liebevollen Geistes dar! Welcher Vorzug vor den Thieren! Das Angesicht kann die Erscheinung eines Engels oder Teufels seyn.

Nicht nur die Gesichtszüge und Mienen, sondern auch die Gebärden und Bewegungen versichtbaren das Innere und erhalten von diesem Grazie und Würde. Die Stellung des Leibes drückt entweder Muth, frohe Zuversicht, Glaubensfestig= keit ꝛc. oder Muthlosigkeit, Niedergeschlagenheit und Verzweif= lung aus. Wie viel die Bewegung der Hände zum Ausdruck der geistigen Stimmung beitrage, lesen wir schon bei Quinti= lian: „Die übrigen Glieder helfen dem Redenden, sie aber (die Bewegungen der Hände), möchte ich sagen, sprechen selbst.‟

Die Sprache, dasjenige Mittel, durch welches der Mensch sein Inneres am vollständigsten ausdrücken kann, gehört nur hieher, insofern durch den Nachdruck der Stimme, den Rhyth= mus und Accent der Geisteszustand entsprechend ausgedrückt wird. —

Welch erhabene Schönheit stellt daher der vollkommene menschliche Körper dar, wenn ihm ein Geist inwohnt, welcher mit göttlicher Kraft bildet und gestaltet! Der Leib, besonders das Gesicht, wird stehender Ausdruck der innern Gottergebenheit, des reinen Herzens und der tiefen Seelenruhe — des ewigen Frie= dens. Welche Holdseligkeit spricht sich auf dem Gesichte aus! Hat der Geist das göttliche Lebensprinzip in sich aufgenommen, und herrscht dieses in ihm, so bricht das Göttliche durch die sterbliche Hülle durch und verklärt den Leib. Ist der Geist innigst mit Gott vereint, und waltet Gottes Geist in ihm, so verleihet er seinem Leibe eine besondere Herrlichkeit, und macht ihn zum Tempel des heiligen Geistes. Die glaubens= und liebevollen Anmuthungen, Wünsche und Begehrungen, die an= dauernd sind, prägen sich in bestimmten Gesichtszügen aus; daher bleiben diese Züge, so lange dieses Gemüth in dem Kör= per herrscht. Die sinnliche Schönheit vergeht, allein diejenige, welche ein mildes, sanftes, demüthiges, reines und tiefes Ge= müth den Gesichtszügen aufgedrückt hat, ist selbst noch im Alter erkennbar; anziehend, und verbreitet noch über das Angesicht der Todten, welche im Herrn entschlafen sind, einen Leibreiz.

Die bloß sinnliche Schönheit ist abstoßend, wenn sich eine häßliche Seele hinter dieser Hülle birgt.

So steht der Mensch in der Vereinigung geistiger Hoheit und Kraft mit einem sinnlich vollkommenen Körper da, als erhabene Schönheit, nicht nur als das erste Geschöpf der Erde, sondern auch als Herrscher im Geiste Gottes. In dem Menschen, der nach dem Ebenbilde Gottes geschaffen wurde, finden wir daher die vollständigste Offenbarung des Göttlichen, ein erhabenes Kunstwerk der Schöpfung. „Der Mensch," sagt Oken, ist der ganz erschienene Gott."

Als die griechischen Künstler zu dem Selbstbewußtseyn gelangten, daß sie nicht in den nothwendigen Gang der Dinge verflochten seyen, sondern als freie Glieder in der Schöpfung dastehen, und ihre eigenthümlichen sittlichen Triebe und Bedürfnisse fühlten, konnten sie zur Darstellung ihrer Götterideen kein passenderes Symbol wählen, als die menschliche Gestalt; denn sie erkannten den Menschen nun als Besitzer eines höheren Lebens und edlerer Kräfte, als sich in der Natur finden. Um Götter, höhere Kräfte als der Mensch selbst besitzt, in menschliche Gestalt zu kleiden, mußten die griechischen Plastiker sich sorgfältig bemühen, den menschlichen Körper in seiner größten Vollkommenheit darzustellen, um ihn zum Träger des Göttlichen zu machen. Dieses Streben wurde auch oft mit glücklichem Erfolg gekrönt.

Weil, wie oben gesagt wurde, der menschliche Körper das schönste und vollkommenste organische Gebilde der sichtbaren Schöpfung und Träger höherer Kräfte ist, stellten die griechischen Plastiker zur Zeit der höchsten Blüthe der Kunst die Menschengestalt nackt dar, um Götter= und andere Ideen zu versinnlichen. Es zeigt sich das Streben der Künstler, die Natur in ihrer unschuldigen Unmittelbarkeit darzustellen und dem sinnlichen Leben die schönste und edelste Bedeutung zu geben. Da der Körper die reale Idee oder Seele ist, wie Spinoza und Aristoteles meinen, so ist auch die reine Form und das harmonische Verhältniß des unmittelbar dargestellten Leibes der Ausdruck der Harmonie, der Reinheit und frischen Kraft des Innern. Die Darstellung des Nackten kann daher nur bei demjenigen Anstoß finden, der nicht mehr reines Herzens ist. Die griechischen Künstler waren auch durch die Sitten und Einrichtungen ihres Volkes berechtigt, nackte Formen zu wählen, um ihre Ideen mit Bestimmtheit und Lebensfülle darzustellen, und sie konnten um so sicherer die Proportion und Harmonie des menschlichen Körpers nachbilden, als sie oft an der kraftvollen Jugend bei den athletischen Kämpfen die Wohlgestalt des menschlichen Körperbaues wahrnehmen. Treffend sagt Dr. O. Grüneisen in Betreff des Nackten der griechischen Plastik: „Eine gesunde Sinnlichkeit ist immer von dem Hauche der Sittlichkeit umflossen, und kann dem unbefangenen und arglosen Gemüthe keinen andern, als den Eindruck der unmittelbaren Schönheit, Kraft oder Anmuth verschaffen, während eine krankhafte und verderbte Phantasie ihr Gift in die reinsten Gebilde hineinträgt und allem Heiligen den zarten Schleier der Schaam abreißt." Ueber das Sittl. der bild. Kunst bei d. Gr. S. 31. Auch führt er zu seiner Behauptung aus Lactant. de opificio Dei, c. 7. die Stelle an: Ipsa nuditas hominis mire ad pulchritnem valet.

§. 74.
Die Thiere.

Von dem menschlichen Leibe an steigt die thierische Organisation abwärts durch die verschiedenen Geschlechter der Thiere, bis das freie Leben den geringsten Ausdruck erhält und durch die Blüthe in das Pflanzenreich umschlägt. Mit der verminderten Vollkommenheit des thierischen Organismus nimmt auch der Ausdruck der Schönheit ab, allein bis zum geringsten Thiere herab hat sich die Idee der Schönheit wirksam und gestaltend gezeigt; denn kein Thier ist als solches, in seiner Art und an seinem Orte, häßlich, wenn es auch auf der niedersten Stufe der organischen Bildung oder des frei sich bewegenden Lebens steht. Man nennt im gewöhnlichen Leben manche Thiere häßlich, weil sie in Vergleich mit andern auf einer niedern Stufe der Organisation oder des Ausdruckes der Schönheit stehen, oder weil man eine eigenthümliche Abneigung gegen dieselben hat, oder sie als schädliche Thiere fürchtet.

Die Idee des Lebens hat sich in den unzähligen Thieren auf eine bewunderungswürdig mannigfache Weise verkörpert; die Umgebung von zahllosen ihrer Gestalt und Bestimmung nach verschiedenen Thieren offenbart uns daher das Streben des freien Lebensprinzips, sich überall und auf was immer für eine Weise zum unmittelbaren Daseyn zu gestalten. Die mannigfaltigen Thiere, die uns stets umgeben, sind ein Beweis von dem Daseyn und Wirken eines ewigen Lebensprinzipes. Leben ist Liebe; daher ist diese Mannigfaltigkeit und Wiedererzeugung des Lebens Offenbarung des höchsten Lebens oder der höchsten Liebe. Jedem Thiere wohnt eine Seele inne, welche den Leib desselben gestaltet, die Organe zur Einheit verbindet, es zu einem Individuum macht und als solches erhält. Die Seele ist die lebendige Idee des Thieres, die sich in dem thierischen Leibe verkörpert hat; die Thierseele ist daher auch das, wozu der Leib angelegt ist, der immanente Zweck oder die Bestimmung des thierischen Organismus. Die menschliche Seele unterscheidet sich von der des Thieres dadurch, daß dieselbe mit Selbstbewußtseyn erfüllt ist, dem das Ich oder der Geist zu Grunde liegt. Ist nun jedes Thier die organische Realität seiner Seele, so läßt sich auch auf jedes unsere Definition von dem Schönen anwenden, denn jedes ist ein Seyn in der entsprechenden Form oder Gestalt.

Die vollkommenere Organisation und die Lebensfülle der Säugthiere verliert sich allmählig durch die Thierstufen abwärts; allein, obgleich dieses der Fall ist, so verhält es sich doch nicht genau so mit der äußern Schönheit der Thiere. Mancher Vogel, Käfer oder Fisch, der in Betreff der Vollkommenheit seiner Organisation unter den Säugthieren steht, ist seiner Gestalt, Farbe und Bewegung nach schöner, als die Fledermaus oder das Schwein. Betrachten wir nur ein einzelnes Thier aus der Reihe der Säugethiere, um an einem Beispiele die Natur-schönheit derselben darzustellen. Ein Hirsch ist ein Lebensorga-nismus, in dem sich das allgemeine Lebensprinzip vermittelst der lebendigen Idee oder der Seele desselben auf eine eigen-thümliche Weise gestaltet und zur unmittelbaren Schönheit ent-wickelt hat. Der Hirsch gefällt uns wegen seines schlanken Körperbaues, wegen der Proportion seiner Glieder, wegen sei-nes Geweihes ꝛc., sein ruhiger Gang oder sein flüchtiger Lauf zeigt uns eine Lebenskraft, die sich in einem wohlgefälligen Bilde und einer angenehmen Bewegung kund gibt. Hören wir selbst, wie der Verfasser des Buches Hiob das Pferd beschreibt, indem er Gott an Hiob die Frage stellen läßt. Kap. 39, 19—26:

„Gabst du dem Rosse Heldenmuth? bekleidetest du seinen Hals mit
  Hoheit?

Verliehst du Springen ihm Heuschrecken gleich? Pracht sein Schnauben! furchtbar Schrecken!

Es scharrt im Thal' und freut sich seiner Kraft, es zieht der Kriegs-
  rüstung entgegen.

Es lacht der Furcht und bebet nicht, und kehret vor dem Schwert
  nicht um.

Es flirrt auf ihm der Köcher, es flammt Speer und Spieß?

Mit Zittern und Beben schlürft es den Boden fort, und hält nicht
  Stand, wenn der Drommete Ruf erschallt.

Bei der Drommete ruft es: hui! und von ferne riecht's die Schlacht,
  der Feldherrn Donnerwort und Kriegsgeschrei."

Die verschiedenen Farben, Zeichnungen und Gestalten der Thiere in jeder Klasse, stellen eine Mannigfaltigkeit dar, die um so wohlgefälliger ist, als sich dadurch eine Fülle des Lebens offenbart, die unerschöpflich ist. Von den Säugthieren stehen viele dem Menschen zur Seite, und haben eine Art Vertrauen, Zuneigung und Gehorsam gegen ihn und dienen ihm. Diese Thiere sind Mitarbeiter für Genuß und Freude des Menschen und stehen daher in einem schönen Verhältniß zu dem Menschen.

Welch ein großes Feld von bunter Schönheit bietet das Vogelgeschlecht dar! Bei den Vögeln sind die Federn an die Stelle der Haare getreten, und gerade die bunten Federn, das schöne Gemisch derselben, zeichnen diese Thiergattung aus. Die Vögel sind in der Regel muntere Thiere, die sich vermittelst ihrer Federn und Flügel so leicht durch die Luft bewegen. Wie sehr wird die Natur durch die Vögel belebt! Die Gebüsche und Wälder und selbst die Luft ertönen von ihrem lieblichen Gesange. Die große Beweglichkeit der Vögel, ihr schneller Flug, besonders aber ihr Gesang ist der Ausdruck einer intensiven Lebenskraft. Der Vogel ist etwas Niedliches; denn die Pracht und Mannigfaltigkeit der Farben an den Federn geben ihm einen besondern Reiz. Wie gerne hat daher der Mensch die Vögel!

Auf einer tieferen Stufe der Organisation und der Schönheit stehen die Amphibien — die Eidechsen, Schildkröten, Schlangen, Frösche. Eben weil sie theils dem Lande, theils dem Wasser angehören oder in beiden Elementen nach einander leben können, haben sie eine schwankende, unentschiedene Organisation, und offenbaren keine besondere Lebenskraft.

Die Schönheit der Fische steht auch in dem Verhältniß zu dem Grade der Vollkommenheit ihrer Organisation. Die Fische treiben ein heiteres Spiel in dem Wasser, und erfüllen es mit Leben und Bewegung. Manche Fische haben glänzende Schuppen und blitzen durch das Wasser. Zuweilen scheinen die Fische aus Wohlseyn und Freude im Wasser zu spielen oder zu tanzen. Die Fische sind, weil sie nur im Wasser leben, immer reinliche Thiere.

In den Insekten scheint die Natur ihre Mitte bei der Gestaltung der Thiere erreicht zu haben. Die Idee des Lebens hat sich in ein buntes Spiel von Lebensformen aufgelöst; aber jede Gattung dieser Lebensformen stellt die Idee auf besondere Weise dar. In den Insekten finden wir noch einen organisirten Mikrokosmus, eine Wiederholung der Vermittelung des Unendlichen durch das Endliche auf einer niedere Stufe der

organiſchen Vollkommenheit. Auf dieſer Stufe der organiſchen
Bildung beginnt der Anfang der vollkommenſten Organiſation
des menſchlichen Leibes, wir finden nämlich in den Inſekten:
Gehirn, Rückenmark, Ganglien, Nerven, ein Herz, aber ohne
Blutgefäße, keine Lunge, weil das ganze Innere des Thieres
die Lunge erſetzt, ſtatt der Leber ſtellvertretende Gefäße; Mund,
Schlund, Magen und Darmkanal ſind vorhanden, und die
Geſchlechter getrennt; unter den Sinnwerkzeugen ſind die Fühl=
hörner und die Augen hervorſtechend, es herrſcht hier eine
große äußere Irritabilität der Bewegungsorgane und eine große
Muskelkraft. Man erinnere ſich in dieſer Beziehung nur, wie
die Inſekten größere Laſten, als ſie ſelbſt ſind, fortſchleppen;
welche Schnellkraft einige im Springen und Hüpfen zeigen.
Weil die Inſekten den Anfang einer höhern Organiſation zu
ſeyn ſcheinen, übertreffen ſie auch die höhern Thierklaſſen um
das Dreifache der Menge. Die höheren Thierklaſſen ſind wei=
tere Entwicklungen der Inſekten und eine vollſtändigere Offen=
barung deſſelben thieriſchen Lebens.

Die Verwandlung mehrerer Inſekten zeigt hier den
großen Organiſationsverſuch der Natur, das Beſtreben, zu
höhern Formen durchzudringen. Viele Inſekten kommen als
Larven aus dem Ei, werden Puppen und verwandeln ſich in
vollkommene Inſekten. Da eine totale Umgeſtaltung ſtattfindet,
beſteht zwiſchen den drei Zuſtänden keine Aehnlichkeit mehr.
Ueberraſchend iſt die Verwandlung einer an der Erde kriechen=
den Raupe in einen leichtbeflügelten Schmetterling. Bei dieſer
Verwandlung können wir das Streben der Natur, zur höhern
Organiſation durchzudringen am deutlichſten wahrnehmen: hier
geſtattet uns die im Dunkeln ſchaffende Naturkraft den tiefſten
Blick in ihr Wirken. Auf dem äſthetiſchen Standpunkt nimmt
der Schmetterling die erſte Stelle unter den Inſekten ein.
Mit Recht gilt er als Bild unſerer eigenen Auferſtehung und
Verwandlung; denn es bleibt beinahe keine Spur mehr von
dem zurück, was der Schmetterling als Raupe war.

„Man nennt die Schmetterlinge fliegende Blumen, allein
sie sind noch mehr. Wir sehen im Pflanzenreich die Gattungs=
reproduktion als das höchste Moment des Pflanzenlebens sich
ausbilden. Je zusammengesetzter die Blumentheile und je üp=
piger die Geschlechtswerkzeuge erscheinen, desto mehr nähert sich
die Pflanze ihrer Vollendung. Auch sind nur mit dem Begat=
tungsgeschäft die Erscheinungen einer analogen Reizbarkeit in
der Regel vergesellschaftet. Noch eine höhere Form aber erreicht
die Gattungsreproduktion in den Thieren da, wo die Jrritabi=
lität in die Jndifferenz der Animalität gelangt. Dieß ist der
Fall bei den Jnsekten, wo vor unsern Augen die Geschlechts=
losigkeit in Geschlechtsfülle übergeht an einem und demselben
Jndividuum. Alle die Verwandlungsformen dienen bloß dem
Zwecke, die Begattung als solche zu substanzialisiren. Hier ist
die reinste Naturliebe der Geschlechter; der fliegende Gatte hat
kein anderes Geschäft und lebt zu keinem andern Zweck, als die
fliegende Gattin, wo sie sich auch finde, aufzusuchen, die Reigen=
tänze um die Blumen mit ihr zu halten und nach wechselseiti=
gen Liebkosungen zu sterben. Nie aber ist die Liebe getrennt
vom Schönen, darum legt die organische Natur jedesmal ihren
üppigen Farbenschmuck aus, wenn sie ihre Geschöpfe zu diesem
Zwecke vereint. Wir sehen dieß noch mehr in den Schmetter=
lingen als in den Blumen. Jene ziehen das hochzeitliche Kleid
selbst an, diese umstellen nur wie ein Kreis von Gespielen das
Brautpaar. Die Schmetterlinge borgen gleichfalls ihren äthe=
rischen Farbenleib vom Licht, wie die Blumen. Nur erscheint
er in diesen wie ein Jnkarnat als in das Gewebe selbst einge=
woben, während er in jenen nur aufgetragen ist wie auf durch=
wirktem Silbergrund. Wer schafft diese Mosaik aus organischem
Staub, als ob ein Künstler mitten inne säße und im Besitz
aller Farbenmischungen seine Zeichnungen ausführte mit einer
Genauigkeit, daß auch nicht ein falscher Pinselstrich sich ein=
mischt? Dieser Künstler ist der Bildungstrieb selbst, der gerade
auf dieser Stufe als Maler erscheint, und nicht aus irdischem

Farbenstoff, sondern aus dem differenzirten Lichte selbst seine Farben nimmt und seine Zeichnungen kolorirt." Eschenmayers Grundriß der Natur-Philos. §. 265.

Bewunderungswürdig ist die Mannigfaltigkeit der Formen und Farben der Schmetterlinge. Bei den geschlechtslosen Insekten zeigt sich ein Staunen erregender Bildungstrieb nach außen in dem Bau von Kunstwerken; es erscheint hier eine große bewußtlose Intelligenz. Von den Insekten abwärts bis zu den Zoophyten nimmt die Vollkommenheit stufenweise ab, bis sie beinahe als gestaltloser Schleim oder Gallerte erscheint. Je geringer und unvollkommener die Organisation wird, desto geringer ist die Lebensfülle und der Ausdruck derselben. Die Idee des Lebens tritt daher abwärts immer mehr zurück, bis sie auf ein Minimum der Erscheinung herabgesunken ist, und in ein anderes Naturreich umschlägt. Da sich in den Insekten die Anfänge einer höhern Organisation und einer tiefern Lebensfülle offenbaren, können die Thiere, die unter diesen in Betreff der Organisation stehen, keinen großen Ausdruck von Schönheit haben. Die Uebergänge der Naturbildungen haben nichts Bestimmtes und Entschiedenes, denn die Lebensformen erscheinen nur als Versuche der höhern Entwickelung. Kein Thier unter den Insekten repräsentirt mehr so vollkommen seine ganze Gattung; es fehlt daher diesen Thieren der bestimmte Ausdruck einer großen freien Lebenskraft. Unter den Mollusken ziehen uns besonders die schönen, farbigen und vielfachgestalteten Muscheln mehr an, als die Thiere selbst. Unter den Crustazeen und Würmern finden wir keinen kräftigen Ausdruck des thierischen Lebens mehr. Die Organisation wird unter ihnen selbst stufenweise unvollkommener. In den Infusorien kehrt die höhere Organisation in den Urstoff oder Schleim zurück, und nimmt von da wieder ihren ersten Anfang. Die Infusionsthierchen sind die Indifferenz des Thierreiches und Pflanzenreiches; es sind Schleimbläschen oder Schleimpunkte, die im Lichte und Wasser Thiere und in der Finsterniß Pflanzen werden. Pflanzen und Thiere können nur Metamorphosen von Infusorien seyn. „Alles Organische," sagt Oken, „entsteht aus einem Schleim= punkt. Kommt dieser Schleimpunkt in die Finsterniß, so wird er ein irdischer Organismus, eine Pflanze; kommt er in das Licht, welches nur im Wasser und der Luft möglich ist, so wird er ein solarer Organismus, von dem Planeten unabhängig, sich um sich selbst bewegend, wie die Sonne, ein Thier." Wenn daher auch das niederste Thier nahe an das Pflanzenreich gränzt, so bewegt es sich doch frei und erhebt sich über die Pflanze. Auch das niederste Thier hat ein höheres Leben in sich und ist höhere Lebensoffenbarung als die vollkommenste Pflanze.

Die niederen Thiere, besonders die unter den Insekten stehenden scheinen das Komische im Gebiete des Naturschönen darzustellen. Wie das Komische im menschlichen Leben da er= scheint, wo die Idee von der Erscheinung überflügelt wird und diese sich über die Idee erhebt und dieselbe zurückdrängt; so könnte man im Gebiete des organischen Lebens diejenigen Er= scheinungen komisch nennen, wo die Idee oder die Lebensseele nicht zur vollkommenen Entwicklung kommt, sondern hinter dem unvollkommenen Gebilde zurückbleibt. Die Thiere der niedern Ordnungen sind gleichsam die Parodie der höhern Thierordnungen.

§. 75.
Die Pflanzen.

Die Pflanze stellt das organischer Leben in anderer Weise dar, als das Thier; denn in dem Thiere hat sich das Lebens= prinzip zur freien Bewegung erhoben, während es in der Pflanze noch an den Boden gefesselt ist. Die Pflanze bewegt sich nur durch äußere Einflüsse, das Thier dagegen aus innerm Triebe. „Es handelt sich nicht von Ortsbewegung, als welche diese keineswegs zum Wesen des Thieres gehört. Die Auster öffnet ihre Schale und schließt sie eben sowohl als das Krokodill den Rachen öffnet und schließt." Oken. Es fragt sich aber hier: Ist das Pflanzenreich etwas Schönes? oder läßt sich die Definition des Schönen auch auf die Gebilde dieses Reiches anwenden? Die Pflanze hat ein organisches Leben und somit Einheit und Harmonie in sich. Dieses in sich harmonische Leben der Pflanze kann nicht das Werk eines Zufalls seyn, am wenigsten kann die unzählbare Mannigfaltigkeit und Verschiedenheit und das Beharren der Pflanzen in ihrer einmal angenommenen Form aus einer Zufälligkeit erklärt werden; wir müssen daher vernünftiger Weise annehmen, daß den Pflanzengattungen Etwas zu Grunde liege, was ihre Form und ihr Beharren in dieser bedingt. Wenn wir auch zugeben, daß das Schleimbläschen, wenn es in der Dunkelheit oder in der Erde bliebe, kein Thier, sonden eine Pflanze werde, was als der höchste und letzte Aufschluß über den Ursprung der Pflanze bei den Naturphilosophen zu finden ist, so können wir doch nicht begreifen, warum das Schleimbläschen, wenn es aus der Erde hervortritt und als belebtes das Licht sucht, bald als diese, bald als jene Pflanze erscheine, man sollte eher glauben, daß dann alle Pflanzen gleich seyn sollten. Um die Mannigfaltigkeit und Verschiedenheit der Pflanzen zu begreifen, muß man daher annehmen, daß sie sich auch nach verschiedenen Typus entwickeln, oder daß ihnen bestimmte Ideen zu Grunde liegen, wie den Thieren. Die Pflanze ist ein organisches Individuum, dem ein niederer Grad von Leben zukommt als den Thieren; denn in der Pflanze ist das thierische Leben von der Materie überwältigt. Können wir der Pflanze ein organisches Leben nicht absprechen, so müssen wir ihr auch eine Art Seele zuerkennen, die hier, wie bei den Thieren, nichts Anderes ist, als der immanente Zweck der Pflanze, das, wozu die Pflanze angelegt ist, oder ihre Bestimmung, nach dem Aristotelischen Ausdruck also die Entelechie der Pflanze. Erkennen wir aber die Pflanze als ein solches Wesen, so müssen wir ihr auch das Prädikat schön in ihrer Art zuerkennen. Die Pflanze ist daher wirkliche Naturschönheit. Wie das Schöne überall verbreitet ist, aber es verschiedene Grade des Schönen gibt, so verhält es sich nicht nur in Beziehung auf das ganze Pflanzenreich, sondern auch selbst auf die Theile derselben Pflanze. Die Blüthe, das Höchste, was die Pflanze erreichen kann, die Wiederholung der ganzen Pflanze auf eigen= thümliche Weise oder das Streben der Pflanze in ihrem höch= sten Produkte frei zu werden, gefällt uns gewöhnlich auch mehr, als die Pflanze selbst. Mit der Blüthe feiert die Pflanze ihr ·Hochzeitfest, das Fest der Naturliebe; daher zieht die Pflanze die Blüthe als hochzeitlichen Schmuck an. Hierin liegt auch der Grund, warum die Blumen etwas Gemüthliches und An= ziehendes haben. In der Blüthe hat die Pflanze den niedersten Grad von Selbstbewegung erlangt, indem die Staubfäden sich nach der Narbe bewegen, um den männlichen Staub dem weiblichen Leibe mitzutheilen; daher steht die Blume dem nie= dersten Thiere am nächsten. „Das Thier ist Blüthe ohne Stamm." Oken.

Da die ganze Natur das Werk der unendlichen Liebe ist, und die Liebe durch die ganze Natur hin herrscht, das Streben die Gattung zu erhalten und zu nützen, hat die unendliche Liebe das hochzeitliche Fest der Pflanzenwelt mit dem reichsten Far= benschmuck geziert. Geschlechtliche Triebe sind unter den niedern belebten Wesen der letzte Ausdruck der geistigen Liebe. Liebe ist die tiefste Wurzel alles Lebens und der Erhaltung des Le= bens und der Gattung. Die dichterische Auffassung, daß Alles in der Natur sich durch Liebe bewege, ist daher eine tiefe und richtige. Die Blumenwelt offenbart auf eine auffallende Weise die Fülle und den Reichthum dieser Liebe. Eine Wiese, die in Blumen pranget, ist ein Sammelplatz hochzeitlicher Feste. Jede Pflanze feiert aber ihr Hochzeitfest auf eigenthümliche Weise, d. h. jede Pflanze hat ihre eigenthümliche Blume und ihre eigene Farbe. Welch unendlicher Reichthum und welch un= zählbare Mannigfaltigkeit von Blumen und Farben und Far= benmischungen! Weil die Blume das höchste und vollkommenste Gebilde der Pflanze ist, strebt dieselbe auch die höchste und

höchste und vollkommenste Gestalt, die sphärische, zu erreichen.
Die Blüthen haben daher mehr oder weniger die sphärische
Form, und gefallen um so mehr.

Die Blume ist die Lichtpflanze, daher kann sie nicht mehr
grün seyn, wie das Blatt. Das Licht oxydirt die Materie, es
entsteht daher ein Mittelzustand zwischen Licht und Finsterniß —
die Farbe. Da schon das Blatt an das Licht kommt, und in
demselben ein Konflikt zwischen Licht und Finsterniß stattfindet,
aber durch den Stengel noch zu sehr mit der Erde zusammen=
hängt, wird das Blatt gefärbt, es wird grün, denn der Saft
oder das Wasser wird durch die Einwirkung des Lichtes grün.
Die Blumenblätter aber, die am weitesten von der Erde ab=
stehen, und ihren Saft nicht unmittelbar von der Erde, son=
dern von der Pflanze selbst erhalten, sind im Lichte einer höhern
oder edleren Färbung fähig. Das zarte Blumenblatt ist es
daher auch, welches die schönste Farbe darstellt; denn das Licht
kann hier leichter auf die feinere Materie wirken; daher die
starken und prachtvollen Farben. Die Blüthe ist die Scheidung
des Grünen, des Wasserstoffes; und die höchste und edelste
Farbe, welche die Blüthe erreichen kann, ist das Roth. Die
rothe Farbe ist nämlich der erste Uebergang des Aethers in die
Materie, oder sie ist das Feuer. Die Verbindung des Lichts
mit der Wärme ist Feuer. „Die Feuerfarbe,‟ sagt Oken, „ist
die erstgeborne, ist die edelste, höchste, vollste, reinste, ist die
ätherische, kosmische Farbe.‟ Daher sind die rothen Blumen
die höchsten und edelsten, die wir im Pflanzenreich finden; sie
stellen den Einfluß und die Wirkung des Lichtes auf die feinste
Materie der Pflanzenwelt dar. Die rothen Blumen sind daher
die herrlichen Formen, welche sich erst in der Mitte des Som=
mers entfalten; denn die Blumen der heißen Zonen sind roth.
Ist die Materie in den Blumenblättern der edleren Pflanzen
vorherrschend, so wird die Blüthe roth, denn es siegt gleichsam
das Uebermaß der Nahrung über das Licht; findet dagegen Mangel

an Nahrung in den Blumenblättern statt, so siegt das Licht und
die Blume bekommt ein feines Weiß, wird weiß. Die Zellen
der rothen Blumen sind auch wirklich mit Stärkemehl überfüllt,
die der weißen aber leer. Welche reine weiße Farbe haben z. B.
die Lilien, Narcissen 2c.; sie sind das am reinsten verdichtete
Licht. Niederer stehen die blaugefärbten Blumen; denn Roth
ist Aetherfarbe, Blau dagegen Luftfarbe, jene ist die kosmische,
diese die Planetenfarbe. In den blauen Blumen ist das Licht
mit der Luft in Wechselwirkung getreten, die Materie der Blu=
menblätter ist nicht so weit vom Lichte beherrscht worden, als
in den rothen. Blaue Blumen sind Kinder einer gemäßigten
Zone und schon einer besser entwickelten Pflanze, darum gefal=
len sie immer noch recht wohl. Die Pflanzen mit gelben Blu=
men stehen auf der niedersten Stufe der Entwicklung; das Licht
kann sich hier noch nicht des materiellen, erdartigen Stoffes
bemeistern. Gelb ist die Erdfarbe; daher entspricht hier die
Blume der Wurzel. Freilich ist die gelbe Blüthe feiner und
edler, als die Wurzel; jene gestaltet sich frei am Lichte, diese
in der finstern Erde. Die gelben Blumen sind auch weniger
entwickelt als die blauen und rothen. Gelbe Blumen sind da=
her gewöhnlich Frühlingsblumen; Licht und Wärme können die
Materie noch nicht mehr bemeistern und veredeln. Wie einer=
seits die weißen Blumen die edelsten und schönsten seyn können,
so können sie auch die niedersten seyn. Der Mangel an Saft
in den Blumenblättern kann nicht nur von der höhern Pflan=
zenbildung als von äußern Umständen herrühren; die ersten
Blumen, die gleichsam unter dem Schnee wachsen, und den
Uebergang des Winters in den Frühling ankündigen, sind weiß.
Nach diesem Range, in dem die Blumen ihrer innern Bildung
nach stehen, gefallen sie uns auch. Die rothen Blumen drücken
gleichsam mehr Freude und Lebensfülle aus, als die blauen,
und diese wieder mehr als die gelben und weißen. Wir sehen
daher in der Färbung der Blumen nicht etwas Zufälliges und
Unbestimmtes, sondern Etwas, was mit der Natur der Pflanze

genau zusammenhängt. In den Blumen erreicht das Pflanzenreich seine schönste Mannigfaltigkeit; denn nicht nur haben die
Blumen die angegebenen Farben, gleichsam in unendlicher Auf-
und Abstufung von Intensität, sondern auch in den mannigfaltigsten Schattirungen und Uebergängen. Wie leise und sanft
verbindet sich z. B. das Roth mit Weiß und Gelb an den
Rosen, Tulpen 2c.? Wie mannigfaltig sind die Mischungen der
Farben und das Vorhandenseyn verschiedener Farben in bestimmten Begränzungen an derselben Blume! „Sehet, wie die Feld-
lilien wachsen! Sie arbeiten nicht, sie spinnen nicht; und doch
sage ich euch: Nicht einmal Salomo in seiner ganzen Pracht
war wie eine von diesen gekleidet.“ Matth. 6, 28. 29. Der
Christ betrachtet daher diesen Reichthum und Schmuck der Blumen nicht als einen blinden Zufall oder ein zufälliges Schaffen
und Wirken der Natur, sondern als ein Ausdruck der unendlichen Lieblichkeit und Freundlichkeit Gottes.

Die Farben, welche die Blumen darstellen, berechtigen uns
dieselben auch als Symbole zu gebrauchen. Dieß liegt in der
Natur der Farbe selbst. Das Roth ist die Feuerfarbe oder die
Verfinsterung des Lichtes durch die Wärme, es ist das Symbol
der Liebe. Das Feuer oder die Sonne ist daher das passendste
und erste Symbol der Gottheit. Rothe Blumen sind Symbole
der brennenden Liebe. Blau ist Luftfarbe, oder Luft ist die
erste Lichtverfinsterung; und wie die Luft die Bedingung des
Lebens, und das überall verbreitete und zuverlässige Element
ist, so ist die blaue Farbe Symbol der Treue und des Glaubens. Die blaue Blume verheißt Treue und Ergebenheit, Bescheidenheit und Demuth. Grün ist Wasser, die zweite Lichtverfinsterung, und weil alle organische Bildung nur durch Feuchtigkeit geschehen und bestehen kann, so ist Grün das Symbol
der Bildung und Hoffnung. Nur unter Voraussetzung des
Wassers kann eine Pflanze entstehen und läßt uns ihre Entfaltung hoffen. Das ganze Pflanzenreich trägt daher die Farbe
der Hoffnung. Das Gelbe ist die am wenigsten durch das Licht

veredelte Materie, die Erde ist gelb. Da nun die Erde das Unbewegliche, das Geschmacklose ist, so ist die gelbe Farbe das Symbol der Falschheit. Die weiße Farbe ist das am wenigsten getrübte Licht oder die am wenigsten verwandelte Erde durch das Licht, daher ist die weiße Blüthe von zartem Bau und die erste Frühlingsblume. In ersterer Beziehung ist Weiß das am wenigsten durch die Materie verfinsterte Licht, oder es ist der Sieg des Lichtes über die Materie; daher ist die weiße Blume das Symbol der Reinheit, Unschuld und Kindlichkeit.

Für die ästhetische Bedeutung der Blumen spricht ihr vielfacher Gebrauch im Leben und in der Kunst der alten und neuen Welt. Die Blumen wurden als Ausdruck der festlichen Stimmung benützt; man bekränzte sich mit Blumen und selbst die Opferthiere bei Opfern und Mahlzeiten in der alten Welt. Blumen sind immer noch die einfachste und schönste Verzierung, wo immer eine lebendige Zierde angebracht werden kann und soll.

§. 76.
Die Mineralien.

In dem Mineralreich hat das freie Lebens= und Gestaltungsprinzip seine äußerste Gränze gefunden; es ist erstarret. Die Mineralien bilden nur in Vereinigung mit der Pflanzenwelt, insofern die Erde die Trägerin und Ernährerin der Pflanzen und Thiere ist, einen schönen Anblick. An und für sich sind sie der Wendepunkt des Schönen oder der Uebergang zum Häßlichen. Da, wo das gestaltende Lebensprinzip auf ein Minimum der Erscheinung herabgesunken ist, wo keine organischen Formen mehr gefunden werden, ist keine schöne Einzelheit mehr vorhanden. Nur die krystallisirten Mineralien, und die Erde als Gesammtheit von Krystallen, weisen noch die letzten Spuren eines Bildungstriebes, und können daher nur in dem Grade schön genannt werden, als sich ein Gestaltungstrieb in ihnen geoffenbart hat. Obgleich die Mineralien zufällige Formen zu

haben scheinen, so sind sie doch Gebilde, welche nicht bedingungs=
los entstanden sind, denn alle sind Entwicklungen des Erdele=
mentes. Da das Erdelement sich so wenig von selbst verändert,
als jedes andere leblose Ding, so muß die Veränderung dessel=
ben von äußern Einwirkungen kommen. Die Einwirkungen auf
das Erdelement kommen von den andern Elementen, von Feuer,
Waffer und Luft, und erzeugen totale Veränderungen, welche
wir Mineralien oder Jrden nennen. Durch die Einwirkung des
Waffers entstehen die Waffermineralien oder Salze, durch die
der Luft die Luftmineralien oder Brenze und durch die des
Feuers die Feuermineralien oder Erze. Wenn wir auch aus
den Einflüffen des Waffers, der Luft und des Feuers auf das
Erdelement das Daseyn der Mineralien nach ihrer Verschieden=
heit zu erklären suchen, so begreifen wir sie doch noch so wenig
bloß aus diesen Einwirkungen als das Leben der Thiere bloß
aus der höhern Organisation. Wir sind daher genöthigt weiter
zu schreiten, und wie für die Thiere eine Seele, so auch für
diese eine Art Seele oder höheres Bildungsprinzip zu suchen.
Der thierischen Seele entspricht im Gebiete der anorganischen Na=
tur die Elektrizität, die allgemeine Weltseele der anorganischen
Natur. Elektrizität ist die körperliche Seele oder der verkör=
perte Geist des Menschen im Mineralreich; seine entgegengesetz=
ten Pole gleichen jener doppelten Richtung des Geistes. Nur
unter Voraussetzung dieser beherrschenden und gestaltenden
Kraft können wir uns aus den Einflüffen der übrigen Elemente
auf das Erdelement die Mineralien erklären. Galvanismus,
Elektrismus und Magnetismus sind ihrem Wesen nach Eins
und Daffelbe. Die Elektrizität zeigt sich im Gebiet des Lebens
als Galvanismus, in dem der anorganischen Natur als Magne=
tismus. Die Seele geht nur vermittelst des galvanischen Pro=
zeffes in ein leibliches Leben ein, und da unter der Pflanze
kein wahres Leben mehr gefunden wird, ist der Mineralien
quasi Seele die Elektrizität, die als Magnetismus die Kry=
stallisation der Mineralien schafft. Die magnetische Kraft verhält

sich zu den Mineralien, wie die Seele zu dem Thiere, sie ist das, wozu das Mineral angelegt ist, die Bestimmung oder die Entelechie desselben. In dem Maße als die magnetisch Kraft kein freies Lebenselement, sondern ein erstarrtes ist, hat das Mineral das Prädikat der Schönheit. Alle Mineralien sind im weiteren Sinne Krystalle; daher sagt Oken: „Zum Wesen der Erde gehört die Krystallisation, wie zum Wesen des Waffers die Kugelform. Das Leben der Erde besteht im Bilden von Krystallen. Erde seyn und Krystall seyn ist identisch. Der erste Planet Erde ist auch nach den Gesetzen der Krystallisation entstanden. Er ist aber nicht ein Krystall, deffen Struktur breiartig ist, sondern er ist bis in seine kleinsten Theile krystallisirt; er ist eine Akkumulation von Krystallen, welche seine Integraltheile, oder seine Bestandformen sind. Diese Bestandtheile sind die Bestandtheile des Granits. Quarz, Feldspath und Glimmer sind die mikroskopischen Krystalle des Planeten.“ Was im Krystall Durchgang der Blätter heißt, heißt in der Erde Schichtung. Wie die einzelne Mineralien Krystalle sind, so ist auch der ganze Erdkörper ein Krystall; daher sagt Oken ferner: „Wahrscheinlich sind die Gebirgsstücke die Ecken, die Gebirgszüge die Kanten, die Ebenen die Seitenflächen des Krystalls.“ Ueber das Mineralreich hinaus gibt es nichts Schönes mehr.

§. 77.
Das Verhältniß des Naturschönen zur Kunst.

Nachdem wir das Naturschöne in seiner Ausdehnung und Abstufung kennen gelernt und genauer bestimmt haben, können wir auch Etwas, so weit es sich hier eignet, über das Verhältniß des Naturschönen zur Kunst andeuten. Wir bemerken in der ganzen Natur, vom Krystall bis zu dem Menschenleibe hinauf eine bildende und belebende Kraft, die nicht nur in Beziehung auf Gattungen, sondern auch auf die Spezies eine unendliche Mannigfaltigkeit von Wesen und Gestalten hervorbringt. In allen Wesen finden wir die innigste Durchdringung von Leben und Daseyn oder Form, von Idee und Wirklichkeit, so daß das Eine ohne das Andere nicht gedacht werden und auch nicht bestehen kann. Die Mineralien, die auf der untersten Stufe der Erdgebilde stehen, sind das Produkt der Einflüsse der Elemente auf das Erdelement unter dem leitenden und bildenden Prinzip des Magnetismus oder der Elektrizität. Die Elektrizität tritt hier an die Stelle der bildenden und belebenden Seele. Das Mineral hat ein durch den Bildungsprozeß erstarrtes Leben. In den Pflanzen wiederholt sich derselbe Bildungsprozeß auf höherer oder freierer Stufe, so lange die einzelne Pflanze und das ganze Pflanzenreich lebt. So wenig die Mineralien als ein Produkt des Zufalls angesehen werden können, um so weniger kann die Pflanze als ein zufälliges Wesen betrachtet werden, je mehr hier schon eine bestimmte Organisation hervortritt, die nicht mehr das Resultat der Elemente und der Elektrizität seyn kann. Die bestimmte Form, die Mannigfaltigkeit und Beharrlichkeit der Pflanzen in ihrem Seyn setzen nothwendig ein höheres Bildungsprinzip voraus. Das Daseyn, die Gestalt, die Blüthe und Frucht der Pflanzen müssen aus der Wirkung eines denselben zu Grunde liegenden Lebensprinzipes, einer Seele oder eines bestimmten Naturgeistes erklärt werden. Die Pflanze ist Naturschönheit, weil die lebendige Idee derselben Wirklichkeit geworden ist, oder weil die Pflanze ganz das ist, was ihre Idee enthält. Einen höhern Grad des Lebens erreicht das Thierreich, weil es sich in individuellen Organismen frei bewegt und lebt. Eine höhere und freiere Seele wohnt den Thieren inne, welche diese alle zu bestimmten sich frei bewegenden Individuen gestaltet. Der Thierleib ist die Verwirklichung der Thierseele, oder diese ist das, wozu der Leib angelegt ist, die Entelechie des Leibes. Die höchste Naturschönheit, das erste wahre Kunstwerk der Erde, ist der Mensch. Die Seele des Menschen steht weit höher als die Thierseele, denn sie ist Ich, ein sich selbstbewußter, sich selbstbestimmender und sich selbstfühlender Geist. Im Leibe lebt der Geist sein wirkliches Leben, oder Leib und Seele sind in diesem Leben so innig vereinigt, daß kein Theil von dem andern getrennt werden kann, ohne das menschliche Wesen auf= zuheben. Der leibliche oder erscheinende Mensch ist ganz das, was die Idee des Menschen enthält.

Ueberall, wohin wir blicken, finden wir in der Natur ein reges, sich selbst erzeugendes und erhaltendes Leben, das in dem Daseyn der mannigfaltigsten Wesen zum Vorschein kommt. Weil aber das Leben der Natur nicht ein allgemeines und gleich= förmiges ist, sondern durch verschiedene Individuen mit ver= schiedener Kraft und Intensität ein bestimmtes wird; so muß außer dem Vorhandenseyn eines allgemeinen Lebens noch ein Grund da seyn, warum das Leben in verschiedenen Organismen und mit verschiedener Kraft hervortritt. Die Erscheinung des Lebens nöthigt uns, eine der unserm Leben zu Grund liegenden Seele ähnliche Seele vorauszusetzen, die das allgemeine Leben in sich faßt, und in einer individuellen Lebensgestalt niederlegt und darin erhält. „Jedem Ding," sagt Schelling, „steht ein ewiger Begriff vor, der in dem unendlichen Verstande entwor= fen ist, der durch die schaffende Wissenschaft der Natur in die Wirklichkeit übergeht." Der ewige Begriff oder die Idee eines Dinges ist dessen lebendige Seele selbst, die durch die Kräfte der Natur sich zu einem wirklichen individuellen Wesen gestaltet. Woraus anders sollten wir uns das Daseyn der mannichfal= tigsten Lebensformen erklären, als aus der Voraussetzung eben so vieler und verschiedener Lebensseelen, die alle wie der mensch= liche Geist ihren Ursprung aus der unendlichen Liebe nehmen, als belebte Wesen vorhanden sind. Der Begriff Natur umfaßt daher nothwendig den Begriff des Lebens, das in den mannig= faltigsten Erscheinungsformen hervortritt, und das Leben und Schaffen der Natur besteht darin, daß diese dem Lebensgeiste oder der Lebensseele einen freien unverkümmerten Spielraum im Reiche ihrer Elemente gestattet, sich der Materie so zu bemeistern und diese so zu gestalten, daß dieselbe zur vollen

Erscheinung oder Wirklichkeit kommt. Die schaffende Wissenschaft der Natur ist diese, daß jedes organische Wesen recht und
vollständig das wird, was die Idee oder die Seele desselben ist,
oder daß alle die volle Verwirklichung des ewigen Begriffes
werden. Das Leben der Natur besteht daher in der völligen
Ausgleichung der Seele und des Leibes oder des Begriffes und
der Form, oder in dem völligen Aufgehen des Einen in dem
Andern und der innigsten Verschmelzung und Durchdringung
beider. Das Eingehen und Aufgehen der Lebensseelen in individuellen Lebensformen oder Organismen kann aber in dem
Reiche der Zweck so wenig als etwas Zufälliges betrachtet werden, als die Vereinigung des Geistes mit dem menschlichen
Leibe. Ueber dem Leben der Natur steht daher wie über dem
des Menschen ein höherer Ausgleichungs= und Vereinigungs=
punkt der entgegenstehenden Faktoren des Lebens. Nur unter
Voraussetzung eines höhern Lebens ist uns das Leben der Natur und des Menschen erklärbar.

Da wir nun durch die ganze Natur ein individuelles Leben
oder Schönes schaffendes Prinzip erkennen, so fragt es sich,
in welchem Verhältniß steht die Kunst zur Natur? Soll die
Kunst bloß die Natur nachahmen, oder soll sie nur die schöne
Natur darstellen oder diese zu übertreffen oder zu idealisiren
suchen? Seit Aristoteles wiederholte man den Künstlern immer
und immer wieder: Ahme die Natur nach. Allein was verstand Jeder, der Aristoteles nachsprach, unter Natur? Dem
Einen ist sie nichts mehr, wie Schelling sagt, als das todte
Aggregat einer unbestimmbaren Menge von Gegenständen, oder
der Raum, in den er sich die Dinge, wie in einen Behältniß
gestellt, denkt; dem Andern nur der Boden, von dem er seine
Nahrung und Unterhalt zieht: dem begeisterten Forscher allein
die heilige, ewig schaffende Urkraft der Welt, die alle Dinge
aus sich selbst erzeugt und werkthätig hervorbringt. Welches
Kunstwerk sollte nun erreicht werden, wenn bloß ein Gegenstand
der todten Natur nachgeahmt werden soll? Welchen ästhetischen

Werth hat z. B. ein Gemälde, das todte Thiere, Gemüse re. darstellt? Was Großes und Erhabenes finden wir in dem gut getroffenen Porträt eines Räubers re.? Wenn man auch später zu dem Aristotelischen Grundsatze den Zusatz machte: Kein unnatürliches Kunstwerk hat Anspruch auf den Rang eines schönen Werkes, folglich ist der Künstler an die Nachahmung der Natur gebunden: drückt dieser Zusatz mehr aus, als daß das Kunstwerk in Beziehung auf Gestalt, Farbe, Lage re. dem Naturgegenstand entsprechen soll? Erst wenn man die Natur richtiger und tiefer, oder in ihrem wahren Wesen aufgefaßt hat, kann man auch dem Grundsatze: „Ahme die Natur nach" eine Bedeutung abgewinnen. Wenn wir unter Natur die un= endliche Mannigfaltigkeit und Abstufung des Lebens verstehen, das unter Vermittlung eines höhern Lebens= und Liebegeistes dadurch zur individuellen Erscheinung kommt, daß der ewige Begriff, die Idee oder Seele, wie wir diese nennen mögen, in einen Organismus eingeht und diesen zu seiner vollen Erschei= nung macht: so können wir fordern, die Kunst soll die Natur in dem Sinne nachahmen, daß sie, wie die ewig schaffende aber immer bestimmte Lebensformen schaffende Natur den Begriff oder die Idee ganz in der Form aufgehen läßt, die Idee so vollständig in ihrem freien Bilde verkörpert, wie die Seele sich in dem Leibe der Natur vollständig verkörpert. Die Nachah= mung der Natur besteht daher nicht in dem äußern Nachbilden der Naturgegenstände, sondern in der Nacheiferung der bestimm= tes Leben schaffenden Naturkraft. Da die wahre Kunst sich darauf beschränkt ewige Ideen, das rein Geistige zu verkörpern, kann sie in der Natur keinen schon fertigen Gegenstand finden, den sie zur Versinnlichung ihrer Ideen nur nachbilden dürfte. Die Natur bleibt bei ihren Typen und Formen, und kann sich nicht mit Bewußtseyn und Freiheit darüber erheben; der Geist des Menschen dagegen trägt in sich ewige Ideen, die noch nir= gends einen bleibenden Ausdruck gefunden haben. Will der Geist nun seine Ideen oder Gefühle versinnlichen und an einem sinnlichen Stoffe festhalten, so muß er aus der vorhandenen Materie den Stoff nehmen und ihn, in Aehnlichkeit mit der Schöpferkraft der Natur, so gestalten und bilden, daß er seiner Idee vollkommen entspricht, oder so daß seine Idee die Entelechie des äußern Kunstwerkes ist. Der Künstler ist daher mit Bewußtseyn und Freiheit in Aehnlichkeit mit Gott ein zweiter Schöpfer in der Welt, der sich nur insoweit an die Erscheinung der Natur hält, als er in Beziehung auf die äußere Form nicht über die allgemeinen Lebensformen der Natur hinausgehen kann. Der wahre Künstler ist daher nicht Nachahmer, sondern Nacheiferer der Natur, insofern er auf ähnliche Weise schafft, wie die Natur; er ist wirklicher Vermehrer der Schöpfung, Ebenbild Gottes und Herr der Natur. Das Naturschöne und Kunstschöne sind daher nicht opposita, sondern juxta se posita, in dem das erstere vom Menschen abwärts in unfreien und bewußtseynlosen organischen Gebilden besteht, dieses ein ähnliches Produkt ist, das der sich selbst bewußte und freie Geist auf eigenthümlich schöpferische Weise in die Welt hineingestellt hat. Das Naturschöne ist lebendig, das Kunstschöne dagegen todt; das wirkliche Leben wird aber dem Kunstschönen dadurch ersetzt, daß es von ewigen erhabenen Ideen durchdrungen und gleichsam belebt ist, das Naturschöne aber vom Menschen an abwärts immer mehr den Ausdruck einer hohen, sich selbstbewußten und freien Idee verliert. Das Kunstschöne geht von dem Menschen an aufwärts, das Naturschöne dagegen abwärts. Die wahre oder höhere Kunst fängt nicht so tief wie die Natur an, sondern geht von dem Menschlichen aus und baut auf das Naturschöne das Kunstschöne. Das Kunstschöne ist daher als eine Fortsetzung des Naturschönen und als eine Vervollständigung des Weltschönen zu betrachten, die Gott dem Menschen überlassen und anvertraut hat; es ist die Leiter, auf welcher der Mensch über sich selbst hinaussteigt.

Kehren wir nun zur Betrachtung der zweiten Frage zurück: Soll die Kunst nur schöne Naturgegenstände nachahmen?

Weil man den Aristotelischen Grundsatz nur in der oberfläch=
lichen Bedeutung nahm, die äußere Natur oder die Form,
Farbe, das Verhältniß ꝛc. der Naturgegenstände nachzuahmen,
so fühlte man bald das Ungenügende desselben, und stellte die
modifizirte Forderung an die Kunst, daß sie nur schöne Natur=
gegenstände nachahmen soll. Es war besonders Batteur, der
in der gemeinen Ansicht von Natur und Kunst diesen Grund=
satz aufstellte. Hören wir ihn selbst hierüber: „Nur im un=
eigentlichen Sinne kann man vom menschlichen Geiste sagen, er
schaffe. In allen seinen Werken erkennt man, wenn nicht an
der ganzen Komposition, so doch an den Einzelheiten, das Vor=
bild der Natur. Dieß geht so weit, daß selbst die Gebilde einer
zerrütteten Phantasie noch aus Theilen bestehen, die der Natur
angehören. Auch der Künstler bleibt insofern, mitten im Fluge
der Begeisterung, noch an den Kreis der Natur gebunden,
wenn er nicht statt einer ordnungsvollen Welt, ein wüstes
Chaos hervorbringen, Unlust statt der Lust erwecken will.
Folglich ahmt auch er nach und so sind denn die Künste sammt
und sonders nichts anders, als Nachahmerin. Da jedoch die
schönen Künste zugleich freie Künste sind, so dürfen sie den
Spuren der Natur nicht knechtisch nachfolgen; sie müssen bloß
das Schöne derselben zu ihren Darstellungen wählen. Demnach
ist Nachahmung der schönen Natur das Prinzip der freien
Künste." Die Motivirung dieses Grundsatzes geht von einer
zweifachen irrthümlichen Ansicht aus. Die eine ist, daß in der
Natur Schönes und Unschönes, Vollkommenes und Unvoll=
kommenes unter einander vermischt vorkommen, und die andere,
daß die Kunst nur Nachahmerin der Natur sey. Die ganze
Natur ist Leben und der Inbegriff aller Lebensformen. Das
im Krystall erstarrte Leben wird durch die durch das Pflanzen=
reich und Thierreich bis zum Menschen aufwärts steigenden
und vollkommener werdenden Organismen immer freier und
tritt vollkommener hervor. Wie sollte ein Wesen in dem uner=
meßlichen Komplex aller Lebensformen in seiner Art und an

seiner Stelle nicht schön seyn? Man verwechsle nicht die niedern Lebenserscheinungen mit dem Nichtschönen und Häßlichen.
Jedes Wesen in der Natur ist in seiner Art und an seiner
Stelle vollkommen, d. h. es ist ganz das, was es seinem Begriffe nach seyn kann und soll. In dem Verhältniß als die
Organisation aufwärts an Vollkommenheit zunimmt, in demselben ist auch die Erscheinung des Schönen vollkommen. Wenn
wir Grade der Schönheit in der Natur annehmen, so sagen
wir damit nicht, daß ein Wesen der lebendigen Natur häßlich
sey. Sieht der Künstler die Natur als etwas Todtes an, welchen Geist und welches Leben haben denn seine Naturnachah-
mungen? Der Grundsatz: Ahme die schöne Natur nach, beruht
auch auf einer irrthümlichen Ansicht von der Kunst. Die Kunst
beginnt nicht so tief wie die Natur, sondern fängt da eigentlich
an, wo die Natur aufhört, wo der freie Mensch mit Bewußtseyn die Materie nach ewigen Ideen bildet und gestaltet. Weil
man den Werth der Kunst bloß in die Vollendung der äußern
Form setzte, konnte man freilich der Kunst keine höhere Aufgabe machen, als die schönen Naturgegenstände nachzuahmen;
und weil jedes Kunstwerk eine der Natur ähnliche Gestalt haben
muß, täuschte man sich, indem man glaubte, das beste Werk
sey das natürlichste. Die Kunst kann allerdings nicht über die
vorhandenen Naturformen hinaus und neue, d h. ganz andere
schaffen, allein eben dadurch verräth sie ihre Schwachheit, wenn
sie nur vorhandene Naturgegenstände kopirt. Will der Geist
eine Idee versinnlichen, in einem natürlichen Gebilde darstellen,
so soll er dieses Gebilde frei und unabhängig von einem bestimmten Vorbilde aus der vorhandenen Materie schaffen und bilden,
so daß es seine Idee ganz in sich aufnimmt und von derselben
durchdrungen ist, wie das Lebensprinzip sich der Materie bemächtigt und tausenderlei Gestalten hervorruft. Die Einbildungskraft des Künstlers sey die Vorrathskammer, in der
er seine Bilder suche und nicht in der Natur. Daher sagt
Schelling: „Wollte er sich aber mit Bewußtseyn der Natur

ganz unterordnen und das Vorhandene mit knechtischer Treue wiedergeben; so würde er wohl Larven hervorbringen, aber keine Kunstwerke." Die Kunst soll sich über das Einzelne der Natur erheben und ihre Formen aus der Materie mit eigener schöpfe= rischer Kraft hervorrufen, so daß sie keinen in der Natur gleichen oder Kopien von diesen sind; sie soll, wie man mit Recht von ihr gefordert hat, sich von der Natur, d. h. dem Einzelnen, den Produkten, entfernen, aber nur um die schaf= fende Kraft der Natur geistig zu fassen, um wie diese zu schaffen und in ihrem tiefern Wesen mit ihr Eins zu seyn. Durch diese Entfernung von der Natur wird der Künstler frei oder in Stand gesetzt, für seine Idee eine eigenthümliche, unwirkliche Wirklichkeit zu schaffen oder selbstständiger Schöpfer zu seyn.

Das dritte Prinzip der Kunst: die Natur zu übertref= fen, idealisiren, verschönert darzustellen, beruht auf derselben irrthümlichen Ansicht von Natur und Kunst, von der wir schon gesprochen haben. Der Urheber dieses Grundsatzes ist Winkelmann. Durch das Studium der Werke des klassischen Alterthums fand er, daß das Schöne einerseits in einer über die Wirklichkeit erhabenen, idealischen Form, anderseits in einem erhabenen Begriffe bestehe, und forderte also von der Kunst, daß sie idealische Formen schaffe, die Natur idealisire oder über= treffe. Obgleich er die Kunst in ihrer tiefern Bedeutung auf= faßte, so gab er doch zunächst derselben noch keine bessere Rich= tung, als sie bisher hatte, weil er das Wesen der Kunst doch nicht ganz erfaßte, und von seinen Zeitgenossen nicht recht ver= standen wurde; an die Stelle der Naturnachahmung trat die Nachahmung der Werke des Alterthums, die eben so wenig mit ihrem Geiste, als früher die Natur, nachgeahmt wurden. Winkelmann scheint auch in Betreff des Verhältnisses des Naturschönen zum Kunstschönen sich nicht recht klar gewor= den zu seyn, denn er sagt mit einigem Widerspruch: „Was endlich die Schönheit einzelner Theile des menschlichen Körpers betrifft, so ist hier die Natur der beste Lehrer: denn im Einzelnen ist dieselbe über die Kunst, so wie diese im Ganzen sich über jene erheben kann." Daraus erhellet, daß Winkelmann, so richtig er auch die Bestandtheile des Kunstschönen auffaßte, doch nicht ins Geheimniß der Kunst, oder die innige organische Ver=schmelzung der Idee mit der Form, die freie selbstständige Ge=staltung der Materie nach ewigen Ideen, eindrang. Hätte er die Schöpfungen der klassischen Kunstwerke etwas tiefer erforscht, so wäre ihm auch das Idealisiren der Natur bestimmter und klarer geworden und er wäre nicht an der Pforte des Kunst=geheimnisses stehen geblieben. Cicero hätte ihm Winke geben können, in die Schöpfung wahrer Kunstwerke einzubringen und diese richtig zu erfassen, der in Betreff der Jupitersstatue von Phidias sagte: „Dieser Künstler richtete, als er Jupiters und der Minerva Bild entwarf, sein Auge nicht auf irgend einen äußern Gegenstand, um darnach zu arbeiten, sondern in seinem Geiste ruhte ein Ideal des Schönen, auf welches er unver=wandt hinblickte und zu dessen Nachbildung er seiner Kunst und Hand die Richtung gab." Wie schön und treffend bezeich=net dieses auch das Epigramm auf die Jupiterstatue von diesem Künstler:

„Selber kam er, der Gott, auf die Erde und zeigte sein Antlitz,
Phidias! oder du stiegst schauend zum Himmel empor."

Bezeichnen diese Ansichten nicht, daß Phidias frei und selbstständig die Materie nach der erhabenen Idee von Jupiter gestaltete, oder daß er das Bild desselben nicht aus der Wirk=lichkeit entlehnte, sondern dem schaffenden Naturgeiste nach=eiferte. Diese Statue ist daher nicht Nachahmung der Natur, sondern freie Geistesschöpfung vermittelst des sinnlichen Stoffes, wie in der Natur jede Seele einen eigenthümlichen individuellen Leib erhält. Beschränken wir den Grundsatz: Die Kunst soll die Natur übertreffen, idealisiren oder verschönert darstellen, nicht bloß auf die Verschönerung eines bestimmten Naturgegen=standes, so können wir ihm auch eine höhere und wichtigere

Bedeutung gewinnen. Die Kunst steht über der Natur; sie soll in Aehnlichkeit mit der schaffenden Naturkraft, die Materie frei und unabhängig zum vollen Ausdruck der Ideen gestalten, und wie alle lebenden Wesen von einer Seele ganz und gar durchdrungen sind, dieselben ganz mit der bestimmten Idee erfüllen und beleben. Alle Werke der Kunst, die auf diese Weise geschaffen werden, erheben sich über die Naturwerke, sind idealisch. Die Statue Jupiters von Phidias ist idealisch, weil sie nicht die verschönerte Wirklichkeit eines menschlichen Leibes ist, sondern von dem Geiste des Künstlers frei geschaffen, organisch gestaltet und von der Idee beseelt wurde. Wendet sich die Kunst der Naturdarstellung zu, wie viele Gegenstände gibt es in der Natur, die keiner Verschönerung fähig sind? Die Natur ist schön und vollkommen; wollte man sie verschö= nern, so würde man sie nur verunstalten, unnatürlich machen. Der Grundsatz der Naturverschönerung durch die Kunst beruht hauptsächlich auf der unrichtigen Ansicht, daß die Kunst nur das Wirkliche darzustellen habe. Die Natur ist von dem Kry= stall bis zu dem Menschen herauf Darstellung des Schönen in unermeßlicher Mannigfaltigkeit und Verschiedenheit; allein von dem Menschen an beginnt ein höheres Reich der Erscheinungen des Schönen. Das eigentlich Kunstschöne steht daher zu dem Naturschönen in dem Verhältniß, daß jenes den Geist des Menschen mit seinen Ideen, dieses aber das Leben der orga= nischen Natur darstellt. Wo die Belebung der Materie durch die Lebensseele nach bestimmten Gesetzen, das Reich des Natur= schönen aufhört, beginnt eigentlich das Kunstschöne, die über die Natur erhabene aber auf allgemeiner Naturform ruhende freie Gestaltung der Materie nach ewigen Gesetzen. Das Natur= schöne bildet mit dem Kunstschönen die große Leiter, auf welcher der Geist abwärts in das Reich der lebendigen Gestalten, und aufwärts zu dem absolut Schönen steigt, oder an welcher er vom sinnlich Schönen zum geistig Schönen aufwärts geleitet wird.

Zweiter Abschnitt.

Das Häßliche im Gebiete der Natur.

§. 78.

Das Häßliche des menschlichen Körpers.

Das Häßliche ist das Nichtseyn des Schönen, d. h. ein
Ding ist häßlich, wenn es nicht seinem Wesen gemäß in die Er=
scheinung tritt, wenn es also in einer Gestalt erscheint, die
durch das Wesen desselben nicht bedingt ist, oder in welcher das
Wesen oder Seyn verschwindet. Das Häßliche ist auch im
Reiche der Natur nicht nur ein Mangel der Schönheit, sondern
absoluter Gegensatz. Auf dem Gebiete, wo das Lebensprinzip
nothwendig gestaltend und bildend wirkt, entsteht das Häßliche
nicht aus eigener und freier Vernichtung oder Umgestaltung,
sondern durch fremde Eingriffe und Hemmnisse, welche die Frei=
heit dem Seyn und Leben entgegensetzt. In den Naturreichen
ist das Häßliche auch von geringerem Grade und Umfange als
im Gebiete der Freiheit, weil hier die Schönheit niederer steht,
als die geistige, und weil die Nothwendigkeit nie die Schranken
durchbricht. Hier wird nie das Ganze häßlich, sondern nur
Theile. Das Universum, oder zunächst die Erde, bleibt im
Ganzen gleich schön, wenn auch einzelne Gegenstände ins Häß=
liche umschlagen. Auch sucht das gestaltende Lebensprinzip das

häßliche im Reiche der Natur wieder ins Gebiet des Schönen zu verpflanzen. Aus dem Tode und der Verwesung schafft das alldurchdringende Lebensprinzip neue belebte Wesen, Leben in anderer Art des Daseyns.

Da, wo die Natur noch am meisten von der Freiheit beherrscht werden kann, wird sie auch entweder vergeistigt, eines überschwänglich schönen Ausdruckes fähig, oder aber zur häßlichsten Erscheinung in der materiellen Welt gemacht. Die Natur, die am meisten dem frei gestaltenden Lebensprinzip unterliegt, ist der menschliche Körper; denn dieser kann durch die inwohnende Seele zu dem erhabensten Ausdruck des geistig Schönen erhoben oder zu der häßlichsten Erscheinung erniedrigt werden.

Der menschliche Körper ist Organ des Geistes, die zeitliche Wohnung desselben. Aus der engen Wechselwirkung, in der der Geist zum Körper steht, nimmt der Körper allmählig das Gepräge des Geistes an — die Seele baut ihren Körper. Wie der schöne, in sich harmonische Geist seinem Körper den Ausdruck einer erhabenen Schönheit gibt, und so eine herrliche Harmonie zwischen Geist und Körper darstellt, so wird der Körper durch die Verkehrtheit und Verworfenheit des Geistes ein Zerrbild des Schönen. An und für sich ist der menschliche Körper schön und auf der Stufe körperlicher Gestaltungen die höchste organische Bildung, allein mißbraucht zum Werkzeug der Leidenschaft, wird seine ursprüngliche Thätigkeit verrückt und dadurch verhäßlicht. Der Körper kann also nur als Werkzeug der Seele häßlich werden. Weil daher die Häßlichkeit des Körpers nur durch die Häßlichkeit der Seele bedingt wird, ist der häßliche Körper nur eine sekundäre Häßlichkeit. Der Körper erscheint häßlich entweder in einzelnen Bewegungen und Handlungen, transitorisch, oder in bleibenden Mienen, Stellungen und Haltungen. In allen häßlichen Fällen erscheint der menschliche Körper als nicht wahr, d. h. seiner wahren Bestimmung nicht dienend, oder lügenhaft.

Besonders ist es das menschliche Angesicht, welches des häßlichsten Ausdruckes fähig ist. Wie die Seelenruhe, die Leidenschaftlosigkeit und die innige Liebe einen eigenthümlichen Lichtglanz, gleichsam einen heiligen Schein über das Angesicht verbreiten, so verzerrt die leidenschaftliche Unruhe, der Zorn, der Neid, die wollüstige Begierde dasselbe, und gibt ihm einen der reinen Seele widrigen Ausdruck. Das ganze Angesicht, besonders aber das Auge ist der Spiegel, in dem sich die Seele dem Beschauenden darstellt. Der Blick ist häßlich, wenn sich durch ihn ein rohes, unreines Verlangen ausspricht, wenn sich in ihm ein argwöhnischer, argliftiger, boshafter Geist bewegt, wenn darin ein hochmüthiges, anmaßendes Wesen herrscht. Das Angesicht ist häßlich, wenn Selbstgefälligkeit, Bissigkeit, Ingrimm, Schadenfreude, Neid, Hochmuth und Habsucht sich um den Mund zeigen, wenn wilde Rohheit, plumper Uebermuth, Gemeinheit und Niederträchtigkeit, Fraß und Völlerei und Geilheit das ganze Angesicht verzerren, aufreißen, entnerven und zum thierischen erniedrigen. Die reine Seele fühlt sich bei einem solchen Anblick abgestoßen, erschreckt und mit Ekel erfüllt. Woraus anders läßt sich erklären, daß uns die vollendete sinnliche Form nicht gefällt, als daraus, daß hinter der angenehmen Gesichtsbildung eine eitle, stolze, selbstsüchtige, feindselige und leidenschaftliche Seele wohnt? Im Gegentheil kann uns eine weniger ansprechende Gesichtsbildung gefallen, wenn wir bei näherer Bekanntschaft den Ausdruck von herzlichem Wohlwollen, Anspruchlosigkeit, Sanftmuth, Demuth, Liebe und Treue finden. Wir sehen hier wieder, was der freie Geist über die Materie des Körpers vermag, und wie der reine Geist auch die stiefmütterliche Ausstattung der Natur verklärt. Wird die Sünde, der Mißbrauch der geistigen Kräfte, zu einem dauernden Seelenzustand, so ist auch der Körper der fortwährende Reflex dieses Zustandes. Die innere Häßlichkeit wird eine äußere Verhäßlichung. Wird der sündhafte Affekt zur stehenden Leidenschaft, so tritt ein unnatürliches, zerstörendes Bildungsprinzip im Menschen auf. Die Physiognomie des ganzen Körpers und besonders des Angesichtes ist der getreue Abdruck der innern Verhäßlichung, und die äußere Häßlichkeit kann bis zur Scheuß- lichkeit 'und teuflichen Verzerrung steigen. Es gibt wahre Faunengesichter.

Einzelne Handlungen, Bewegungen und Stellungen des Körpers sind häßlich, wenn sie der natürlichen Haltung und Bewegung desselben zuwider oder rein thierisch sind. Willkühr- liche Grimassen des Gesichtes sind widerlich, weil solche unge- wöhnliche Stellungen des Mundes und der Augen, solche Zu- sammenziehungen und Ausdehnungen der Muskeln dem Ausdrucke einer ruhigen in sich harmonischen Seele widersprechen. Ebenso sind die Stellungen des Körpers häßlich, wenn sie erzwungen, der Natur und Bestimmung desselben zuwider sind und keine edle Gemüthsbewegungen darstellen. Alle körperlichen Thätig- keiten als Momente des körperlichen Lebens sind nur dann schön zu nennen, wenn sie der Bestimmung des Körpers gemäß oder wenn sie aus dem freien oder edeln Willen entspringen. Die mäßige und natürliche Befriedigung der sinnlichen Bedürf- nisse macht keinen widerlichen Eindruck, allein die unmäßige und unnatürliche Gier stoßt ab, ist widerlich und eckelhaft. Das Essen aus bloßer Sinnlichkeit, betreffe es die Qualität oder Quantität der Speisen, wird häßlich, weil hier eine nicht vom vernünftigen Geiste veredelte und gemäßigte, sondern rein thie- rische Thätigkeit erscheint. Die Betrunkenheit ist häßlich, denn der Körper ist dadurch in einen der Natur widerstrebenden Zustand versetzt, hört momentan auf Organ des Geistes zu seyn; die natürlichen Haltungen und Züge sind verzerrt oder widerlich. Der Betrunkene im Akte des Erbrechens ist ein sehr unwürdiger Gegenstand der Kunst; denn in dem Rausche ist der menschliche Körper unter den thierischen herabgesunken. Der Körper fesselt gleichsam den Geist und hält ihn fest in den Banden der Naturnothwendigkeit; daher entsteht in dem Geiste, wenn er sich selbst erkannt und in dem Unterschiede von der

Natur erfaßt hat, ein Gefühl, das wir Scham nennen. Scham ist das Gefühl, in welchem der Geist seine Gebundenheit an die Natürlichkeit empfindet, und bedauert, daß er die Nothwendigkeit von Raum und Zeit an sich trägt. Diese seines Wesens unwürdige Gebundenheit möchte er durch Bedeckungen und Verhüllungen leugnen. Wir finden daher selbst schon bei rohen Völkern das Gefühl der Scham, diese zarte Empfindlichkeit in Betreff der erwachenden Pubertät, Katamenien, der Schwangerschaft und Geburt, der unverletzten Jungfrauschaft, der Verrichtung der Nothdurft rc. Selbst bei Thieren bemerken wir eine solche Natureinrichtung, daß die natürlichsten oder niedrigsten Organe verdeckt worden, und selbst eine Art Scham. Schamlosigkeit ist daher ein Zeichen, daß sich der Geist seiner Gebundenheit an die Naturnothwendigkeit nicht schämt, sich nicht darüber zu erheben sucht, sondern sich mit der Materie identifizirt. Schamlosigkeit ist daher die tiefste Versunkenheit des Geistes in die Materie. Alle Erscheinungen und Thätigkeiten des Körpers, durch welche die Schamhaftigkeit verletzt wird, sind ausgeschlossen vom Gebiete des Schönen; denn sie erhöhen nicht das Lebensgefühl des Geistes, sondern erfüllen ihn mit Unwillen und Eckel, weil sie ihm sein einzelnes Dastehen in der Natürlichkeit in Erinnerung bringen, aus dem er sich erheben möchte. Obgleich alle die obengenannten Thätigkeiten natürlich und nothwendig sind, so können sie aus dem Grunde nicht in dem Gebiete der Kunst erscheinen, weil sie die niedersten Verrichtungen der Natürlichkeit sind, und, wenn sie öffentlich geschehen, nicht von der geistigen Liebe überkleidet sind.

Wir finden hier auch Gelegenheit von dem Nackten zu reden, und zu untersuchen, warum es in der alten Welt in der Kunst mehr hervortrat, als in der neuen oder christlichen. Weil der Grieche auf der Stufe der Naturreligion sich noch immer in einer nahen Verbindung mit der Natur erkannte, sein geistiges und religiöses Leben durch die Freude und

Heiterkeit in die Natur auflösete, und seine Glückseligkeit in dem freundlichen und friedlichen Verhalten der Natur zu ihm fand, können wir uns erklären, warum in der griechischen Kunst mehr nackte Gestalten erscheinen als in der christlichen. Der Geist des griechischen Künstlers ist sich noch nicht so sehr, wie des christlichen, seiner Erhabenheit über die Naturnothwendigkeit und seiner ewigen Bestimmung bewußt; daher erscheint das Schamgefühl bei den Griechen nicht so stark, wie bei den Christen. Der Geist ist sich vielmehr seiner innigen Verbindung mit der Natürlichkeit bewußt, und kann sich somit seiner Natürlichkeit nicht so tief schämen. Dieser Ansicht zu Folge finden wir in dem bürgerlichen Leben der Griechen Schamlosigkeit im edlern Sinne. Der Grieche pflegte zu mildern Jahreszeiten ohne Untergewand auszugehen, und auch das Oberkleid abzulegen, um eine Arbeit bequemer zu verrichten, und die griechische Jugend pflegte die gymnastischen Uebungen mit nacktem Körper zu machen. Auf dem Standpunkte der griechischen Kunst, welche die Natur zu ihrem Vorbild hatte, erscheint die nackte Gestalt vorwurfsfrei. Die kraftvolle und ungeschwächte Sinnlichkeit der griechischen Kunstwerke ist Ausdruck einer gesunden und in sich harmonischen Seele, und stellt dem unbefangenen, arglosen Gemüthe die Kraft und Anmuth unmittelbar dar. Das Weib ist mehr als der Mann in der Natürlichkeit befangen, daher ist es schamhafter als der Mann; wir finden deßwegen auch die nackten Gestalten des weiblichen Körpers nur in der spätern griechischen Kunst, zu der Zeit, wo man nicht mehr so strenge an den väterlichen Sitten hielt, und die Hetären einen verderblichen Einfluß auf die keusche Sitten der Griechen hatten. Mit der Verbreitung des Christenthums mußte die Bildung des Nackten immer mehr zurücktreten, und die Geschichte der Kunst beweiset auch diesen Uebergang von dem Nackten zur Bekleidung. Das Christenthum entzweit den Menschen zuerst mit sich selbst, um ihn in einer höhern Einheit wieder zu vereinigen. In der christlichen Erkenntniß fühlt sich der

unsterbliche und zur ewigen Seligkeit berufene Geist in einen
materiellen, die Freiheit des Geistes hemmenden Leib gebannt,
von dem er erlöst seyn möchte, um sich rein zu dem zu erheben,
was des Geistes ist. Daher sagt Paulus Röm. 7, 24: „Ich
unglücklicher Mensch, wer wird mich von diesem Todeskörper
befreien.“ Der Geist gehört dem Geisterreiche und der Ewig=
keit an, und der Körper, in dem er wohnt und wirkt, ist Erde
und wird wieder zur Erde. In dem Körper liegen große Hemm=
nisse für den Aufschwung und die Seligkeit des Geistes, die
Naturnothwendigkeit trübt und stört so oft sein Wollen und
Wirken, und stiftet die Entzweiung des Menschen mit sich selbst.
„Ja, ich weiß,“ sagt Paulus, „daß in mir, d. h. in meinem
Fleische das Gute nicht wohnt; zwar liegt das Wollen mir nahe,
aber das Vollbringen des Guten finde ich nicht.“ Röm. 7, 18.
Je mehr der Geist seine erhabene Würde und Bestimmung er=
kennt, desto mehr schämt er sich, d. h. desto mehr sucht er sich
von dem Einflusse der Sinnlichkeit frei zu machen, diese nicht
nur zu verdecken, sondern wo möglich ganz zu verklären. Der
christliche Geist, der die Sinnlichkeit überwältigen und von den
niedern Bedürfnissen ganz frei seyn möchte, sucht daher diejeni=
gen Theile seines Körpers zu verhüllen, die ihn noch zu sehr
an die Natürlichkeit binden, d. h. er ist schamhaft. Die
christliche Kunst schließt das Nackte so wenig aus, als das
Christenthum die Natürlichkeit aufhebt, allein es gebraucht das=
selbe nicht für sich, sondern immer in höherer Beziehung. Wie
der Körper immer als Träger eines unsterblichen Geistes be=
trachtet wird, so erscheint hier das Nackte nur als Opfer des
Geistes. In der Darstellung von Märtyrerscenen erscheinen oft
nackte Personen, allein die Nacktheit ist nicht freiwillig und um
ihrer selbst willen da, sondern ist historische Wahrheit, und
durch die unbesiegbare Glaubenskraft gereiht. Viele neuere,
namentlich französische Kunstdarstellungen, wo das Nackte nicht
unmittelbar, sondern so verhüllt erscheint, daß es durchleuchtet
(die durch die Kleider durchscheinenden Nacktheiten oder die

Halbverhüllungen), sind weit verwerflicher und sinnlich reizen-
der als völlige Entkleidung der griechischen Statuen.

Das Nackte an Kindern stößt nicht an, weil wir hier eine
reine schuldlose Sinnlichkeit finden, und noch nicht das Bewußtseyn des Geistes voraussetzen, in dem er sich an die Materie gebunden und in der Natürlichkeit befangen erkennt und fühlt.

§. 79.

Das Häßliche in der organischen Natur.

Gehen wir nun von der menschlichen Gestalt zu den andern
Dingen der sichtbaren Welt über, und sehen wir, was in dem
Thier-, Pflanzen- und Mineralreich das Prädikat häßlich
erhält.

Die Thiergestalten sind an und für sich nicht häßlich, wenn
sie auch nur von geringer Lebensseele erfüllt sind. Alles, was
Leben hat, ist schön, weil sich eine Seele in einem Leibe entfaltet oder ein Seyn eine entsprechende Form bekommen hat.
Das Häßliche kann daher auch nur im Reiche des Lebens stattfinden; denn wo nichts Schönes mehr ist, kann auch nichts
Häßliches mehr erscheinen. Das Häßliche ist im Gebiete des
Lebens Entgegensetzung des Lebens, Verstümmelung, Tod
und Verwesung.

In dem Thier- und Pflanzenreich sind alle Verstümmelung häßlich, durch welche das Leben gehemmt, oder durch
welche ein Thier oder eine Pflanze allmählig abstirbt. Die Verstümmelung widerstrebt der natürlichen Bildung des Naturgeistes. Ein Thier, das eines oder mehrerer Glieder beraubt
wird, ist nicht mehr volle Naturschönheit; denn man greift hier
in den natürlichen Gang der Formen schaffenden Seele ein, und
will anders gestalten, als die Natur bildet oder gestaltet. Häßlich ist im Gebiete des Lebens der Tod, denn wenn man das
Schöne in die gegenseitige Durchdringung von Geist und Materie, von Allgemeinem und Besonderem setzt, so ist gerade der
Tod die Negation des Schönen, die Auflösung dieser innigen

Durchdringung. In dem todten Thiere oder der todten Pflanze ist nur mehr das Besondere vorhanden, das Allgemeine ist verschwunden. Der Tod ist, so lange die Verwesung noch nicht sichtbar eingetreten ist, Lüge des Lebens und somit des Schönen. Diese Lüge erweckt ein unangenehmes Gefühl, weil der Anblick des Todten unser Selbstgefühl nicht erhöhet und steigert, sondern durch die Erinnerung an die Hinfälligkeit aller Dinge mit Unlust erfüllt. Die Wahrnehmung des Todes ist eine tödtende. Das Häßliche erreicht einen höhern, ja den höchsten Grad in der Verwesung, wo nicht bloß der Mangel des Lebens sich zeigt, sondern auch die individuelle Form dem Nichtseyn anheimfällt. Die Verwesung ist die Negation der Negation oder die Zerstörung des Lügenhaften, die letzte Thätigkeit der Natur. Verwesung ist die Rückkehr des Organismus in den Urstoff oder Urschleim. Wenn auch ein todter Menschenkörper besonders wegen der frommen, resignirenden Ausdrücke des Gesichtes, welche der scheidende Geist noch dem zurückbleibenden Leibe eingedrückt hat, für den Anblick noch erträglich ist, so ist er es nicht mehr während der Verwesung; denn diese zerstört nicht nur die letzten Eindrücke, sondern löst auch die noch lügenhafte Form in ihre Bestandtheile auf, zerbricht das wohlgestaltete Gefäß. Der Anblick des Verwesenden ist scheußlich; denn das Gefühl des Lebens empört sich gegen Tod und Verwesung.

Hätte der Naturgeist, der aus Gott ist, die Materie nur einmal gestaltet und belebt, so wäre die ganze Welt der Erscheinung einmal für allemal dem Tode und der Verwesung preisgegeben worden; allein da der Lebensgeist nicht stirbt, sondern sich immer wieder der gestaltlosen Materie bemeistert, so lebt doch das Ganze, wenn auch das Einzelne stirbt. Die Verwesung der Körper ist daher nichts Anderes, als die Zurückführung der organisirten Materie auf die Elementarstoffe, damit sie der Lebensgeist zu neuen Organismen gestalte. Nichts Materielles geht in der Welt der Erscheinung verloren, sondern wechselt nur die Form des Daseyns. Die Zurückführung der

Form auf die Urstoffe, und die Gestaltung dieser zu neuen Or=
ganismen, hat daher Aehnlichkeit oder ist im Grunde dasselbe
mit der Verdauung und Ernährung des einzelnen belebten
Wesens. Die Verwesung ist die Verdauung der Natur. Die
Natur als die Erscheinung des Schönen sucht daher stets das
Mißverhältniß zwischen Tod und Leben wieder auszugleichen,
oder das Häßliche in das Schöne zu verwandeln. Das Schöne
ist das Bleibende und Herrschende, und das Häßliche das
Momentane und Untergeordnete. Während die Gesammt=
heit der schönen Erscheinungen fortbesteht, gehen im Gebiete
des Lebens nur einzelne Veränderungen vor. Das Häßliche ist
in dem Naturreiche immer nur als ein Uebergang zum Schö=
nen zu betrachten; daher gibt es im Gebiete der Natur eben
so wenig einen wahren Tod als im geistigen Reiche.

Da, wo das belebende und beseelende Lebensprinzip zu er=
sterben scheint, ist die äußerste Gränze des Schönen und der
Anfang des Häßlichen. Steine, in welchen die Krystallisation
nicht mehr auffällt, sind zwar nicht häßlich, allein sie stehen
ganz an der Gränze der bildenden und belebenden Natur.
Wenn wir einen Felsen schön nennen, so bezieht sich dieser Aus=
druck bloß auf die äußere Form, seine Lage, oder die Zusam=
menstellung mit andern Naturgegenständen. Sandwüsten, wo
die Vegetation ganz erstorben ist, und welche das Bild der
Unfruchtbarkeit und des Todes darstellen, sind nicht mehr schön
zu nennen, wenn auch einige Aesthetiker sie zu einem Natur=
erhabenen machen wollen.

Hier müssen wir auch der Ruinen von menschlichen Bau=
werken Erwähnung thun, und bestimmen, ob sie zum Schönen
oder Häßlichen zu rechnen sind. Ruinen sind Zerstörungen oder
Trümmer menschlicher Werke; die Einheit und Ordnung ist hier
aufgelöst, und der menschliche Gedanke, auf dem das Werk
ruhete, ist vereitelt. Betrachten wir die Ruinen als Verstüm=
melung menschlicher Werke, die aus dem Geiste stammen, so
müssen wir sie, wie jede Verstümmelung, als etwas Häßliches

ansehen, allein diese Ansicht ist bei der Betrachtung der Ruinen nicht vorherrschend, sondern die elegische und das elegische Gefühl, daß alles Herrliche und Große, was Menschen Hände gebaut haben, der Veränderung und Zerstörung unterliegt. Die süße Wehmuth oder elegische Stimmung entsteht durch die Betrachtung der Ruinen, weil diese das Bild der Vergänglichkeit aller Herrlichkeit auf Erden darstellen, der Geist aber in seinem absoluten Bewußtseyn der Hinfälligkeit der zeitlichen Dinge sich entgegensetzt, und über alle Zeitlichkeit und Vergänglichkeit erhaben fühlt. Ich erinnere in Beziehung auf diesen Gegenstand an Matthissons Elegie: In den Ruinen eines alten Bergschlosses; und setze die Strophe bei:

> Hier, auf diesen waldumgränzten Höhen,
> Unter Trümmern der Vergangenheit,
> Wo der Vorwelt Schauer mich umwehen,
> Sey dieß Lied, o Wehmuth, dir geweiht!
> Trauernd denk' ich, was vor grauen Jahren
> Diese morschen Ueberreste waren:
>> Ein bethürmtes Schloß voll Majestät,
>> Auf des Berges Felsenstirn' erhöht!

Lightning Source UK Ltd.
Milton Keynes UK
UKHW05f1805140818
327209UK00018B/394/P